中国食品供应链发展报告
(2018—2019)

组　编：中国副食流通协会食品安全与信息追溯分会
　　　　国家农产品现代物流工程技术研究中心
　　　　北京工商大学
主　编：何继红
副主编：方德英　左　敏　张长峰　高海伟　于怀智

中国商业出版社

图书在版编目(CIP)数据

中国食品供应链发展报告(2018—2019) / 中国副食流通协会食品安全与信息追溯分会，国家农产品现代物流工程技术研究中心，北京工商大学组编. ——北京：中国商业出版社,2019.12
　ISBN 978-7-5208-1038-8

Ⅰ.①中… Ⅱ.①中… ②国… ③北… Ⅲ.①食品—供应链管理—研究报告—中国—2018-2019 Ⅳ.①F426.82

中国版本图书馆 CIP 数据核字(2019)第 268635 号

责任编辑：蔡 凯

中国商业出版社出版发行
010—63180647　www.c—cbook.com
(100053　北京广安门内报国寺 1 号)
新华书店经销
北京九州迅驰传媒文化有限公司印刷

*

787 毫米×1092 毫米　16 开　24.75 印张　480 千字
2019 年 12 月第 1 版　2019 年 12 月第 1 次印刷

定价：168.00 元

*　*　*　*

(如有印装质量问题可更换)

中国食品供应链发展报告
(2018—2019)
编 委 会

主任委员：

丁俊发　中国物流与采购联合会原常务副会长
　　　　商务部现代供应链专家委员会成员、研究员

副主任委员：

何继红　中国副食流通协会会长
方德英　北京工商大学副校长
左　敏　北京工商大学科技处处长
杨浩雄　北京工商大学商学院教授
王国利　国家农产品现代物流工程技术研究中心副主任

编委委员：(按姓氏音序排列)

蔡圆媛　北京工商大学计算机与信息工程学院博士/副教授
曹连营　西藏中兴商贸集团有限责任公司副总经理、营运总监
陈　佳　武汉华工赛百数据系统有限公司市场部经理
陈文华　福建盼盼食品有限公司副总监
程　烨　深圳前海量子云码科技有限公司董事长
丁世明　蜀海(北京)供应链管理有限公司团膳事业部总监
董凤瑞　上海精瑞供应链管理有限公司董事长
高　伟　悦食荟优品(北京)科技有限公司董事长
高海伟　中国副食流通协会食品安全与信息追溯分会秘书长
郭炳晖　北京航空航天大学大数据与脑机智能高精尖中心研究员
洪　岚　北京物资学院城市农产品流通研究所所长
李亚光　中国烹饪协会特邀执行副会长
刘　敏　中国副食流通协会食品安全与信息追溯分会标准部主任
刘思远　北京汇通天下物联科技有限公司解决方案架构师

龙　伟	北京李先生餐饮管理股份有限公司总经理
卢　强	北京工商大学商学院博士/副教授
毛典辉	北京工商大学计算机与信息工程学院教授
任　捷	中国副食流通协会秘书长
沈国文	拓远供应链管理(上海)有限公司董事长
斯家华	中国副食流通协会食品安全与信息追溯分会常务副会长
唐永清	泸州老窖集团有限责任公司企业技术中心副总经理
汪　正	合肥友高物联网标识设备有限公司行业总监
汪琼莹	上海中商网络股份有限公司品牌主管
王　辉	北京中物联物流规划研究院副院长、博士
王　军	百胜食胜达供应链服务总经理
王书成	中国物流与采购联合会现代供应链研究院执行副院长
王习印	禧云国际COO
徐前景	泸州老窖股份有限公司供应链中心总经理
杨添天	中国商业联合会商贸物流分会副秘书长
杨云勇	贵州茅台酒股份有限公司信息中心主任
于　淼	中国副食流通协会食品安全与信息追溯分会研究部副主任
于怀智	国家农产品现代物流工程技术研究中心综合部主管
张建军	中国国际电子商务中心研究院副院长
张签名	中国食品工业协会食品物流专业委员会原副会长
张青川	北京工商大学计算机与信息工程学院副教授
张润彤	北京交通大学经济管理学院教授
张笑菊	北京工商大学商学院博士/副教授
张长峰	国家农产品现代物流工程技术研究中心品控部部长
左然涛	大连鑫玉龙海洋生物种业科技股份有限公司研究院院长

编委办公室：

苗丽叶、关晓琳、孙祎琪、李子硕、马昂、顾子跃、徐清越、何思宇、王朝阳、姚双顺

以供应链创新为突破口重振中国食品产业
（代序）

从 2013 年到 2019 年的两会总理政府工作报告中，都列出了人民群众仍不满意的领域。食品药品安全连续 7 年列入群众不满意的行列。要回答三个问题：

一、中国食品产业到底出了什么问题

1.由于工业污染进入土地、水源，农产品生态环境受到破坏，加上不科学使用化肥，农药超标，乱用饲料与食品添加剂，使不少生鲜农产品与加工食品在生产环节就不达标。

2.法律法规不健全、标准缺失，政府监管不到位。有法不依、执法不严现象仍十分普遍。

3.生产端缺失信用体系与道德规范，一切向钱看，生产经营主体责任意识薄弱。消费端缺乏维权意识。

4.由于中国仍是一个发展中国家，生鲜农产品与食品物流缺乏全程冷链与全程追溯体系，使食品质量保障体系受到影响。

二、如何正确认识食品安全的重要性

我以为，对食品安全的重要性要来一个再认识。中国有 14 亿人口，粮食、果蔬、食品的消费占世界总量的五分之一。中国食品问题不是出在一个方面，是在许多方面，是一个综合病症。对这个问题严重性的认识提得怎么高都不过分。

1.食品安全是民生工程。习近平总书记指出，"没有全民的健康，就没有全面小康"。身体健康是幸福获得感的主要内涵，是全人类追求的共同目标，民以食为天，食以安为先。经验证明，"药食同源"，但同样证明，"病从口入"，中国人的许多常见病发病率高，人数多，原因很多，但食品不安全是一个重要原因。

2.食品安全是国家安全战略。2019 年 1 月 21 日，习近平总书记在中共中央党校省部级主要领导干部坚持底线思维着力防范化解重大风险专题研讨班上的讲话中，在讲到防范化解社会重大风险时，就讲到了食品安全。食品安全社会关注度高，舆论燃点低，一旦出问题，很容易引起群体事件。

3.食品安全是贯彻绿色发展理念的重要指标，食品不安全就不可能是绿色经济，就不可能持续发展，就不符合高质量发展要求。

三、用什么方法重振中国食品产业

重振中国的食品产业，有不同的途径，但有一条路是必须走的，那就是党中央与国务院要求实施"供应链的创新与应用"。

1.什么是供应链？

供应链"是以客户需求为导向，以提高质量和效率为目标，以整合资源为手段，实现产品设计、采购、生产、销售、服务等全过程高效协同的组织形态"，供应链作为一种新理念、新技术、新模式可以促进产业组织方式、商业模式和政府治理方式创新。供应链具有创新、协同、共赢、开放、绿色等特征，推进供应链创新发展，有利于加速产业融合、深化社会分工、提高集成创新能力，有利于建立供应链上下游企业合作共赢的协同发展机制，有利于建立覆盖设计、生产、流通、消费、回收等各环节的绿色产业体系。供应链通过资源整合和流程优化，促进产业跨界和协同发展，有利于加强从生产到消费等各环节的有效对接，降低企业经营和交易成本，促进供需精准匹配和产业转型升级，全面提高产品和服务质量。供应链创新，有利于实体经济，特别是中小微企业的发展。

2.建立食品产业供应链体系

食品产业供应链体系要从两个层面运作。

第一，食品产业微笑曲线。研发、资源、资本→生产→市场开拓。充分利用国内外两种资源、两个市场。

第二，从田间（工厂、养殖场）到餐桌的全流程供应链。形成清洁化、标准化的农产品与食品生产，既涉及生产流、商流、物流、信息流、资金流，又涉及农业生产组织方式、农药管制、食品添加剂，也涉及食品生产与流通的上游、下游以及市场监管等。

3.建立食品企业供应链体系

根据企业实际，有五种不同的企业供应链模式：

第一，生产型供应链集成模式。以生鲜农产品实体（农业公司、合作社、农场、养殖场、大农户等）与食品生产企业为链主。

第二，商贸交易型供应链集成模式。以批发、连锁、零售、供销、邮政、电商等为链主。

第三，服务型供应链集成模式。以物流服务、金融服务、信息服务、后勤服务、咨询服务、输出管理服务等为链主。比如物流服务供应链就涉及包装、储存、运输、流通加工、配送、回收等环节。

第四，平台型供应链集成模式。鼓励企业通过整合供应链资源，构建食品采购、分销、仓储、配送供应链协同平台。鼓励教育、医疗、住宿、餐饮、养老、文化、体育、旅游等行业建设食品供应链综合服务和交易平台，完善供应链体系，提升服务供给质量和效率。

第五，生态型供应链集成模式。以消费者利益为最高准则，以法制为准绳，以绿色为目标，实现价值协同。

4.建立食品全程可追溯供应链体系

对肉类、蔬菜、水产品、中药材等食用农产品，婴幼儿配方食品、肉制品、乳制品、食用植物油、白酒等食品，农药、兽药、饲料、肥料、种子等农业生产资料，将供应链上下游企业全部纳入追溯体系，特别是要让追溯体系向生产环节、原料供应环节延伸，落实生产经营主体责任，构建来源可查、去向可追、责任可究的全链条可追溯供应链体系，提高消费安全水平。

5.建立食品政府市场监管服务供应链体系

第一，进一步完善法律法规。严格执行《食品安全法》《地方党政领导干部食品安全责任制规定》《消费者权益保护法》《知识产权法》，营造一个公平公正的法制环境。对食品安全中的假冒伪劣产品零容忍，实行最严厉处罚。2018年在全国受理的129万个假冒伪劣案件中，受害最大的是食品药品、儿童和老年用品。坚决实行公开的食品安全"黑名单"制。打好"舌尖安全"保卫战。

第二，加大食品标准化建设。加强产地环境保护和源头治理，实行严格的农业投入品使用管理制度，到2020年，农兽药残留限量指标基本与国际食品法典标准接轨，大力推进农业标准化示范区、标准化规模养殖场、水产健康养殖场建设。

第三，深入开展食品安全城市和农产品质量安全县创建，开展群体性的可追溯餐厅、明厨亮灶活动。

第四，深化食品行业的供给侧结构性改革，在供给端与消费端同时发力，特别是通过"互联网+""供应链+"，降本增效，实现食品产业的高质量发展，促进形成强大的国内食品市场。

第五，打好环境治理这一攻坚战，切实解决土地、水质的污染问题，也就从根本上为食品安全创造了必要前提。

第六，加大食品产业的科研投入、成果转化和人才培养。

在互联网时代，不存在一个企业与另一个企业的竞争，存在的是一条供应链与另一条供应链的竞争，所有的经济实体都在供应链中，如何优化供应链成了每个企业的必然选择，所以许多经济学家，许多企业家提出，"决战供应链"，一个企业如果进不了任何一个供应链，就意味着淘汰，意味着死亡！

互联网正在改变生鲜农产品与食品产业，同样，供应链也在改变生鲜农产品与食品产业。

丁俊发

2019年10月

序

这是全国首部比较全面总结食品供应链的产业研究报告，着实非常令人欣慰。

食品供应链极为重要。两千多年那句"民以食为天，食以安为先"，今天看来这句话仍然精辟。改革开放以来我国经济社会发展迅猛，历史上首次基本解决了"吃得饱"的问题。如今又摆脱了"小农意识"，"买天下、卖天下、运天下"的格局已经形成，由此"食以安为先"的地位尤显突出，甚至可以上升到政治高度，关系到国家的长治久安。因此，急需一部总结、展望食品供应链的产业研究报告。

全社会对食品供应链极为重视。国家近年连续出台的相关政策，明确表明了对食品供应链极为重视。食品行业的供应链管理，越来越成为行业利润的第一来源，关系到企业的生死存存亡。有关食品供应链的问题，也极易引起公众的"围观"，很容易成为"网红"事件。

鉴于政府和公众极为关切，行业和企业的需求极为迫切，我们组织了行业专家、研学界学者等业内技术、研究及管理人士，依托常年的资料积累，历时半年多的时间，撰就了我国这部产业研究报告。

报告结构完整。包括综合报告、专题研究、案例分析和资料汇编四个部分。第一部分总结了影响食品供应链的宏观及行业环境，界定了本领域的静态类型和动态运作模式，并分不同品类，分析了各自的特点、问题、产生的原因及应对策略，特别是以国际视角，归纳了美、欧、日、澳的经验和教训，提出了对我国的启发。最后，从当代管理理念和技术支撑角度，指出未来的可能发展方向。第二部分选取"食品电商供应链、食品冷链物流、大数据在食品供应链中的应用"三大主题，总结和分析了当代典型的食品供应链运作规律。

报告内部翔实，图文并茂。报告共 30 余万字，其中图表近百幅。第一部分综合报告主要体现了研究的宽度，第二部分专题分析主要体现了研究的深度，第三部分案例分析主要体现了研究的力度，第四部分资料汇编体现了研究的厚度。

报告贴近现实，瞄准前沿，有很强的实用性。报告的研究分析内容几乎涵盖了当前所有典型的食品供应链成功案例，如贵州茅台、禧云千链等供应链。基本涉及当前广泛应用和未来普遍认可的技术、思想，如区块链、大数据等技术。

报告适用于政府、产业界和学界相关人员参考，是不可多得的资料集成、历史总结和全面比较的研究成果。

当然，由于是全国首部本领域的产业报告，资料收集可能不够全面，研究分析可能不够深入，错误和漏洞在所难免，还望广大读者批评指正。

北京工商大学副校长　方德英

2019 年 10 月

目 录

第一篇 综合报告

第一章 食品供应链的环境分析 (3)
1.1 宏观经济环境分析 (3)
1.1.1 国家整体经济情况 (3)
1.1.2 居民人均收支情况 (5)
1.1.3 物流业运行情况 (8)
1.2 行业政策环境分析 (10)
1.2.1 食品安全 (11)
1.2.2 现代供应链 (12)
1.3 食品行业总体情况 (15)
1.3.1 食品行业规模情况 (15)
1.3.2 食品行业经济效益情况 (16)
1.3.3 各类食品人均消费比较 (17)
1.3.4 农业生产状况 (18)
1.3.5 食品工业生产状况 (19)
1.3.6 进口食品状况 (21)

第二章 食品供应链发展的总体概况 (22)
2.1 食品供应链的产生与发展 (22)
2.2 食品供应链的分类 (23)
2.3 食品供应链运作模式 (24)
2.3.1 食品供应链线下运作模式 (24)
2.3.2 食品供应链线上运作现状分析 (26)

第三章 不同品类的食品供应链发展现状 (29)
3.1 不同品类的食品供应链发展状况分析 (29)
3.1.1 生鲜农产品供应链发展状况分析 (29)
3.1.2 副食品供应链发展状况分析 (40)

    3.1.3 进口食品供应链发展状况分析 …………………………………………… (53)
    3.1.4 保健食品供应链发展状况分析 …………………………………………… (56)
  3.2 **食品供应链发展的特点** ……………………………………………………………… (61)
    3.2.1 生鲜农产品供应链的特点 ………………………………………………… (61)
    3.2.2 副(加工)食品供应链的特点 ……………………………………………… (61)
    3.2.3 进口食品供应链的特点 …………………………………………………… (62)
    3.2.4 保健(特殊)食品供应链的特点 …………………………………………… (64)
  3.3 **食品供应链发展存在的问题** ………………………………………………………… (65)
    3.3.1 食品供应链现存的问题 …………………………………………………… (65)
    3.3.2 食品供应链问题产生的原因 ……………………………………………… (67)
    3.3.3 食品供应链管理的对策 …………………………………………………… (68)

第四章 食品供应链发展的国际经验及启示 ……………………………………………… (72)
  4.1 **美国食品供应链的现状、特点及发展经验** ………………………………………… (72)
    4.1.1 美国食品供应链的现状和特点 …………………………………………… (72)
    4.1.2 美国食品供应链的发展经验 ……………………………………………… (74)
  4.2 **欧洲食品供应链的现状、特点及发展经验** ………………………………………… (75)
    4.2.1 欧洲食品供应链的现状和特点 …………………………………………… (75)
    4.2.2 欧洲食品供应链的发展经验 ……………………………………………… (76)
  4.3 **日本食品供应链的现状、特点及发展经验** ………………………………………… (78)
    4.3.1 日本食品供应链的现状和特点 …………………………………………… (78)
    4.3.2 日本食品供应链的发展经验 ……………………………………………… (79)
  4.4 **澳洲食品供应链的现状、特点及发展经验** ………………………………………… (80)
    4.4.1 澳洲食品供应链的现状和特点 …………………………………………… (80)
    4.4.2 澳洲食品供应链的发展经验 ……………………………………………… (82)
  4.5 **国际食品供应链发展对我国的启示** ………………………………………………… (84)
    4.5.1 建立完善的供应链相关标准体系、强化法律作用 ……………………… (84)
    4.5.2 完善交通基础设施,优化全国路网布局 ………………………………… (85)
    4.5.3 大力推广应用冷链技术,完善和优化冷链的运作和管理系统 ………… (85)
    4.5.4 完善高度信息化的可追溯食品供应链 …………………………………… (86)
    4.5.5 建立可持续食品供应链,实现绿色物流 ………………………………… (87)

第五章 食品供应链发展趋势与展望 ……………………………………………………… (88)
  5.1 **食品供应链的未来发展趋势** ………………………………………………………… (88)

5.1.1 物流发展将更加高效化 ······ (88)
5.1.2 商流发展将更加个性化 ······ (90)
5.1.3 资金流的发展将更加便捷化 ······ (91)
5.1.4 信息流的发展将更加透明化 ······ (92)
5.2 新技术在食品供应链中的应用 ······ (93)
5.2.1 现代农业技术应用 ······ (94)
5.2.2 生产加工技术应用 ······ (95)
5.2.3 物流配送技术应用 ······ (98)
5.2.4 信息追踪技术应用 ······ (100)
5.2.5 小结 ······ (101)

第二篇 专题研究

第六章 食品电商供应链 ······ (105)
6.1 食品电商供应链环境分析 ······ (105)
6.1.1 电商宏观经济环境分析 ······ (105)
6.1.2 食品电商政策法律环境分析 ······ (107)
6.2 食品电商供应链发展概况 ······ (108)
6.2.1 食品电商行业现状 ······ (108)
6.2.2 食品电商主要运营模式 ······ (115)
6.2.3 食品电商供应链发展现状 ······ (117)
6.2.4 食品电商供应链面对的挑战 ······ (120)
6.3 食品电商供应链发展展望 ······ (122)
6.4 食品电商供应链发展实例 ······ (125)
6.4.1 盒马鲜生 ······ (125)
6.4.2 中粮我买网 ······ (125)
6.4.3 美菜网 ······ (126)

第七章 食品冷链物流 ······ (128)
7.1 食品冷链物流发展现状 ······ (128)
7.1.1 食品冷链物流的特点 ······ (128)
7.1.2 冷链市场规模持续增长 ······ (130)
7.1.3 政策支持不断深化 ······ (132)

  7.1.4 食品冷链物流设备 ……………………………………………… (134)
 7.2 **各国冷链物流发展现状** ……………………………………………… (136)
 7.3 **食品冷链物流相关技术** ……………………………………………… (139)
  7.3.1 冷链信息化技术 …………………………………………………… (140)
  7.3.2 冷链节能技术 ……………………………………………………… (142)
  7.3.3 冷链保鲜与包装技术 ……………………………………………… (143)
  7.3.4 冷链冷藏技术 ……………………………………………………… (145)
 7.4 **食品冷链物流存在的问题** …………………………………………… (146)
  7.4.1 食品冷链体系仍需完善 …………………………………………… (146)
 7.5 **食品冷链物流的发展机遇** …………………………………………… (147)
 7.6 **食品冷链物流未来展望** ……………………………………………… (148)
  7.6.1 新技术助力智慧冷链物流 ………………………………………… (148)
  7.6.2 智能制造促进冷链产业升级 ……………………………………… (150)
  7.6.3 逐步构建新型绿色冷链模式 ……………………………………… (151)
  7.6.4 协作发展冷链物流共同配送 ……………………………………… (152)

第八章 大数据在食品供应链中的应用 ……………………………………… (153)
 8.1 **大数据与食品供应链** ………………………………………………… (154)
  8.1.1 大数据时代背景下的食品供应链安全风险识别 ………………… (154)
  8.1.2 大数据时代背景下的食品供应链运作模式 ……………………… (155)
 8.2 **大数据背景下食品供应链的几个研究角度** ………………………… (157)
  8.2.1 大数据影响下食品供应链战略协同的共生机制 ………………… (157)
  8.2.2 大数据时代基于食品供应链的商业运作模式分析 ……………… (157)
  8.2.3 大数据影响下食品供应链运作模式的演变趋势 ………………… (158)
 8.3 **大数据背景下的食品供应链关键问题分析** ………………………… (159)
  8.3.1 食品供应链过程数据的可靠采集 ………………………………… (159)
  8.3.2 食品供应链多元异构数据的存储与共享 ………………………… (162)
  8.3.3 食品供应链消费端的认可与信任建立 …………………………… (163)
 8.4 **应用研究——贵州"食品安全云"应用案例分析** ………………… (164)
  8.4.1 "食品安全云"平台的运营 ……………………………………… (165)
  8.4.2 "食品安全云"平台发展经验 …………………………………… (166)
  8.4.3 "食品安全云"平台利益相关者分析 …………………………… (167)
  8.4.4 大数据食品安全监管存在的问题 ………………………………… (168)

第九章 食品供应链金融 .... (170)
9.1 供应链金融产生的背景与发展 .... (170)
9.1.1 供应链金融的产生背景 .... (170)
9.1.2 供应链金融的概念 .... (171)
9.1.3 供应链金融的发展 .... (171)
9.2 食品行业中的供应链金融 .... (176)
9.2.1 我国食品企业融资现状 .... (176)
9.2.2 食品供应链金融的模式 .... (177)
9.3 食品供应链金融存在的风险及其防范 .... (183)
9.3.1 食品供应链金融存在的风险 .... (183)
9.3.2 对食品供应链金融风险的防范 .... (184)
9.4 食品供应链金融的特点及未来发展趋势 .... (187)
9.4.1 食品供应链金融的特点 .... (187)
9.4.2 食品供应链金融未来发展趋势 .... (189)

第三篇 案例分析

案例一 大连鑫玉龙海洋生物种业科技股份有限公司:打造辽参产业供应链
.... (193)
10.1 公司简介 .... (193)
10.2 技术方案主要内容 .... (194)
10.2.1 海参种业面临的现状 .... (194)
10.2.2 主要项目和技术实施方案 .... (195)
10.3 技术实施效果 .... (198)
10.4 技术应用及未来发展规划 .... (199)
10.4.1 刺参遗传育种 .... (199)
10.4.2 刺参生态育苗 .... (200)
10.4.3 刺参标准化建设 .... (201)

案例二 贵州茅台:构造原料供应链管理平台 .... (202)
11.1 企业简介 .... (202)
11.2 项目背景 .... (202)
11.2.1 原料供应管控的需要 .... (202)

11.2.2　智慧茅台的驱动 …………………………………………………… (203)
　　　11.2.3　反哺惠农的需要 …………………………………………………… (203)
　11.3　项目介绍 ……………………………………………………………………… (203)
　11.4　基础架构 ……………………………………………………………………… (206)
　　　11.4.1　业务架构 …………………………………………………………… (206)
　　　11.4.2　技术架构 …………………………………………………………… (207)
　11.5　系统功能 ……………………………………………………………………… (208)
　　　11.5.1　基地与供应商管理 …………………………………………………… (208)
　　　11.5.2　种子管理 …………………………………………………………… (208)
　　　11.5.3　农资管理 …………………………………………………………… (209)
　　　11.5.4　种植管理 …………………………………………………………… (209)
　　　11.5.5　收粮管理 …………………………………………………………… (210)
　　　11.5.6　仓储管理 …………………………………………………………… (210)
　　　11.5.7　物流管理 …………………………………………………………… (211)
　　　11.5.8　质检管理 …………………………………………………………… (212)
　　　11.5.9　采购管理 …………………………………………………………… (213)
　　　11.5.10　一卡通管理平台 …………………………………………………… (213)
　　　11.5.11　协作中心 …………………………………………………………… (213)
　11.6　系统亮点 ……………………………………………………………………… (213)
　　　11.6.1　电子秤应用深得民心 ………………………………………………… (213)
　　　11.6.2　网上付款保证资金去向 ……………………………………………… (214)
　　　11.6.3　卫星遥感助力生产过程监管 ………………………………………… (214)
　　　11.6.4　多应用布局提升业务便捷化 ………………………………………… (214)
　　　11.6.5　全过程溯源保障食品安全性 ………………………………………… (214)
　　　11.6.6　多节点应用风险自动化提示 ………………………………………… (215)
　　　11.6.7　多业务内外循环互通 ………………………………………………… (215)
　11.7　效益评估 ……………………………………………………………………… (215)
　　　11.7.1　社会效益 …………………………………………………………… (215)
　　　11.7.2　经济效益 …………………………………………………………… (216)

案例三　禧云千链:万亿级团餐供应链平台的数字化融合创新 …………………… (217)
　12.1　公司简介与业务概述 ………………………………………………………… (217)
　12.2　方案诞生背景与主要内容 …………………………………………………… (218)

		12.2.1 团餐行业背景及供应链现状与需求 …………………………… (218)
		12.2.2 禧云千链服务模式及优势 ………………………………………… (219)
	12.3	项目实施效果 ………………………………………………………………… (221)
		12.3.1 为团餐行业注入"新动能",促进团餐行业健康发展,提质增效 … (221)
		12.3.2 创新模式获得众多机构和客户的高度认可 …………………… (222)
		12.3.3 供应链扶贫带来的社会效应 …………………………………… (224)
	12.4	未来发展规划 ………………………………………………………………… (225)

案例四　山东省:海上粮仓与"一带一路"海陆冷链供应链工程 …………… (226)

	13.1	海陆通道支撑"一带一路"国家倡议 …………………………………… (226)
	13.2	山东省推进"海上粮仓"基础 ……………………………………………… (227)
	13.3	海产品供应链发展存在的问题 …………………………………………… (228)
	13.4	技术支持海陆供应链对接 ………………………………………………… (230)
		13.4.1 技术路线 ………………………………………………………… (230)
		13.4.2 具体实施内容 …………………………………………………… (231)
	13.5	项目实施后产生的绩效 …………………………………………………… (233)
		13.5.1 实现科研成果产业化 …………………………………………… (233)
		13.5.2 服务国家战略 …………………………………………………… (233)
		13.5.3 社会贡献 ………………………………………………………… (234)
	13.6	国家农产品现代物流工程技术研究中心介绍 …………………………… (234)

案例五　华工赛百:实施乳制品行业产线智能化改造 …………………………… (236)

	14.1	纽贝滋爱尔兰工厂奶粉智能生产线案例 ………………………………… (236)
		14.1.1 企业简介 ………………………………………………………… (236)
		14.1.2 行业概况 ………………………………………………………… (237)
		14.1.3 项目挑战 ………………………………………………………… (237)
		14.1.4 解决方案 ………………………………………………………… (237)
		14.1.5 效益价值 ………………………………………………………… (238)
	14.2	和氏乳业婴幼儿奶粉产品智能产线、精准营销解决方案 ……………… (238)
		14.2.1 企业简介 ………………………………………………………… (238)
		14.2.2 行业概况 ………………………………………………………… (239)
		14.2.3 项目背景 ………………………………………………………… (239)
		14.2.4 解决方案 ………………………………………………………… (239)
		14.2.5 效益价值 ………………………………………………………… (240)

14.3 明一奶粉智能生产线解决方案 ……(241)
  14.3.1 企业简介 ……(241)
  14.3.2 行业概况 ……(241)
  14.3.3 客户需求 ……(242)
  14.3.4 解决方案 ……(242)
  14.3.5 效益价值 ……(243)

14.4 宁夏圣峰百年农牧发展有限公司产品质量安全信息追溯平台 ……(243)
  14.4.1 企业简介 ……(243)
  14.4.2 项目背景 ……(244)
  14.4.3 项目挑战 ……(244)
  14.4.4 解决方案 ……(244)
  14.4.5 效益价值 ……(245)

14.5 宁夏红山河全产业链质量追溯系统 ……(246)
  14.5.1 企业简介 ……(246)
  14.5.2 行业背景 ……(246)
  14.5.3 项目背景 ……(247)
  14.5.4 解决方案 ……(247)
  14.5.5 建设内容 ……(248)
  14.5.6 效益价值 ……(249)

案例六 溜溜果园:建设中国梅全产业链追溯体系 ……(250)
15.1 公司介绍 ……(250)
15.2 项目概述 ……(251)
15.3 项目建设情况 ……(252)
  15.3.1 用户需求分析 ……(252)
  15.3.2 友高项目方案 ……(253)
15.4 项目实施效果 ……(259)
15.5 项目总结与展望 ……(260)

案例七 G7:食品安全方案在供应链追溯中的应用 ……(262)
16.1 食品行业的发展趋势 ……(262)
16.2 企业的需求 ……(263)
16.3 G7公司简介 ……(263)
16.4 案例分享 ……(265)

16.4.1　蒙牛公司简介 …………………………………………………………(265)
　　　16.4.2　项目概述 ……………………………………………………………(265)
　　　16.4.3　项目目标 ……………………………………………………………(266)
　　　16.4.4　项目解决方案 ………………………………………………………(266)
　　　16.4.5　G7电子签收方案 …………………………………………………(269)
　16.5　项目总结及展望 ……………………………………………………………(272)

案例八　CCN中商：以客户需求为中心，优化内部管理结构 ……………………(273)
　17.1　上海中商网络股份有限公司的供应链变革与创新 ……………………(273)
　17.2　汤臣倍健案例分享 ………………………………………………………(277)
　17.3　蓝河案例分享 ……………………………………………………………(281)

案例九　深圳前海量子云码科技：食品供应链信息化管理和追溯 ……………(289)
　18.1　公司简介 …………………………………………………………………(289)
　18.2　技术方案主要内容 ………………………………………………………(289)
　　　18.2.1　方案背景 ……………………………………………………………(289)
　　　18.2.2　系统架构与技术原理 ………………………………………………(291)
　　　18.2.3　操作流程 ……………………………………………………………(292)
　18.3　案例分享 …………………………………………………………………(295)
　　　18.3.1　"巴味渝珍"案例 …………………………………………………(295)
　　　18.3.2　"今大福"案例 ……………………………………………………(296)
　18.4　技术应用及未来发展规划 ………………………………………………(298)

第四篇　资料汇编

资料汇编 ……………………………………………………………………………………(303)
国务院办公厅关于加快发展流通促进商业消费的意见国办发〔2019〕42号 ………(304)
中共中央国务院关于深化改革加强食品安全工作的意见(2019年第15号) ………(308)
关于推动物流高质量发展促进形成强大国内市场的意见发改经贸〔2019〕352号 …(318)
财政部办公厅　商务部办公厅关于推动农商互联完善农产品供应链的通知财办建〔2019〕69号
　…………………………………………………………………………………………(326)
关于开展2018年流通领域现代供应链体系建设的通知财办建〔2018〕101号 ……(329)
商务部等8部门关于开展供应链创新与应用试点的通知商建函〔2018〕142号 ……(333)
交通运输部关于加快发展冷链物流保障食品安全促进消费升级的实施意见交运发〔2017〕127号
　…………………………………………………………………………………………(339)

国务院办公厅关于加快发展冷链物流保障食品安全促进消费升级的意见国办发〔2017〕29号 …………………………………………………………………………………………（342）

国务院办公厅关于积极推进供应链创新与应用的指导意见国办发〔2017〕84号 …………（348）

商务部办公厅　财政部办公厅关于开展供应链体系建设工作的通知商办流通发〔2017〕337号 …………………………………………………………………………………………（354）

国务院办公厅关于印发降低流通费用提高流通效率综合工作方案的通知国办发〔2013〕5号 …………………………………………………………………………………………（358）

降低流通费用提高流通效率综合工作方案……………………………………………（359）

国务院办公厅关于加强鲜活农产品流通体系建设的意见国办发〔2011〕59号 …………（362）

发展改革委关于印发农产品冷链物流发展规划的通知发改经贸〔2010〕1304号 …………（365）

农产品冷链物流发展规划（2010年6月）………………………………………………（366）

第一篇 综合报告

第一章 食品供应链的环境分析

1.1 宏观经济环境分析

1.1.1 国家整体经济情况

国家整体经济情况对食品供应链的影响主要分为三个方面。首先,国内生产总值是我国新国民经济核算体系中的核心指标,它反映了一国(或地区)的经济实力和市场规模。随着整体经济水平的不断提高,对于食品供应链的管理水平也在不断地提高,从而让食品供应链实现更好发展。此外,消费结构是产业结构调整的重要因素,所以三大产业结构的变化实际上体现的是人民消费需求的变化,为了适应消费需求的变化,食品供应链的结构也需要进行一定的调整。最后,第一产业主要指生产食材以及其他一些生物材料的产业,所以第一产业的发展水平一定程度上代表了农业的发展水平,农业作为食品供应链的初级生产者来讲,其发展状况直接影响食品供应链下游产业的发展水平。

1. 国内生产总值情况

国内生产总值及其增长速度如图1.1所示。2010年国内生产总值为412119.3亿元,按可比价格计算,同比增长10.6%。随后到2018年之间国内生产总值呈现出不断增长的趋势,虽然之后增长速度开始变缓,但也始终保持在6.5%以上。2018年国内生产总值900309亿元,首次突破90万亿元大关。按可比价格计算,同比增长6.6%,实现了6.5%左右的预期发展目标,经济保持了中高速增长,与2010年相比实现了翻倍。

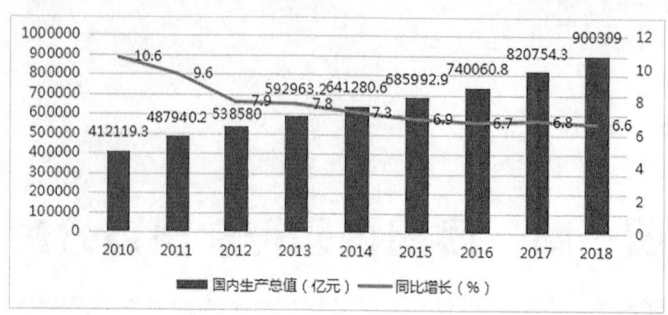

数据来源：国家统计局。

图 1.1 2010—2018 年国内生产总值及其增长速度

国内生产总值突破 90 万亿元，说明中国经济总量迈向了新台阶和新高度。并且增长速度的放缓，标志着我国经济正在从高速增长阶段转变为高质量发展阶段。随着我国经济持续高速增长，综合国力得到极大提升，食品供应链规模也在进一步地扩大。食品供应链管理的模式不断创新，冷链技术不断进步，供应链金融迅速发展，都为我国食品供应链的转型升级提供了良好的条件和契机。

2. 三大产业经济情况

三大产业生产总值情况如图 1.2 所示。整体上看三大产业生产总值都呈现出一种上升的趋势。2010 年第一产业生产总值为 38430.8 亿元，第二产业生产总值为 191629.8 亿元，第三产业生产总值为 182058.6 亿元。2010 年至 2018 年三大产业生产总值每年均有一定的提升，并于 2018 年第一产业生产总值上升至 64734 亿元，第二产业生产总值上升至 366001 亿元，第三产业生产总值上升至 469575 亿元。随着三大产业生产总值的不断上涨，三大产业所占整体生产总值的比重也发生了明显的变化，2010 年三大产业比重为 9.3∶46.5∶44.2，经过产业结构的优化升级，于 2018 年三大产业比重调整至 7.2∶40.7∶52.2。

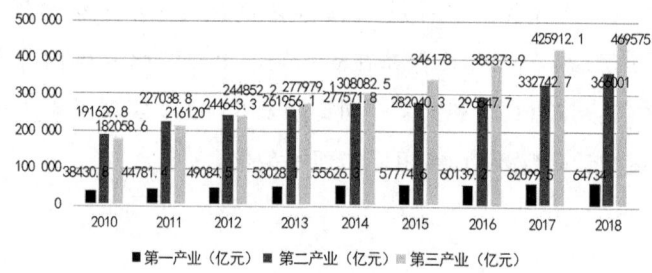

数据来源：国家统计局。

图 1.2 2010—2018 年三大产业生产总值

2010—2018 年我国产业结构重心逐渐由第二产业转为第三产业，虽然三大产业生产总值不断上升，但其中第一产业与第二产业所占据的比重正在逐渐降低。2018 年在供给侧结构性改革和创新驱动发展战略等共同作用下，我国产业发展呈现出产业经济运行平稳、企业效益明显好转、新动能快速壮大、转型升级步伐加快的"稳好新转"的运行格局,从而促进了食品供应链产业结构的持续优化,以及食品质量和供应链运行效率的明显改善。第三产业所占比重的上升,代表着人民消费正在从传统消费模式转变为体验式消费,所以食品供应链应延长食品产业链条,发展食品加工业和食品物流业,在确保食品的安全和新鲜的同时提升消费者的购买体验。

3. 第一产业经济情况

第一产业生产总值及其所占比重情况如图1.3所示。从整体上看,第一产业生产总值在2010—2018年保持一种较为稳定的增长趋势,从2010年的38430.8亿元增长至2018年的64734.0亿元,并且从2014年起增长幅度基本保持在4%的水平。与此同时,第一产业生产总值所占GDP的比重有一定的降低,2010年第一产业所占比重为9.3%,并于2018年下降至7.2%,预计2019年第一产业所占比重将低于7%。

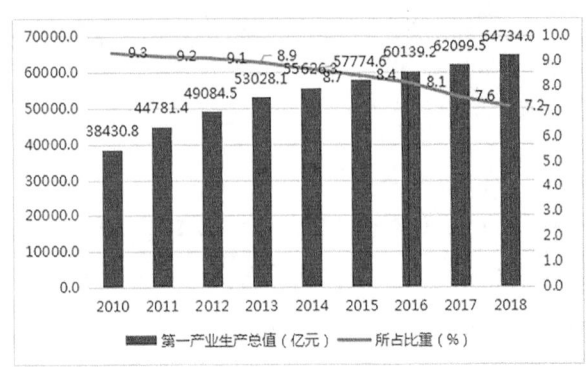

数据来源:国家统计局。

图1.3 2010—2018年第一产业生产总值及其所占比重

从结果上看,虽然第一产业在国民经济中的比重持续下降,但其产业增长趋势和基础地位不会改变。食品供应链整体是从下到上、以需求作为导向对产业结构进行调整的,所以居民日常消费模式的转变会对食品供应链中上游产业造成影响,从而对农业生产造成影响。近几年,我国农业和农村经济已经取得了长足发展,通过以市场需求为导向进行农业供给侧结构性改革,我国农业正在由数量扩张向质量提升转变。目前在传统农业中,种植业比重有一定的下降,但渔业、畜牧业所占的比重在不断增加,并且在种植业内部,粮食作物的比例在缓慢下降,经济作物、瓜菜作物和其他作物的比重在逐步上升。随着农业不断调整品种结构、品质结构以及产业结构,食品供应链末端也为消费者不断提供更丰富、更优质、更适销对路的产品。

1.1.2 居民人均收支情况

居民人均收支情况的变化,直接反映居民生活水平的改变。随着居民人均可支配收入的提高,居民的消费情况也会有一定的增长,从而对于食品的消费需求也有一定的提升,进而促进食品供应链更好地发展。并且由于居民生活水平的提高，居民对食品质量与食品种类有更高的要求，人们的消费观念也开始由"吃饱"向"吃好"进行转变，从而食品供应链内部质量管理与供给结构也需要随着人们需求进行优化调整。

1. 居民人均可支配收入情况

全国居民人均可支配收入及同比增长情况如图1.4所示。2013年全国居民人均可支配收入18311元。2013—2018年，随着国内生产总值的不断提高，全国居民人均收入呈现持续增长的势头。于2018年全国居民人均可支配收入28228元，比上年名义增长8.7%，扣除价格因素，实际增长6.5%，基本与国内生产总值的增长速度相等。相比于2013年提高近一万元，并且每年收入增长速度与国内生产总值基本一致。

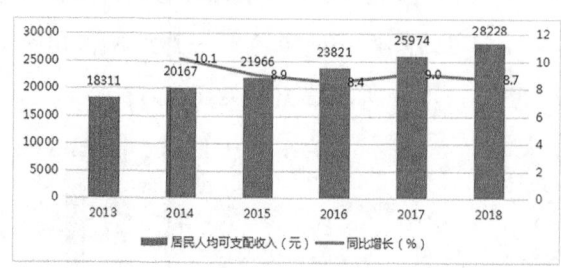

数据来源：中国统计局。

图1.4　2013—2018年全国居民人均可支配收入及同比增长[①]

随着国内生产总值的快速增长，全国居民人均可支配收入也不断地提高。因为高收入人群对食品的营养程度和安全度更加重视，相反低收入人群对价格更为敏感，所以随着居民人均可支配收入的增长，相对于商品价格，商品质量是顾客更加关注的重点。相比于低价格低质量的食品，人们更偏向的是那些虽然价格偏高，但是质量优良的食品。在居民可支配收入不断提高的同时，食品供应链需要对食品质量有更高的要求。

2. 居民人均消费支出情况

全国居民人均消费支出及同比增长情况如图1.5所示。2013年，全国居民人均消费支出为13220元，随后五年中全国居民人均消费支出不断增加，增长幅度始终保持在7%以上。2018年全国居民人均消费支出达到19853元，比2017年名义增长8.4%，扣除价格因素，实际增长6.2%。根据趋势可以预测2019年全国居民人均消费可以突破20000元。

---

① 全国居民可支配收入指标于2013年之后增加发布

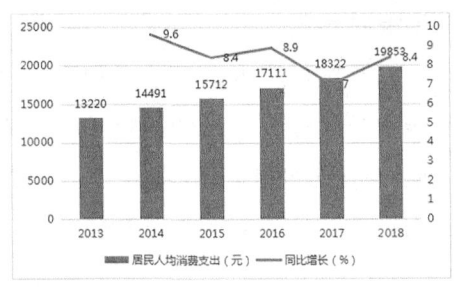

数据来源：中国统计局。

图 1.5　2013—2018 年全国居民人均消费支出及同比增长①

随着居民人均可支配收入的稳步提高，居民人均消费水平也随之有了进一步的增长，从而极大程度上促进了食品供应链的发展。随着居民食品需求的不断增长，食品供应链上游供给水平也随之不断提高，从而加快供应链中各环节的优化调整。

3. 居民恩格尔系数情况

全国居民人均食品烟酒消费支出及恩格尔系数情况如图 1.6 所示。2013 年全国居民人均食品烟酒消费支出为 4127 元，2013—2018 年之间居民人均食品烟酒消费支出稳定增加，于 2018 年增长至 5631 元。虽然全国居民在食品烟酒方面消费支出不断增加，但与此同时恩格尔系数在不断减少。2013 年居民恩格尔系数为 31.2%，之后几年中恩格尔系数一直呈现出下降的趋势，并且于 2017 年全国居民恩格尔系数首次低于 30%，随后 2018 年恩格尔系数进一步下降至 28.4%。

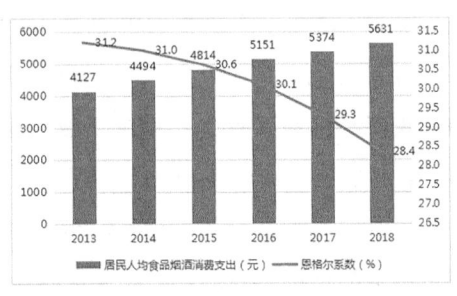

数据来源：中国统计局。

图 1.6　2013—2018 年全国居民人均食品烟酒消费支出及恩格尔系数②

2017—2018 年恩格尔系数下降到 30% 以下，首先反映出这两年人民生活水平提高了；其次则是反映出人民消费结构的进一步升级。人民消费结构的改变也变相地证明了我国经济正在从高速发展迈向高质量发展的新阶段，人们对于食品的要求正在从"吃饱"向"吃好"进行转变，所以对于食品供应链来讲，食品的质量标准需要随着人们消费水平的提高而进一步地提高。

---

① 全国居民消费支出指标于 2013 年之后增加发布
② 全国居民消费支出指标于 2013 年之后增加发布

4. 城镇与农村社会消费品零售额情况

城镇及农村社会消费品零售额及农村所占比例情况如图1.7所示。从整体上来看，社会消费品零售总额呈现一种稳步增长的势头。2010年社会消费品零售总额为154554亿元，2010—2018年间以每年大约30000亿元的速度稳步增长，并于2018年增长至380987亿元。虽然2018年涨幅相对于之前略有下降，但通过目前增长趋势可以预测2019年我国社会消费品零售额有望突破40万亿元。

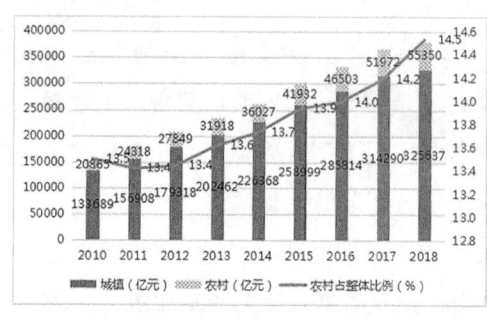

数据来源：国家统计局。

图1.7　2010—2018年城镇及农村社会消费品零售额及农村所占比例

当前，我国农村和城市的消费水平都呈现出较快的增长趋势，并且地区间的消费差距也在不断地缩小，从2010年农村社会消费品零售额占整体为13.5%到2018年增长至14.5%可以看出，通过乡村振兴战略实施，农村生活水平有了很大的提高，并且相对于城镇居民来讲消费增长速度更为快速。农村生活水平的提高，直接导致农民的消费品越来越依赖于市场供给，现金支出越来越多，自给自足的非正规经济逐渐减少。相对于城镇居民，农村居民的消费潜力更大，所以对于食品供应链来讲，农村居民的需求也应该引起重视，不能仅仅把城市淘汰了的食品向农村消费市场倾销，而是要提升农村食品质量，缩小城乡消费市场差距。通过更有效的挖掘农村消费潜力，实现农村消费市场的可持续发展，从而使食品供应链能够有进一步的发展。

1.1.3　物流业运行情况

物流作为供应链的一个重要组成部分，物流行业的发展水平直接影响到食品供应链整体的运行效率。在国内食品市场中，生鲜产品是主要商品之一，相对于价格来讲，消费者对购买的生鲜产品新鲜程度更为重视。生鲜产品的运输方式对于食品供应链生鲜产品质量的提高有很大的影响。因为冷链运输相比于其他运输方式更适合生鲜产品的运输要求，所以冷链物流的发展水平直接影响生鲜产品的质量。

1. 中国物流发展情况

全国社会物流总额及同比增长情况如图1.8所示。2010年全国社会物流总额为125.4万亿元，按可比价格计算，同比增长15%。之后几年中全国社会物流总额呈现出逐年递增的趋势,并于 2017 年增长至 252.8 万亿元,实现翻倍。2018 年全国社会物流总额继续增长,达到 283.1 万亿元,按可比价格计算,同比增长 6.4%,增速比 2017 年同期回落 0.3 个百分点。

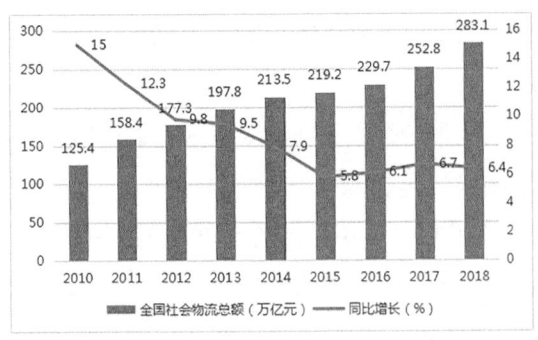

数据来源:国家统计局。

图 1.8　2010—2018 年全国社会物流总额及同比增长

在国际国内环境复杂多变的大背景下,2018 年我国物流运行呈现总体平稳、稳中有进的基本态势。并且随着我国物流行业的快速发展,食品供应链整体的运行效率也有了较大的提高。随着经济结构调整、运输供给市场优化和简政放权持续实施,物流领域降本增效取得初步成效,运输费用下降比较明显,这也让食品供应链的运行成本有了显著的降低。

2. 中国生鲜产品物流发展情况

中国生鲜产品物流总额及其所占社会物流总额比重情况如图 1.9 所示。据统计数据显示,2013 年我国生鲜产品物流总额为 2.5 万亿元,由图 1.8 所示整体社会物流总额为 197.8 万亿元,所占比重为 1.3%,2013—2018 年生鲜产品物流总额总体趋势是持续上升的,所占比重近几年有些许的波动,但整体保持在 1.4% 的水平之上。到 2018 年生鲜产品物流总额已增长至 3.9 万亿元,占比为 1.4%。

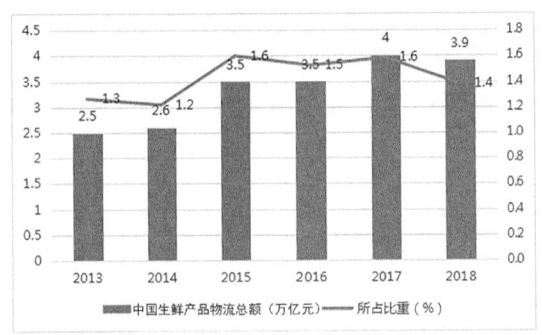

数据来源:中商产业研究院整理。

图 1.9　2013—2018 年中国生鲜产品物流总额及其所占社会物流总额比重

由数据可以看出随着居民对食品需求的日益增加,中国生鲜产品运输总额也在随之不断提高。但是生鲜产品物流总额所占整体比重近几年波动幅度较小,说明生鲜产品未来市场空间还很大。未来食品供应链应该在生鲜产品物流市场进行进一步的开拓,食品供应链应主动将生鲜市场与互联网相融合。生鲜产品市场对接线上可以产生大数据,而大数据对形成价格、传递信息、提供服务、精准营销、食品追溯等方面都有重要作用,从而生产端能够更加直观地了解市场的总供给、总需求,并为下游市场提供更专业完善的服务,从而优化食品供应链整体的服务质量。

3. 冷链市场规模情况

中国冷链物流市场规模及预测情况如图1.10所示。据前瞻产业研究院发布的《中国冷链物流行业市场前瞻与投资战略规划分析报告》统计数据显示,2016年中国冷链物流市场规模达到1833亿元,并在之后一直保持着逐年升高的态势。初步测算2018年中国冷链物流市场规模已突破3000亿元,预计2019年中国冷链物流市场规模将达到3800亿元,并在2020年中国冷链物流市场规模将突破4000亿元。

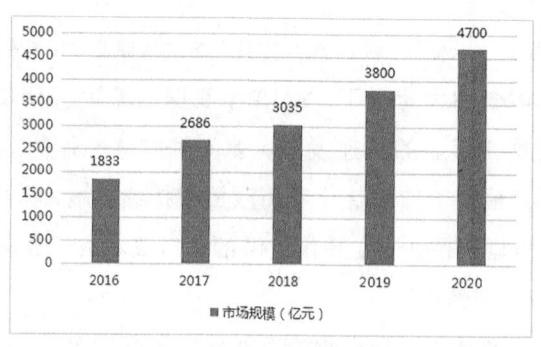

数据来源:前瞻产业研究院整理。

图1.10 2016—2020年中国冷链物流市场规模及预测

随着生活水平的提高,人们为了追求更新鲜、更高品质的食物,生鲜类产品的消费需求有了大幅的上升。对于生鲜产品来讲,食品供应链中间的运输环节十分重要,受益于生鲜产品消费的增长,国内冷链物流市场也在快速发展。并且随着冷链运输水平的不断提高,其对于食品供应链整体运输效率的优化也有着十分重要的影响。当今中国冷链物流市场前景广阔、需求持续打开,未来市场规模将保持增长趋势,食品供应链对于冷链物流的要求也需要进一步提高。

1.2 行业政策环境分析

目前正是食品供应链发展的最好时期,随着"食品安全"和"现代供应链"上升为国家战略,当前环境为我国食品供应链的创新发展提供了充分的政策依据。

在国家一系列政策引导和鼓励下,农业生产、食品加工和食品进口的食品标准不断调整改进,给消费者带来了大量安全且优质的海产品、农产品、食品和果蔬,为食品供应链发展带来前所未有的机遇。在食品安全与食品质量不断提高的同时,食品供应链整体的运作也不断地创新,例如食品冷链物流快速发展,行业标准化体系和基础设施建设逐步推进。并且随着社会化生产方式的不断深入,市场竞争已经从单一客户之间的竞争转变为供应链与供应链之间的竞争,同一供应链内部各方相互依存,供应链金融促进了食品供应链整体协同作用,提升了食品供应链的竞争能力。

1.2.1 食品安全

1. 农业生产相关政策

农业作为食品供应链的源头产业,其所生产的食品直接影响提供给消费者的食品安全与质量问题。农业生产过程容易缺乏控制,例如化肥、农药、兽药使用量过大,既造成环境污染,也导致食品的有害物质残留。通过相关政策的实施,可以有效地提升食品安全以及食品质量,从而提高整个食品供应链的产品质量。

国务院在 2013 年发布一号文件《中共中央国务院关于加快发展现代农业进一步增强农村发展活力的若干意见》,《意见》在保障食品安全,加速农产品现代流通体系建设与完善综合保障机制等几方面给出了指导性意见,并把提高农产品流通效率,完善农产品市场调控作为发展现代农业的重中之重。2015 年 2 月中共中央、国务院印发了《关于加大改革创新力度加快农业现代化建设的若干意见》从围绕建设现代农业加快转变农业发展方式,要强化农业科技创新驱动作用。加快农业科技创新,在生物育种、智能农业、农机装备、生态环保等领域取得重大突破。从源头提升食品质量,保证食品安全,进而提升食品供应链整体的产品质量管理。

2016 年中共中央国务院发布《中共中央国务院关于落实发展新理念加快农业现代化实现全面小康目标的若干意见》实施食品安全战略。加快完善食品安全国家标准,到 2020 年农兽药残留限量指标基本与国际食品法典标准接轨。加强产地环境保护和源头治理,实行严格的农业投入品使用管理制度。深入开展食品安全城市和农产品质量安全县创建,开展农村食品安全治理行动。强化食品安全责任制,把保障农产品质量和食品安全作为衡量党政领导班子政绩的重要考核指标。

2. 食品工业生产相关政策

除了农业之外,食品工业的质量标准同样直接对最终产品有很大的影响。大部分企业虽然有食品卫生标准和制度,但是加工过程缺乏对食品质量和食品卫生进行严格控制的意识。通过政策的落实,食品工业的产品质量将会得到进一步的提高,从而提升整体食品供应链的产品质量。

2016 年 2 月,发布《中华人民共和国食品安全法实施条例》制定了食品安全风险监测和评估标准,食品安全标准,食品生产经营、食品检验、食品进出口、食品安全事故处置等相关具体规定。

2016 年 12 月,国务院食品安全办会同发展改革委、财政部等部门研究起草了《"十三五"国家食品安全规划》,自国务院批准后实行。提出要全面实施食品安全战略,着力推进监管体制机制改革创新和依法治理，着力解决人民群众反映强烈的突出问题，推动食品安全现代化治理体系建设，促进食品产业发展，推进健康中国建设。

2017年国务院发布《关于促进食品工业健康发展的指导意见》提出改善供给结构，提高供给质量；优化产业结构，促进转型升级；增强监管能力，提高安全水平。加快食品行业发展，推动食品工业转型升级，满足城乡居民安全、多样、健康、营养、方便的食品消费需求，促进农业增效、农民增收、农村发展，培育形成经济发展新动能。

2018年7月，提出《食品安全国家标准 食品生产通用卫生规范》为食品生产过程卫生要求标准，国内外食品安全管理的科学研究和实践经验证明，严格执行食品生产过程卫生要求标准等。

2018年11月，国家卫生健康委员会发布了《关于印发2018年度食品安全国家标准立项计划的通知》，该项政策制定了食品相关产品标准、食品产品标准及食品添加剂质量规格标准、食品添加剂质量规格标准及检验方法标准等，最新且更加严格的标准会使食品安全行业更加健康发展。

3. 进口食品相关政策

随着国内食品供应链的不断发展，线上平台的运营模式日益成熟，食品供应链从源头到流通全方位升级，让更多进口食品登上中国消费者餐桌。并且得益于中国经济的快速发展，开放政策的支持以及贸易便利化措施的不断完善，中国进口食品消费规模高速增长。所以通过对进口食品安全及质量进行监管，有效地保证消费者能够购买到安全且优质的进口食品。

2012年3月1日起国家质量监督检验检疫总局局务会议审议通过并开始施行《进出口食品安全管理办法》，对进出口食品生产经营者和检验检疫机构的行为做出的规定，是上述法律法规有关进出口食品安全管理规定的集成和细化。随着进出口食品安全监管法律体系的逐步构建与完善，国家质检总局将进一步完善两大体系，即基于风险分析、符合国际惯例的进口食品安全保障体系，以及从源头备案、过程监督、产品抽检、符合我国实际的出口食品安全监管体系，把好进出口食品的国门。

2017年2月，国务院印发了《"十三五"国家食品安全规划》。该《规划》提出要严格进出口食品安全监管，实施进口食品安全放心工程，强化口岸检验检疫；严格实施进口食品境外生产企业注册；强化安全监管，有利于进口食品行业长期健康发展。

1.2.2 现代供应链

1. 供应链创新相关政策

传统的食品供应链在协同与管理方面存在诸多弊端，但随着现代供应链的到来，食品供应链迎来了新的挑战与机会。面对数据更加透明，消费引领生产的大趋势，食品行业需要通过政策的支持采用更为柔性的食品供应链，以更优地组织利用各类制造资源。

2016年11月商务部等10部门印发《国内贸易流通"十三五"发展规划》提出"消费促进、流通现代化、智慧供应链"三大行动,积极推进流通创新发展。一是从流通业自身发展角度,实现流通现代化行动,提高流通三化水平。推动"互联网＋流通",并提高流通信息化水平;二是从流通引导生产的角度,实施智慧供应链行动,助推供给侧结构性改革,推动流通与工业、农业和其他服务业的深度融合;三是从流通促进消费的角度,实施消费促进行动,服务稳增长大局。

2017年两会期间,全国政协委员、传化集团董事长徐冠巨提交了《关于发展智慧供应链,推动供求关系实现动态均衡发展》的提案。他指出,供应链是连接供给与需求的桥梁和纽带,直接影响着供给对需求的适应性,是深化供给侧结构性改革、推动中国实体经济持续健康发展,特别是提升制造业竞争力的一个重要切入点和突破口。

2017年8月,商务部、财政部办公厅发布的《关于开展供应链体系建设工作的通知》,确定了天津、上海、重庆等17个重点城市开展供应链体系建设。

2017年10月,国务院发布"首个"供应链政策,国务院办公厅印发《关于积极推进供应链创新与应用的指导意见》,首次就供应链创新发展做出全面部署。意见明确推动供应链与互联网、物联网深度融合,推动建设农业供应链信息平台,用大数据引导生产端优化配置生产资源,推动供应链金融服务实体经济,计划到2020年,培育100家左右的全球供应链领先企业,重点产业的供应链竞争力进入世界前列,中国成为全球供应链创新与应用的重要中心。这也是国家对供应链发展推出的第三次重磅政策,也意味着中国供应链即将面临重大的变革。

2017年10月18日,十九大报告提出,在中高端消费、创新引领、绿色低碳、共享经济、现代供应链、人力资本服务等领域培育新增长点、形成新动能。这是党中央首次提出现代供应链概念,标志着"现代供应链"发展正式上升为国家战略。

2018年4月,商务部等8部门启动《关于开展供应链创新与应用试点的通知》。试点目标包括培育一批行业带动能力强的供应链领先企业,形成一批供应链体系完整、国际竞争力强的产业集群等。试点包括城市试点和企业试点。

2018年,国务院公开发布的《国务院办公厅关于推进电子商务与快递物流协同发展的意见》,旨在将电商与快递服务分隔开,为快递企业创造增值服务,同时为实现双方信息共享,以提升配送效率做进一步推动。

2. 冷链运输相关政策

近年来,各级部门鼓励食品供应链建设并应用冷藏冷冻、流通加工冷链设施,构建食品产销一体化流通链条等,为食品供应链发展提供了良好的政策环境,促进食品供应链健康持续发展。

2014年12月26日国家发展改革委、财政部、商务部等10部门联合发布《关于进一步促进冷链运输物流企业健康发展的指导意见》大力提升冷链运输规模化、集约化水平。发展第三方冷链物流,鼓励冷链运输物流企业通过参股控股、兼并重组、协作联盟等方式做大做强,加快形成一批经济实力雄厚、经营理念和管理方式先进、核心竞争力强的大型冷链运输物流企业，通过规模化经营提高冷链物流服务的一体化、网络化水平。

2016年中国铁路总公司发布《铁路冷链物流网络布局"十三五"发展规划》为适应铁路货运向现代物流转型发展要求，加快推进铁路冷链物流网络布局，进一步改善鲜活农产品流通环境，拓展铁路冷链物流市场，形成布局合理、技术先进、节能环保的铁路冷链物流服务体系。

2016年商务部和国标委发布《关于中央财政支持冷链流通标准化示范工作的通知》，其中将山东、河南、重庆、宁波、新疆、河北、广东、四川、青海、宁夏等10个地区列为示范省市，对相关冷链项目建设给予资金支持。我国政策上鼓励、标准上完善，不断给予食品供应链发展的利好信号。

2017年4月21日国务院公开发布的《关于加快发展冷链物流保障食品安全促进消费升级的实施意见》提出推动物流业供给侧结构性改革，加快促进冷链物流健康规范发展，保障食品流通安全，支撑产业转型发展和居民消费升级。

3. 供应链金融相关政策

近两年来，与供应链金融相关的政策接连出台，对食品供应链影响很大。针对食品供应链上下游的各种金融需求，通过对食品供应链中的商务流、信息流、资金流和物流的重塑，依托互联网，整合第三方支付、征信、基金、银行、个人与机构投资者等金融资源，连接商户与商户、商户与个人，构成一个多维的金融一环式网链结构，最终使食品供应链相关主体获得信用化的金融服务，达到供应链各环节的协同发展。

2016年2月，人民银行等八部委印发《关于金融支持工业稳增长调结构增效益的若干意见》，提出要大力发展应收账款融资。

2017年3月，央行等五部门共同发布《关于金融支持制造强国建设的指导意见》，鼓励金融机构依托制造业产业链核心企业，积极开展仓单质押贷款、应收账款质押贷款、票据贴现、保理、国际国内信用证等各种形式的产业链金融业务。

2017年5月，《小微企业应收账款融资专项行动工作方案（2017－2019年）》（以下简称《方案》）发布，该《方案》指出，应收账款是小微企业重要的流动资产。发展应收账款融资，对于有效盘活企业存量资产，提高小微企业融资效率具有重要意义。

2017年10月，国务院办公厅发布《关于积极推进供应链创新与应用的指导意见》，鼓励商业银行、供应链核心企业等建立供应链金融服务平台，为供应链上下游中小微企业提供高效便捷的融资渠道。

2018年4月，商务部等八部门联合发布《关于开展供应链创新与应用试点的通知》。文件要求，落实国务院关于推进供应链创新与应用的决策部署，以供给侧结构性改革为主线，完善产业供应链体系，高效整合各类资源和要素，提高企业、产业和区域间的协同发展能力，适应引领消费升级，激发实体经济活力，在现代供应链领域培育新增长点、形成新动能，助力建设现代化经济体系，推动经济高质量发展。文件中特别指出，要推动供应链核心企业与商业银行、相关企业等开展合作，创新供应链金融服务模式，发挥上海票据交易所、中征应收账款融资服务平台和动产融资统一登记公示系统等金融基础设施作用。在有效防范风险的基础上，积极稳妥开展供应链金融业务，为资金进入实体经济提供安全通道，为符合条件的中小微企业提供成本相对较低、高效快捷的金融服务。

2018年10月，中央财政部发布《关于下达2018年度普惠金融发展专项资金预算的通知》，下拨2018年普惠金融发展专项资金100亿元，比2017年增加23亿元，增长29.85%。普惠金融发展专项资金遵循惠民生、保基本、有重点、可持续的原则，以市场化运作为基础，综合运用业务奖励、费用补贴、贷款贴息、以奖代补等方式，引导地方各级人民政府、金融机构以及社会资金支持普惠金融发展，弥补市场失灵。在政策鼓励之下，食品供应链各环节企业参与到供应链金融市场的竞争之中。

1.3 食品行业总体情况

2018年中国食品行业的转型升级正在提速，在新消费、品牌化、个性化和定制化以及消费细分的多重影响下，食品供应链进入了更加复杂的快速变化的时期。当今时代，食品供应链需要先通过对消费者的需求进行分析，从而对供给侧的产品结构进行调整。但食品行业最终要获得发展，光凭单一企业是不够的，需要食品供应链上下游企业互相的协调配合，无论是农业、食品工业还是食品进口，都需要针对目前的市场需求进行调整。

1.3.1 食品行业规模情况

规模以上食品企业单位数情况如图1.11所示。2011年食品企业单位数为32787个，之后2011—2016年间企业数量呈现持续增长的态势，并于2016年达到了42144个，但随着产能过剩的企业被淘汰或者因为去产能而被兼并之后，2017年与2018年企业数量相对于2016年有大幅度的下降，2017年为40359个，2018年有少许的回升，增长至40909个。

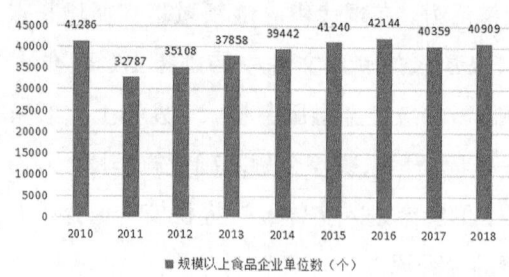

数据来源:2018 年度全国食品工业经济运行分析报告。

图 1.11　2010—2018 年规模以上食品企业单位数[①]

目前,我国食品供应链已进入以"安全与健康"为导向的深度转型期,结构性转型正以一种食品企业减少、行业价值提升的形式表现出来。与此同时,诸多新的食品品类和销售业态,如酵素等新兴植物源食品、具有独特中国风格的功能食品、需求旺盛的老年食品,以及占全国食品市场销售额 30%以上的网络销售食品等,已快速发展成体量庞大的食品工业新增经济板块。通过对产品结构的转型升级,食品供应链中相关企业可以进一步开拓这些潜力更大的消费市场。

1.3.2　食品行业经济效益情况

规模以上食品企业主营业务收入情况如图 1.12 所示。2010 年食品企业主营业务收入为60595.65 亿元,并于 2010—2016 年一直为持续增长的趋势,直到 2016 年增长至 120004.95 亿元,基本上实现了翻倍。但之后两年主营业务收入有一定程度的下滑,并于 2018 年降低至90194.4 亿元。

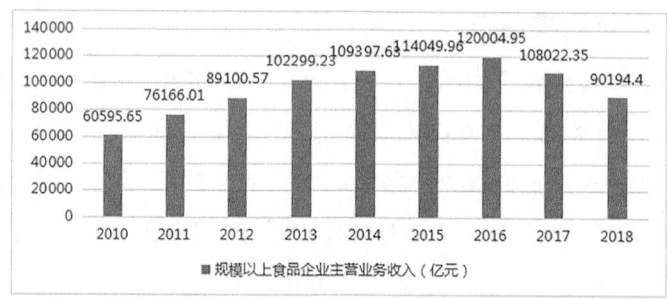

数据来源:国家统计局。

图 1.12　2010—2018 年规模以上食品企业主营业务收入

食品企业数量的减少,直接影响到其主营业务收入的情况。随着食品企业数量的减少以及进口食品数量的快速增长,食品企业主营业务收入近两年有一定的下滑。但主营业务收入的下

---

①　2011 年经国务院批准,纳入规模以上工业统计范围的工业企业起点标准从年主营业务收入 500 万元提高到 2000 万元

滑并不意味着食品供应链未来没有发展空间，反而代表食品供应链正在迎来新一轮的机遇与挑战。2018年是中国食品行业从数量扩张向素质提升的一年，消费升级趋势明显，消费者对新产品呈现出从提供能量为主向满足能量、营养、功能，甚至情感和文化等多种复合需求发展，通过食品企业的转型升级，食品供应链未来将会迎来新的市场潜力。

1.3.3 各类食品人均消费比较

城镇居民人均主要食品消费量如表1.1所示。由表中数据可以看出，城镇居民粮食消费量从2013年121.3千克开始逐年呈现递减的趋势，到2017年下降至109.7千克。食用油从2013—2017年始终保持在11千克的水平左右。蔬菜及食用菌、肉类、水产品、蛋类、奶类以及干鲜瓜果类在2013—2017年中整体保持着一个平稳增长的趋势。食糖从2013—2017年始终保持在1.3千克的水平。

表1.1　2013—2017年城镇居民人均主要食品消费量[①]　（单位：千克）

指标	2013	2014	2015	2016	2017
粮食（原粮）	121.3	117.2	112.6	111.9	109.7
食用油	10.9	11	11.1	11	10.7
蔬菜及食用菌	103.8	104	104.4	107.5	106.7
肉类	28.5	28.4	28.9	29	29.2
水产品	14	14.4	14.7	14.8	14.8
蛋类	9.4	9.8	10.5	10.7	10.9
奶类	17.1	18.1	17.3	16.5	16.5
干鲜瓜果类	51.1	52.9	55.1	58.1	59.9
食糖	1.3	1.3	1.3	1.3	1.3

数据来源：国家统计局。

农村居民人均主要食品消费量如表1.2所示。由表中数据可以看出，农村居民粮食消费量从2013年178.5千克开始逐年呈现递减的趋势，到2017年下降至154.6千克。食用油从2013—2017年始终保持在10千克的水平左右，蔬菜及食用菌基本保持在90千克的水平左右。肉类、水产品、蛋类、奶类、干鲜瓜果类以及食糖在2013—2017年中整体保持着一个平稳增长的趋势。

[①] 2013年之后采用的为新的统计方法

表 1.2　2013—2017 年农村居民人均主要食品消费量　（单位：千克）

指标	2013	2014	2015	2016	2017
粮食（原粮）	178.5	167.6	159.5	157.2	154.6
食用油	10.3	9.8	10.1	10.2	10.1
蔬菜及食用菌	90.6	88.9	90.3	91.5	90.2
肉类	22.4	22.5	23.1	22.7	23.6
水产品	6.6	6.8	7.2	7.5	7.4
蛋类	7	7.2	8.3	8.5	8.9
奶类	5.7	6.4	6.3	6.6	6.9
干鲜瓜果类	29.5	30.3	32.3	36.8	38.4
食糖	1.2	1.3	1.3	1.4	1.4

数据来源：国家统计局。

我国人民传统膳食结构是以植物性食物为主，动物性食物为辅，即粮食蔬菜为主要食物，肉蛋奶为辅助食物的东亚型膳食模式。随着我国经济的不断发展，人民群众的生活不断提高，居民饮食趋向多样化，粮食等低价值食物消费量趋于减少，肉类、水产品、蛋类、奶类以及干鲜瓜果类等高价值食物消费量则趋于增加。

相比于城镇居民，农村居民粮食所占食品的比重仍然较高，但各类食品消费未来变化趋势与城镇居民基本一致。目前城乡居民对于高端食品的消费需求不断扩大，食品供应链需要结合城乡居民消费趋势对供给端的产品结构进行调整，从而促进食品供应链未来的发展。

1.3.4　农业生产状况

农牧渔业生产情况如表 1.3 所示。由表中数据可以看出，粮食产量 2010 年为 55911 万吨，2010—2015 年一直稳定提升，但之后几年产量有一定的下降，2018 年降至 65789 万吨。油料整体趋势也是逐年升高，由 2010 年 3157 万吨上升至 2018 年 3433 万吨。甘蔗、甜菜整体产量基本保持在一定范围内上下波动。烟叶整体趋势略有下滑，从 2010 年 283 万吨降低至 2018 年 224 万吨。蔬菜、水果、禽蛋、水产品近年来产量均逐年稳定提升。肉类于 2010—2014 年提升至 8818 万吨后近几年有些许的下滑，2018 年降低至 8625 万吨。牛奶每年基本保持在 3100 万吨的水平范围内上下浮动。

表 1.3 2010—2018 年农牧渔业产量　　　　　　　　　(单位：万吨)

指标	2010	2011	2012	2013	2014	2015	2016	2017	2018
粮食	55911	58849	61223	63048	63965	66060	66044	66161	65789
油料	3157	3213	3286	3287	3372	3391	3400	3475	3433
甘蔗	10598	10867	11575	11926	11579	10706	10322	10440	10810
甜菜	705	796	877	629	510	509	855	938	1128
烟叶	283	300	325	322	285	268	257	239	224
茶叶	146	161	176	189	205	228	231	246	261
蔬菜	53031	59767	61625	63198	64949	66425	67434	69193	70347
水果	20095	21019	22092	22748	23303	24525	24405	25242	25688
肉类	7994	8023	8471	8633	8818	8750	8628	8654	8625
牛奶	3039	3110	3175	3001	3160	3180	3064	3039	3075
禽蛋	2777	2830	2885	2906	2930	3046	3161	3096	3128
水产品	5373	5603	5502	5744	6002	6211	6380	6445	6458

数据来源：国家统计局。

互联网的时代中，由于人们消费模式的改变，食品供应链需要与消费者做联结，所以作为食品供应链中初级生产者的农业，也势必要做出改变。可以看出，随着近几年城乡居民对高价值食品消费量的提高以及低价值食品消费量的降低，农业的生产情况也受到了相应的影响，直接反映在粮食产量近几年的下滑以及蔬菜、水果、禽蛋、水产品产量的不断提升。随着农业生产结构根据居民需求的不断调整，食品供应链的供给水平也会有新的提高。

1.3.5 食品工业生产状况

食品工业主要产品产量情况如表 1.4 所示。由表中数据可以看出，小麦粉、大米、精制食用植物油在 2014—2016 年均为稳定增长趋势，但于 2017 年下降幅度较大。成品糖与糖果 2014—2017 年为逐年下降的趋势。鲜、冷藏肉近几年也不断地随之下降。冷冻水产品、速冻米面食品、方便面、乳制品、罐头、冷冻饮品以及食品添加剂在 2014—2017 年之间均呈现出稳定增长的趋势。发酵酒精、精制茶近几年产量基本稳定在一定的范围内上下波动。卷烟 2014 年产量 26098.57 亿支，随后几年呈现出稳定下降的趋势，至 2017 年减少至 23450.74 亿支。

表1.4 2014—2017年食品工业主要产品产量①

(单位：万吨、万千升、亿支)

指标	2014	2015	2016	2017
小麦粉	14116.02	14461.78	15265.33	13801.44
大米	13042.82	13564.2	13887.59	12583.92
精制食用植物油	6534.13	6734.24	6907.54	6071.82
成品糖	1660.09	1475.37	1433.18	1463.73
鲜、冷藏肉	3903.44	3761.08	3637.06	3254.88
冷冻水产品	857.57	844.13	860.23	863.11
糖果	362.41	345.47	351.85	331.37
速冻米面食品	528.26	524.17	566.05	568.16
方便面	1025.64	1017.8	1103.89	1103.2
乳制品	2651.81	2782.53	2993.23	2935.04
罐头	1171.89	1212.6	1281.99	1239.56
冷冻饮品	308.57	306.99	331.51	378.33
食品添加剂	682.9	790.07	851.75	851.39
发酵酒精（折96度，商品量）	984.28	1016.74	952.1	1027.29
精制茶	243.76	241.81	258.76	246.03
卷烟	26098.57	25890.61	23825.76	23450.74

数据来源：中国食品工业年鉴2015—2018。

随着人民生活水平的提高，工业加工食品的比重在食物消费中正在快速增加，食品工业已成为现代大都市食品保障必不可少的支撑。近几年随着农业产量的不断变化，食品工业的产品产量也受到一定的影响。小麦粉、大米以及鲜、冷藏肉产量随着近几年粮食和肉类产量的减少随之递减，而冷冻水产品产量随着水产品产量的增加而上涨。生活节奏的加快促使着人们改变了传统的生活方式，人们越来越不愿在厨房里多花时间，新一代的消费群体在不断壮大，使那些更加方便快捷的食品的需求不断增加，直接反映为速冻米面食品、方便面、乳制品、罐头、

---

① 于2015年的年鉴开始引入主要产品产量的数据

冷冻饮品以及食品添加剂近几年产量的稳定增长。随着这些食品需求的增长，方便消费的主食类、肉食等菜肴食品将成为食品工业未来发展的重点。

1.3.6 进口食品状况

进口食品规模及增长速度情况如图1.13所示。2010年进口食品规模为240亿美元，2010—2015年一直保持着持续上升的趋势，但增长速度逐渐降低，至2015年达到了562.8亿美元。虽然2016年进口食品规模有些许的回落，但随后两年增长速度明显加快，并于2018年达到了724.7亿美元，首次超过700亿美元。

数据来源：海关总署。

图1.13 2010—2018年进口食品规模及增长速度

从尝鲜到常态，进口食品成为家庭食品消费重要部分。随着消费观念的转变和生活品质的提升，进口食品不再是奢侈的象征，而是已经逐渐融入居民的日常生活当中。得益于中国经济的快速发展，2018年一年之间进口食品规模增长幅度就超过100亿美元。与此同时，越来越多国家和地区的食品登上了我国居民日常生活的餐桌，进口食品品种和来源越来越多元。目前，中国进口食品来源已经覆盖了全球73.9%的国家和地区，中国进口食品的来源日益丰富，既满足了消费者多元化的饮食需求，也让食品供应链的产品供给更为多样化。

第二章 食品供应链发展的总体概况

2.1 食品供应链的产生与发展

20世纪90年代以来,供应链管理的思想已成为学术界及企业界关注的热门话题,尤其是供应链管理成功地应用于诸如IBM、DHL等各种行业公司的经营管理之后,食品和农产品行业也纷纷效仿,将供应链管理的思想引入到该行业之中以此来提高自身的竞争力。国外学者以Zuurbier为代表于1996年在一般供应链管理思想的基础上提出了食品供应链管理这一概念,此概念提出后,美国、法国、加拿大等农业发达国家先后引入并推广了这一模式并取得了较好的实践成果。同时,这一管理模式逐渐在世界范围内得到各国学者的关注,成为研究重点。

食品供应链是指以食品为研究对象的供应链,包括食品原料供应商、食品生产商、分销商、零售商、消费者,由他们组成一个链状结构或网状结构,即食品供应链。在食品供应链中,以消费者需求为导向,通过物流、资金流、信息流的合理流通,达到满足消费者要求与供应链整体运行成本最小化的平衡状态,最终实现保障供应链的整体利益,达到供应链有效高效运行的目的。食品供应链是从食品的初级供应商到消费者各环节的经济利益主体所组成的自上而下的供需网络。其中经济利益主体包括食品原料供应商、食品加工生产商、食品分销商、食品零售商和消费者。食品供应链综合管理的概念产生于欧洲,它把供应链视作一个整体,对其实行综合性计划、合作和商品流程的控制,所以每一个环节都是息息相关的,都不能出现问题,否则都会影响最终产品的质量。

近年来,频频发生食品安全问题,"毒馒头"、"毒奶粉"、"地沟油"、上海福喜"臭肉门"事件等一系列食品安全事件的频频曝光,严重影响了消费者对食品安全的信心。这些不安全食品的出现都与初级农产品原料向终端产品转化的食品供应链管理有着密切关联。2014年"两会"期间,李克强总理明确提出最严格的监管、最严重的处罚、最严肃的问责,坚决治理餐桌上的污染,切实保障"舌尖上的安全"。因此,食品供应链建设成为食品安全管理体系中关注的焦点之一。

我国食品供应链管理不断发展的原因主要可以归为以下几类:

1. 消费者对食品及农产品的新鲜程度、品质要求越来越高

随着经济贸易全球化，消费者对于食品新鲜程度和过程透明化的需求越来越高，对于食品和农产品的交货期和生产周期要求也越来越高。食品供应链具有环节众多，流程要求高，易受不确定因素影响等特点，基于此市场对食品供应链也提出了更优的生产流程、更短的交货期、更快的响应速度等要求，要求食品供应链不断增强时间敏感性，获取基于时间的竞争优势，更好地满足消费者的需求。

2. 消费者对食品的质量安全越来越关注

民以食为天，食以安为先，对食品安全的高度重视，也使得食品供应链备受关注。消费者对食品和农产品的质量要求也越来越高，迫使食品生产企业实行食品供应链管理，以保证稳定的上游原料供应和下游的销售渠道畅通。为了满足消费者对食品和农产品在种类、数量以及质量上的要求，企业不断寻求和研发新技术，而新技术和新方法的过度使用（如杀虫剂、激素、抗生素和转基因技术等），在满足了消费者需求的同时，也不可避免地对人体产生了危害从而引起食品质量安全问题。由于食品和农产品生产信息的不透明化，消费者在购买食品或农产品时，并不能完全了解产品的卫生、环保和安全信息，这也会导致食品安全问题的发生，因此需要不断地发展食品供应链管理来尽可能地减少食品安全问题的发生。

3. 法律法规的要求

食品和农产品企业迫于政府、相关社会组织和消费者的要求和压力，不得不按食品供应链来进行运作。例如，欧盟管理法规第178号〔2002〕规定，从2004年起在欧盟范围内销售的所有食品，都要实行食品供应链跟踪与追溯；同样在美国，食品与药品管理局（FDA）规定，美国国内外从事食品生产、加工和包装等的部门以及相关组织，在2003年12月12日前要向FDA进行登记，以便进行食品安全跟踪与追溯，未登记者都不许从事食品生产和销售。

随着人民生活水平、可支配收入水平的不断提高，人们对食品的要求不再仅限于满足日常生活的需求，越来越多的人开始关注食品的安全性，绿色性，以及是否合法合规。本着保护公民人身健康、国家长远发展以及受到消费者保护组织以及其他研究学者的压力，各个国家都相应地制定了食品质量安全监管法律法规。这要求食品企业不得不按照食品供应链管理的思想来运作。由此可见，食品供应链管理是在市场内在动力和政府外在压力的情况下促成的。

2.2 食品供应链的分类

食品供应链的形成是与其生产流通系统的内容不断变化密切相关的，特别是食品生产流通系统的不断演变，为人们创建高效率的食品供应链管理模式提供了基础。我国食品分类系统，有十六大分类，三百多个小类，是我国目前制定企业标准，食品安全认证主要的依据。具体分

类如下：一是乳与乳制品，二是脂肪、油和乳化脂肪制品，三是冷冻饮品，四是水果、蔬菜（包括块根类）、豆类、食用菌、藻类、坚果以及籽类等，五是可可制品、巧克力和巧克力制品（包括类巧克力和代巧克力）以及糖果，六是粮食和粮食制品，七是焙烤食品，八是肉及肉制品，九是水产品及其制品，十是蛋及蛋制品，十一是甜味料，十二是调味品，十三是特殊营养食品，十四是饮料类，十五是酒类，十六是其他类。

为便于讨论，本研究选取典型食品，并对现行的食品分类系统进行总结归类，本研究根据食品种类、生产、加工及流通特点的不同，将食品供应链划分为以下四类：①生鲜农产品；②副食品供应链；③进口食品；④保健品。划分依据如下：

由于乳与乳制品、果蔬农作物等食品，除个别特殊种类外，均在运输方面对冷链要求较高，因此本研究将其划分为生鲜农产品类，主要包括蔬菜、水果、肉、蛋、奶以及水产品等，我国习惯将其称为"生鲜三品"（果蔬、肉类、水产）。其中，易腐易损性是生鲜农产品的主要特征。

由于脂肪、油和乳化脂肪制品、饮品、可可制品、巧克力和巧克力制品（包括类巧克力和代巧克力）以及糖果、焙烤食品、甜味料、调味品、饮料类、酒类等食品，除个别特殊种类外，一般需要经过精加工，因此本研究将其划分为副食品类，主要包括休闲食品、饮品等。

由于我国国民经济持续增长，人均收入不断增加，城市化进程的加快，进口食品在我国发展迅速。据国家质检总局此前报告显示，中国进口食品来自欧美、韩国、日本、东南亚等140多个国家和港澳台地区，约10大系列逾两万个品种。虽然我国进口食品品类众多，但其具有相同的特点，即进口食品的生产加工环节在国外进行，不同于其他食品在国内进行生产加工，因此本研究将进口食品单独分为一类。

由于GB16740—1997《保健（功能）食品通用标准》第3.1条将保健食品定义为："保健（功能）食品是食品的一个种类，具有一般食品的共性，能调节人体的机能，适用于特定人群食用，但不以治疗疾病为目的。"因此本研究将保健食品作为一个特定的食品种类进行探讨。

2.3 食品供应链运作模式

2.3.1 食品供应链线下运作模式

1. 传统批发市场模式

生鲜农产品供应链线下运作模式，是一个包括生产、加工、流通和消费等多环节的综合复杂系统，主要模式如图2.1所示。

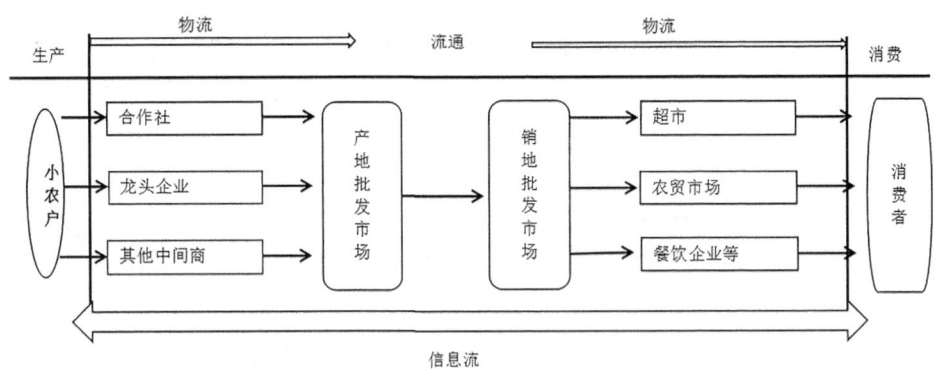

图 2.1 传统的农产品批发市场物流模式图

传统批发市场是食品流通的主要渠道,是我国农产品市场体系的重要组成部分。然而,由传统的农产品流通模式图可以看出,我国农产品从生产起点产地物流中转物流,再到终端的销地物流,要经过生产、收购、产地批发市场存储、运输、销地批发市场存储,运输等环节,流通环节多、渠道长,造成了农产品在流通环节损耗大,流通成本高,同时对产品的品质也产生很大影响。除此以外,当前我国在农产品批发市场经营中存在较多问题,例如农产品物流成本过高,农产品损耗较大、农产品质量监管难度大等问题。可见,传统的农产品流通模式面临改革、完善和升级的严峻挑战,发展现代化的流通模式也势在必行。

2. 农超对接模式

"农超对接"就是把农产品生产者和终端商无缝融合在一起,减少不必要的中间流通环节,解决农产品流通困境,有效降低运作成本,把更多的利润让给农民与消费者,力争供应链整体利益最大化;保障农产品质量安全、减少损耗、避免资源浪费。我国"农超对接"实施主要采用"超市+农户"模式。

"超市+农户"的对接模式,又称集约型二元直供模式。该模式的主体参与者只有超市与农村中规模较大的农户或基地,超市与农户或基地签订具体采购农产品的供货时间、种类、数量和质量标准协议。该模式省去了超市与农户或基地间多余环节,无须进行保鲜处理(添加防腐剂)和长时间运输,可避免二次污染,极大程度降低管理成本,实现 JIT(Just in Time)生产,减少鲜活农产品损耗达 80% 以上。其次是提高需求信息透明度,避免了牛鞭效应,实现了零库存。"超市+农户"模式如图 2.2 所示。

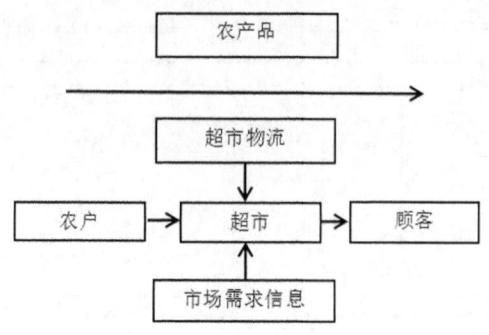

图 2.2 "超市＋农户"模式

3. 订单农业模式

订单农业流通模式的关键在于农户与龙头企业之间的关系。根据双方签署的合同，农户按照合同中相应的产品质量标准生产既定数量和种类的农产品，而龙头企业则兼司收购、加工以及销售工作，将收购来的农产品进行深加工，提高农产品的附加值，然后转卖给下级的批发商和和零售商来完成流通，这种流通操作被称为"订单农业"。订单农业模式分为五大类：

①农户与科研、种子生产单位签订合同，依托科研技术服务部门或种子企业发展订单农业。

②农户与农业产业化龙头企业或加工企业签订农产品购销合同，依托龙头企业或加工企业发展订单农业。

③农户与专业批发市场签订合同，依托大市场发展订单农业。

④农户与专业合作经济组织、专业协会签订合同，发展订单农业。

⑤农户通过经销公司、经济人、客商签订合同，依托流通组织发展订单农业。

该模式相对于传统批发市场模式具有较为明显是优势，一方面，订单农业模式通过合同将农户和龙头企业进行绑定，可以使农户和龙头企业共同承担市场压力，使农户利益得到保障；另一方面，该种模式更能优化农产品流通，既维持了农产品的独立性与自主性，又节省信息搜寻的成本。

2.3.2 食品供应链线上运作现状分析

随着电子商务的兴起，食品电商的运营模式也在不断地变化，结合调研了解我国目前的电子商务商业模式常见的主要有 B2C、B2B、C2C、C2B、O2O、O2O＋C2B 等几种，下面对这六种电子商务模式进行简单的对比，如表 2.1 所示。

表 2.1　线上模式对比分析

	代表性企业	现存问题
B2C	中粮我买网、京东商城、当当、卓越亚马逊、凡客诚品、每日优鲜、易果生鲜等	商品与图片不一致、伪劣或残损物品、送货时间长、商品仿冒、卖家骗取货等问题
B2B	阿里巴巴、美菜网、果乐乐等	易受产量、品种、物流等因素限制,食品监管难度较大
C2C	百度有啊、淘宝、拍拍、易趣	安全信息得不到保障、网络信息虚假披露、交易欺诈、商家伪造商品真实信息诱导消费者等
C2B	C2B电子商务模式是随着天猫"双11"的预售活动的出现慢慢地被人所知	可能会因为客户需求较多,生产成本降低而造成食品安全问题
O2O	饿了么、盒马鲜生、京东到家	食品保质期比较短;保存不易、对物流配送的条件要求极高;食品市场产品缺乏统一标准,可替代性低

1. B2C 模式

B2C 即 Business to Consumer,就是经常看到的供应商直接把商品卖给用户,即"商对客"模式,也就是通常说的商业零售,直接面向消费者销售产品和服务。当前我国大部分的 B2C 电子商务运营商都愿意把商品配送业务委托给第三方物流来运作实施。电子商务企业利用外部的资源为企业内部的生产经营服务,寻求最优化的社会分工,将社会各方集合提升协作力量,从而使服务质量带来效率和效益的最大化,可以有效降低企业购买和维护自身仓库修建及产品运输工具的成本。

2. B2B 模式

B2B 即 Business to Business,B2B 电子商务是指企业与企业之间通过互联网进行产品、服务及信息交换的电子商务活动。B2B 电子商务平台是指一个市场的领域的一种,是企业对企业之间的营销关系。

B2B 电子商务模式主要有降低采购成本、降低库存成本、节省周转时间、扩大市场机会等优势,目前常见的 B2B 运营模式主要有垂直 B2B(上游和下游,可以形成销货关系)、水平 B2B(将行业中相近的交易过程集中)、自建 B2B(行业龙头运用自身优势串联整条产业链)、关联行业的 B2B(整合综合 B2B 模式和垂直 B2B 模式的跨行业 EC 平台)。

3. C2C 模式

C2C 即 Customer to Customer，客户之间自己把东西放上网去卖，是个人与个人之间的电子商务。随着国内因特网用户的不断增加，利用因特网进行网络购物的消费方式日渐流行，食品 C2C 电子商务网站也层出不穷，市场份额快速增长。

C2C 的一般运作流程是：卖方将欲卖的货品登记在社群服务器上、买方透过入口网页服务器得到二手货资料、买方透过检查卖方的信用度后选择欲购买的二手货、透过管理交易的平台分别完成资料记录、买方与卖方进行收付款交易、透过网站的物流运送机制将货品送到买方。

4. C2B 模式

C2B 即 Customer to Business，是互联网经济时代新的商业模式。这一模式改变了原有生产者（企业和机构）和消费者的关系，是一种消费者贡献价值（Create Value），企业和机构消费价值（Customer Value）。

从实现难度及层级来看，C2B 存在的模式有如下几种：

①折叠聚定制。即通过聚合客户的需求组织商家批量生产，让利于消费者。

②折叠模块定制。聚定制只是聚合了消费者的需求，并不涉及在 B 端产品环节本身的定制。

③折叠深度定制。深度定制也叫参与式定制，客户能参与到全流程的定制环节。

5. O2O 模式

O2O 即 Online To Offline，是指将线下的商务机会与互联网结合，让互联网成为线下交易的平台，O2O 模式对于食品电子商务来讲，提供了良好的解决思路，只需要进行一些改造，强化产品在线平台的服务功能和交易功能，构建并完善实体店这样的网络联通体系，食品电子商务也必将迎来新的发展局面。

线上营销，线下服务。线上线下数据打通，通过食品品牌商城让客户（会员）成为公司的资产，线下实体店获取客户信息进行引导销售，目标客户群发送指定门店的促销信息。此外，社区 O2O 送货上门十分方便，并且能够保证食品的卫生和新鲜，减少损耗率；还可进行产品展示、推广。

综上，通过对现有网购食品的商业模式和运营模式的整理，有助于我们更好地发现不同种类的网购食品，在不同模式下容易出现的问题的关键节点，可以细化我们课题问题研究的深度，同时为下一章的内容奠定了基础。

第三章 不同品类的食品供应链发展现状

3.1 不同品类的食品供应链发展状况分析

基于第二章对不同品类的食品供应链分类的基础上，本研究将在本章节针对不同品类食品供应链的特点，进行具体分析。并且，由于不同品类的食品供应链具有的特点不一样，导致食品在供应链上各环节存在较大差异。针对生鲜农产品供应链而言，其生产环节直接关系着人类的健康和安全，是食品安全的前提和保障。并且，由于生鲜农产品具有易腐易损的特性，使得其运输环节不同于其他食品，对冷链运输具有较高要求。因此，生鲜农产品的生产与流通是最重要的环节，需要重点讨论；针对副食品供应链而言，由于其原材料需要向农产品供应商进行采购，并且对于运输环节要求较低，因此本研究主要针对副食品供应链的加工和销售环节进行讨论，不再讨论农产品生产环节；针对进口食品供应链而言，其生产、加工均不在国内进行，因此本研究主要讨论各类食品的进口以及销售情况；针对保健食品供应链而言，由于其多采用直销模式，供应链并无过多中间环节，因此本部分仅针对保健食品的生产和销售情况进行分析。

3.1.1 生鲜农产品供应链发展状况分析

生鲜农产品主要包括蔬菜、水果、肉、蛋、奶、乳制品以及水产品等，将其称为"生鲜三品"（果蔬、肉类、水产），并且鲜活程度是决定这些生鲜农产品价值的重要指标。

1. 生产情况分析

本研究主要针对蔬菜、水果、肉类、水产品、乳制品五类主要生鲜农产品进行生产情况分析。

（1）蔬菜产量持续增长

蔬菜产业是我国农业的重要组成部分，经过近30年的发展，我国蔬菜的种植面积达到2000多万公顷，年产量超7亿吨，人均占有量高于500kg，均居世界第一位。目前，我国蔬菜种植结构发生了巨大变化，逐渐由数量型向效益型转变，此外随着蔬菜种植面积和产量的提高，人们的菜篮子也不断得到充实。如图3.1、图3.2所示。

数据来源：国家统计局。

图 3.1　2014—2018 年我国蔬菜种植面积走势

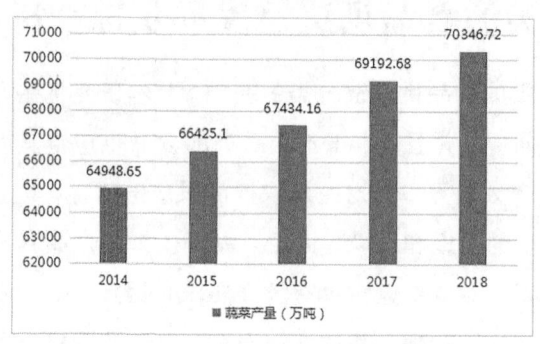

数据来源：国家统计局。

图 3.2　2014—2018 年我国蔬菜产量走势

从全国范围看，山东、河北、辽宁等区域形成蔬菜产业集中地，蔬菜产品销往国内各大市场。但从国际范围看，我国虽然是蔬菜生产第一大国，但不是强国，总体水平与国外相比有较大的差距，如蔬菜种植产业现代化水平不高、蔬菜标准化体系不完善等。

（2）水果成为我国第三大农业种植产业

我国果品总面积和总产量一直稳居世界第一。同时，果品的质量和产业化水平也在不断发展和提高。目前，果品产业已成为继粮食、蔬菜之后的第三大农业种植产业。截至 2017 年，我国果园总面积达 11135.92 千公顷，较 2012 年增加 146.22 千公顷，增长率约 1.3%。2017 年水果产量达 25241.90 万吨，较 2012 年增加 3150.4 万吨，增长率约为 12.48%。可见，虽然我国果园种植面积增长率较低，但产量增长迅速，主要原因为新产品与技术在农户种植中的应用。如图 3.3、图 3.4 所示。

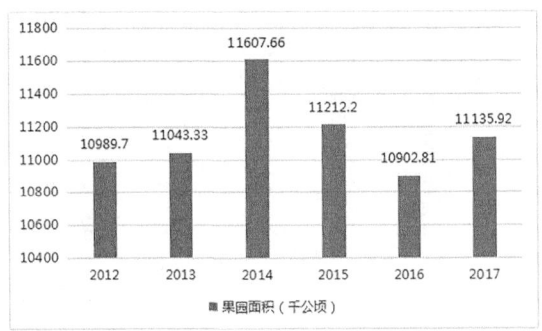

数据来源：国家统计局。

图 3.3　2012—2017 年我国果园面积走势

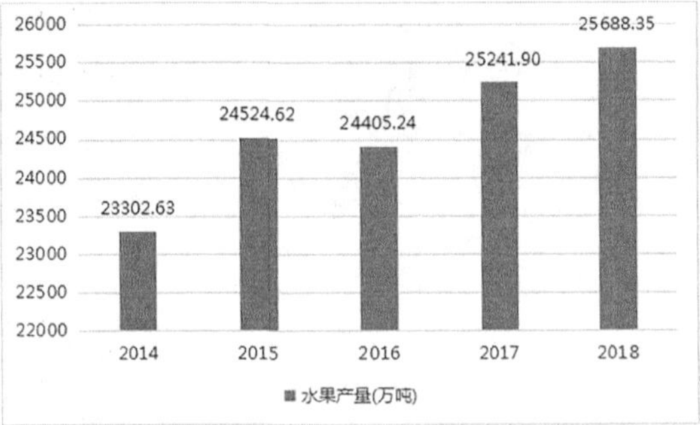

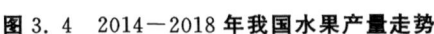

数据来源：国家统计局。

图 3.4　2014—2018 年我国水果产量走势

从全国园林水果种植面积的地区分布情况看，"十二五"初期面积在100万公顷以上的依次为广东、陕西、河北三个省区，"十二五"末期面积在100万公顷以上的依次为陕西、广西、广东、河北四省。

（3）肉类结构不断改善

随着我国经济持续健康增长、城乡居民收入和人民生活水平不断提高，膳食结构也逐步改善。数据显示：2014年至2018年，我国肉类产量从5268.80万吨增长到8624.63万吨。其中，猪肉产量5403.74万吨，较2017年下降0.88%；牛肉产量644.06万吨，较2017年增长1.49%；羊肉产量475.07万吨，较2017年增长1.51%；禽肉产量1994万吨，较2017年增长1.03%。如图3.5、3.6所示。总体而言，相较于2017年，我国具有高营养价值的肉类产量大幅度提高，说明我国居民肉类产品消费结构整体呈健康化趋势。

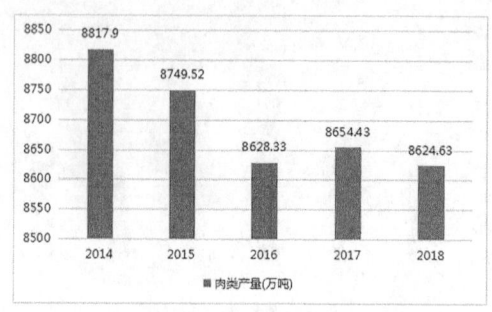

数据来源:国家统计局。

图 3.5　2014—2018 年我国肉类产量走势

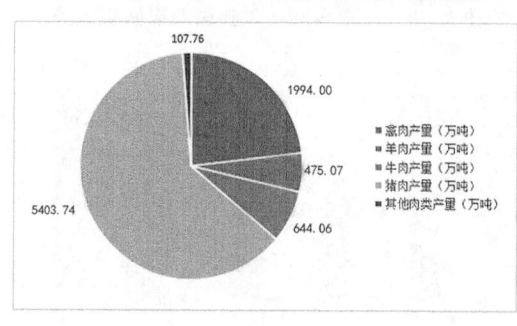

数据来源:国家统计局。

图 3.6　2018 年中国肉类产品结构

(4) 水产品需求快速增长

随着我国居民生活水平的提高,消费观念也开始由"温饱型"向"质量型"、"健康型"转变,我国水产品需求继续快速增长。2017 年水产品产量万吨,6445.33 比上年增长 1.03%。2018 年水产品产量 6457.66 万吨,比上年增长 0.19%。其中,海水产品产量 3301.43 万吨,比上年下降 0.61%;淡水产品产量 3156.23 万吨,比上年增长 1.04%。由此可见,我国水产品产量增长趋于平缓。如图 3.7、3.8 所示。

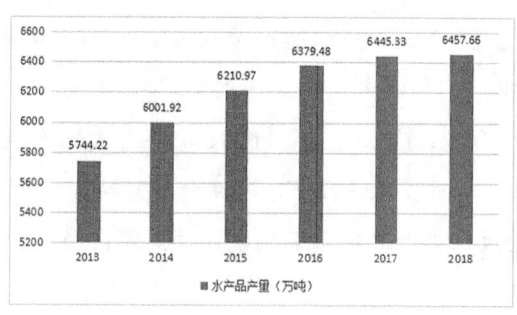

数据来源:国家统计局。

图 3.7　2013—2018 年我国水产品产量走势

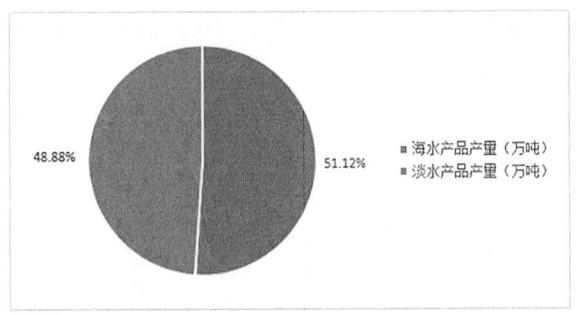

数据来源：国家统计局。

图 3.8　2018 年中国水产产品结构

（5）乳制品行业集中度有所提高

近年来，随着国家对乳制品加工业市场准入的严格限制以及对现有乳制品加工企业的整顿，我国乳品行业的市场集中度有所提高，市场份额开始转向品牌知名度高、实力强、规模效益显著的大企业。特别是一些大型乳品企业通过资产重组、兼并收购等方式，扩大了规模，加强了对奶源以及销售渠道的控制。根据国家统计局数据显示：2017 年全年数据进入统计范围的企业有 611 家，比 2016 年减少 16 家。2016 年末，中国规模以上乳制品加工企业（年销售额 2000 万元以上）627 家，比 2008 年减少 100 余家，销售额排名前 15 位的乳制品加工企业销售额为 1794 亿元，约占全国销售总额的 53.9%。中国规模以上乳制品企业数量变化趋势如图 3.9 所示。

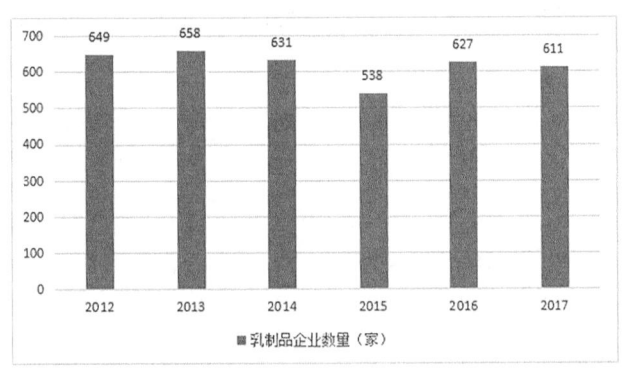

数据来源：国家统计局。

图 3.9　中国规模以上乳制品企业数量变化趋势

乳制品工业是重要的民生工业，根据报告，系国家鼓励类产业。随着国民经济的发展和人民生活水平的提高，越来越多的消费者把乳制品作为日常生活中的一种营养品食用。因此，乳制品行业的总收入也不断增加，在国民经济中的比重不断得到提高。数据显示，2017 年全年数据进入统计范围的企业有 611 家，其中亏损企业 110 家，亏损比例 18.00%；2017 年全国乳品加工业销售收入 3590.41 亿元，同比增长 6.77%，利润总额 244.87 亿元，同比减少 3.27%。六年来我国乳制品行业规模以上企业主营业务收入从 2469.3 亿元增长至 3590.41 亿元，增长了 45.36%，年均复合增长率为 7.77%。根据图 3.10 乳制品企业营收变化趋势可以预见，未来中国奶制品消费依然有很大的增长空间。

数据来源：国家统计局（资料来源：中商产业研究院整理）。

图 3.10　中国乳制品企业营收变化趋势

2. 流通情况分析

国内生鲜销售以农贸市场为主，超市渠道开发较为落后。

我国生鲜农产品流通模式多为当蔬菜、生禽、水产品、果品等农产品采收后，从分散的农户或产地零售农贸市场收购，或直接从基地经多级批发市场到达销地零售农贸市场，最后到达消费者。在该模式下，生鲜农产品的冷链物流涉及的环节众多，产品到达最终消费者的时间比较长。这种情况下如果各级批发市场冷库配套不足，则会造成巨大损耗。农产品流通冷链物流覆盖环节如图 3.11 所示。

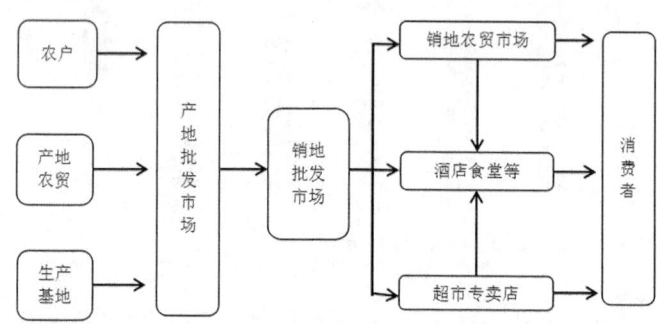

图 3.11　农产品流通冷链物流覆盖环节

国内生鲜农产品销售渠道分布情况如图 3.12 所示。国内生鲜销售主要通过农贸市场、超市、生鲜电商等渠道来完成，其中，传统的农贸市场是最主要的销售渠道，其占比为 73%，远远高于其他销售渠道。

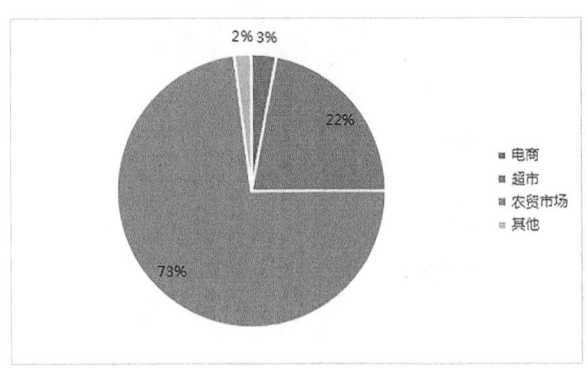

数据来源：国家统计局。

图 3.12　国内生鲜农产品销售渠道分布

生鲜产品一直是全球消费品市场中最重要的品类之一，在"民以食为天"的中国更是如此。与其他品类相比生鲜品类的同店重复购买率更高，此外 60% 的消费者表示在购买生鲜时交叉购买其他零售品类，尤其可见生鲜产品是零售商最有效的引流武器。考虑到生鲜品类的特点，线下渠道依旧会是零售商竞争的主战场。2017 年，中国亿元以上生鲜农产品交易市场成交额为 9634.2 亿元。2012—2017 年中国亿元以上生鲜农产品市场成交额情况如图 3.13 所示。

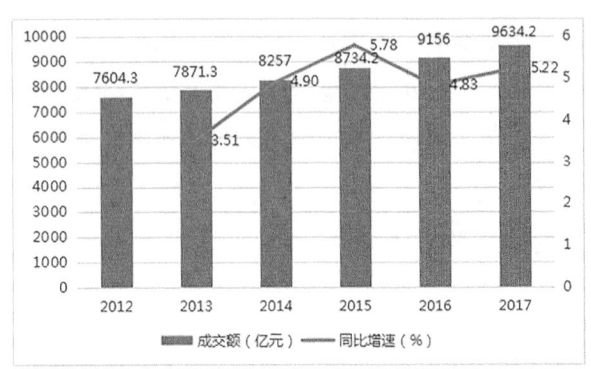

数据来源：国家统计局。

图 3.13　2012—2017 年中国亿元以上生鲜农产品市场成交额情况

此外，以永辉超市、家家悦为代表的超市类现代生鲜农产品物流供应链模式也在逐渐兴起，超市渠道占比为 22%，位居第二。但是，相比于美国、德国和日本超市渠道占比分别为 90%、87% 和 70%，中国超市渠道仍有很大的提升空间。国内外生鲜农产品超市销售渠道占比情况如图 3.14 所示。

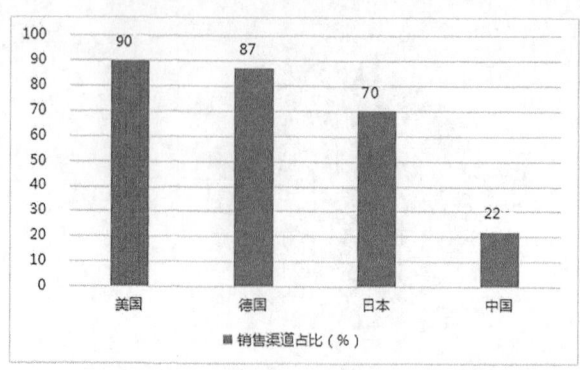

数据来源：国家统计局。

图 3.14 国内外生鲜农产品超市销售渠道占比

综上所述，传统农贸模式的流通环节过于繁复，而超市生鲜销售模式具有直采直营、流通环节少、保证生鲜产品质量和安全等诸多优点，能从规模化采购、运输设备、冷藏设备等领域提升产业链效率。此外，对比国外生鲜销售模式也以超市为主的发展现状，可以预计未来超市生鲜销售将是国内生鲜消费的必然趋势。

3. 我国冷库拥有量较低，且分布不平衡

中国人均冷库容量与发达国家对比如图 3.15 所示。我国冷库产业虽然在近年取得了长足的进步，但是与发达国家相比，仍然处于较低水平，尤其是人均冷库拥有量方面，我国仍然比较落后。我国目前冷库总量已经与美国持平，但人均拥有量只占美国的 1/4；日本冷库总量约为 3300 万立方米，人均冷库拥有量是我国的 3.0 倍；德国人均冷库水平是我国的 2.5 倍；法国是我国的 2.0 倍；荷兰是我国的 1.5 倍。

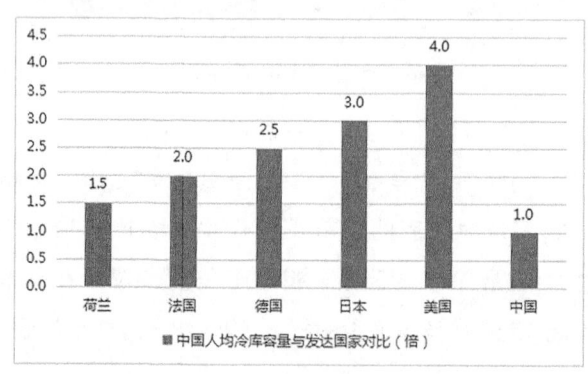

数据来源：公开资料整理。

图 3.15 中国人均冷库容量与发达国家对比

2017 年我国冷库按区域分布情况如图 3.16 所示。虽然冷库总容量近年来不断增长，但是区域分布不平衡的问题仍然比较严重。2017 年华东、华北、华中、华南区域的冷库容量占全国冷库总容量的的比值分别为 43.64%、15.88%、15.11%、11.36%，而承担全国大部分生鲜农产品批发的西南和西北区域合计占比仅 14.02%，缺乏原产地区域化生产冷链体系建设。

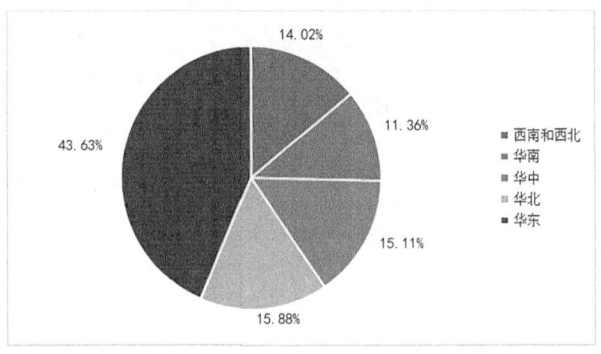

数据来源：公开资料整理。

图 3.16　2017 年我国冷库按区域分布

人均冷库容量中上等水平区域情况如图 3.17 所示。从人均冷库容量来看，上海、天津、北京三个直辖市人均冷库保有量位列前三，分别达 1282 吨、1091 吨、725 吨；而重庆的人均冷库保有量仅 430 吨，差距明显。不过，判断一个地区冷库水平高低不能仅看冷库的绝对总量，也要看该地区的人口数量以及区域性特征（是产地还是销地）。新疆、宁夏的冷库容量相比其他省市较少，但由于这两个地区的人口数量并不多，因此这两个地区的人均库容仍排在全国中上等水平。

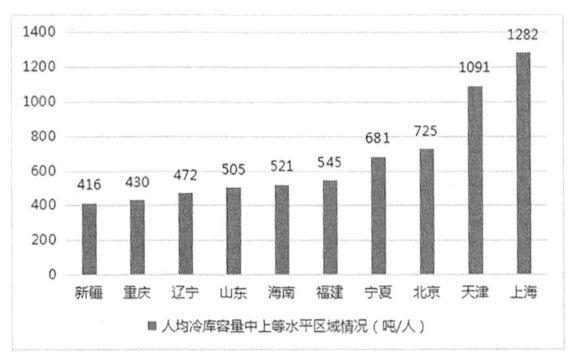

数据来源：公开资料整理。

图 3.17　人均冷库容量中上等水平区域情况

4. 果蔬和肉类产品使用冷库的占比较高

各类产品使用冷库的比重情况如图 3.18 所示。目前我国各类产品中，果蔬和肉类使用冷库的占比最高，分别为 30% 和 24%，两者合计占比超过 50%，水产品占比为 17%。但果蔬产品因为销量巨大，即使在冷库市场占据 30% 的比重，其使用冷库的总数量也并不高，主要以樱桃、葡萄、杨梅这类高价值水果和冷冻蔬菜为主。

我国目前乳制品使用冷库仅占 6%，比重很小。可以预见，随着消费能力的升级，生鲜电商带动乳制品、水产品以及高价值水果的销量，未来乳制品的冷库占比会有所提高，果蔬产品和水产品的冷库占比会进一步提高。

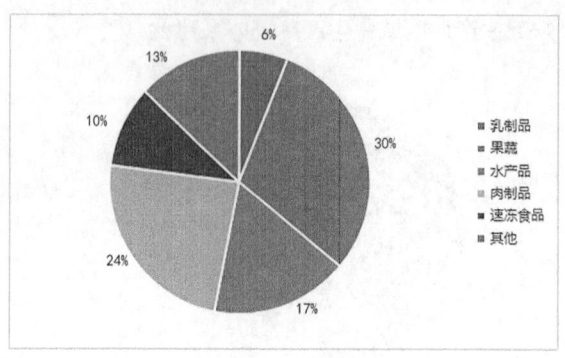

数据来源：国家统计局。

图 3.18　各类产品使用冷库的比重

5. 我国冷藏车数量同发达国家具有较大差距

国内外国家拥有冷藏车情况对比情况如图 3.19 所示。在冷藏车数量来看，一是在冷藏车绝对量上，我国还远远落后于美国与日本；二是在冷藏车平均量上，由于中国人口基数较大，而冷藏车总量较少，导致我国 1.82 万人才拥有 1 辆冷藏车，这一指标远差于其他国家和地区。由此可见，我国生鲜运输冷藏车数量还严重偏少。

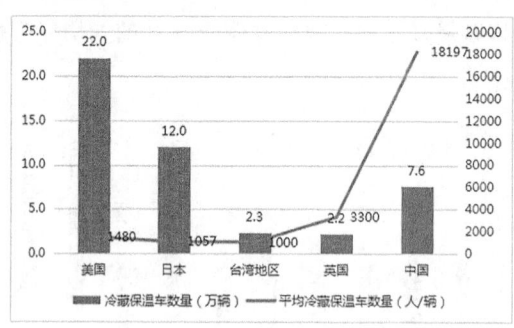

数据来源：国家统计局。

图 3.19　国内外国家拥有冷藏车情况对比

6. 生鲜农产品运输损耗率较高，保鲜程度不足

国内外生鲜农产品运输损耗率与保鲜率对比情况如图 3.20 所示。受我国冷藏供应链基础设施发展落后，以及我国生鲜农贸销售模式中间流通环节过多、流通链条长的影响，导致了生鲜产品运输的损耗率过高，而生鲜保鲜率偏低的现状。目前，我国农产品流通成本一般占总成本的 40% 左右，鲜活产品及果蔬产品占 60% 以上，而国外发达国家物流成本一般控制在 10% 左右。

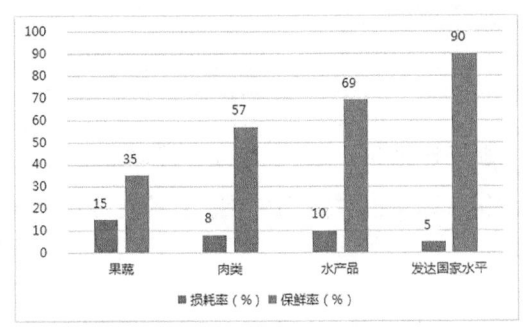

数据来源：国家统计局。

图 3.20　国内外生鲜农产品运输损耗率与保鲜率对比

7. 我国第三方物流企业对冷库的需求最高

我国冷库需求企业类型占比情况如图 3.21 所示。针对生鲜农产品而言，我国冷库需求主要来自六大类型企业，如图 3.21 所示。由此可见，第三方物流企业占比最高，达到 31.0%，其他依次为连锁餐饮、连锁零售、生鲜电商、食品贸易和食品加工企业。由于第三方物流企业占比远高于其他类型的企业，本研究选取典型物流企业并对其冷链物流业务布局情况进行汇总分析，如表 3.1 所示。可知，顺丰控股集团冷链布局最为完善，可以覆盖全产业链，提供仓储、运输等业务；圆通速递主要针对仓储业务，进行冷链仓储服务；中通则将业务重点放在配送业务上，保障生鲜农产品的配送效率；申通主要业务为仓储和配送；韵达和百世快递则还未开展冷链业务。

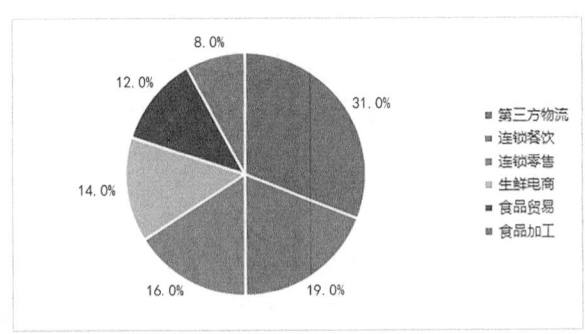

数据来源：公开资料整理。

图 3.21　我国冷库需求企业类型占比

表 3.1　我国第三方冷链物流业务布局情况

快递公司	冷链物流业务布局情况
顺丰控股	目前布局冷运最为完备，提供生鲜速配、大闸蟹专递、冷运到家、冷运到店、顺丰冷运零担、冷运专车、冷运仓储等冷运服务

续表

快递公司	冷链物流业务布局情况
圆通速递	2018年,圆通速递推出"圆通冷运"其主要产品包括冷链仓储服务、B2B同城低温运输和B2C同城低温宅配,目前业务仅面向上海
韵达股份	未布局
百世快递	未布局
中通快递	未布局,仅提供"优鲜送"业务,主要针对于生鲜、水果等具有较高时效及安全要求的产品,保证产品优先中转、优先派送、在规定时效内完成对包裹投递的服务、满足全国市场优鲜保证寄递需求
申通快递	申通推出"申雪冷运",专注于"第三方冷链仓储+配送服务",帮助生鲜客户解决供应链环节出现的需求问题

数据来源:公开资料整理。

综上所述,我国生鲜农产品冷链物流与发达国家相比,存在基础设备不完善、冷链业务分布不均、食品在途损耗较高等诸多问题,亟须借鉴发达国家生鲜农产品冷链物流业发展的经验,并结合中国国情针对流通环节进行重塑改进。

3.1.2 副食品供应链发展状况分析

副食品,即非主食,指经过精加工的食品,可以为人们补充蛋白质。一般是经过精加工的食品,包括食糖、糖果、罐头、茶叶、调味品、乳制品、蜜制品、豆制品、饮料、饼干、糕点、小食品以及烟、酒、果品等。

1. 加工情况分析

食品行业中各主要细分市场发展均较快。近年来肉、禽、蛋、奶制品消费量大幅增多,各类烘焙食品、速冻食品、休闲食品等快速发展。本研究将副食品供应链加工产业细分为农副食品加工业、食品制造业、饮料制造业三大类。其中,食品制造业是仅次于农副食品加工业的第二大龙头产业。

农副食品加工业指直接以农、林、牧、渔业产品为原料进行的谷物磨制、饲料加工、植物油和制糖加工、屠宰及肉类加工、水产品加工,以及蔬菜、水果和坚果等食品的加工活动。

1)农副食品加工行业损耗率较高

据统计,我国每年的粮食产后损失超过500亿斤,损失率约为8%~12%;蔬菜每年损失率超过20%,特别是叶菜类损失超过30%,远高于发达国家均值。以蔬菜为例,我国每年只有60%~70%可以得到有效利用。因此,亟须完善农副食品加工流程,降低成本,提高行业利润。

2）行业发展放缓，成本居高不下

农副食品加工业自始至终都是我国第二产业的重要支柱。但近年来在我国经济政策作用下，我国第三产业发展迅速，第一、二产业比重持续下降，随着产业结构的不断变化，我国农副食品加工业发展放缓。国家统计局数据表明，截至2017年我国农副食品加工业规模以上企业数量为24661家，较2016年下降5.19%，整体呈先增后减趋势，如图3.22所示。

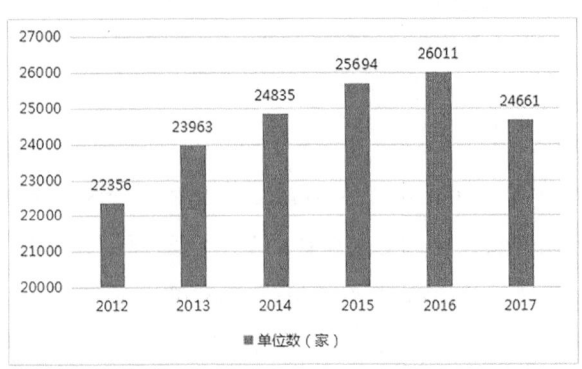

数据来源：国家统计局。

图 3.22　2012—2017 年我国农副食品加工业规模以上企业数量

2012—2017年以来，我国农副食品加工业规模以上企业营业利润整体呈波动趋势，于2016年达到顶峰3649.92亿元，随后大幅度下降，于2017年利润总额达到3113.29亿元，较2016年下降14.70%，下降19.91个百分点，如图3.23所示。

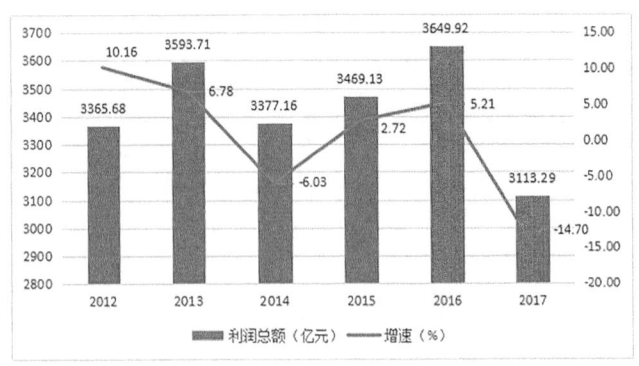

数据来源：国家统计局。

图 3.23　2012—2017 年我国农副食品加工业规模以上企业营业利润及增速

我国农副食品加工业规模以上企业主营业务收入呈先增后减趋势，增速大体呈下降趋势，其中2016年增速有所提高，相比上年提高2.58个百分点，随后极速下降，回落18.25个百分点。结合图3.24可知，我国农副食品加工业主营业务收入与企业数量正相关。

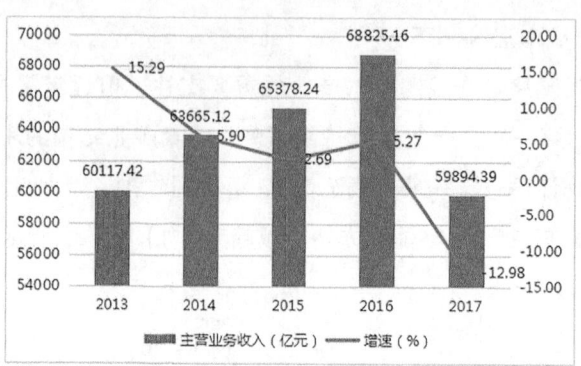

数据来源：国家统计局。

图 3.24　农副食品加工业规模以上企业主营业务收入及增速

如图 3.25 所示，与主营业务收入变化趋势类似，我国农副食品加工业规模以上企业主营业务成本也呈现先增后减的变化趋势，主营业务成本率波动幅度较小。2017 年我国农副食品加工业规模以上企业的主营业务成本率为 89.00%，上涨 0.2 个百分点，说明该行业主营业务收入略高于主营业务成本，且该行业并未在降低成本方面取得重大进展，导致主营业务收入的盈利贡献、行业利润率均维持在较低水平。

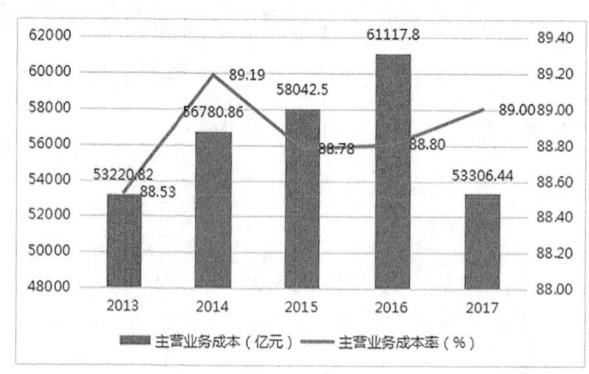

数据来源：国家统计局。

图 3.25　农副食品加工业规模以上企业主营业务成本及主营业务成本率

综上所述，我国农副食品加工业发展速度放缓，行业整体成本较高、利润率较低。然而由于农副食品与居民生产生活关系密切，与居民消费高度相关，为维持农副食品供应，亟须进行产业转型升级，提高政府补贴力度，通过引入高新技术降低行业成本，突破行业困境，保持农副食品加工行业的平稳发展。

2. 食品制造业

食品制造业指粮食及饲料加工业、植物油加工业、制糖业、屠宰及肉类蛋类加工业、水产品加工业、食用盐加工业和其他食品加工业。

2016 年，食品制造业规模以上工业企业主营业务收入为 23955.38 亿元，同比上涨 9.10%；

2017年,食品制造业规模以上工业企业主营业务收入为22140.85亿元,同比下滑7.57%。近五年食品制造业规模以上工业企业主营业务收入如图3.26所示,单位数量如图3.27所示。可见,近年来我国食品制造业规模呈先增后减趋势,主营业务收入与单位数量正相关。

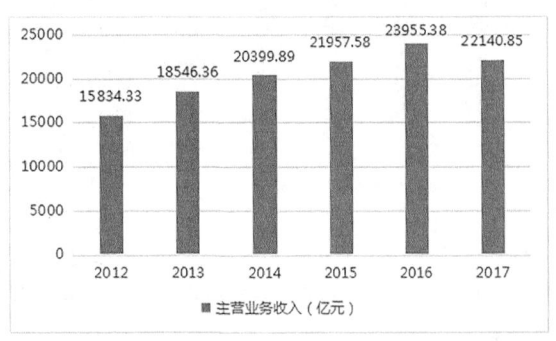

数据来源:国家统计局。

图3.26　2012—2017年食品制造业规模以上工业企业主营业务收入

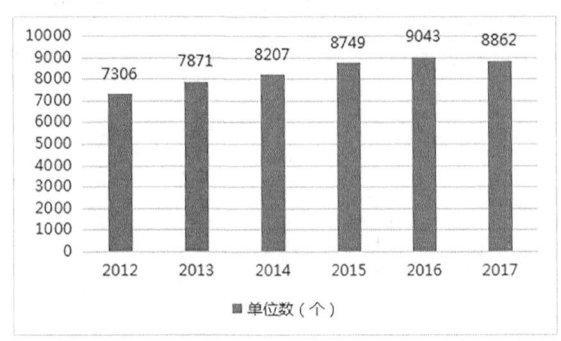

数据来源:国家统计局。

图3.27　2012—2017年食品制造业规模以上工业企业单位数

由此可见,我国食品制造业与农副食品加工业发展趋势具有一定的相似性,由于休闲食品的加工制造是食品制造业重要的组成部分,因此,本研究将重点分析休闲食品加工情况。

1) 休闲食品行业竞争激烈

由《2018年食品行业新零售发展研究报告》数据可知,目前我国休闲食品行业入局者仍不断增加,行业竞争未有趋缓迹象。2011—2017年我国休闲食品行业企业数量如图3.28所示,可以看出行业企业数量不断增长,至2017年我国休闲食品行业企业数量达到2771家,同比增长4.42%。

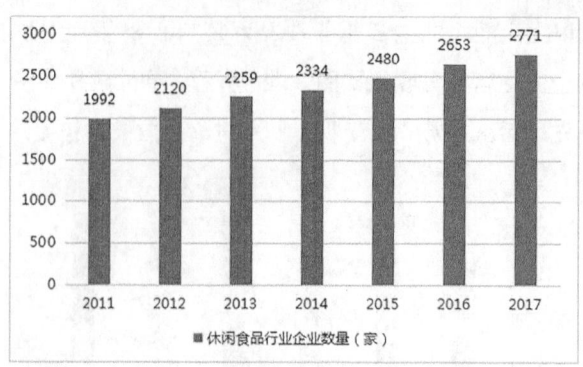

数据来源：公开资料整理。

图 3.28 2011—2017 年我国休闲食品行业企业数量

2）市场规模保持高速增长

随着我国国民经济发展和居民消费水平的提高，休闲食品已成为人们日常食品消费中的重要组成部分。根据数据，如图 3.29 显示，我国休闲食品行业年产值由 2010 年的 4014 亿元增长至 2017 年的 9191 亿元，年均复合增长率达 12.56%，且预计仍将保持高速增长。

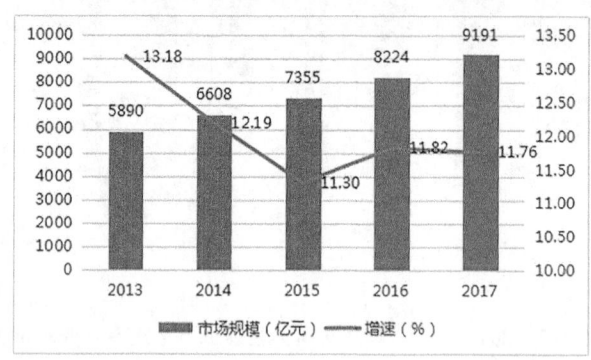

数据来源：公开资料整理。

图 3.29 2012—2017 年我国休闲食品市场规模与增速

3）品牌优势明显

坚果炒货巨头品牌市场占有率情况如图 3.30 所示。近年来国内休闲食品市场需求扩大，中高端产品消费量增大，部分企业利用渠道优势和品牌优势，逐渐扩大自身的市场占有率。以坚果炒货为例，目前国内市场上坚果炒货的巨头品牌占据行业的六成以上市场份额，剩下不到四成则由众多其他品牌瓜分。

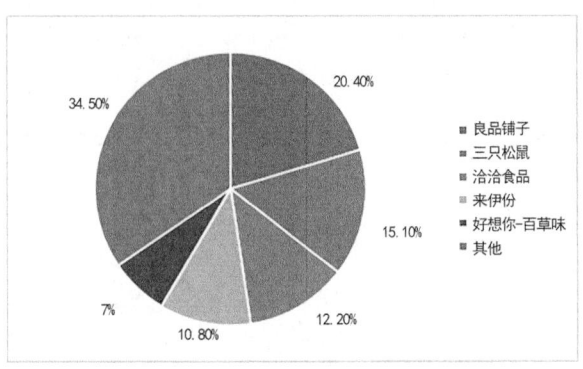

数据来源：公开资料整理。

图 3.30　坚果炒货巨头品牌市场占有率

3. 饮料制造业

饮料即饮品，是供人或者牲畜饮用的液体，它是经过定量包装的，供直接饮用或按一定比例用水冲调或冲泡饮用的，乙醇含量（质量分量）不超过 0.5% 的制品。

1) 饮料行业产量呈先增后减趋势

饮料行业产量及增速情况如图 3.31 所示。近年来，我国饮料行业产量维持在较高水平。2012 年全国饮料产量为 13024 万吨，到 2017 年增长至 18051.2 万吨。从增长速度来看，近几年我国饮料行业产量增长速度有所放缓，2017 年首次出现负增长，为 -1.60%。2018 年全国饮料产量为 15679.2 万吨，较上年大幅度下降 13.14%。这主要是由于我国居民健康意识不断提高，碳酸饮料消费占比不断下降，因此，饮料行业亟须加速产品革新步伐，研发符合现代居民消费观念的健康饮品。

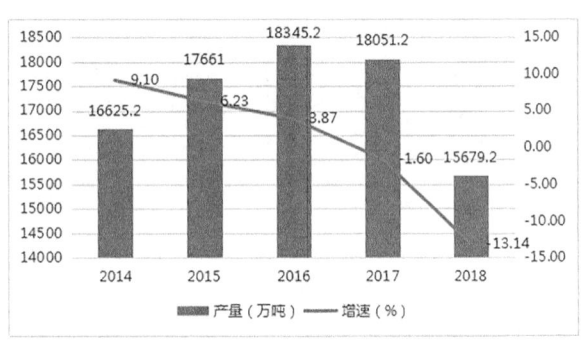

数据来源：国家统计局。

图 3.31　2014—2018 年我国饮料行业产量及增速情况

2) 包装饮用水是我国饮料制造业的重要组成部分

2017 年饮料行业产量细分区域分布情况如图 3.32 所示。按照国民经济统计分类标准，我国饮料行业分为：碳酸饮料制造、瓶（罐）装饮用水制造、茶饮料、果汁及果菜汁饮料、功能饮料、含乳饮料、凉茶和植物蛋白饮料等。根据国家统计局数据显示，2017 年我国包装饮用水类饮料产量为9535.73万吨，占全国饮料产量比重过半，达52.83%；果汁和蔬菜汁类饮料产量为2228.5万吨，占比为12.35%；碳酸类饮料产量为1744.4万吨，比重为9.66%。随着人们健康意识的逐渐增强，我国饮料行业中碳酸饮料的比重逐渐下降。

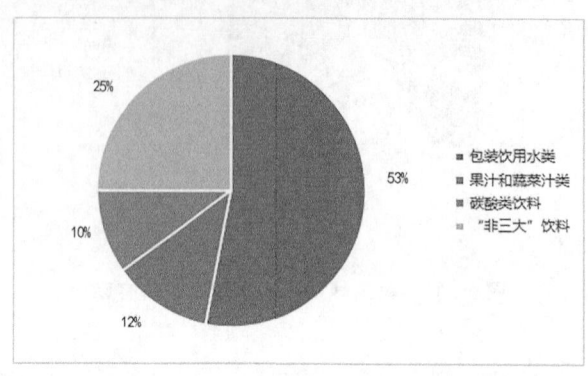

数据来源：公开资料整理。

图3.32　2017年饮料行业产量细分区域分布情况

3）饮料制造行业利润稳步增加

2013—2017年中国饮料制造行业主营业收入统计及增长情况如图3.33所示。2017年我国规模以上饮料制造业主营业务收入达17637亿元，同比下降4.86%。近年来，我国饮料制造行业主营业务收入增长速度趋于平缓，并于2017年骤减11.56个百分点，首次实现负增长。

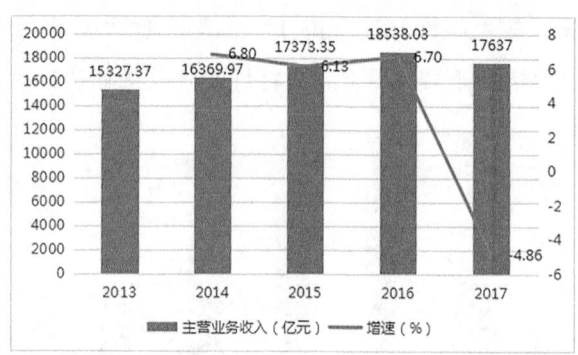

数据来源：公开资料整理。

图3.33　2013—2017年中国饮料制造行业主营业收入统计及增长情况

2017年规模以上饮料制造业实现利润总额2017.5亿元，较2016年增长5.71%。结合图3.34可知，虽然我国饮料制造行业主营业务收入相对2016年有所降低，但利润总额上涨，可见我国饮料行业在加工制造环节成本得到有效控制，提高了行业利润。

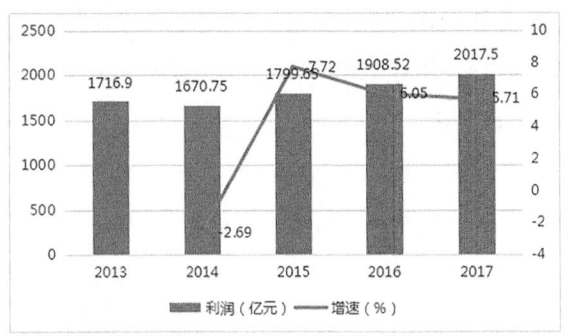

数据来源：公开资料整理。

图 3.34　2013—2017 年中国饮料制造行业利润总额统计及增长情况

近几年，我国饮料行业的毛利率呈波动趋势，变化情况如图 3.35 所示。2017 年为 24.49%，为 2013—2017 年内最高毛利率；2016 年毛利率下降到 21.21%，为 2013—2017 年内最低毛利率；2017 年我国饮料行业毛利率较上年上升 3.28 个百分点。虽然我国饮料行业产量呈现下降趋势，并于 2017 年首次出现负增长，但 2017 年行业毛利率急速上升并达到顶峰，说明我国饮料行业的盈利能力大幅度上涨，行业结构得到升级。

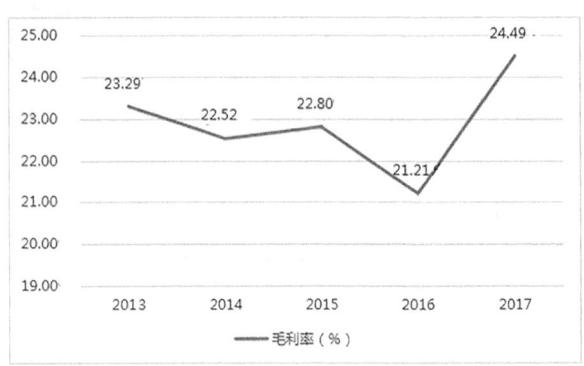

数据来源：公开资料整理。

图 3.35　2013—2017 年我国饮料行业毛利率变化情况

由于我国居民对休闲食品和饮品的需求量较大，因此，本研究在副食品供应链的销售情况方面主要选取消费者较为关注和购买量较大的休闲食品和饮品两类，作为代表性品类进行分析。

(1) 休闲食品

1) 休闲食品市场集中度整体较低

我国休闲食品线下集中度零散，尤其是以坚果为代表的农产品加工属性强的品类。总体来看，休闲食品的市场集中度有很大提升空间，目前我国休闲食品整体 CR10 约 30%，美国及英国 CR10 超过 60%。休闲零食行业整体 CR5 约为 20%，其中薯类膨化食品、糕点类、饼干等传统的零食的集中度相对较高，农产品加工属性较强的炒货及坚果品类 CR5 不足 10%，而洽洽作为线下的龙头企业,市占率不到5%。我国一些特色休闲食品,市场集中度尚在较低水平,龙头企业正不断向这些领域渗透,预计未来市场占有率有望提升。

2)休闲食品消费品类占比翻新

2017年我国干果坚果行业市场规模约880亿元,同比2016年的728亿元增长了20.88%,年均增长率达15.24%,增速高于整体休闲食品,如图3.36所示。

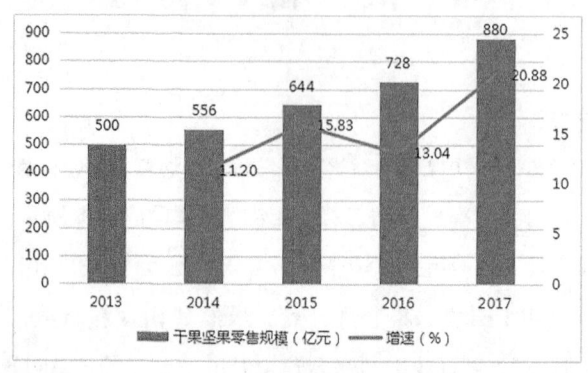

数据来源:公开资料整理。

图3.36 2013—2017年中国干果坚果行业市场规模情况

从品类结构来看,休闲食品包括糖果巧克力、坚果炒货、肉干肉脯、果脯蜜饯等,种类繁多。如图3.37所示,从销售额来看,全年销售额占比最高的品类依次为山核桃/坚果/炒货(22.0%)、糕点点心(17.0%)、蜜饯/枣类/梅/果干(13.0%)、饼干膨化(13.0%)、肉脯卤味(12.0%)。可见,目前受消费习惯变化、消费升级的驱动,我国居民更愿意消费健康且营养价值高的坚果,坚果炒货作为休闲食品细分品类增长迅速,增速高于膨化食品、糖果等其他品类,行业景气度高,市场潜力巨大。

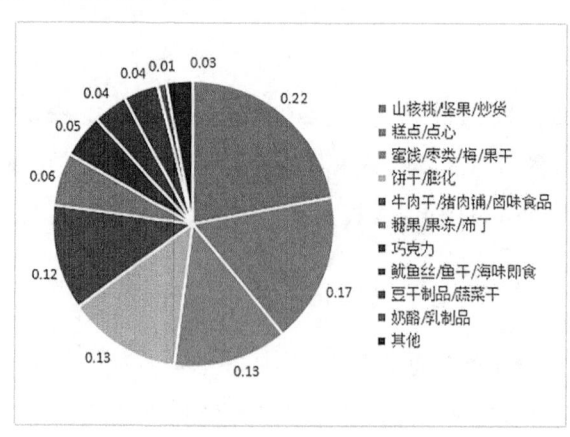

数据来源:公开资料整理。

图3.37 休闲食品行业各品类销售额占比

目前,饼干品类滑落,膨化食品种类翻新,烘焙类规模壮大,韩、日、欧式面包蛋糕创新迅速,各式坚果类制品正异军突起,位居销量第一。由此可知,国民健康意识加强,"无添加剂、无防腐剂、无糖"食品逐渐成为主流,功能性产品的领域进一步延伸。

3) 休闲食品细分品类竞争状况有所差异

近几年,国内市场的不断放宽和新一代消费者消费喜好的转移,使得越来越多的国际品牌逐步进入中国市场,休闲食品市场竞争进一步加剧。且各细分领域发展不同,市场竞争情况不一而足。

烘焙食品竞争情况:竞争充分,集中度较低

我国烘焙食品市场竞争较为充分,且集中度较低。如图 3.38 所示,2017 年我国烘焙市场前五品牌集中度为 21.7%,其中,前三品牌为达利食品、桃李面包和嘉顿面包,其市场份额分别为 7%、6.6% 和 3.4%;而其他中小型面包品牌数量较大,市场份额占比高达 77.4%。

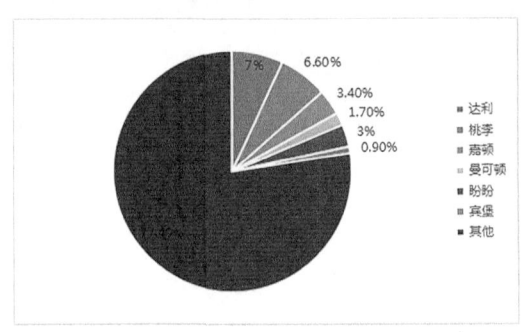

数据来源:公开资料整理。

图 3.38 烘焙食品市场竞争情况

巧克力市场竞争情况:外资品牌占明显优势

我国巧克力市场由外资品牌主导,市场集中度较高。由图 3.39 可知,2017 年中国巧克力市场上玛氏和费列罗名列市场份额前两名,分别占比 48% 和 21%,雀巢位列第三,占比 12%。从集中度来看,前十品牌共占 82.1% 的市场份额,且玛氏旗下德芙一家独大,市场占有率超过 25%,在国内市场上明显占优势。

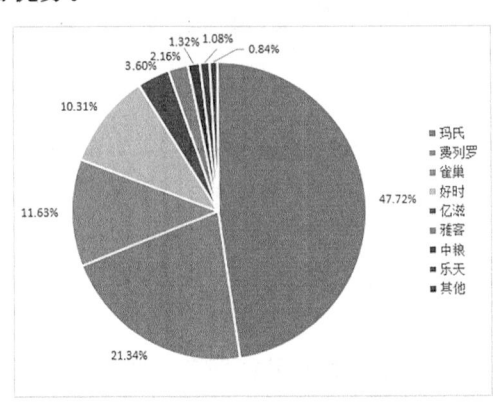

数据来源:公开资料整理。

图 3.39 巧克力市场竞争情况

膨化食品竞争情况：乐事稳居第一

中国膨化食品竞争情况类似巧克力市场，集中度较高且外资品牌占优势。如图 3.40 所示，乐事、上好佳、好丽友、旺旺等品牌占据了零售渠道 90% 以上的市场份额，其中，乐事以超过 25% 的市场份额稳居第一，膨化食品市场集中度已经较高。

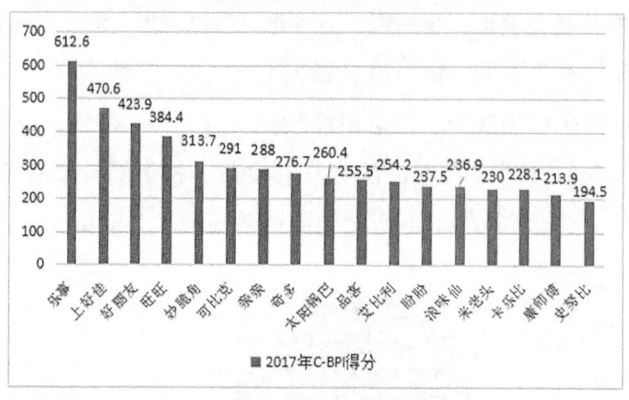

数据来源：公开资料整理。

图 3.40　2017 年中国膨化食品品牌力指数排行

饼干食品竞争格局较为稳定

我国饼干类食品市场品牌格局较为稳定。如图 3.41 所示，2017 年饼干前 5 品牌分别为奥利奥、康师傅、徐福记、太平、好吃点，排名情况与上年一致。"好丽友蘑古力"与"港荣"2017 年新入榜，雀巢脆脆鲨联合微博发布"快乐计划"，较好地满足了消费者的心理需求，2017 年品牌价值迅速上升，跻身前十榜单。

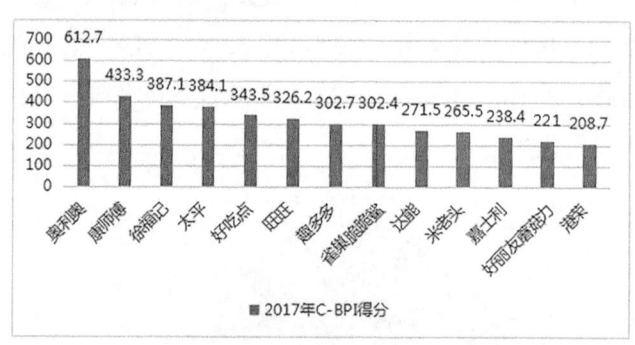

数据来源：公开资料整理。

图 3.41　2017 年中国饼干/威化品牌力指数排行

其中，品牌力指数（C-BPI）是中国首个品牌价值评价体系，被纳入工信部品牌政策体系；它是在中国消费者对使用或拥有过的产品或服务反馈意见的基础上进行的独立无偏见研究，是测定影响消费者购买行为的品牌力指数。由此可见，奥利奥 C-BPI 得分最高，品牌形象树立最为成功，在消费者心中具有较强地位和认可。

(2) 饮品

1) 居民健康意识增强,包装饮用水成为主要饮品

我国饮料行业市场发展大致分为三个阶段,如图3.42所示。2000年以前,碳酸类饮料占据饮料市场的主导地位;2000—2006年,消费者的目光渐渐转移到茶饮料、功能饮料上;2007年至今,随着人们健康意识逐渐增强,消费观念随之转变,瓶装水、果蔬汁、蛋白饮料受到越来越多人的重视。

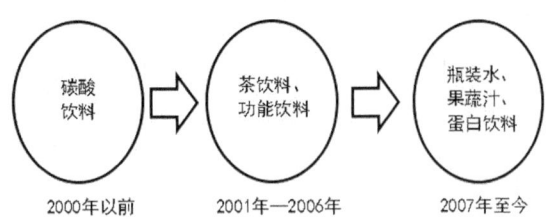

数据来源:公开资料整理。

图3.42 我国饮料行业市场发展变化情况

2) 饮料行业销售情况

如图3.43所示,随着收入水平的提升及消费者支出的增加,于过去五年三四线城市及农村地区的饮料需求保持相对较高的增长率。三四线城市及农村地区的饮料总销售额及增长率均高于一二线城市。2015年,三四线城市及农村地区以及一二线城市的饮料总销售额分别为4101亿元及2633亿元,2011年和2015年相应的复合年增长率分别为13.7%及10.9%。

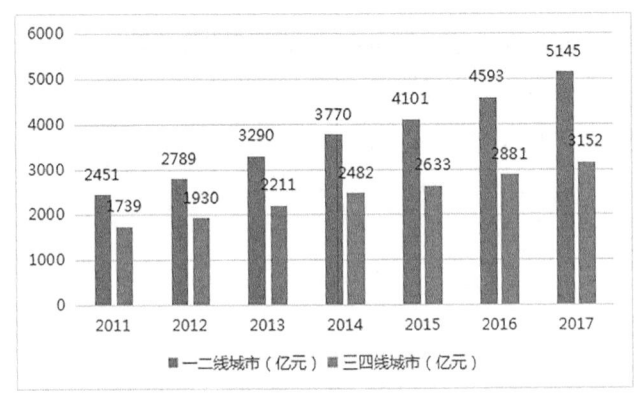

数据来源:公开资料整理。

图3.43 一二、三四线城市饮料行业销售情况对比

3) 行业扩张速度趋于平缓,行业集中度较强

如图3.44所示,从产业规模来看,我国饮料行业规模不断扩大,但扩大速度逐步下降。2016年我国饮料行业实现销售收入6553.41亿元,同比增长7.45%;2017年实现销售收入6363.25亿元,较上年下降2.90%。

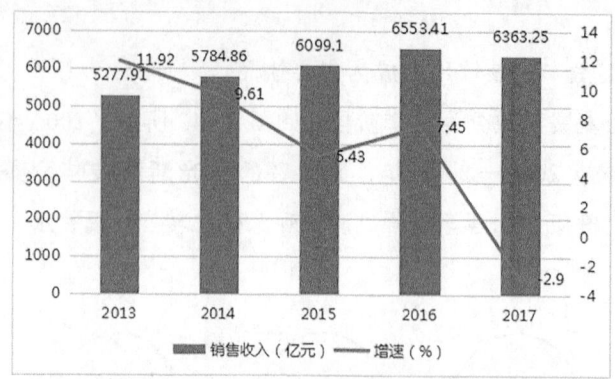

数据来源：国家统计局。

图 3.44　2013—2017 年我国饮料行业销售收入和增长速度变化情况

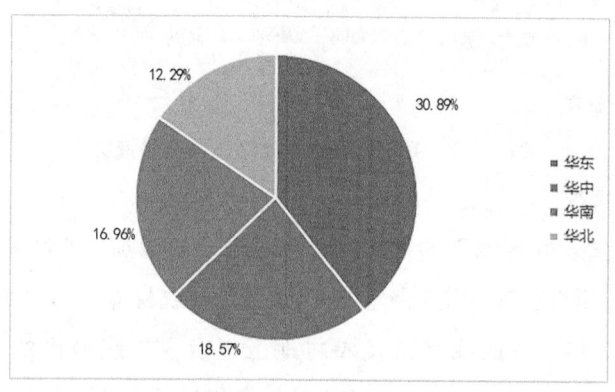

数据来源：公开资料整理。

图 3.45　我国饮料行业区域分布情况

如图 3.45、图 3.46 所示，从区域来看，华东、华中、华南和华北地区是我国饮料行业的主要市场，分别占据着 30.89%、18.57%、16.96%、12.29% 的市场份额，四个区域合计占全国饮料行业 78.71%，行业集中度较强。

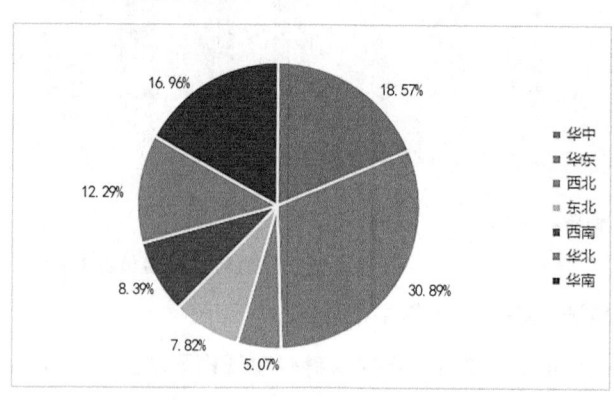

数据来源：公开资料整理。

图 3.46　我国饮料行业各区域市场份额情况

3.1.3 进口食品供应链发展状况分析

1. 进口情况分析

(1) 进口食品来源多样化，主要贸易对象占比突出

近年来，我国进口食品来源愈加广泛。2017年，我国从187个国家（地区）进口食品，其中进口食品贸易额列前10位的分别为：欧盟、美国、新西兰、印度尼西亚、加拿大、澳大利亚、巴西、马来西亚、俄罗斯和越南，共440.3亿美元，占我国进口食品贸易总额的75.5%。如图3.47所示。

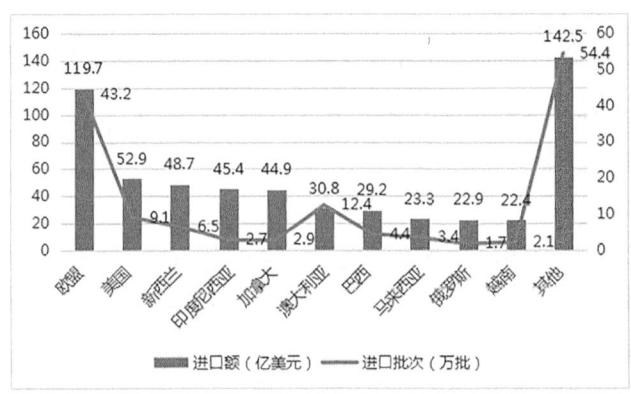

数据来源：公开资料整理。

图 3.47 2017年中国进口食品来源地情况

(2) 进口食品口岸相对集中

近年来，我国进口食品贸易的进口口岸主要集中在沿海省（市、自治区）。2017年，进口食品贸易额列前10位的省市分别是：广东、上海、天津、山东、江苏、辽宁、浙江、福建、北京和广西，共555.5亿美元，占我国进口食品贸易总额的95.3%。如图3.48所示。

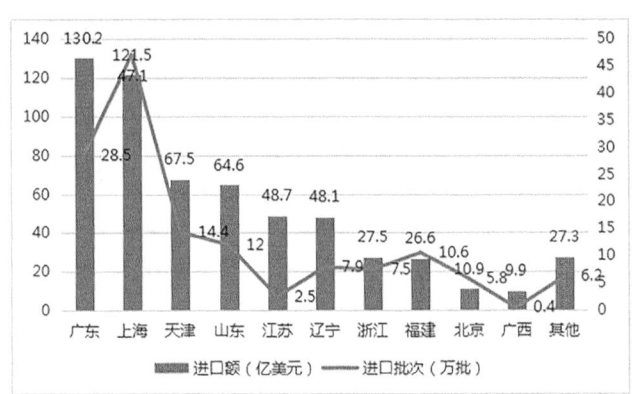

数据来源：公开资料整理。

图 3.48 2017年中国进口食品省（市、自治区）情况

(3) 典型品类进口食品分析

本研究选取乳制品、食用植物油、肉类、水产品四类进口额占比较高的品类作为典型的进口食品进行分析。

1) 乳制品

近年来,我国进口乳粉贸易额和市场占比在2014年达到高点后呈下降趋势,2016年触底反弹。2017年,乳粉(含乳清粉)进口量为132.4万吨,占国内乳制品供应量的22.7%,其他乳制品进口量100.4万吨。进口乳制品来自32个国家(地区),其中贸易额列前3位的分别为欧盟、新西兰和澳大利亚。

我国婴幼儿配方乳粉进口贸易量仍在快速增长,2017年婴幼儿配方乳粉进口量达29.1万吨,同比增长31.7%。进口婴幼儿配方乳粉来自14个国家(地区),其中贸易额列前3位的分别是欧盟、新西兰和澳大利亚。

2) 食用植物油

近年来,我国进口食用植物油贸易基本稳定,进口食用植物油已成为国内市场重要的供应来源。2017年,我国进口食用植物油941.9万吨,占国内食用植物油供应量的12.0%。进口食用植物油来自62个国家(地区),其中贸易额列前3位的分别为印度尼西亚、马来西亚和加拿大。

3) 肉类

近年来,我国肉类进口量呈持续快速增长趋势,2017年进口肉类达427.4万吨,同比下降7.2%,占国内肉类供应量的4.8%。进口肉类来自24个国家(地区),贸易额列前3位的分别为欧盟、巴西和美国。其中,猪肉及制品进口量最大,达262.3万吨,占国内供应量的4.7%;牛肉及制品进口量为75.1万吨,占国内供应量的9.5%;羊肉及制品进口量为26.6万吨,占国内供应量的5.5%;禽肉及制品进口量为46.9万吨,占国内供应量的2.4%。

4) 水产品

近年来,我国进口水产品贸易基本稳定,2017年进口水产及制品达408.9万吨,占国内水产品供应量的5.6%。进口水产品来自78个国家(地区),其中贸易额列前3位的分别为俄罗斯、美国和挪威。

2. 销售情况分析

(1) 进口食品在我国呈高速发展态势

如图3.49所示,2011年,中国进口食品贸易额为374.5亿美元;2015年,中国进口食品贸易额达到562.8亿美元。5年间,进口食品贸易额年均增长率达5.2%。2018年1月,我国进口食品进口额为398亿元。进口品种在5万~6万,品牌超过15000个,来自143个国家和地区,已经成为进口食品的市场之一。2018年首次超过700亿美元。得益于中国经济的快速发展,国民生活水平的不断提升,开放政策的支持以及贸易便利化措施的不断完善,进口食品已经逐渐成为寻常百姓餐桌的重要组成部分,以下是对进口食品市场分析的简单介绍。

数据来源:公开资料整理。

图 3.49　2012—2018年中国进口食品规模及增长

(2) 已婚有子女群体是进口食品消费主力

在全球消费升级的大背景下,国民生活需求由满足常规向提升品质转变。2018年中国进口食品消费主体占比情况如图 3.50 所示。80 后、90 后作为购买的主力,消费理念上更加注重品类结构和品质要求。其中在消费群体中,已婚有子女的占比 71.4%。

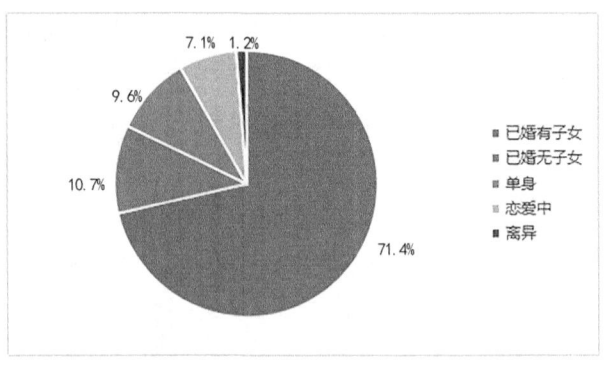

数据来源:公开资料整理。

图 3.50　2018年中国进口食品消费主体占比

(3) 食品安全是消费者关注的主要原因

如图 3.51 所示,在消费者购买进口食品的原因中,食品安全占比 61.6%,品质更优占比 50.7%,营养健康占比 43.8%,品牌信赖占比为 37.8%,口味和价格占比 31.8%。安全质优,吸引众多消费者成为进口食品的"忠实粉"。

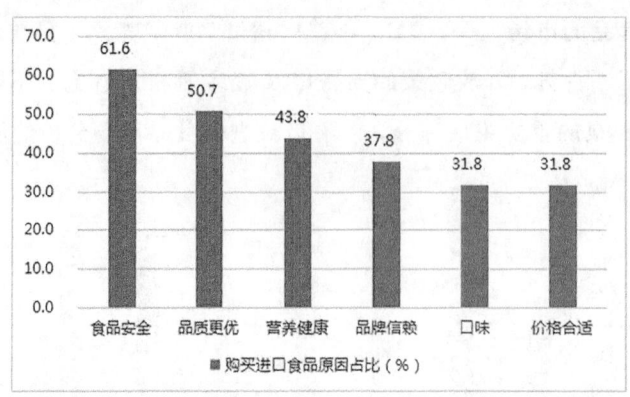

数据来源：公开资料整理。

图 3.51　2018 年中国消费者购买进口食品原因占比

3.1.4　保健食品供应链发展状况分析

人类社会正在进入新的发展时代。近年来，由于环境的恶化，亚健康人群逐渐增多，全民健康意识不断加强，对于保健品的需求越来越强烈，我国已成为世界上发展最快的医药保健品市场之一。

保健食品亦称功能性食品。一个特定的食品种类。它具有调节人体功能的作用，但不以治疗疾病为目的，适用于特定人群食用。保健品无论是哪种类型，它都有出自保健目的，不能速效，但长时间服用可使人受益的特征。

1. 生产情况分析

（1）中国保健品行业集中度较低，细分品类较多

如图 3.52 所示，根据《2017 年度食品药品监管统计年报》，2017 年我国约有 2317 家保健品生产企业，2017 年我国保健品规模以上企业数量仅有 597 家。

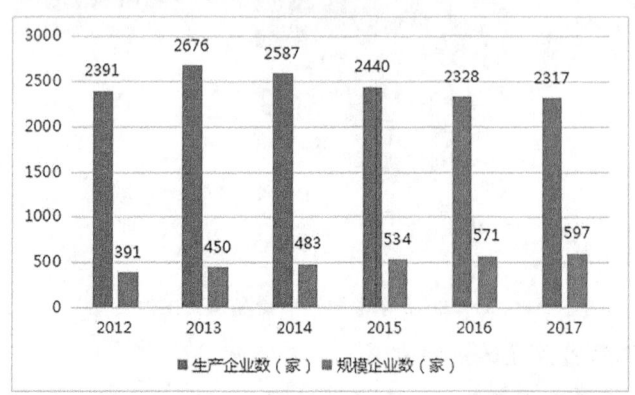

数据来源：国家统计局。

图 3.52　2012—2017 年我国营养保健品生产企业数走势

如图 3.53 所示，截至 2018 年 5 月底，我国共批准了 17464 个保健食品，其中国产保健食品为 16690 个，进口保健食品为 774 个。目前我国保健食品产品种类较为繁杂，市面上比较热门的保健品保健功能主要集中在免疫、降血脂、抗疲劳等几个方面，占保健品总数的 50% 以上。

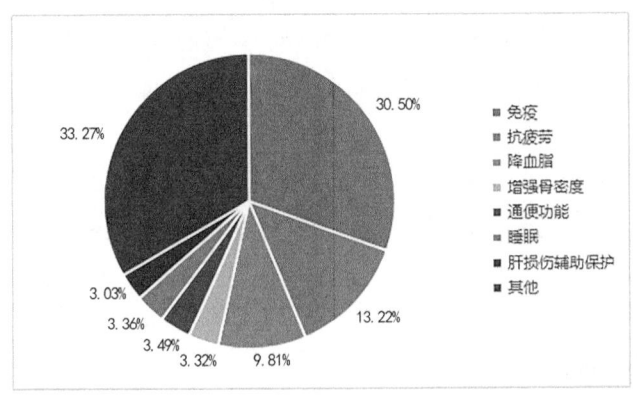

数据来源：国家食品药品监督管理局。

图3.53 截至2018年5月底我国保健品产品结构

据不完全统计，目前我国保健品市场前五强的总市场占有率约为34%，前20名占近60%的市场份额，市场份额前10名中直销企业超过半数。在末端则聚集了众多品牌薄弱、品类较少的小型地方企业。造成中国保健品行业分散发展的原因是由于过往"蓝帽子"资质管理不严格，行业的高利润使得大量低质保健品企业得以通过"贴牌"进入市场。随着行业监管日渐严格，中小企业所生产的低质保健品由于品牌影响力不足、技术薄弱等原因，将逐渐被市场淘汰，行业集中度将变得越来越高。

(2) 保健食品行业门槛较低，监管力度不足

梳理国家及省市市场监管部门2010—2019年3月近10年内保健食品的质量抽检信息。在四万条原始数据中筛选出565批次不合格保健食品名单，通过数据分析发现，增强免疫力类、减肥类、营养元素补充类保健食品成为不合格的重灾区，占比达47.2%。保健食品不合格，非法添加违禁药品、功效/标志性成分虚标、微生物超标、重金属等是主要原因。

由于监管较为宽松，并未严格执行保健食品入市标准，大量普通食品也可以作为保健食品进行销售。并且，由于目前营销是保健食品行业竞争的核心要素，产品质量、研发等环节对行业影响较小，导致生产方运用营销策略打开市场局面后，往往选择外包处理，保健食品品质无法保证。除此以外，由于保健食品行业普遍利润水平较高，容易吸引大量企业进入，导致大量小企业充斥于保健食品行业。以上原因共同造成了保健行业监管困难、产品品质参差不齐的乱象。

(3) 来自国外保健品行业的竞争压力不断增大

中国营养保健食品出口量及进口量规模如图3.54所示，根据中国海关数据显示，近年我国营养保健食品进出口量呈波动趋势，2017年我国营养保健食品出口量约5.98万吨，进口量约7.01万吨。总体来看，我国在营养保健食品市场中处于较重的进口依赖。

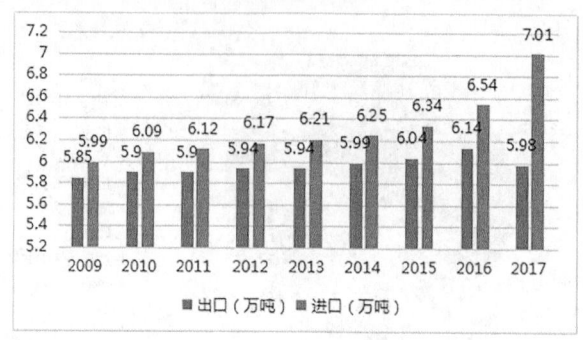

数据来源：公开资料整理。

图 3.54　2009－2017 年中国营养保健食品出口量及进口量规模

我国营养保健食品细分行业出口、进口情况如图 3.55 所示。我国的膳食补充剂及原料质优价廉，备受国际采购商青睐，被广泛用于全球的药品、膳食补充剂、食品添加剂及饲料等领域。尤其在维生素、硫酸软骨素、氨基酸、植物提取物等膳食补充剂原料生产及出口方面具有强大的国际竞争力。从进口来看，我国制成品的进口额占据保健食品总进口额的一半左右，我国的营养保健食品行业发展还有很大空间。

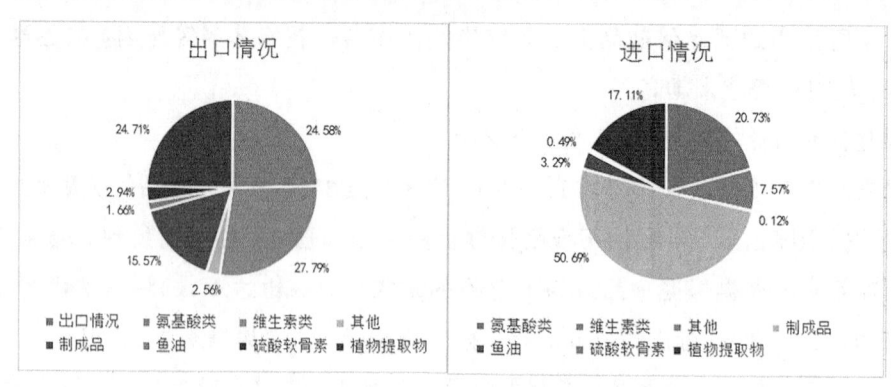

数据来源：公开资料整理。

图 3.55　我国营养保健食品细分行业出口、进口情况

（4）高科技技术越来越多地被运用于保健食品的生产与加工方面

未来保健食品竞争的核心将逐步转化为科技含量的竞争，保健食品企业只有不断更新技术和提高技术含量，使产品从低层次的价格战、广告战中走出来，转向高层次的技术战、服务战，才有能力进军保健食品市场。预计未来，生物工程技术、膜分离技术、微胶囊技术、低温技术、组织化和重塑技术等高新技术能大大提高产品的技术含量，并逐步被保健食品制造企业运用。

2. 销售情况分析

随着生活水平的提高，人们对生命质量的要求也越来越高，开始更多地关注健康、长寿。越来越多的消费群体，构成了巨大的保健食品消费市场。同时随着社会竞争愈演愈烈，生活工作节奏不断加快,给人们生理和心理机能带来巨大冲击,处于亚健康状态的人群不断扩大,各种疾病也随之而来,为规避不健康以及带来的各种不利影响,人们求助于保健食品,使得保健食品的开发和生产成为经济生活中的"热点"。总之,人们收入的稳定增长以及人们的消费观念、健康观念的较大转变,为保健食品的消费提供了良好的基础。

(1) 我国保健品市场需求旺盛,市场空间巨大

如图 3.56 所示,我国保健品需求量近几年增速较为突出,一方面,居民生活水平的提升,对身体、生活提出高质量要求;另一方面,年轻人工作强度不断提升,营养补充以及抗疲劳需求越来越明显。从治疗向预防消费诉求的转变、健康意识的提升、健康需求的精细化,以及消费者对高品质保健品的追求等多种因素下,刺激了我国营养保健品的销量。行业监管体制的改变也充分地释放了市场活力,保健食品供给和需求不断增加,2016 年我国保健食品行业市场规模达到 2613 亿元,到 2017 年增至 2939 亿元。

数据来源:公开资料整理。

图 3.56 2009—2017 年我国保健食品行业市场规模走势

(2) 保健品行业发展迅速

我国各区域营养保健品需求量走势情况如图 3.57 所示。2017 年我国华北地区营养保健品需求量为 8.40 万吨;东北地区营养保健品需求量为 3.31 万吨;华东地区营养保健品需求量为 19.25 万吨;华中地区营养保健品需求量为 7.90 万吨;华南地区营养保健品需求量为 7.39 万吨;西南地区营养保健品需求量为 5.23 万吨;西北地区营养保健品需求量为 3.45 万吨。

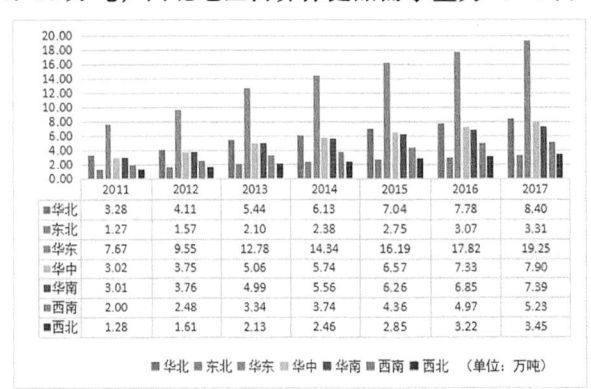

数据来源:公开资料整理。

图 3.57 2011—2017 年我国各区域营养保健品需求量走势

我国各区域营养保健品销售均价对比情况如图3.58所示。2017年我国华北地区营养保健品销售均价为54.23万元/吨；东北地区营养保健品销售均价为50.96万元/吨；华东地区营养保健品销售均价为54.21万元/吨；华中地区营养保健品销售均价为52.53万元/吨；华南地区营养保健品销售均价为55.83万元/吨；西南地区营养保健品销售均价为50.80万元/吨；西北地区营养保健品销售均价为51.54万元/吨。

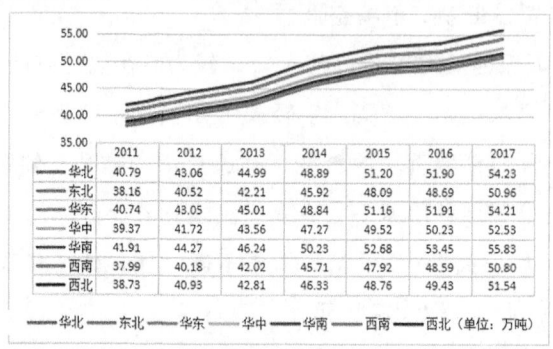

数据来源：公开资料整理。

图3.58 2011—2017年我国各区域营养保健品销售均价对比

因此可以看出，我国近年来保健食品行业需求持续增长，销售收入也在不断提高，且华东地区需求量远远高于其他地区，这主要是由于华东地区在我国发展较为迅速，且居民生活质量、健康意识普遍高于我国其他地区。同时，我国各地保健食品的销售均价差异相对较小，但华南地区的销售均价超过华东地区，成为最高的地区。

（3）保健食品的销售渠道主要为直销、药店、电商、商超等

消费者的转型不断颠覆传统行业，推动着行业的变革。未来保健食品行业将呈现三大发展趋势：渠道模式愈加注重体验和服务、网购消费群体的崛起，以及营销模式多元化。

目前，保健食品销售渠道分为直销、药店、电商、商超等。分布情况如图3.59所示，其中，直销模式仍是保健食品销售的主要模式。而电商渠道是增长最快的渠道，从2011年的34亿元增长到2015年的250亿元，复合年增长率高达65%，2015年的市场份额与第二大销售渠道药店的市场份额几乎等同。

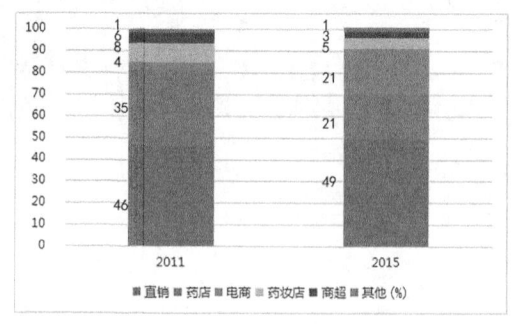

数据来源：公开资料整理。

图3.59 中国保健食品销售渠道分布

(4) 注重销售费用投放，消费群体有望进一步扩大

由于我国保健品市场仍处于消费者教育阶段，需要投入大量销售费用进行宣传、引导购买。因此保健品公司的销售费用率普遍较高。从某同类品牌、合生元、瑞年国际、中生联合来看，销售费用率基本处于20%～40%之间。较高销售费用的投放，有望提高消费者对保健品的关注及接受度，行业收入的增长前景可期。

3.2 食品供应链发展的特点

食品原材料的来源与农业生产紧密相关，而农业产出对环境的依赖性强，其中不仅包括自然环境如土壤成分、雨水、空气的湿度、温度和阳光等，也包括社会环境。食品是人们生活中消费弹性小的必需品，其保质期短，易腐，消耗大，并且是快速消费品，因此对于食品的质量及安全性要求也将会更高，这便使得食品供应链与其他行业的供应链迥异。因此，本研究针对生鲜农产品供应链、副食品供应链、进口食品供应链和保健食品供应链四类在生产、加工、流通等环节具有不同特征的食品供应链进行讨论。

3.2.1 生鲜农产品供应链的特点

生鲜农产品最主要的特点就是新鲜易腐烂，配送环节的保险要求就会相对较高，这样才能保证农产品的新鲜特质，以满足消费者需求。农产品的生产具有季节性、区域性、分散性等特性。这些特性导致农产品供应链的供给难度大大高于其他产品的需求。农产品供应链的特点可以归纳为：

1. 多方参与合作

农产品供应链链条的各个环节参与者行业多种多样、数目齐全，涉及加工、商、农等多个领域，从生产到消费，这也使得农产品供应链结构极其复杂。

2. 存在较大的市场风险性

农产品的季节性生产会影响市场价格的波动。市场的有效供求信息如不能及时传递至生产经营者，那么由此带来的损失就不可避免，而且这种潜在的市场风险时时刻刻都存在着。

3. 对物流的要求较高

鲜活农产品生产具有区域性，不同地区的人们又有不同的需求，因而需要在不同区域间进行运输。但由于鲜活农产品容易变质腐烂，即使使用了保护措施，也难以避免一定比例损耗，使流通成本上升，这制约了鲜活农产品流通路径，因此对物流要求较高。

3.2.2 副（加工）食品供应链的特点

食品加工企业是以天然物质或其他物资为原料或材料，生产对人类生活有食用价值的企

业。食品企业的产品众多，应用广泛，它的产品不但满足人类解决温饱的需要，还不断地给人类提供视觉（色）、嗅觉（香）和味觉（味）等感官艺术的享受。食品工业对人类发展和社会进步做出了其他工业不可替代的贡献。但是，中国的食品加工业在供应、加工、运输、库存、销售等环节都存在不完善之处。

1. 食品加工业与农业缺乏有机联系

虽然食品加工业的主要原料是农产品，但是目前我国的食品加工业与农业却缺乏有机的联系，农业提供什么产品，食品加工业就加工什么，农业提供的产品在品种、质量、数量、规格等方面远远不能适应食品加工业的需求，继而导致食品加工业生产的产品不能满足市场的需求；反过来，食品加工业效益不好，也造成农业收益低下。

2. 供、产、销系统没有形成"链"

供、产、销是企业的基本活动，但在目前的运作模式下基本上是各自为政，相互脱节。食品加工业生产系统在设计时只考虑生产过程本身，而没有考虑生产过程以外的因素对企业竞争能力的影响，没有考虑整个供应链。由于市场信息不灵，造成盲目生产。有些食品加工企业不调查市场需求情况，盲目地生产市场上已经滞销的产品，不能适应市场的需求变化。

3. 产品结构不合理，技术含量低

食品加工业主要依靠传统的经验，设备水平低，科技含量低，尤其是缺乏现代生物工程等技术的支持，造成产品品种少、技术工艺差，质量无法保证，因此不能适应市场需求。有些食品加工企业忽视产品的质量，即使是生产市场上的紧缺产品，也很难销售出去。产品质量不高，必然失去用户的信任。

4. 库存成本过高

食品加工业的库存成本既包括原料的库存成本，也包括产品的库存成本，食品加工业中库存管理是静态的、单级的，库存控制决策没有与供应商和销售商联系起来，无法利用供应链上的资源，因此，造成库存成本过高，现有的库存管理系统满足不了供应链管理的要求。

总之，通过对食品加工业供应链的研究，对食品加工业进行重新塑造，以增加食品的有效供给，提高人民生活质量，保证食品安全，降低生产成本，促进食品加工产品生产的规范化、标准化，从而最终增强食品加工业的整体竞争力。

3.2.3 进口食品供应链的特点

随着居民生活水平的提升，以及行业不断的发展尤其是供应链的效率升级带来的成本降低和购买便捷度的提升，进口食品开始越来越多地出现在寻常百姓的餐桌。随着市场的规范化，消费者对于进口食品的认知度提高，以及进口食品逐渐往品牌化方向发展，进口食品的销售量开始逐步上升。

1. 跨境冷链需求旺盛，辐射范围有待扩大

目前跨境食品主要集中在东部沿海以及一二线城市。目前跨境食品供应链的的服务也不乏二三线城市。他们也是在主要的一线城市周边的，相对配送距离比较近的一个范围内的。目前我国跨境供应链承载能力、服务能力不足，跨境生鲜供应链是支撑生鲜产品进口贸易多渠道分销的基础，与普通食品供应链相比，生鲜电商供应链涉及产地的采购、加工、海外仓库、冷链温控、终端定时配送等诸多环节，环节之多流程之复杂，衔接标准之高，远远超出传统的生鲜供应链。在国内冷链运输中，时常会出现"冷链变冷端"的现象，在更为复杂的跨境冷链运输中，"断链"也依旧是困扰食品生产商及承运商的难题。总而言之，国内具备跨境生鲜供应链全球链条服务能力企业屈指可数，整体服务能力较为薄弱，对跨境生鲜电商的承载能力严重不足。

武汉、成都、西安等二、三线城市也有辐射范围，但明显看下来它的经济性其实要弱于沿海的几个发达经济区，这也是中国的一个现实情况——整个销售能力从沿海向内陆逐渐递减。现在中国消费是快速增长的阶段，随着80后、90后开始成为消费主体，他们更多地不愿意去做菜场的采购，更希望用一种快速的方式解决自己的饮食问题，相对更喜欢尝鲜，对于整个生鲜冷链物流需求快速提高。对于二三线城市来说，大概未来的三年内是他们的主导期，目前大部分跨境食品流通企业开始愿意在一些相对好一点的二三线来铺设物流网络，让商家有更好的渠道销售商品。

2. 80后、90后是进口食品消费主力

目前进口食品的消费群体以80后、90后为主，这一类消费者，有一种尝鲜求新的心理，这类心理的主导下，他们对于进口商品的价格并不是那么注重，消费需求由之前的生活必需品转为娱乐消遣类食品，尤其偏爱品种奇特、产地独特的进口食品；再加上工资标准的上升，也是促成消费者消费需求转变的又一诱因。明星效应也是促发进口食品需求增加的原因之一，美剧、韩剧的盛行，使得消费者们对其中的食品产生了浓厚的兴趣。

3. 电商平台成为消费者购买进口食品的主要渠道

想要在进口食品这一块占据一定地位，需要加强打造具有差异化，并且高效弹性的供应链，供应链的完善是进口电商必不可少的一个环节，在这一个环节中，需要注意的就是如何获得优质的上游资源，这是其中最关键的一点。大的进口平台在这一点上，是不用多说的，毕竟有强大的资金链支撑，但是对于一些中小进口企业来说，这就是一个大大的难题。中小型进口企业，可以通过企业联合的方式，几个需求差不多的企业联合起来，之后和海外品牌谈合作的问题，将几家进口平台的优势结合起来，合作的概率将会大大上升。此外，进口电商应该以消费需求为导向，结合自身的经营状况，打造跨国供应模式，在别国建立采购地图，并且加大与供应端的合作，打通海外进口食品供应链。

随着国内食品电商行业的不断发展,以中粮我买网为代表的线上平台的运营模式日益成熟,供应链从源头到流通全方位升级,助力更多进口食品登上中国消费者餐桌:进口食品来源日益丰富,产地直采,从源头把控食品安全与品质;冷链物流扩容提质,为到达消费者手中的食品品质保驾护航。同时,进口企业需要结合自身情况,优化物流体系,将进口食品通盘整合资源。包括将进口食品进行分类,资源进行二次整合等。消费者需求量大、易耗损的进口食品放在一起,对于一些需求量小、可以长时间储存的食品,并在一起发货。并在此基础上,设计两条链条线路,防止出现货物延时的状况,也可以在一定情况下,降低进口食品的损失。

因此,进口食品供应链的发展不仅需要深耕供应链制霸进口食品领域,更需要不断地优化物流体系,通盘整合资源以达到优化进口食品供应链,使其成本最小化的目的。

3.2.4 保健(特殊)食品供应链的特点

伴随人们对营养健康需求日益广泛的迫切需要,保健食品作为大健康产业的重要组成部分,在为社会带来经济效益的同时,也为提高国民素质、推进健康中国建设做出积极重要的贡献,受到社会各界高度关注与重视。纵观发展,我国特殊食品供应链的发展具有以下特点:

1. 中国特殊食品市场潜力巨大

随着中国居民生活水平和健康意识的提高,人们的观念正在发生改变:从吃得饱、满足基本生理需要,向均衡营养摄入、以利于身体健康的方式改变;从有病治病到无病预防、提高健康质量转变,这都将催生特殊食品产业迅猛发展。中国已拥有全球最大的特殊食品消费市场,同时在原料供应、产品加工等方面已成为全球供应链的重要组成部分。由于健康需求的迫切且多样,中国特殊食品市场开发潜力巨大。

2. 中国特殊食品准入稳步推进

中国保健食品注册管理制度已经实行20年,约16000个产品获得批准,并在市场的选择中不断优化。现行注册与备案的双轨管理制度,将为产品准入、市场发展提供更大的活力。婴幼儿配方乳粉、特殊医学用途配方食品注册,在没有模式可循,没有经验可参考的情况下,形成了科学完善的管理制度,组建了特殊食品注册管理司,实现了注册管理的平稳过渡,满足了消费者的市场需求。

同时,中国特殊食品政策环境利好。2015年10月,十八届五中全会首次提出推进"健康中国"建设,并上升到国家战略,全面推进。食品安全战略,《国民营养计划(2016-2030年)》的实施,既为提高国民营养健康水平,保障食品安全明确规划,也为特殊食品产业勾画发展蓝图。可以说,现在是中国特殊食品产业发展的最好时代,我们迎来了一系列重大的政策利好,而这些利好政策将为行业发展增加动力。

3. 中国特殊食品创新投入加码

面对全球食品科技的迅猛发展和世界性的食品产业转型升级,科技创新驱动产业升级和可持续成为迫切任务。在过往的几年,中国特殊食品的创新研发投入持续加码,研发实力不断增强,研究水平显著提高,高新技术领域的研究开发能力与世界先进水平的整体差距在逐渐缩小。一系列重要的研究成果成功产业转化,并获得市场的青睐与认可。

在取得丰硕成绩的同时,我们也需要直面行业发展存在的问题与不足:欺诈和虚假宣传问题严重,功能科学评价的争议长存,违法营销带来的社会问题等。种种这些,行业不回避、不逃避,勇于承担,努力解决。在监管趋严的背景下,行业中的优势企业应当凝心聚力,对照要求树立标杆,通过健全的质量管理和过硬的产品质量在更加开放激烈的竞争环境中获得席位,继而赢得持续盈利的能力。特殊食品企业也应当加强行业监督,借政府监管趋严之势,通过有序的市场竞争逐步挤出不合格企业,让良币驱逐劣币,逐渐形成良性循环的市场环境。

3.3 食品供应链发展存在的问题

3.3.1 食品供应链现存的问题

我国食品供应链起步虽晚,但经过近几年的不断发展,已呈现出集成性、及时性等特点,以网络技术为依据,涵盖了食品的源头生产、加工、运输、销售等多方面。但我国食品供应链目前仍不完善,比如我国还有许多蔬菜类食品是农户自产自销,从地里采摘回来之后就到当地的市场上去卖,生产者分散、生产规模小、生产供应销售混乱,无法收集数据建立食品供应链体系,尤其是偏远地区,这种现象更为严重。

1. 食品源头环节

随着人们生活水平的不断提升,人口总数的不断增加,人们对于食品的需求也越来越多,这样的供求关系也就导致了食品生产数量的大幅提升,在这样的情况下,农民为了实现产品的高产量,常常过量地使用农药、化肥、抗生素等。而农业生产过程缺乏控制,化肥、农药、兽药使用量过大,不仅造成环境污染,也导致食品的有害物质残留。据商务部统计,35%的农民在使用兽药和农药时未经培训和指导,48%的农产品生产基地周边环境受到不同程度的污染,64%的蔬菜流通前未经产地检验。同时一些企业的采购人员并不够认真负责。采购原材料时未向供货方索取产品合格证,这样就极易采购到腐败变质、超出保质期的食品。从而导致食品在源头上就出现安全隐患,极易使使消费者的身体健康受到严重威胁。食品源于农产品,究其根源,存在以下问题。第一,食品供应链开始于农业,农户是食品供应链的源头。农户作为供应商,其数量巨大,并且分布广泛,增加了战略伙伴关系管理的难度。第二,食品供应链源头的物流工作复杂而烦琐。农业物流系统从理论上讲,覆盖了农村与城市、落后地区与发达地区,加上农村物流基础设施落后等因素,使得物流系统优化工作的难度增大。第三,农业企业问题。目前农业企业的供、产、销没有形成链,农业企业传统的采购没有对众多供应商进行分析、比较、考察，只是凭借采购人员的经验来进行采购，因而往往从短期效益出发，失去了供应商的信任与合作。对于销售商也没有认真选择，没有与其建立良好的合作关系，市场形势好时对经销商态度傲慢，市场形势不好时又企图将损失转嫁给销售商。第四，农业企业的库存成本较高。农业企业的库存管理是静态的、单级的，库存控制决策没有与供应商和销售商联系起来，无法共享供应链上的资源。

2. 食品加工环节

食品生产加工环节是整个食品供应链的核心环节，生产加工环节越重要，在此环节中暴露的问题产生的后果也会更严重，不仅如此，食品生产加工环节中隐藏的安全风险隐患也相当多：加工规模小、规范不明确、产值低下、技术落后等。国家质检总局在2011年的统计结果表明，我国从事食品生产的企业接近50万家，其中大概35万家为小作坊（10人以下），占企业总数的77.8%，这也是导致食品污染、卫生不合格的主要原因之一。此外，一些生产厂家为了降低生产成本，在设施上的投入较少，管理上比较松懈，使产品在加工过程中受到细菌污染，带有细菌的食物在运输过程中会滋生出更多的细菌；生产厂家缺乏必备的检测能力，缺少专业的检验技术人员，对质量管理不够重视；质量控制标准不完善等。

从食品加工工业和流通过程来看，食品供应链的主要问题是：第一，食品规模效应问题。过去几年是一个高速并购的年代，很多食品企业通过重组加大了规模，但并没有带来规模效应，在有些情况下反而是规模与效益成反比。问题在于并购没有与资源整合有机地结合起来，也没有考虑如何利用供应链上的资源，反而增加了重组前个体的负担。第二，食品安全问题。过去几年，不少国家均程度不同地相继发生过食品安全问题，其中有激素使用产生的问题，也有沙门氏菌污染、食品中残留有毒化学成分等问题，以及其他卫生和环境污染引发的问题。现在，人们又对疯牛病、口蹄疫产生恐惧，对转基因作物问题极为担忧和关切。由此，许多国家（特别是西方国家）出现了消费者对食品安全的信任危机。在我国，食品安全问题同样不容忽视。农产品在种植、养殖过程中，不同程度地受到农药、化肥、工业"三废"的污染，乱用添加济和防腐剂也给人体健康带来严重隐患。如何能够保证食品的质量，以及如何对食品的质量问题进行跟踪和检测是食品安全的一个重要环节。供应链综合管理的思想可以为解决这些问题提供基本的框架。第三，运送损耗与冷链物流问题。由于我国冷链物流及设施建设相当落后，据统计，我国每年有总值750亿元人民币的食品在运送过程中腐坏，一些容易腐坏食品的售价中有七成是用来补贴在物流过程中的支出。易腐、冷鲜食品从产地收购、加工、储藏一直到消费的各个环节并不能处在冷链环境，所以食品损耗高。第四，物流服务水平低。物流的高成本并没有对应着合理的物流服务水平，相反物流却不能对市场作出快速反应。物流在客户服务上的不足主要表现在订单的处理时间和货款的确认时间长，订单满足率低、交货不及时，订单供应比率低，货损率高等。这些都与供应链管理直接相关。

3. 食品流通环节

目前,我国很多的食物都在农贸市场和街头巷尾进行销售,这种流通方式缺乏统一的管理,无法对其进行有效的监督。随着运输方式的发展和进步,使食品的供应方式发生了很大的变化,很多食品都是在一个地区加工,运输到另一个地方进行销售的,大大增加了运输途中食品受细菌感染的可能性。据报道,我国目前80%的食品通过公路运输的方式外包给私人运营者。为了节约成本,运输过程的配套设施(如冷藏设备)往往得不到保证,致使我国农产品在流通环节的损失十分严重,占流通总量的12%~15%。其中,果蔬、原料肉、生鲜水产品在流通过程中的腐败率分别达到25%、12%和15%,仅果蔬一类,每年损耗金额达1000亿元以上。有些流通企业为了防止食品在流通过程中腐烂变质,便滥用各种对人体有害的物质,如过量添加防腐剂、抗氧化剂等来延长食品的保鲜期,这又额外增加了新的不安全因素。

4. 食品销售环节

随着我国经济消费结构的改变,人们对食品的要求呈多样化、方便化方向发展。多种食品销售方式、在外就餐消费活动都使食品的安全问题变得更加严重。主要包括农贸市场、超市、副食品商店。生产企业、商超等零售单位检验的不合理,会导致不合格品流向市场;食品包装材料微生物、化学污染,以及产品过期、商超等零售单位储备装备落后,均会造成销售过程中的质量问题。因此,政府必须采取有效的措施加强对食物的消费环节的管理。

3.3.2 食品供应链问题产生的原因

一直以来,我国的食品安全就不容乐观,安全事故频发,特别是近年来的重大食品安全事故,波及范围广,损失严重,极大地打击了消费者对国内产品的信心。食品供应链是由农业、食品加工业、批发零售业和物流配送业等相关企业构成的的食品生产与供应的网络系统,属于典型的功能性产品供应链。不同于其他行业,食品出现问题所造成的后果和不良影响往往无法在短时间内消除,甚至可能使供应链崩溃,这就要求企业从选择原材料,到运输、加工等各个环节进行严格的质量把关,对易变质的原材料,半成品、成品进行冷藏储存和运输。食品供应链相对较长,覆盖种植、养殖、屠宰、生产和流通以及餐饮管理等环节,这些环节在食品供应链中环环相扣,相互影响,使得保障食品安全不仅仅是某个企业的事情,而是必须从供应链整体角度考虑。

食品供应链是由农业、食品加工业和物流配送业等相关企业构成的食品生产和供应网络。由于我国食品供应链尚处在建设初期,故有许多问题需要解决,其主要成因如下:

1. 供应链过长且方式复杂多变

从各种食品供应链的最初源头一直到消费末端,食品供应链的长度拉开得过长。涉及种植、养殖,流通以及餐饮管理等多方面,食品供应链呈现了高度的复杂性。供应链的长度过长,容易造成数据收集不全,监管疲软,监督检查工作无法全面落实等问题。

2. 流通基础有待加强

我国食品供应链的物流与硬件都有待加强。在流通上，我国主要采取主干路的运输，支路运输方式较少，运输涵盖不广泛，并且存在服务标准与内容不完善的缺点。在存储上，我国把重点放在了肉类的冷库建设中，忽视了其他食品的冷库建设，过多地建设城市中的冷库等。食品供应链的基础不好，就会影响后续的各方面工作。

3. 相关法律法规不完善

我国关于食品供应链的法律法规标准不够全面与完善，各项的检测指标不够健全，有关职责划分不明确，造成监管工作互相重复、混淆不清等问题。另外，我国的网络监管建设相对落后，信息来源不广泛，信息收集困难，难以做到信息共享，这些都给我国的食品供应链的相互衔接造成了极大的困难，引起了食品供应链的严重危机。

4. 监管力度不够

由于我国食品供应链的复杂性，使得监督管理工作量大且复杂。食品供应链涉及多方面的监管，各个监管部门之间必须相互配合，共同监管。但在实际监管工作中，却由于监管权责不清而经常出现重复监管甚至都不监管的现象，或者是出现问题了就加强监管，问题过去了就不再监管等现象。

3.3.3 食品供应链管理的对策

1. 建立和形成规模化运营

（1）规范食品供应链各环节

针对养殖和种植环境，通过农村合作社、土地承包转租等方式培养种植、养殖大户，或以村镇为单位，将村镇内的土地和农户集中，统一地安排种植和养殖，形成规模经营，使技术培训、质量检测跟踪成为可能。

针对加工环节，政府重点扶持一些具有一定规模、具有标准化生产、各项制度流程健全的食品加工企业，逐渐合并、关停一些不符合要求的老、旧小作坊式企业，这样既可以减少恶性竞争，又可以规范行业标准。

针对销售环节，以大型餐饮、超市为龙头，建立农餐对接、农超对接，规范和规模销售渠道，逐渐缩小提供场地、摊贩式经营的批发市场。

（2）拓展食品供应链运营模式

首先是组织引导小农户联合进入市场，实现千家万户与大市场的对接，形成食品供应链的源头企业。在龙头企业等有效载体的带动下，通过"龙头企业＋农户""专业合作组织＋农户""行业协会＋农户"等形式，依托农业一体化经营方式，用现代工业提供的技术装备农业，用现代生物科学技术改造农业，用现代经营理念和组织方式管理农业，将农产品加工业和部分种养业集中化、企业化、规模化，实施全程标准化运营，创造较高的综合生产力，促进农村全面发展,达成食品供应链源头的健康与管理。

2. 构建食品供应链安全监督管理法律体系

我国目前已有《食品安全法》《网络食品安全违法行为查处办法》《产品质量法》等法律法规对食品安全进行监督管理,但现行法律规定中也还存在一些需要完善的地方,构建食品安全监督管理法律体系任重道远,亟须完善食品安全管理的基本法规。

(1) 建立食品生产与流通的质量保证体系

食品供应链包括从农田到餐桌的全过程,而食品能否安全地从生产的源头到达消费者手中,则与这个链条上所有行为主体有关,这种系统性的问题可以通过供应链综合管理来实现。为了取得消费者的信任和获得竞争优势,首先要建立食品生产、营销企业的质量标准和质量保证体系,并通过供应链系统协调、监督和跟踪从农田到餐桌的全过程。

我国的食品供应链管理尚处于起步阶段,目前还没有固定模式可以遵循,也没有完善的管理体制。因此,根据我国实际情况,现阶段可以加工企业牵头、生产大户与销售商参与的方式成立。相应的供应链组织为使信息有效地在供应链中起到沟通协调的作用,还必须建立一套行之有效的信息沟通与信息管理体制,如将 POS 系统、EDI 等集成起来,并且要充分利用网络优势,在供应链中建立畅通的信息沟通桥梁和联系纽带,将供应链各个层次的战略目标与实际利益有机地统一起来,从而使供应链成为一个强有力的竞争实体。

(2) 完善食品安全监管的法律依据

我国目前的食品法律体系尚未完全覆盖从农田到餐桌的各个环节,依然存在着许多空白之处,还没有构建一个科学、合理、完善的食品供应链法规体系。我国应该不断探索建立一套食品供应链针对性的法规体系,做到食品供应链中各个环节有法可依,同时提高执法效率,加大执法力度,才能真正保障食品供应链的规范有序和食品的品质安全。重点防治食品生产加工过程中偷工减料、以次充好、以假乱真、违用滥用的现象。增强生产经营者的自律意识,严格按照标准生产、加强关键环节的质量控制,做到安全生产合法经营。提高生产经营活动门槛,建立严格的审查机制,确保优质企业参与。加大食品违法惩处力度,使食品生产经营活动严谨慎行。

(3) 制定食品供应链中各环节标准

对于食品供应链的源头、加工、运输、销售等各个环节做出相应的质量卫生标准规范,让食品生产加工的各参与主体与相关活动都能够有规可依,明确知道要如何做及哪些是坚决不能做的,使得供应链的各个环节都能得到有效的控制和规范的操作,从而达到统一的管理。虽然目前我国已有了基本的食品标准体系,但还不够完善,应该将标准体系更加深入和细化,同时我们还要积极学习欧美等国家行之有效的最新科研成果和国际先进标准,为我国食品安全体系建设提供参考。

3. 完善食品供应链追溯体系

(1) 建立质量安全跟踪体系,实现全过程监管

将终端销售渠道置于政府的监管之下,建立质量跟踪监督体系,配备具有资质的食品品控专员和必要的检测仪器,并建立质量跟踪信息系统,所有食品必须来源清晰;通过终端销售渠道督促上游质量跟踪体系的建立,由此逐渐上推,从而完善整个食品供应链质量跟踪体系。

(2) "互联网+"与食品供应链追溯的结合

很多食品企业储存着大量食品方面的信息,但是这些信息并不能全部有效地发布出来,这就造成消费者与食品供应链上下游企业信息不对称。为了打破这种信息不对称造成的市场失灵从而保障消费者权益,这时可以将"互联网+"与食品供应链追溯相结合。将每一种食品商品贴上一个二维码,二维码中记录了该商品从原材料的获取如水果的种植地、采摘时间、采摘人员姓名工号等信息,到加工过程如哪个企业加工、加工的工艺、配料的添加等各个环节的信息,消费者通过软件如微信,扫描二维码获取商品信息,就能准确了解该商品的新鲜度以及加工过程、辅料是否符合健康饮食的要求。同时,配合政府相关投诉部门、管理部门的全方位监控,可以有效减少监管压力,也符合食品安全社会共治的概念。

4. 建立专业的物流体系,疏通整个流通环节

(1) 在食品供应链中引入专业的食品物流企业

把食品物流委托给专业的食品物流企业,通过食品物流外包增加质量监管,使得政府和社会的监督变得简单。只要发现食品安全问题,就可以直接追究有关企业或有关环节的责任。并且,专业食品物流企业具有成熟的控温保鲜技术,能很好地控制食品流通过程中的必要温度,特别是多温层的配送需求,并组织起食品运输冷藏链,扩大食品供应范围,提高食品物流服务品质,确保食品安全。除此以外,专业食品物流企业拥有食品物流安全信息系统,使食品信息具有可追溯性,保证食品从原料采购到送达消费者手中的全过程信息(如原料产地、加工配料、包装、储运温度及有关作业信息)是可追溯的、透明的,同时建立起相关的知识库、辅助决策支持系统,为食品物流安全事故制定了应急预案,大大保障了食品物流的安全。

(2) 加强食品物流基础设施和设备的建设

在设施方面,我国要加强交通基础设施建设,保证食品物流的顺畅进行,现已开通的食品运输的绿色通道,则需要巩固和强化,逐步形成公路运输、铁路运输和海路运输的多式联运交通网络,降低食品物流成本。

在设备方面,我国亟须加强专业食品物流设备的研究开发,淘汰不符合公路及食品卫生标准的车辆,加强带冷藏机械车辆的生产和营运,实现全程冷链。另外,还需加强保鲜库和冷藏库的建设,增加温控设备和防潮设备,特别是农村市场的设施设备建设。

（3）增加高新技术、设备的使用率

鼓励专业的食品物流企业装配有国际先进水平的物流设备，例如专门的冷藏冷冻设施，较多的加工容器和设备，同时辅以 GIS（电子地图）、GPS（卫星定位）、WMS（仓库管理系统）、ERP（企业资源计划），能够实现食品物流信息的及时处理、配送流程优化、存取选拣自动化以及物流管理智能化，从而保障食品的质量与安全。

5. 加强宣传教育，提升行业管理

（1）提高消费者维权意识

充分利用网络媒体宣传消费者权益有关知识，加大消费者对食品安全的认知度，让消费者充分认识到自身权利，在潜移默化的过程中，增强维权意识。当公众意识到自己可能是食品安全隐患的受害主体时，就会重视食品安全问题，积极参与到食品安全监管过程中来。有关监管部门可以通过专题讲座的形式进行食品安全的宣传，通过大众传媒、新闻报纸以及互联网等新媒体传播食品安全知识，公示食品安全标准，让更多的人了解食品安全监管的重要性，提高全民质量意识。通过消费者需求拉动食品供应链整体质量控制水平的提高，使不合格、具有质量隐患的产品处于全民监督下，同时加大媒体监督，使企业、种植/养殖户等自觉加强自我监督，形成全面监管格局。

（2）拓宽消费者对食品经营者的监督渠道

在各监管部门内部设立专门处理食品消费者的建议举报的机构，有专门的人员负责接待和处理。加强监管部门与消费者协会的合作；消费者协会在收到消费者反映的情况后，及时通报食品安全监管部门，由相关机关出面处理纠纷。完善网络申诉平台，建立一个工商、卫生、税务等多部门协作的申诉平台，对消费者申诉的具体事宜分类分部门处理，共同实现对食品的有力监管。监管部门之间建立互联共享的食品安全监管信息平台，不管消费者到哪个部门举报投诉，都能得到有效处理。

（3）强化第三方网络交易平台的监管责任

针对网购食品交易，入网食品经营者往往被视为网购食品安全监管的首选对象，实际上，作为提供网络交易平台的第三方也是网络市场交易中的受益方。第三方网络交易平台为入网食品经营者和购买者提供交易平台，食品经营者是否能够入网经营取决于第三方交易平台准入门槛的高低。《网络食品安全违法行为查处办法》要求第三方服务平台对网络食品安全信息的真实性负责，应当具备一定的技术条件对入网食品经营者进行有效的监管。对第三方平台没有履行好食品安全监管义务的，责令改正；违法严重且不改正的处以高额罚款，直至退出网络交易。在立法中强化第三方网络交易平台的食品安全义务，有助于增加其社会责任意识。

第四章 食品供应链发展的国际经验及启示

全球范围内食品经济正以每年5%左右的速度增长,预计到2030年,全球消费者在食品上的支出将达到20万亿美元。健康、方便、自然和可持续性是食品行业的发展趋势。由于美国、欧洲、日本和澳洲四地的食品供应链特点显著,故就四地的食品供应链情况展开介绍,总结全球食品供应链的发展趋势,为我国食品供应链发展提供重要借鉴依据。

4.1 美国食品供应链的现状、特点及发展经验

4.1.1 美国食品供应链的现状和特点

美国2017年食品行业交易价值总额达420亿美元,远超2016年271亿美元。此外,美国2017年全国食品销售总额超过2万亿美元。

随着食品安全的发展和饮食习惯的改善,饮食健康逐渐走进大众视野。相比快餐,人们现在更加倾向选择新鲜的、营养价值高的食物。相应地,餐馆也开始考量新鲜和营养两个重要的指标。为了吸引注重饮食健康的人群,餐馆提供了更多清洁、独特、有机或其他特色食品。此外,有机农产品深受饮食健康主义者的喜爱,开始走进大众视野。随着饮食健康主义者的增加,有机农产品的需求与日俱增。事实上,它是食品行业增长最快的部分。健康食品会一直存在,许多公司也在加入更多的有机食品,这样的举措也不断吸引着饮食健康主义者。这让有机食品销售额处于较高水平,2017年的销售额高达1270亿美元。

在人们注重食品安全的同时,科技行业也开始与食品行业不断合作。人口增加、农场和当地食品供应商的高效率运转对食品科技提出了更高的要求。2016年,食品行业创业公司的技术创新投资超过10亿美元,更多成熟的食品科学技术被应用到食品行业,解决现如今的食品行业问题。例如硅谷正在拓展食品科技,以期提高食品的流通效率和营养价值。除此之外,为适应当前全球食品供应链的环境,美国食品供应链在生产加工流通中呈现以下四个特点。

1. 十分发达的农业生产技术

美国是世界上的农业大国,其表现为农产品种类多、产量大,为世界上输出农产品最多的国家,并且美国农业技术十分发达。农业生产特点:首先,美国农业属现代农业,生产过程具

有高度的机械化、电气化、化学化和良种化的特点。这种农业的优点是生产效率高,产量大。其次,农业地区生产的专门化为美国农业的另一大特点,其优越性表现:能充分利用自然条件,发挥地区优势,大规模使用农业机械,提高农业生产技术,实现农业的现代化管理。另外,美国农业专门化地区的划分也充分考虑市场需要,如乳畜带分布在五大湖沿岸和东北部沿海地区,因为这里有美国最大的工业区,再加上城市密集,人口众多,导致居民对乳、肉等产品的需求量很大。

2. 机械自动化的食品仓储加工

为了食品仓储创新,北美的食品和饮料供应链已经采用了机器人和自动化技术。由于在分拣、包装和加工方面效率的提高,近年来资金来源已在仓库自动化方面进行了大量投资。在机器人的帮助下,食品和饮料仓库是促进食品供应链管理的最先进的技术。

为了提供消费者可信赖的安全产品,制造商积极主动地改善其卫生方法。他们实现更高清洁度的一种方法是将自动化和机器人技术融入其生产线。自动化设备在生产和包装过程中需要较少的人体接触,从而减少细菌渗入食品的机会。

为实现自动化解决方案的准确性,肉类和家禽制造商需更新卫生设施。这些机器将产品保持在阻止微生物生长和保持新鲜度所需的确切温度,这是肉类和家禽产品的关键需求。自动化解决方案还可以采用一致的清洁工艺,将水温和消毒化学品保持在专业控制水平,确保每次运行都具有卫生的生产线。

机器人可以在多个级别上提高生产速度。它们可以减少生产线上的停机时间和转换。并且在整个生产过程中犯错可能性很小。当机器确实面临机械问题时,它们可以快速地传达故障的位置和原因,并且通常可以远程完成维修。这种快速修复功能再次减少了停机时间,从而降低了成本。

3. 较为完善的物流运输体系和冷链技术

北美拥有完善且令人满意的物流网络,铁路、航空、海洋、陆路等基础设施建设完备、多种交通运输方式联运便利、物流运输体系完整。例如,美国建立的蔬菜冷链流通体系,在比较完善的全国性的蔬菜生产分工体系上,建立了追溯系统和全程冷链配送,田间采后预冷—冷库—冷藏车运输—批发站冷库—超市冷柜—消费者冰箱。同时在医药冷链物流运输方面,物联网技术被广泛应用,美国应用 RFID、GPS 配备温度控制系统,通过自动控温与温度监控实时监控医药温度,保持医药冷藏运输温度在 2~8℃ 范围内,保障疫苗、生物制剂等医药在冷链运输过程中的温度监控。同时,美国拥有世界最先进的"三段式"冷藏运输车,可同时满足三种不同冷藏医药品的温度需求。

4. 具有弹性的食品供应链

2017 年,全球因自然灾害造成的损失总额为 3530 亿美元,面对这样的情况,美国建立了更具弹性的食品供应链。由于食品供应链网络结构的错综复杂性、外部环境的不确定性,造成了供应链系统的脆弱性。弹性供应链的风险存在于内外部环境、供应链行业产品背景、供应链上下游关系、决策支持等多个方面。弹性供应链的构建,包括建立基于核心企业的供应链信息共享机制、建立多层次的供应链防御体系、建立供应链上的委托代理机制和建立供应链应急机制等几个方面,通过信息技术把资源整合在一起,提高整个环节的运作效率,从而应对突如其来的自然风险。

4.1.2 美国食品供应链的发展经验

1. 建立科学合理的食品质量安全法律体系

美国通过实施《食品安全现代化法案》,将食品安全责任落实到从产地到餐桌的各个环节,并鼓励国内外统一的食品安全战略来确保整个供应链中食品的质量和安全。基于规避食品安全隐患的预防性理念,这一法案涵盖五个重要领域:预防性控制、检查与合规、进口食品安全、应对机制和加强国际合作。这一法案的实施,也影响到许多国家在食品品质的管控方面加大力度保证食品的安全。

FDA食品安全现代化法案(FSMA)正在改变国家的食品安全体系,将重点从应对食源性疾病转移到预防疾病。国会颁布FSMA以应对全球食品体系的巨大变化以及我们对食源性疾病及其后果的理解,包括认识到可预防的食源性疾病既是重大的公共卫生问题,也是对食品经济福祉的重大威胁。FDA已经确定了实施FSMA的七项主要规则即人类和动物食品预防控制规则、制定安全规则、外国供应商验证计划(FSVP)规则、经认可的第三方认证、卫生运输规则、故意掺假规则和严格遵守FSMA,认识到确保食品供应的安全是人类和动物食品全球供应链中许多不同点的共同责任。FSMA规则旨在明确针对这些点中必须采取的具体行动,以防止污染。

2. 加大食品安全监管力度

美国是世界上食物最多的国家之一,食品安全事件的不断不发生,让越来越多人注意并重视食品安全。美国的食品安全和质量受到15个联邦机构管理的不少于30个联邦法律和法规的约束。美国农业部(USDA)和食品与药品管理局(FDA)共同负责监督美国食品供应的安全。此外,所有州都有自己的食品安全法律、法规和机构。联邦疾病控制中心(CDC)主要负责调查食源性疾病的本地化和全国性暴发。

美国农业部食品安全检验局(FSIS)的主要任务是确保食品供应的安全。美国农业部食品安全检验局拥有超过7600名检查员和兽医,他们每天都在肉类、家禽和蛋制品工厂工作,并在入境口岸预防、检测和应对食品安全问题。美国农业部食品安全检验局还在全美拥有100多名员工,他们在进口设施(包括码头,装载区域,冷藏和储存区域)监控肉类、家禽和蛋制品。他们还通过分销渠道监控产品的流动。不仅如此,美国农业部食品安全检验局在不断寻找改善食品安全的方法。这包括设计跟踪食源性疾病病例的最佳方法,并更快地识别暴发;以最佳科学和技术为基础,降低食源性疾病风险。

美国农业部食品安全检验局同时也在提醒告诫消费者如何安全正确地处理食物,这包括了清洁、分类、制作、储藏以及检查保质期时应注意的事项;告诫消费者在特殊情况下如何保证食品的安全,如需进行食品召回,消费者应采取何种正确做法进行食品召回。

3. 重视并改善食品供应链对环境的影响

可持续食品政策联盟(SFPA)督促美国政策制定者确保农业法案和其他农业政策反映迫切需要,采取多元化政策和多思路措施来解决水质和水资源保护问题,重点是改善土壤健康,深化风能、太阳能等可再生能源的应用。越来越多的专家和学者也在探索可持续发展的经济学,包括减少排放和向低碳替代品过渡的财政激励措施,特别关注为农民,牧场主和其他正在实施减少温室气体排放的前沿实践创造价值的方法。

当前主要食品公司越来越倾向于引导整个食品部门应对气候变化。为了完成这项工作,这些公司(联合利华、雀巢、火星和达能)建议加强保护工作,扩大可再生能源,减少温室气体排放。其中温室气体不仅来自他们自己的加工厂,而且来自整个供应链,包括农民的田地和饲养场。例如火星公司,努力通过与供应商,农民和其他合作伙伴合作来改变关键供应链,以防止森林砍伐并更有效地生产产品,从而降低碳排放。可持续农业实践,例如有效的灌溉技术,抗性和有弹性的作物品种以及增加的土壤健康,不仅可以改善环境影响,还可以帮助农产品茁壮成长。

4.2 欧洲食品供应链的现状、特点及发展经验

4.2.1 欧洲食品供应链的现状和特点

食品和饮料行业是欧洲经济的主要贡献者,2015 年,食品行业营业额达 11150 亿欧元,增加了 2300 亿欧元的价值。2015 年,欧盟在食品饮料业共投资 385 亿欧元,食品饮料行业成为欧洲资本投入最高的制造业。整个欧盟有 457 万人就业,营业额达 1.1 万亿欧元,增值 2300 亿欧元,这使其成为欧盟最大的制造业。在欧盟 28 个成员国中,有一半是食品和饮料行业,是制造业中最大的雇主。欧盟约有 3/4 的食品和饮料出口到单一市场。与此同时,欧盟还是世界上最大的食品和饮料产品出口国。2017 年,欧盟以外的出口额达到 1100 亿欧元,贸易顺差为 350 亿欧元。

欧洲对有机食品的需求也在不断增加,在欧洲,2017 年有机土地增加了 100 万公顷,欧盟增加了 80 万公顷,与过去十年相比分别增长了 7.6% 和 6.4%。欧洲的生产者数量也随之增长了近 7%(欧盟几乎增长了 4%)。随着需求生产的增加,欧洲消费者每人每年花费 47 欧元

购买有机食品（欧盟：67欧元），与过去10年相比，对有机食品的人均消费支出也随之翻了一番。如此庞大的欧洲有机生产规模，使有机市场的零售额超过370亿欧元。欧洲食品供应链随着需求的改变不断改进，以下就是欧洲食品供应链在生产加工流通呈现的三个特点。

1. 较为普遍的短食品供应链

短供应链是指由数量有限的经济经营者参与的供应链，致力于合作、地方经济发展、地理和社会关系密切生产者、加工商和消费者。农产品在只有一个中间商参与的情况下，通过直接销售或间接销售实现商品化。当生产者和最终消费者意识到他们有共同的目标时，就会形成一个短的食品供应链，而这可以通过创造新的机会来加强当地的食品网络来实现。这是一种使生产者能够重新在粮食系统中发挥积极作用的供应战略，因为它侧重于地方生产即分散的区域粮食系统，所以尽量减少所涉及的步骤和食物所走过的距离。

目前，在欧洲短食品供应链的例子和类型越来越普遍。通常这些都是对当地影响有限的小型企业。这些企业提供的解决方案，可以提高农业生产者的盈利能力和稳定性。

2. 不断创新的食品制造技术

欧洲是世界领先的食品和农业知识机构的所在地，如荷兰的瓦赫宁根大学和研究所。欧洲先进的技术为全球食品工业带来了巨大的利益。在欧洲，尤其是荷兰，是园艺生产的主要参与者。2017年荷兰已通过其庞大的高科技自动化温室实现了高效的园艺生产，使该国成为世界第二大农业出口国，以价值衡量，同时大幅降低了所需的水和肥料，在作物生产方面，欧洲初创公司通过制造生物技术产品，以便以可持续的方式帮助提高园艺和作物的作物产量。欧盟委员会也建立了一个食品技术创新门户网站，旨在应用创新技术，如生物技术、纳米技术和信息通信技术（ICT），帮助食品制造商提供更多的健康、安全和天然食品。

3. 高度发达的绿色物流设施

物流是食品零售商和制造商之间的桥梁。为实现绿色物流，欧洲物流协会开发了一个可持续的供应链方案。该方案着重于现实的财务结构和可持续的食品供应链管理，以全新的物流理念更新物流设施，降低了物流成本，提高了物流服务水平。以欧洲物流中心林堡为例（荷兰南部的一个省），高度发达的物流设施和现代物流基础设施提供了一个供应链成本和环境影响最低的先进绿色物流。

4.2.2 欧洲食品供应链的发展经验

1. 监管体系较为完善

欧洲食品安全有一个精心策划的战略，整合了社区和个人的国家要求。此外，食品和饲料快速预警系统（RASFF）和由委员会服务部门管理的强化培训计划是欧盟食品法规EC中的另外两个成功的工具。通用食品法GFL涉及食品法的一般原则，即风险分析，预防原则，保护消费者利益和透明原则。更详细地说，风险分析是欧盟食品法所依据的格局。这是该法规依赖的主要工具,旨在实现其主要的双重目标:高度保护人类健康和食品的自由流动。风险分析的概念将流程分为三个子部分:风险评估、风险管理和风险沟通。

欧盟关于食品的决策过程大多数情况下包括风险评估阶段,科学技术专家(风险评估员)和立法者(风险管理者)根据其他合法因素做出决定,进行相应的风险评估。风险评估旨在从许多来源收集独立的科学信息,以证明使用和使用水平的合理性,风险管理的基础是利用风险评估信息来达到欧盟机构和成员国制定欧盟的立法要求。其中,风险沟通采用风险评估和风险管理信息,并将其整合到针对欧盟各机构和成员国的信息传递中,以及对消费者的一般外联,并由委员会执行。此外,建立风险评估和风险管理的总体框架,同时建立了一个处理风险评估的独立机构,即欧洲食品安全局(EFSA)。这项工作的成果是为食品企业经营者建立了新的和广泛的义务。

不仅如此,GFL 同时加强了 RASFF 的功能,RASFF 是欧盟成员国,欧盟委员会,欧洲食品安全局和其他合作伙伴的网络,在确定食品或饲料安全风险时提供快速交换信息的工具。当 RASFF 成员有关于食品或饲料的严重健康风险的任何信息时,必须立即使用 RASFF 系统通知 EC,然后 RASFF 系统立即通知其他成员以采取适当的措施。

自 2017 年 4 月 19 日起,欧盟对进口有机产品实施的电子认证制度生效。为监控有机产品流向,确保进口检查的一致性,欧盟审计法院与成员国推动这项制度的实施。此举旨在强化对进口有机产品的追溯、打击食品掺假、确保数据的真实性。新版电子追溯系统将整合进现行"贸易管控专家系统"(TRACES),以追溯欧盟地区食品贸易。

2. 食品安全法律法规体系较为完备

20 世纪 90 年代末的一系列食品事件引起人们的注意,需要在联盟层面制定有关食品和饲料法的一般原则和要求。因此,欧洲委员会制定了"从农场到餐桌"的食品安全综合方法,主要载于其食品安全白皮书。它涵盖了食品链的所有部门,包括饲料生产、初级生产、食品加工、储存、运输和零售。2002 年,欧洲议会和理事会通过了第 178/2002 号条例(EC),其中规定了食品法的一般原则和要求("食品法总则")。食品法通则是食品和饲料法的基础。它为联盟和国家一级的食品和饲料立法制定了一个总体和一致的框架。为此,它规定了支持食品和饲料安全问题决策的一般原则,要求和程序,涵盖了食品和饲料生产和分配的所有阶段。它还成立了一个负责科学建议和支持的独立机构,即欧洲食品安全局(EFSA)。此外,它还为紧急情况和危机管理以及食品和饲料快速预警系统(RASFF)创建了主要程序和工具。食品法通则确保对人类生活和消费者在食品方面的利益的高度保护,同时确保内部市场的有效运作。

欧盟食品法的主要安全义务包括:一旦确定或确认食品不安全,就有可追溯性和市场退出的义务。法律将"可追溯性"定义为在生产、加工和分销的所有阶段追踪和跟踪食品,饲料,食品生产动物或预期将被纳入食品或饲料的物质的能力。

3. 高度重视食物浪费

布鲁塞尔欧洲议会环境委员会投票赞成新法规，敦促欧盟（EU）国家到2025年将零售和消费者水平的人均食物浪费减少30%，到2030年减少50%。在全球范围内，每年为人类消费生产的食物中约有三分之一被浪费，无论是在收获后还是在运输过程中被破坏，或者被商店和消费者丢弃。仅在欧盟，估计每年浪费8800万吨食物，而该地区近5500万人挨饿。此外，农业排放约占温室气体总排放量的20%，减少食物浪费可以在降低农业排放的基础上，为减少温室气体、保护绿色环境做出巨大贡献。

为了支持实现欧盟减少食物浪费的可持续发展目标（SDG）目标，委员会将建立一个新的平台即欧盟粮食损失和食物浪费平台，让成员国和食物链中的参与者参与，帮助确定实现食物垃圾可持续发展目标所需的措施，促进部门间合作，分享成果和最佳做法。2018年5月，欧盟通过了经修订的废物立法，作为循环经济行动计划的一部分。它要求所有28个成员国实施国家食品废物预防计划，监测和报告食物浪费水平，以减少供应链各阶段的食物浪费。

根据欧洲食物浪费现状，制定一个共同办法，与成员国和利益相关者合作，始终如一地衡量食物浪费。通过采取措施澄清欧盟有关废物的立法，促进食品捐赠以及使用食品链中的原食品和副产品进行饲料生产，同时不影响食品和饲料安全。检查改善食物链中参与者使用日期标记的方法以及消费者对其的理解等措施来应对当前严重的食物浪费问题。

4.3 日本食品供应链的现状、特点及发展经验

4.3.1 日本食品供应链的现状和特点

2018年，日本食品加工业生产了2168亿美元的食品和饮料，较2017年略有增长。面向健康的产品越来越受欢迎，冷冻食品的消费量在过去20年中翻了一番。此外，由于消费者在家做饭的次数普遍减少，对方便即食食品的需求不断增长。日本食品生产商越来越注重与传统产品线保持市场份额，与此同时也在开发创意产品，吸引那些总是在寻找新的和创新食品的消费者。

日本是一个严重依赖进口的国家。美国是日本最大的食品和农产品供应国（占进口市场份额的25%），日本是美国第三大农产品出口市场（2018年为129亿美元）。由于日本是严重依赖进口的国家，这导致日本在食品加工技术上的创新极具代表性，日本的食品加工工业在各个领域都是发达的和创新的，这包括了零售、食品服务、食品加工和分布几个方面。日本作为现代亚洲食品加工业的领军者，以下就是日本食品加工流通的特点与经验。

1. 不断应用新技术的食品加工

日本近年来食品加工领域中不断出现技术创新的主要有食品原材料自动化分类与筛选、乳

制品加工、食品保鲜、食品深加工和食品卫生设备等。当前日本食品深加工中应用最为广泛的新技术主要包括真空冷冻干燥技术、3D食品打印技术、微波加工技术、超声波技术、膜分离技术和超临界萃取技术等高新技术。

利用各类新技术不但能够提高各类食品原料的利用效率，使得需要长期保存或加工的食材能够实现缓慢变质。同时，新技术还能够提高食品加工的深度，并进一步改善食品在保鲜、营养物质保存等方面的能力。另外，通过部分加工新技术还能进一步增加部分食材的附加值，从而为农村经济转型提供重要的助力。

日本作为世界真空冻干技术研发与应用最早的一批国家之一，其在技术创新和研究成果商业化领域始终走在世界的前列，据相关资料统计，全球百大真空冻干食品加工企业中，日本企业就有近30家，其产销量远远领先于亚洲其他国家。日本真空冻干食品加工企业主要加工对象为高附加值的咖啡与茶饮、果蔬、乳制品和保健食材等。当前日本食品加工企业所使用的真空冷冻干燥设备基本由冷冻室、干燥室、真空系统与控制系统等部件组成。

2. 持续优化完善的冷链物流

日本蔬菜水果的筛选、定级、冲洗、预加工、包装、预冷、冷藏、运输和销售冷链保鲜早已贯穿始终。相关冷链的研究也在持续完善，例如对于运输中的温度调控、湿度管理、低温流通设施的建立以及冷链机械的开发等。农林水产省牵头建立的低温流通推进协会，制定了行业管理办法和未来走向规划，还规定了食品在低温情况下流通的严格温度环境范围，使生鲜食品冷链保鲜技术进一步完善。在生鲜流通过程中，经过真空冻干技术加工后的食材因在加工过程中通过了较长时间的低温冷却和真空处理，缺氧的状态使得大部分细菌的活力受到了限制，因此其保质期远较其他加工方式长，而其对于加工成本的运输与储存的条件限制也更加宽裕。

4.3.2 日本食品供应链的发展经验

1. 严格遵守食品供应链管理的监管

日本严格遵守食品供应链的监控，因为日本食物和文化联系紧密。因此，像日本这样一个对食物痴迷的国家，更加倾向使用民族自然美食来独特地反映纯粹文化。自全球食品供应链一体化以来，日本企业都采用供应链战略来改善多元化与企业竞争绩效之间的关系。日本的食品供应链在生产、仓储和配送方面都非常便利，领先于亚太地区。渔业在日本文化中扮演着极其重要的角色。由于冰箱和食品存储空间有限，其鱼类供应链采用时间约束的多层供应链网络，以保证鲜度和质量。通过先进的技术可对冷链配送进行实时监管，如物联网（IoT）进入智能食品供应链。不同类型的传感器用于促进整个食品供应链的各种操作，运用最先进的条形码技术与温度传感器技术，可实时监控冷链物流服务质量。同时，日本还引入车载地图系统，为冷链配送车辆规划物流配送路线，极大减少物流在途消耗时间，冷链物流配送效率较高。

2. 高度整合共享短食品供应链的信息

日本食品饮料企业的经营基于一个短而简单的供应链结构。一个简短而简单的结构有助于供应链保持敏捷和精益,以降低成本、增加收入和最小化资产。由原材料供应商、食品生产商、食品零售商最终到终端消费者组成的结构简短而简单。供应商是指向食品生产商提供原材料的供应链成员。日本的食品和饮料公司是这个供应链的食品生产商。他们处理生产过程,产品开发和负责食品的质量,到达最终消费者。零售商是指直接向终端消费者销售食品的供应链成员。最后,终端消费者是食品的最终用户,与其他典型的食品供应链相比,日本食品供应链的主要独特之处在于,食品分销商并不是供应链中的主要参与者。由于食品的性质对温度敏感,容易变质,因此选择短结构,以确保最终产品在正确的时间以正确的数量和质量到达最终消费者手中。

供应链的主要目标是在质量、成本、速度和灵活性方面为最终客户以及供应链中的企业创造价值。实现供应链整合是实现这一目标的重要途径之一。一个完整的供应链可以连接整个供应网络,减少供应链面临的长期挑战,如糟糕的需求管理和预测,以及客户和供应商关系的不充分形成。因此,供应链集成帮助公司在内部集成流程活动,以及在外部集成客户和供应商。供应链整合可以提高企业的绩效。供应链的整合可以发生在战略和运营层面。这种融合可以以建立长期关系、开放沟通、互利互信、共享风险和回报的形式进行。

以日本食品供应链为例,该供应链中涉及的各方需要选择高度整合或是适度整合。因此,可以认为日本食品饮料企业与供应商之间已经达到了"完全信息共享"的水平。在这个层次上,供应链中的供应商和其他各方不仅可以收到来自企业的实际订单,还可以提供生产状态、运输可用性和需求数据等其他信息。因此,供应链所涉及的参与方都以合作方式共同抑制供应链的不确定性因素。

4.4 澳洲食品供应链的现状、特点及发展经验

4.4.1 澳洲食品供应链的现状和特点

澳大利亚是世界优质食品饮料制造的主要领导者,其安全可靠的"绿色清洁"食品在全球范围内得到广泛认可。澳大利亚食品饮料制造业主要包括肉制品加工、乳制品加工、葡萄酒加工业、谷类加工、水果蔬菜加工、烘焙等。澳大利亚作为全球主要农产品生产国,为制造食品饮料提供了安全可靠的原材料。澳大利亚食品和食品杂志委员会(AFGC)针对于2018年的行业状况,强调了1310亿美元的食品和饮料,杂货和新鲜农产品部门对澳大利亚制造业未来的重要性。澳洲2017年的食品出口总产值在过去5年间增长了60%,从270亿澳元增至440亿澳元。

澳大利亚也是世界上畜牧业最为发达的国家之一。2015年世界牛肉产量高达6002.5万吨，仅有2400百万人口的澳大利亚生产了254.7万吨，排名世界第六位。同期整个国际牛肉出口贸易量为953.7万吨，澳大利亚的牛肉出口量为185.4万吨，是世界第一牛肉出口大国。接下来就是对澳洲食品加工流通特点与经验的介绍。

1. 从源头上保证食品安全

为了从源头上保证产品的食品安全和食用品质，澳大利亚实施了国家饲养场认证计划（The National Feed lot Accreditation Scheme，NFAS）、牲畜生产保证体系（Live stock Production Assurance，LPA）和国家牲畜销售寄养场品质保证计划（National Saleyards Quality Assurance Program，NSQA）。国家饲养场认证计划旨在促进育肥场通过一系列的品质控制技术提高牛肉品质，包括环境控制、动物福利、兽医卫检、饲料成分和兽药残留；牲畜生产保证体系是应用于饲养场的标准和品质保证计划，用来评价生产和饲养体系，维持准确的记录；国家牲畜销售寄养场品质保证计划，保证寄养场的设施和操作达到标准。

2. 应用新技术的食品加工

食品加工是新技术的一个令人兴奋的领域，有助于减少损失、改善营养，最大限度地利用资源、改善风味。涉及高压和微波辐射的新技术被用于制作不需要冷藏的现成餐。其他基于压力的技术正被用于制造营养丰富的未经巴氏灭菌的果汁，并且可以安全地饮用生乳。新技术还可以优化提取并最小化浪费，例如，使用超声技术来增加油的提取，同时将水的使用最小化。除此之外澳洲肉类加工工业采用新技术不仅可以保证食品安全，最终也同时保证整个产业链获得利润。

3. 高度可追溯的运输流通

建立了国家牲畜识别系统不仅保证牲畜的可追溯性，同时还可以使动物运输的保证体系得到保证。该系统对每个动物的身份进行识别和追溯，保证生物安全性和食品安全。国家牲畜识别系统得到主要生产商、饲养场、代理商、销售牲畜寄养场和加工商的拥护，以及州（领地）的立法支持，最终组成了国家牲畜识别系统的管理框架。国家牲畜识别系统由三个要素组成：动物标识（可视或电子耳标）、产地识别码（识别饲养的地理位置）、网络数据库（存储记录牲畜在销售加工过程中的数据及细节）。国家牲畜识别系统追溯系统提高了对动物疫病或食品安全事件的追溯能力，满足了某些地区的市场准入需求，为澳大利亚牛肉全球竞争力建立了基础。其次，国家牲畜识别系统可以控制运输过程中的不利因素，使动物运输的保证体系得到保证。

4. 绿色可持续的食品供应链

澳大利亚和新西兰作为世界上主要的食品供应商，在食品行业合作伙伴的整合和供应链整合方面都已经成熟。澳大利亚提出了一个绿色供应网络，消费者可以寻求安全绿色的食品。联邦科学与工业研究组织（Commonwealth Scientific and Industrial Research Organization）启动的一项数字农业计划，目的是帮助澳大利亚农民和食品行业各方提高生产率和可持续性。

澳大利亚作为APEC一员，通过不断发展绿色供应链这种创新型管理工具，充分发挥市场的作用，引导各行业企业采购污染排放少、环保绩效高的原材料和产品，从而促使上游更多的企业主动遵守环境法规，采取环保措施，实现整体产业的绿色升级和可持续发展。绿色供应链的实施对构建高效、清洁、低碳、循环的绿色制造体系，促进传统产业转型升级、经济提质增效和绿色协调发展以及实现环境质量总体改善起到至关重要的作用。

4.4.2 澳洲食品供应链的发展经验

1. 法规标准体系、食品政策和食品标准较为完善

澳大利亚，食品监管受到一系列规范实用的法律法规的约束。例如"消费者保护法"要求食品信息必须真实，不能误导消费者。"食品法"对具体的食品问题进行了明文约束，包括安全、标签、成分和食物处理规定等。在澳大利亚食品安全监管系统中，食品法规的立法涵盖"食品政策""食品标准"等多个方面，其制定亦涉及澳新各级政府的跨部门合作。在澳大利亚，主要涉及农业和水资源部、卫生部和澳新食品标准局（FSANZ）等部门。

食品政策由澳大利亚和新西兰食品监管部长级论坛制定，为食品安全的特定主题提供指导，确定方针。该论坛是澳新食品安全领域最高级别的议事协调机构，成员包括来自澳大利亚所有州和地区的部长，以及澳大利亚和新西兰联邦政府的部长。论坛成员是食品安全监管系统的决策者，负责批准食品政策，审查所有食品标准。他们还可以要求审查、修改或否决标准草案。

澳新食品标准局（FSANZ）作为独立机构，负责制定食品标准。这些标准经过前文提到的论坛批准后即成为《澳大利亚和新西兰食品标准法典》的一部分。FSANZ制定的标准，主要涵盖原料、加工助剂、色素、添加剂、维生素和矿物质的使用等多个方面，也包括一些产品标准，如乳制品、肉类、饮料、转基因食品等新技术标准，以及预包装食品和散装食品的一些标签要求。此外，为了解决澳大利亚本国的食品安全问题，FSANZ也负责制定一些仅在澳大利亚本国使用的食品标准，例如初级生产要求等。

澳大利亚的食品安全体系相对多元，因此，澳洲不仅有相关的立法和执法部门，也设置了专门的议事协调机构来确保制定的法规制度行之有效、相关的执法过程严格统一。

在食品政策的制定过程中，澳大利亚不仅会考虑本国各州立法情况和国际法规的相关要求，也会考虑地缘政策，将新西兰的相关法规标准考虑在内。因此，澳新食品安全联动系统的部长论坛在制定食品政策时，设有一个专门的委员会"食品监管常设委员会（FRSC）"帮助论坛协调各方关于食品政策、方针的有关建议。食品监管常设委员会成员与部长论坛成员来自相同的领域，包括卫生、工业、农业、初级产业部门或食品部门的负责人。食品监管常设委员会将研究和评估任何潜在的食品问题，并考虑多方因素，促进在澳新联合监管系统中的跨部门合作，以保证论坛制定出适当的政策

作为应对措施。如果论坛通过了某项决议,决定使用相关的标准规范,食品监管常设委员会将确保这些新的食品标准可以在全国通过统一的尺度规范执行。

2. 执法监督流程规范多元化

在澳大利亚,食品监管系统主要涵盖食品法规的制定、法规的实施监管和应急响应几大方面。值得一提的是,澳洲的食品法规监管体系不是由澳洲的议会制定的,而是由一个强有力的合作联合系统——"澳大利亚和新西兰联合食品监管系统"基于科学证据和专业知识,进行开发和实施的。澳新的各级政府,包括联邦政府、州政府和地方政府承担着不同的职责,联合食品监管系统也充分考虑了国际规范,以及食品供应链中的众多企业和利益相关者,为澳新的整个食品行业提供了一个稳固的平台,让消费者可以放心选择食品。

澳大利亚在本国的食品法规的实施和执行由各州（地区）政府负责。各州州政府或地区政府拥有一定程度的立法权,因此可制定自己的食品法。而州（地区）政府和下一级的 500 多个地方政府都会参与到食品安全的监督和执行活动中。因此,澳洲各辖区的食品监管体系由于立法权的下放而呈现多元化的特色,食品安全监管的负责部门各不相同。一般来说,包括卫生部门、基础产业部门和食品管理部门。

澳大利亚的农业和水资源部负责管理进出口食品有关的法律,例如出入境相关的食品标准法典。所有进口食品必须符合澳大利亚的生物安全要求（《2015 年生物安全法》）和食品安全要求（《1992 年进口食品控制法》）。进口食物的标签还需要符合"进口食物检验计划"的相关要求。

在执法过程中,澳大利亚和新西兰当局也会进行密切合作,确保相关法规标准的有机统一,严格执行,而这一职能由食品监管执行委员会（ISFR）承担。ISFR 的成员是澳大利亚和新西兰食品监管机构的代表,ISFR 本身并不是执行机构,但提供了一个平台,允许澳大利亚和新西兰的食品监管机构讨论商定统一的标准执行战略,以实现在不同地区的行政执法和法规解释保持一致。在此过程中,ISFR 也会与标准制定部门 FSANZ 协商,并向 FSANZ 提供支持。

3. 食品安全风险管理模式严谨务实

澳大利亚拥有一套严谨务实的食品安全风险管理模式。首先,政府提倡食品企业采用良好生产规范（GMP）、危害因素关键控制点（HACCP）等体系手段来管理食品安全风险,对风险较高的食品行业强制实行 HACCP 管理。其次,在政府部门的食品安全监管方面,基于卫生部门的风险评估,政府实施分类监管模式,根据食品生产经营企业风险大小实行分类监督,确定监督频次、收费数量等。因为澳大利亚发生的食品安全事件主要是致病菌和过敏原引起,监管部门对高风险食品将温度的要求做到极致。在任何销售点,对食品储存温度的要求严格执行到位。面对食源性疾病及其他食品安全事故,政府机构和食品企业通力合作,以便能够迅速采取行动,防止事态的进一步发展,并保持消费者对安全食品供应的信心。其中,诚信守法的食品生产经营企业本身在预防和应对食源性疾病暴发方面负主体责任。公共卫生机构、食品安全机构、实验室和地方政府的通力合作,监测和控制相关事件的发生。澳大利亚各州(地区)政府则是管理食品召回和食源性疾病事件的议事协调机构。

4. 社会机构广泛参与

澳大利亚的食品安全得到了整个社会的广泛参与,构建了由企业、政府、社会、行业协调配合、多措并举的全社会食品安全公平合理、合力共为的格局。首先,除了澳大利亚食品安全监管部门负责食品安全监管体系的立法和执行外,食品企业也对保证食品安全负有主体责任;其次,政府将大量监管工作向社会外包,充分利用社会的技术资源(包括教育机构、第三方检测机构、政府各部门的检验力量),为食品安全管理服务,构成了强大技术支撑。

4.5 国际食品供应链发展对我国的启示

4.5.1 建立完善的供应链相关标准体系、强化法律作用

对食品供应链的源头、加工、运输、销售等各个环节做出相应的质量卫生标准规范,让食品生产加工的各参与主体与相关活动都能够有规可依,明确主体的经营范围和经营规范,使得供应链的各个环节都能得到有效的优化和管理。虽然目前我国已有了基本的食品标准体系,但还不够完善,应该将标准体系更加深入和细化,同时我们还要积极学习欧美等国家行之有效的最新科研成果和国际先进标准,为我国食品安全体系建设提供参考。

我国目前的食品法律体系尚未完全覆盖从农田到餐桌的各个环节,依然存在着许多空白之处,还没有构建一个科学、合理、完善的食品供应链法规体系。我国应该不断探索建立一套食品供应链针对性的法规体系,做到食品供应链中各个环节有法可依,同时提高执法效率,加大执法力度,才能真正保障食品供应链的规范有序和食品的品质安全。重点防治食品生产加工过程中偷工减料、以次充好、以假乱真、违用滥用的现象;增强生产经营者的自律意识,严格按照标准生产、加强关键环节的质量控制,做到安全生产合法经营;提高生产经营活动门槛,建立严格的审查机制,确保优质企业参与;加大食品违法惩处力度,使食品生产经营活动严谨慎行。

要加强对冷链运输方面的宏观政策和政府支持力度,冷链物流的发展离不开政府的支持。通过优惠政策和资金扶持,促进冷链物流发展,如加大对大型冷链物流企业金融支持,解决企业贷款难的问题。通过制定行业法规、国家标准,保障冷链物流业的持续健康快速发展,如冷链能耗和效率标准、冷运食品卫生安全标准、冷库环境温度与冷藏运输温度控制标准等。建立有效的监管机制、严密的追溯体系和食品安全信用体系。严格专业认证制度,实施市场准入制度,适时提高准入门槛。

4.5.2 完善交通基础设施，优化全国路网布局

交通运输对供应链的效率有显著的影响，运输过程也对供应链的管理风险有重要影响。运输链是连接供应链网络的动脉，运输链的效率既取决于交通设施状况，也取决于管理体制和管理水平等软环境，构建完整的、优质的运输链可显著降低供应链的成本，对优化供应链具有重要意义。

通过不断加大交通基础设施投入，尤其是增加内陆地区、西部贫困落后地区交通设施建设的投入，以优化全国路网布局，尽快在全国范围内形成一个路网布局合理、交通设施完善、交通功能强大、交通方式多样互补、方便快捷的道路交通运输网络和陆海空立体交通体系。在建设资金的筹措和投入上，可以考虑采用国家扶持、地方自筹、民间集资、中外合资以及BOT等多种筹资形式，通过实施优惠政策，调动各方建设交通基础设施的积极性。

"一带一路"沿线国家互联互通的软制度和硬设施逐渐完善。截至2019年3月，我国已与125个国家和29个国际组织签署173份合作文件，合作范围遍布亚洲、非洲、欧洲、大洋洲和拉丁美洲，为沿线国家的基础设施建设和国际贸易往来带来了极大的推动作用。在"一带一路"建设倡议下，供应链物流等板块迎来广阔空间。大力推进了沿线的交通建设，可以带来迅速增长的进出口总额和货物运输需求，预计未来中国与沿线各国的过境运输、仓储物流、往来贸易将更加频繁。供应链服务通过对商流、物流、信息流、资金流有效整合，将有助于提高物流效率，降低物流成本，将在"一带一路"沿线国家贸易往来过程中发挥重要作用。

4.5.3 大力推广应用冷链技术，完善和优化冷链的运作和管理系统

科学技术是第一生产力，推进食品物流基础理论的研究，积极落实科研成果与国内的食品冷链物流的特殊性结合起来，指导实践应用。完善我国冷链物流基础设施建设，对保障食品的安全意义重大，统筹规划国内交通网络，加大加快交通方面的基础设施建设，逐渐形成海陆空三路高效互补的多式联运体系；加快食品物流设备的研究开发，特别是针对冷链物流的运输存储车辆、仓库等，由于冷链物流成本巨大，目前国内冷链运输率比较低下，导致冷链经常断链，供需矛盾十分突出。

冷链物流的发展离不开技术创新，这是我国冷链物流发展的根本动力。在生产加工方面，使用先进的产地加工技术，提高产品质量、延长保鲜期；在冷藏技术装备方面，积极采用自动化冷库技术，包括贮藏技术自动化、高密度动力存储（HDDS）电子数据交换及库房管理系统，延长保鲜期；在运输装备方面，公路运输灵活便捷，装卸环节少，可实行"门对门"的服务，减少损耗，铁路运输要实现冷藏箱与铁路冷藏车的无缝隙衔接，提高铁路冷链物流运输的质量。另外，在标准化原料基地建设方面，也需要新技术的应用，从源头上保证冷链物流的质量和安全。

我国目前的港口冷藏设备和冷藏仓储基础设施不足且发展滞后,无法形成真正意义上的冷冻冷藏食品供应链。在食品供应链中要大力推广应用冷链技术,完善和优化冷链的运作和管理系统,不断提高冷链运输和配送在食品供应链物流运输中的比例。尤其要在食品供应链系统的运输和配送环节,增加冷藏冷冻运输工具和车辆的投放和使用。与此同时,加快港口冷藏设备、专用冷藏冷冻仓库等仓储设施的建设,为食品供应链的冷冻冷藏化提供物质基础。通过建立食品冷冻冷藏供应链,将易腐、生鲜食品从产地收购、加工、储藏、运输、销售,直到消费的各个环节都置于适当的低温环境之中,以保证食品的质量,减少食品的损耗,防止食品的变质和污染。

4.5.4 完善高度信息化的可追溯食品供应链

加快食品供应链的信息化进程和提高信息化水平,已成为食品业界内外和上下的一种共识。无论是食品生产企业还是食品物流企业都对食品供应链管理的信息化提出了迫切要求。食品供应链的竞争能力越来越依赖于以各种自动识别技术和计算机网络技术为基础的物流信息技术的支撑,竞争的关键也演变为以信息化为工具的提高周转率、加快市场响应速度、降低经营风险和严格成本控制的信息化大战。沃尔玛的全球信息管理系统和光明乳业的信息化、低成本配送的巨大成功说明了信息化对食品供应链整体水平的提升所起的作用。

通过学习先进的信息系统对产品货架期和保鲜度进行有效管理,采用计算机系统对食品鲜度进行维持,将每种食品的主文件设定为商品有效期和准许销售期限,在商品入库时输入生产年月,计算机系统就可以自动判断各类食品是否可以入库。对在库商品严格地按照先进先出原则进行作业,并要求作业人员每日检验商品日期,保证不出现超过准许销售期限的商品,还可以对接近准许销售期限的商品提供预警功能,及时提醒食品的保鲜期。

物联网是在计算机互联网的基础上,利用标识、无线通信等技术,构造一个覆盖世界万事万物的网络。实现物与物、物与人、所有的物品与网络的连接,方便识别、管理和控制。将这种技术全面应用到"从田地到餐桌"的整个过程,将食品加工的方方面面信息进行汇总和编排,实现食品的全程可监控、可追溯,能够向消费者提供完全透明公开的食品全程信息,消费者能够透明掌握自己购买食品的成长过程,从而保障食品安全。

达到食品安全是人类一个永恒的挑战,是古今中外全人类共同的期望。目前我国已经在采取一些强有力的举措来确保人民吃得放心、安全与健康,因而在这种背景下对食品供应链深入细致的研究就凸显得更有意义。国家应该建立健全食品供应链标准体系和相关法律要求,出台相应政策,鼓励、扶持全国优质农业连锁企业发展,推进农业现代化建设。逐步引入物联网技术、建立冷链物流运输体系,用现代科学技术管理农田生产、有机农产品运输和销售,积累先进的运营管理经验推而广之,推进农业生产和食品加工的共同发展。

4.5.5 建立可持续食品供应链，实现绿色物流

开辟公路、铁路、航空及水上常年性食品运输通道，并按照区域分工、优势互补和经济合理的原则将其联结起来，发挥各类运输工具的优势，消除不必要、不合理的关卡和收费，在全国范围内构建高效率、无污染、低成本的绿色运输网络和联动运输系统。

建立集约化、专业化的食品生产、储藏、流通加工、物流生产配送基地，以规模作业方式提高资源利用效率，减少环境污染，如餐饮服务业对食品的集中加工、配送中心对生鲜蔬菜的辅助加工等。与此同时，注意对食品生产、流通和消费过程中产生的边角废料实行集中处理，以减少分散生产和消费者分散加工所造成的废弃物污染。

倡导食品生产部门采用可降解材料包装，食品供应链全程采用可重复使用单元式包装，在食品包装物上印制的广告与使用说明也应尽量做到规范并合乎有关规定和要求，并尽可能做到科学合理地回收处理食品包装材料，直至实现循环使用各种包装材料的目标。

以绿色供应链为主题开展国际合作，推动国际间绿色贸易，对于促进区域互联互通和全球经济一体化具有重要意义。绿色供应链将被打造成联合国可持续消费与生产十年框架项目中一个新的优先领域，成为国际社会实现可持续生产与消费的重要组成部分。通过绿色供应链管理推动国际产品和原材料市场的绿色化将成为提高未来国际贸易水平的重要内容之一。发展绿色供应链和绿色价值链，在提升中国国际形象、提升国际竞争力等方面均起到重要作用。充分依托 APEC 绿色供应链合作网络，推广绿色供应链管理中国经验，推动亚太区域绿色产品和原材料贸易。同时，将与各成员经济体一起努力，进一步丰富和拓展合作网络，将其打造成为高效务实的合作平台，助力中国和其他亚太区域国家一道向可持续生产与消费模式转型，促进亚太区域的环境保护、互联互通、绿色发展。

第五章 食品供应链发展趋势与展望

5.1 食品供应链的未来发展趋势

当前世界食品经济发展迅速,而新技术的发展对很多产业的供应链和消费视角造成了影响,食品产业也在此过程中发生着变化。新经济新技术的冲击使得食品的生产、运输和销售发生了深刻变革,将不断推动食品供应链进行技术创新,朝着更大、更强、更安全的方向发展。比起我国原有的传统食品供应链,新食品经济通过信息技术帮助食品生产和销售企业获得了站在消费群体的立场和角度对食品网络供应链进行分析的能力,这就大大提升了食品企业对于市场信息的把握能力,使食品供应链能够应对日益激烈的市场竞争。食品供应链未来发展趋势将从物流、商流、资金流、信息流"四流"分别阐述。

5.1.1 物流发展将更加高效化

近两年在互联网不断发展中,快递物流企业迎来了上市潮,"三通一达"、顺丰、百世、德邦物流纷纷登陆资本市场,同时受2C端影响,菜鸟网络、京东等也从商流介入物流,而且逐渐深入。这些现象都表明互联网技术与物流行业的融合在走向成熟。首先,质量和效率成为企业增长新动力。在过去容易实现快速增长的时代,效率并未得到真正重视。但自2015年以来,粗放式、简单式的增长方式难以为继,企业逐步进入精细化管理时代,追求高质量、高效率的增长,成本、服务、效率越来越重要,而且努力通过技术驱动,来全面提高企业的经营效率。其次,整合资源成为提高物流企业业务效率新动力。举例而言,十几年前,鲜有物流企业能同时服务宝洁、高露洁、联合利华等大客户,因为这些货主和物流企业间的合作具有排他性。如今,排他性逐渐消失,开拓物流层面资源整合局面需通过物流企业来实现。这些变化深刻地影响着物流行业的发展,如订单越来越碎片化——从低频次、大批量向高频次、小批量变化;渠道越来越多元化,企业逐渐建立起能够服务于所有渠道的物流体系;服务需求越来越高,当消费者拥有越来越多的选择时,服务就变得更为重要。其中,物流作为到达终端客户的一部分,直接影响到客户的服务体验。

物流作为供应链环节中的重要基石，着力从"散、小、乱"发展向规模化、体系化、专业化、信息化、自动化等方向发展。这过程中离不开供应链能力的培育，因为供应链效率的高低越来越决定企业市场竞争能力的强弱，其中，对物流模式产生的影响最为明显。若企业的经营模式以推动式为主，低频次、大批量的订单使得运输相对比较稳定和简单，这可称之为"静态运输网络"（静态和动态都是相对而言）。在此背景下，货主企业可按照区域划分，与少数几家第三方物流企业合作，这种物流模式对应过去的企业经营模式是合理而且经济的。但若要对应到现在新的企业经营模式，即由消费者主导，订单高频次、小批量，而且越来越碎片化，渠道越来越多元化的模式，无疑静态运输网络就会显得苍白无力，这就必然需要有新的物流模式与之对应，即"动态的"运输网络。

当物流模式发生变化后，供应链的运营也将变得动态起来。首先，货主企业会根据不同订单的特点、不同的渠道、不同的服务要求与提供该品类服务的物流企业进行直接合作。这相较于过去只面对第三方物流企业，其运营管理更加动态、更加灵活。其核心原因就是，前端订单结构的多元化。其次，随着技术和外部条件的成熟，货主企业会越来越倾向于通过直接采购，以缩短外包链条。通常会采用两种方式：货主跳过大型第三方物流企业直接和中小型运输公司合作与第三方物流企业直接和司机、信息中介合作。如此一来，传统的多层外包链条会越来越短，这不仅直接降低了成本，而且保持高度灵活性和竞争性。此外，我们都知道外卖的出现，是为了解决最后一公里的送餐问题，而在食品行业，世界各地的消费者对于方便和易得的需求也正在不断增长，来自《明特尔2018年全球食品和饮料趋势》数据显示，77%的20~49岁的中国互联网用户在网上杂货店购物时会选择送货上门，这已经成为一种常态。此外，便携式的包装、迷你餐等的出现，都是为了最大程度上解决消费者的便利需求，而随着智能化手段的不断发展，供应链会更加完善，当下便利的意义还将会提升至更高的层次。类似阿里、京东等在商流和物流两端均具有强大能力的企业，其供应链的这一特点尤为明显。尽管此类企业拥有强大的商流分发能力，但它们不会全面将业务外包给单独一家，因为单一依附对于大中型企业不是最优选择。所以，它们必然会拓展自己能够影响甚至控制的全渠道。如此一来，整个物流网络的中立性便成必然。最后，动态物流网络与静态物流网络在逻辑和模式上存在较大差异，主要体现在技术、操作模式、管理方式等方面。如今这些因素随着互联网、移动互联网、云计算技术的成熟，一一得到了解决，而且还在继续深入。

随着技术的发展、需求的转变，高效物流运输网络模式在未来几年内会成为国内的一种趋势，食品运输网络将会更完整、更高效。研究发现，当前在网络化的购买环境下，食品供应链已经缩短，而食品与农产品的运输需求加大，整个运输和仓储网络不断强化和完善，为消费者提供更加多元和便捷的购买渠道。食品供应网络得到强化。在未来，食品供应网络中各主体

（生产厂家、销售商、仓储、消费者等）之间的联系会更加紧密，由于网络技术的发展，很多生产厂家建立起了与消费者直接接洽的销售渠道，这样消费者可以获得更加直接的服务，而在国际范围内进行食品消费也变得更加容易。大型食品销售信息网络的出现推动食品行业进行整合。为了适应食品消费者对低价格的需求，食品企业都要不断提升自身对于食品生产和供应链条的控制能力，推动整个食品产业向着集约化的方向发展。

5.1.2 商流发展将更加个性化

从早上睁开眼起床到晚上闭眼入睡，其实我们一整天都和食品等相关产品在打交道，不可否认，我们接触的产品、渠道、场景、体验等，其实每天都在发生着变化。面对全球不断变化的环境，食品行业存在着许多无限的潜能。来自利乐的 Gisele Gurgel 指出："未来的消费场景，变是必然的趋势。"而支持未来场景的主要趋势是个性化需求发展。

首先，技术改造电子商务。电子商务已经成为零售业的一股颠覆性力量，从传统的实体零售商手中夺走了市场份额。根据 IGD（国际食品与日用杂货行业研究培训机构）最近的研究，到 2023 年，全球十大在线零售市场的总销售额预计将达到 2000 亿欧元，年增长率为 20%，其中四个市场是位于欧洲的英国、法国、德国和西班牙。市场份额的增长将得到改进购物体验和实现能力的技术进步的支持。这为该地区的零售商和制造商提供了一个重要的增长机遇，它们投资于个性化、易用性和便利性，并将线上和线下结合起来，以满足不同购物者的需求。其次，实体店数字化。IGD 专家预计，未来一年实体店将越来越多地提供数字体验，采用面向消费者的技术，让消费者更容易找到、研究和购买食品。例如，随着引导消费者体验店内体验的应用程序的开发，在货架上搜索特定产品可能成为过去式。传统超市会反击网络颠覆者，而有关消费者偏好和习惯的信息将是一个重要的武器。面向消费者的技术，如车载购物设备或智能手机应用程序，将引导消费者走向更有可能购物的过道和货架。最后，"社交商务"兴起。电子商务的发展可能带来新的购物方式。IGD 预测，所谓的"社交商务"模式可能会在 2019 年出现。通过社交商务，零售商和供应商将提供有针对性的营销以及新的方式，使网上购物更社会化、即时、方便。新技术将意味着人们不再需要访问零售商的在线商店。当他们在线观看图片和视频时，他们将能够立即将产品添加到虚拟购物车中。这有可能彻底改变产品的买卖方式。

客户需求的变化导致货主企业经营模式和增长驱动力的变化。在过去的 2~3 年，企业的经营模式和增长驱动力发生了非常大的改变，并出现了各种说法：经济新常态、新零售、无界零售等，如在企业经营模式方面，已从 push（推动）转为 pull（拉动），增长驱动从生产者主导变为消费者主导。在推动式增长方式下，企业的服务对象主要是经销商体系；但在拉动式增长下，企业的服务对象更多开始要考虑终端消费者，而且，企业的销售渠道也开始迅速多元化、扁平化。根据 Kantar TNS、360 度食物的相关数据显示，有 66％的中国消费者希望拥有一个基于人工智能的个人烹饪助手，它可以根据用户的喜好选择合适的饭菜。而就在前几日，上海爱餐机器人有限公司研发出了一款可编程控制智能炒菜机器人，消费者只需将菜盒中的菜放入相应位置，选择对应的菜谱和口味，点击开始炒菜，便可以开始烹饪，且味道也不赖。另一方面，个性化体验对于千禧一代的消费者来说，还体现在"产品颜值"上，颜值的好看与否，在相当程度上，决定了消费者的购买力，这便是消费者中常提到的"颜值经济"——好看可以拍照发朋友圈，带来传播，从而带动销量。

随着未来对食品交叉学科人才的需求度将不断增加以及市场需求驱动的变化，在未来，食品消费的选择呈现个性化趋势，由于销售网络的延伸与强化，消费者对于食品产品的选择和获得更加容易便捷，选择范围也得到了扩展，这使得我国食品消费呈现出了多元化、流通更顺畅的趋势。食品产品的性价比持续增高，由于食品购买网络的强化，消费者可以通过网络比较便捷地获得性价比高的食品，这就会促进食品企业不断通过改善生产技术等方法提升食品产品的性价比，并使食品的价格出现持续降低的现象。

5.1.3 资金流的发展将更加便捷化

在互联网技术席卷全球背景下，"互联网＋金融"的创新型互联网金融平台逐渐应用于食品供应链中，无论何种行业的供应链金融，本质都是相通的。供应链金融通过管理上下游中小企业的资金流和物流，并把单个企业的不可控风险转变为供应链企业整体的可控风险，通过立体获取各类信息，将风险控制在最低。食品供应链金融即主要围绕食品行业供应链，为供应商和经销商们面临短暂资金周转需求的时候进行及时融资。食品供应链上牵涉到大大小小各种企业，企业有时原料款、设备款等可能已经汇出，但产品的销售收入还未到账，或者对方已下过订单，但货还没到齐，欠款也不能马上到手，很多情况下都可能面临临时资金周转不便的情况，这就需要金融。一般情况下，经销商都是向银行贷款，但银行审核程序麻烦，借款到账更需要一番周折，因此食品供应链金融现在一般由互联网金融平台来完成。食品行业中，中小微企业居多，他们有强烈的金融需求，这个市场空间有数万亿级。但是，目前中国没有专注于食品行业供应链金融服务的企业，原因在于这个行业不好做、非标化，需要提供金融服务的企业具备丰富的食品行业经验，同时也要熟悉金融和互联网，把三者要很好地结合起来。

食品供应链金融模式，其本质就是将产业链上下游的中小微企业在核心企业的信用提升下，获得网贷平台更多的金融服务。平台围绕供应链核心企业，参与上下游中小微企业的资金流和物流，把单个企业的不可控风险转化为供应链企业整体的可控风险，通过获取各类信息和数据，将风险控制到最低。供应链金融是基于一个实力较强的核心企业，根据核心企业的信用、融资方与核心企业贸易的真实度来评估融资方的信贷资格，为核心企业的供货商和经销商提供融资服务。在食品供应链中则是跟供应链企业的核心企业合作，主要做食品供应链中的供应商和经销商借贷。其中较为出名的是"利金贷"和"宜信翼启云服"。

"利金贷"主要是结合食品供应链企业贸易流、资金流、信息流、商流的特点，为食品供应链上下游企业提供企业间的应收账款、应付账款、餐厨设备融资租赁等综合金融信息服务解决方案，对其食品供应链核心企业提供定制化的金融服务解决方案。目前上线的供应链金融产品有利押贷、利盈贷、利安贷、利汇贷、利银贷等专注于食品供应链的金融产品。自上线以来，利金贷以创新的商业模式开辟了为食品供应链上下游中小企业解决资金周转问题的投融资新渠道。

以中国产业链中快速成长的中小微企业为中心，宜信翼启云服正在搭建便捷、安全、稳定、风险可控的企业级金融服务云平台。其中以企业融资为主的翼启融、商超贷等产品已经被教育/培训、电子商务平台、零售、制造业、大型超市供应商等20多个中小微行业客户广泛采用。除去在资金端为中小微企业提供投融资服务，翼启云服正在为其提供包含企业账户管理、收付款管理、企业理财、特色延展服务在内的整合金融服务，在帮助中小微企业管好生意、用好资金的基础上提升其企业金融力。该公司与蜡笔小新的合作正是以休闲食品产业链中的中小企业为出发点，为其提供从资金端到管理端的整合金融服务，同时依托于蜡笔小新出色的行业资源把控能力，双方合力开发休闲食品制造业场景金融市场，力求以创新的业务模式及优质的服务解决同类客户和链属企业的金融需求。

未来的食品供应链金融发展方向应该是通过长期、稳定的合作关系，降低供应链上的协同成本，通过信息共享、高效业务处理降低渠道库存、加快资金流转、加快产品开发与推出速度，最终实现供应链上新价值的创造。

5.1.4 信息流的发展将更加透明化

食品安全问题频发的食品市场乱象背后，反映的是缺乏真实的、及时的食品安全信息，食品信息不对称、缺少统一监管和统一发布的食品安全数据公共平台。信息时代、大数据时代为食品安全问题的解决提供了新的契机。在食品生产到消费的各个环节都产生着大量的信息和数据，食品产业的大数据，更多地与即时趋势联系在一起，大数据管理将海量数据聚合在一起，将离散的数据需求聚合为数据长尾，从而满足传统治理中难以实现的功能。信息时代和大数据时代背景下的食品供应链模式对传统的食品供应链加以改进。首先未来信息技术不断发展的结果就是消费信息的获取更加容易，食品企业对食品消费信息的汇总和分析能力越来越强，而这些分析数据就会成为食品企业制定发展战略的依据，食品供应链上消费需求倒逼企业发展的现象会变得更加常见。借由信息技术发展的推动，我国各领域都在利用信息网络来共享信息，这就使得各产业通过大数据信息分析来获得行业发展的信息，在现代食品经济条件下，食品供应状况会通过商品条码的扫描进行信息汇总。这样，食品供应企业就可以轻松获取自产食品的购买信息，由于购买信息的流通在供应链上是公开化的，食品生产和销售企业都可以获得食品销售信息，通过多种食品销售信息的汇总和整合，该产业下的企业就可以详细掌握消费者的需求，并通过数据分析细化消费者需求的导向，食品产业链上的各企业就可以据此进行战略调整。而从食品原料供应、食品科研单位，到食品生产、销售单位，整条食品供应链上的每一个环节都会根据这些消费者购买信息进行市场化的调整，从而形成一体化的具有统合意义的食品产业体系调整。

全链条中的各项操作以及信息更新等。具体说来，首先，数据共享平台。在源头农业生产者可通过环境传感器实时监测到农产品的生长环境状况，例如温度、湿度等数据并自动上传数据；食品加工企业通过电子标签的形式给产品配上具体的商品信息；配送企业可通过配备的GPS定位系统和存储环境传感器，提供食品的位置与配送信息；商家可通过存储环境传感器和电子标签，提供记录的食品存储品质信息和销售交易信息。其次，数据监管平台。监管部门可以对供应链的各个节点数据进行监控，对数据进行实时查询。消费者可以登录数据监管平台，可查询产品真假和质量信息，包括产品的生产日期、生产地点、配料、保质期等，另外消费者还可以将消费感受、评价上传，来充实大数据平台。同时，由于数据的有效记录和快速共享，食品加工企业通过查询消费者的感受或者评价等信息，来不断优化产品的质量。

信息和数据还在转变消费者对可追溯性的期望。在大数据时代背景，食品供应链模式下，产品一旦出现问题可以根据追溯系统准确而快速地找出问题环节所在并实现按责追究，因而在一定程度上消除食品供应链中存在的问题，对食品的质量与安全水平提升具有重大促进作用。2018年，包括家乐福和欧尚在内的多家零售商采用区块链技术，通过二维码向消费者提供食品原产地的详细信息，预计这些项目在2019年将继续快速推进。世界上越来越多的中产阶级收入和生活方式的人将会更加意识到食品安全，并对他们的食品是如何被采购和筛选的更加好奇。有鉴赏力的消费者甚至可以查看农产品的来源和营养价值信息，并查看菜谱和食物搭配的建议。这将吸引更多的消费者，同时巧妙地让每个人都觉得自己受到了单独对待。

信息流透明化以科技为发展前提，紧跟食品行业发展潮流，充分利用信息技术实现产品信息的透明化和可追溯化。这对未来的食品零售行业来说是一个很好的发展趋势，相信未来，智能化的产品会大大方便人们的生活。

5.2 新技术在食品供应链中的应用

近年来，供应链技术更新，推进商业运作模式的改进。"三流"透明化和食品供应链的技术创新，加快了食品供应链供应柔性、降低了食品供应链运作成本、改善了食品供应链服务水平。供应链的企业之间已经实现了数字化连接，包括终端用户。从仓库中的机器人到计算机化的运输和跟踪，技术已经使这个行业变得更好，并提供了新的能见度。

与其他行业的供应链不同，食品供应链在不断增长的经济中扮演着独特的角色，它对人类的生命和健康具有普遍性。同时，食品多样化需求的增长伴随着全球趋势变化带来的挑战。全球化、安全、监管、效率和制冷剂现在是食品供应链管理的主导变量。包括现代农业、生产加工、物流配送、信息追踪等在内的新兴技术正在引入更快捷、更安全、更智能的方式来设计、优化和管理食品供应链，从而改变我们种植、运输、储存、准备、订购和消费食物的方式，实现食品供应链中信息流、商流、资金流、物流这四流的创新与整合，线上线下协同化、低成本、规模化运作，从根本上解决目前我国食品生产及流通中存在的主体分散、实力弱小、市场秩序混乱、供应链容易断裂等问题。

5.2.1 现代农业技术应用

现代农业技术通过有效控制农业生产过程，科学合理地使用化肥、农药、兽药等，能够在一定程度上减少食品供应链在生产环节发生的问题，如减少食品有害物质残留，降低食品供应链源头的安全风险等，主要包括农业生物技术、精准农业技术。

1. 农业生物技术

农业生物技术是指运用基因工程、发酵工程、细胞工程、酶工程以及分子育种等生物技术，改良动植物及微生物品种生产性状、培育动植物及微生物新品种、生产生物农药、兽药与疫苗的新技术。当前，我国的农业生物技术的应用已经延伸到从种植到养殖、从研究到防治等方面。比如，在生物肥料方面，辉丰股份推出辉丰高贵、辉丰聚合两款谷氨酸产品，为农作物生长发育提供营养元素；在微生物农业方面，东北农业大学研发微生物菌剂，可以实现秸秆还田，资源再生；在生物育种方面，华大基因推出分子育种，大北农则在水稻、玉米等生物育种行业领先，以提高作物产量、抗旱性及抗病虫能力，改善作物营养状况。国外发达地区，尤其是美国，农业生物技术更具先进性和领导性。据资料统计，目前全球前20大农业生物技术公司中，美国有10家；前5家中，美国就有3家。其中，细胞农业就是一种建立在细胞培养之上的具有突破性的农业生产手段，通过细胞农业获得的有关产品在外观上与从动植物收获的食物基本相同。例如，美国初创科技公司Perfect Day就是利用细胞技术制造出由"细胞"生产的牛奶，且口味和真实牛奶相差无几。该公司将特定的DNA基因片段植入酵母细胞，重组后的酵母细胞就可以产生牛奶中的相关蛋白质通过在大型发酵罐中营养液的培育，酵母细胞进行发酵并通过新陈代谢生成大量代谢产物（牛乳蛋白质等），进而通过技术手段将这些蛋白质分离出来，然后加入矿物质、水、植物脂肪等成分，最终形成"细胞牛奶"。

应用农业生物技术能够培育具有高产、抗虫、抗病、抗灾的优良农畜新品种,可以改变食品供应链上游种植养殖业传统发展方式,大幅度降低化肥和农药投入,减少环境污染与土地、生物资源消耗,提高安全生产效率。虽然现阶段相比于美国的农业生物技术,我国对该技术的普及之路还较漫长,但随着农业生物技术的不断革新成熟,相信它未来能够在食品供应链的源头生产环节得到广泛的应用。

2. 精准农业技术

精细农业是现代农业的一个重要组成部分和重要发展方向之一,又被称为精确农业或精细农作,是以信息技术为支撑,根据空间变异,定位、定时、定量地实施一整套现代化农事操作与管理的系统,是信息技术与农业生产全面结合的一种新型农业。精细农业技术则集成了全球定位技术(GPS)、遥感技术(RS)、地理信息技术(GIS)、变量控制技术(VRT)、决策支持系统(DSS)和专家系统(ES),通过采集农田位置信息(包括地块的大小、形状、采样点的经纬度、地块中沟垄位置等地理位置信息),以及农田内相应点的属性信息(如水分、有机质、氮、磷、钾等土壤属性信息,籽粒数、穗数、生物产量等相关属性信息以及株高等物生长状况属性信息),借助各类智能化的现代农业工程装备,在农产品播种、施肥、灌溉和收获等环节,准确地调整各项管理措施,最终实现对田间作物的信息及自然环境进行实时监测和管理,从而达到提高肥料利用率、降低生产成本、提高经济效益的目标,并在一定程度上减小对环境的污染。目前国内的精准农业技术水平和农机装备制造水平与国外的先进水平还存在一定的差距,但精准农业作为我国农业未来的发展方向,已引起越来越多的重视。例如,广西靖西市已经通过加强现代农业技术的宣传培训,加大对精准农业推广的财政投入以及完善技术人员的储备等措施来发展本地区的精准农业。

精准农业技术的推广与应用,可进一步监管农产品的生长,减少病虫害等不利事件的发生,最终使得农产品取得丰产,保证生产质量符合预期;同时,精准农业技术的应用提高了土地资源的利用率,有利于保证并提高农民的收入,调动农民在注重农产品产量和质量并重发展的积极性。精准农业技术为粮食种植提供了标准方法,特别是针对具有特定生长趋势的农作物,能够实现农产品的种植、养殖的科学化、自动化、智能化,在节水、节肥、省劳力的情况下精准记录相关生长信息,真正实现食品供应链在源头种植信息、质量安全等方面的可追溯。

5.2.2 生产加工技术应用

现阶段,随着我国很多现代化食品加工企业得到快速发展,高新技术(如真空冷冻干燥技术、超高压处理技术、3D食品打印技术等)也逐步应用到食品加工行业。通过采用技术性的食品加工一方面能够节约成本、提高效率,另一方面会提升食品口感、保证产品质量。高新技术在食品加工环节的应用,在一定程度上延长了食品保质期限,降低了食品安全风险,有利于进一步促进食品的流通和消费。

1. 真空冷冻干燥技术

真空冷冻干燥技术是湿物料或溶液在较低温度下冻结成固态,然后在真空下使其中的水分不经液态直接升华成气态,最终使物料脱水的干燥技技术。主要技术过程为前处理、预冻、速冻、升华干燥、成品五个环节。前处理就是将要加工的物品首先分选,然后洗净和切分,最后漂烫、去毒。特别要把附着在食品或植物上的虫、卵或泥土等进行清理。预冻时食物最先将其预冷,其次抽成真空。预冻时需要的冷量是通过物料底部的隔板传递给物料,冷量是由下而上传导的,其速度很慢,会产生一种温度梯度。预冻很大程度上提高了冻干效果和食品的质量。速冻是指迅速冷冻,食品产生很小的冰晶不会使其食品内部组织损坏,能保证其完好的质量,食品内的结晶越小,食物的结构组织受到破坏的程度就越小,而且保存的时间长。最后,经过速冻的物品就需要尽快在抽真空中升华而干燥。

真空冷冻干燥技术在一定时期内领跑食品加工类技术,它在食品供应链生产加工环节中的广泛应用,不仅能够最大程度地保留食品本身的色、香、味、营养成分以及食品原有形态,而且能够延长食品的保存期限。目前,符合真空冷冻干燥方法处理的食品种类繁多,市场上已有的冻干食品包括黄瓜等蔬菜类、苹果等瓜果类、牛肉等肉禽类、鱿鱼等水产类、豆制品等加工类,以及方便食品类、饮料类、调味料类、保健食品类、食品工业原料类及其他制品等。比如,冻干果蔬不仅便于储存、保管、运输,还能有效调节果蔬生产淡旺季节,同时最大限度地保留蔬菜原来的色泽、营养和风味;冻干肉制品通过该技术既能提高肉制品的品质、延长产品保质期,又可以丰富肉制品的种类、增加肉制品附加值和销售渠道;冻干冲调饮品质量轻、体积小,易于包装携带,且含水量低,微生物生长受到抑制,易于保存。随着居民生活质量的不断上升提高和生态气候的恶劣变化,我们对冷冻食品的需求日趋增加,相信生产真空冷冻食品也将会作为食品加工史上一个新标杆。

2. 超高压技术

超高压技术也称为超高压杀菌技术,是指利用100MPa以上的压力,在常温或较低温度条件下,使食品中的酶、蛋白质及淀粉等生物大分子改变活性、变性或糊化,同时杀死细菌等微生物的一种食品处理方法。其原理为在超高压作用下,食品中的小分子(水分子)间的距离会缩小,但蛋白质等大分子团组成的物质却仍保持原状。水分子产生渗透和填充效果,进入并且黏附在蛋白质等大分子团内部的氨基酸周围,从而改变蛋白质性质,"变性"的大分子链在压力下降为常压后被拉长,而导致其部分立体结构被破坏,使得蛋白质凝固、淀粉等变性,酶失活或激活,细菌等微生物被杀死以改善食品的组织结构或生成新型食品。超高压技术的一个独特性质就是它只作用于非共价键,因此对维生素、色素和风味物质等低分子物质的共价键无明显影响，从而使食品较好地保持了原有的营养价值、色泽和天然风味。

随着物质水平和安全意识的提高，食品供应链终端消费者对食品的需求不再仅仅是用来果腹，还要求健康和营养，传统的高温杀菌的加工方式因其严重破坏了食品的营养和品质，已逐渐地不被广大消费者接受。超高压技术处理食品不仅能够灭菌，还能够最大限度地保持食品的原有功能成分和营养物质，同时还避免了辐照、微波和电磁场等加工技术存在的缺陷，具有节约资源，减少污染的优点。如，超高压技术在食品加工中最成功的应用是果蔬产品的杀菌，可以在常温或较低温度下达到杀菌、抑酶及改善食品性质的效果，不会破坏果蔬制品的新鲜度和营养成分，较符合消费者对果蔬制品营养和风味的要求。而采用超高压技术处理肉制品，可有效改善肉制品的柔嫩度、风味、色泽和成熟度等特性，同时还可以延长肉制品的货架期。又如，经超高压技术处理的鸡蛋，比加热凝胶软而且味道鲜美，更富弹性，更好消化。随着生活水平的提升，消费者对食品品质的要求也越来越高，能够良好保持加工食品营养及风味、色泽的超高压技术越来越被人们重视，未来国内超高压技术在食品供应链的研究和应用必将会更为深入和普遍。

3. 食品 3D 打印技术

食品 3D 打印技术，它是以数字化 3D 模型为基础，利用现在相应的挤出技术、激光烧结技术或者是喷墨技术，把食品的液体的原料、半固体的原料或者固体的原料，经过逐层的粘接，形成食品所需要的一种物理结构，尤其它的数字化设计，制作精度高、制作成本低，将会成为工业 4.0，或者智能制造的一个重要手段。食品打印首先将食品混合物编写成设计文档。可以直接从网上下载，也可通过工程设计软件自己从头开始创建。通过与之相连的空气压缩机所产生的压力，打印头把食材挤出。不同的食物配方需要施加不同的压强。食品 3D 打印技术催生了健康饮食的新理念，它可以根据个体对营养的需求快速制备独特的营养餐，近年来在食品加工应用中得到迅速发展。3D 打印食品原料简易，多为粉末或液浆，搭配方便，易保存且保质期长，适用性广，操作简单方便使用，即使没有技术背景的用户也可以很快熟悉食品打印机的使用；同时，食品打印具有很大的创作空间，灵活性高，对于创意非凡的厨师以及其他使用者，是很大的创意施展平台。

随着 3D 打印技术的快速发展，食品 3D 打印成为一些初创公司和科研机构的研发方向，有利于食品加工行业向更加标准化、智能化、多样化和定制化的方向发展。当前，尽管已经可以 3D 打印饼干、巧克力、比萨等食品，但 3D 打印食品还处于早期发展阶段，设备价格、打印原材料、打印速度、食品种类等因素都制约着其发展。一旦食品 3D 打印技术得到完善，它将为未来的食品在形状、质地、成分以及最终的口味上提供无限的可能性，我们也将可以根据自己的具体需求和口味定制菜肴。此外，食品 3D 打印将大大减少"传统"烹饪产生的时间和食材损耗，并可用于推广健康的高科技食品，为食品供应链终端消费者提供更加便捷、多样的食品消费方式的选择，可以精准地对接某一个人群所需要的食品，满足追求更加健康、营养、多样的食物需求。

5.2.3 物流配送技术应用

食品是一种特殊的商品，温度、湿度以及光照度等环境因素对食品的品质都有较大的影响，但是在配送环节这些因素不可避免影响着食品，因此记录和分析环境因素等数据就显得十分重要。而RFID技术、云计算技术、人工智能技术的应用能够对食品配送环节进行有效的监控和管理。

1. RFID技术

RFID（无线射频识别技术），即电子标签，是一种通过射频信号不需接触便可自动识别目标对象并且获取相关数据信息的技术。识别过程中不需要人的干预，且在各种恶劣的环境下可正常工作，还可识别高速运动中的物体，一次可以识别多个标签。RFID技术硬件主要由无线射频技术标签、阅读器、天线、计算机管理系统组成；软件主要由无线射频技术中间件、无线射频技术应用系统技术、计算机系统组成。RFID技术具有体积小、容量大、寿命长、穿透力强、可重复使用、支持快速读写、可定位和长期跟踪管理等特点，能够实现对商品原材料、半成品、产成品在供应链的各个节点实时监控。

RFID技术的应用贯穿于配送中心的各个环节，有效地解决了配送中心业务运作中数据的输入输出、业务过程的跟踪与控制等问题，很好地满足了配送中心和用户的需求。应用RFID技术能够便利食品仓储环节管理。在食品仓储环节，入库、出库时通过扫描粘贴在托盘上的RFID标签，系统能够清楚地获知托盘上货箱甚至单件货品的标记、发出地、储运历史、目的地、有效期及其他信息。通过自动扫描RFID标签可以对食品库存量精确监控。当库存量接近或小于安全库存量时，系统将自动做出提示，并根据订货模型迅速制订订货计划，经库存管理人员确认后，发向加工工厂。应用该技术能够实时食品调配信息反馈。在食品配送调度环节，系统按照各个销售网点的历史销售数据以及实时反馈的销售状况信息合理分配食品供应。食品运抵各个销售网点后经扫描进入销售仓库，建立入库信息。在食品库存无法及时补给时，也可以向其他销售网点发出信息，调配多余存货。同时，在食品销售环节，销售工作人员将视频进行出库扫描后，在实际销售过程中，建立单个食品与顾客之间的数据联系，实时向食品仓库反馈食品销售信息，以供制订进货、补货等计划决策。

2. 云计算技术

云计算技术是一种通过互联网对计算机上的资源数据进行有效获取，动态计算，实时分析的新型的计算模型，其目的是向用户提供获取计算能力、存储空间和各种软件的服务。它具有高度灵活性、资源池化以及大规模计算的特点。云计算将各种分散的资源有效集中在"云平台"上，对于物流企业，可从"云平台"上获取大量有用的信息，诸如实时库存信息、交货信息、车辆信息、交通信息等，使冷链物流企业在配送业务时可以灵活适应各种需求。云计算能够进行大数据分析，通过虚拟化技术可实现大规模计算集群，利用这种超级计算资源，再对大量数据的合理建模分析，为冷链物流的库存、运输、选址等方面的决策进行优化。云计算提供的软件服务平台，用户可通过云端获得基础架构，应用服务，软件硬件等多种有用资源，无须承担用于购买设备、软件升级、硬件维修等费用，用户只需根据自己的服务按需支付费用，提高了物流配送服务效率。

云计算技术应用到食品供应链中，能够对生鲜食品冷链物流起到优化作用。首先，云计算技术可以优化生鲜食品的库存。通过实时对生鲜产品的存储环境、库存数量、交易信息等进行有效的监控，保证生鲜产品的食品安全，降低库存管理的成本。其次，云计算技术可以优化生鲜食品配送路径。通过云计算大数据分析的优势，结合最短路径优化算法，合理安排配送路径和时间，降低生鲜食品配送过程中的损耗，提高服务效率。同时，云计算技术还可以优化配送车辆调度，优化物流配送中心选址决策。通过云计算收集大量地理数据、气象数据、消费者行为数据等，整合生鲜食品的物流配送资源，高效调度配送车辆，并完善生鲜食品配送体系。随着网络的普及率越来越高，云计算参与食品供应链的生产经营活动产生的经济效益也将会越来越大。

3. 人工智能技术

人工智能（AI）是基于计算机科学、生物学、心理学、神经科学、数学和哲学等学科，研究人类智能活动规律，构造具有一定智能的人工系统，研究如何让计算机去完成以往需要人的智力才能胜任的工作，即研究如何应用计算机的软硬件来模拟人类某些智能行为的基本理论、方法和技术。近些年来，人工智能技术发展迅速，现代物流配送产业也因人工智能技术发展，快速进入智慧物流阶段。在物流运输环节，智能机器人的投递分拣、智能快递柜的广泛使用都大大提高了物流配送的效率。通过实时监控交通道路的通行程度，人工智能可以帮助物流车辆调整运输路径，缩短物流配送的时间并逐步提高配送的时间精度。在仓储环节，人工智能可以优化物流仓储的选址问题，根据现实环境的种种约束条件，如顾客、供应商和生产商的地理位置、运输成本、劳动力成本、基建成本等，进行充分的优化与学习，从而给出最优的解决方案。此外，在库存管理方面，人工智能技术可通过分析历史消费数据，动态调整库存水平，保持物流仓储中的物品的有效储量，这样可以在不增加企业的生产成本的同时，使得消费者可以获得高质量的生产服务。

对于食品供应链来讲，人工智能技术的应用不仅仅存在于物流运输、仓储、库存方面。正在研发的强大的便携式人工智能传感器，用以高效地检测食源性病原体，让食品供应链上下游的人们可高效地检测有害的大肠杆菌或沙门氏菌等有害病原体，避免细菌暴发，保证食品安全,可以有效防止食物中毒等事件发生。随着技术进一步的改进,人工智能技术将会在未来得到充分利用,可能会对种植者、包装商和加工商产生巨大影响作用。

5.2.4 信息追踪技术应用

在当前食品供应链的领域中,利用信息技术管理食品供应链信息流的过程可以保证食品供应链中信息的流畅传递,能够使食品相关企业加强控制市场的能力,有效降低各个环节的信息沟通成本,提高生产效率,提高利润,从而实现食品供应链进行更高效、更快速、更精简的运作。食品供应链管理中涉及很多信息技术的应用,其中核心的、新兴的信息追踪技术主要包括区块链技术和物联网技术。

1. 区块链技术

区块链是分布式数据存储、点对点传输、共识机制、加密算法等计算机技术的新型应用模式。它本质上是一个去中心化的数据库,同时作为比特币的底层技术,是基于密码学方法产生相关联的数据块,每一个数据块包含了一批次比特币网络交易的信息,用于验证其信息的有效性(防伪)和生成下一个区块。从技术上来讲,区块链技术是一种记录交易的数据结构,反映了交易的资金、信息、商品的流向。系统中已经达成交易的区块连接在一起形成了一条主链,所有参与计算的节点都记录了主链或者主链的一部分。区块链具有去中心化、开放性、自治性、数据不可篡改性、透明度高等特点,作为一种大规模的协作工具,能运用于食品供应链管理并发挥巨大作用。

区块链技术的发展与应用为食品供应链上资金流动、金融体系带来了很多方便。区块链作为一个分布式的公共账本系统,可以推动资金流转。通过打造开放、透明、高效的分布式网络,区块链将食品供应链上下游企业、核心企业、银行等参与方接入到区块链网络中,实现核心企业信用的多级穿透。区块链技术能够降低金融风险。对银行而言,食品供应链的全链条的数据信息将帮助银行更透彻地了解整条供应链及其中的每家企业,同时信用的多级传递能够帮助银行获取更有保障的优质资产,降低不良贷款率。区块链技术增加链属企业黏性。区块链的使用不仅有助于解决食品供应链上多级供应商、经销商融资难、融资慢的问题,也能够增加链属企业与核心企业的黏性,提升整体竞争力。同时高效整合食品供应链相关企业信息流,也有利于提升产业链的协同合作能力,实现整体效益的提升。

区块链技术在食品供应链信息管理中能够增强信息透明性,减少食物损耗,有效实现食品的可追溯。区块链技术通过增强食品供应链的各个环节信息的透明性,有助于人们消除食品供应链中许多代价高昂的未知因素。利用区块链追溯是对供应链中的所有食品进行区块链编码,确定每个食品都与其区块链识别码一一对应,并且在食品供应链的各个环节都进行不可篡改的记录;与传统的供应链信用体系相比,基于区块链去中心化征信模型不需要核心企业作为信用认证中心，而是由核心企业、供应商与经销商都作为不同信用认证中心共同来认证供应链的交易行为。另外，区块链技术的应用能够帮助从农民到食品加工企业、配送企业再到食品经销商等食品供应链中的每个参与者都确切地了解种植、订购和运输等信息，有效加强了从源头到终端的信息可追溯性，能够进一步有效保证食品质量安全。

2. 物联网技术

物联网技术是由传感器技术、网络技术、高性能计算和大规模数据处理等多项信息技术融合而成的信息技术体系。物联网作为新兴的信息网络，为实现供应链中的自动化跟踪和追溯提供了基础平台，通过在指定的物体上植入各种微型的可感应终端，比如二维码、传感器等，用互联网将这些感应芯片连接起来，可以实现对物品的识别感应，对信息位置、状态数据进行分析处理，并进行信息传递，从而将物品与互联网连接在一起，实现识别、定位、跟踪、监管等功能。物联网技术是当前信息技术不断创新发展的产物，革新了以往人与人相连的网络，实现物与物相连的互联网络。

首先，应用物联网技术能够为食品供应链的各个主体信息查询和共享提供便利。通过实时发布相关信息，便于让企业了解到食品和用户的具体情况，及时调整自身发展战略；有利于监管部门对整个供应链上的生产、运输、销售等各个环节进行有效监控管理，确保食品从源头就能信息透明；有助于消费者通过物联网了解食品的生产种植、物流运输和保存销售等各个环节的具体情况，为消费者选择购买放心食品提供信息保障。其次，应用物联网技术有助于实现对供应链中食品的实时监控、预警和溯源。整个供应链系统中的各个相关企业利用物联网技术写入程序将食品信息上传至互联网上，这样其他个人、企业和政府部门就能通过信息服务平台对这些食品进行实时监控，掌握有关食品的供应情况和安全情况，提高对食品供应链安全管理的效率；对于产生质量安全问题的食品，相关方通过分析其信息终端，就能迅速追根溯源，找清该产品从生产、运输、销售等全部过程与相关企业，为寻找问题的根源提供帮助。最后，物联网技术的应用有助于减少信息不畅通带来的问题。引入物联网技术后，食品供应链上的农户和企业能够及时迅速地了解市场行情和市场需求，及时根据市场的需求生产、采购运输，对外发布销售信息等，提高各个主体的运作效率水平。由此，将物联网技术应用于食品供应链管理中，具有巨大的技术优势，不仅能够快速、自动、准确地采集各种食品物品信息，并且能够将信息通过集中数据库和网络技术进行整合，实现统一规划、高效管理、协调运作，保证食品追溯的可能性和有效性，从而推动食品供应链追溯体系的完善与发展。

5.2.5 **小结**

新技术的出现与应用都为食品供应链产业提供了潜在的解决方案，能够进一步完善物源追踪，完善信任机制，提高运作效率，实现成本降低。只有食品供应链相关团队或有关企业注意到最新的技术趋势,才能为现在的食品供应链系统找到并应用合适的新技术,从而逐渐实现食品供应链产业的高质量发展。预计在不久的将来,各项新技术将在食品供应链中发挥更大的影响和作用。

本篇撰稿人：

左　敏　　北京工商大学科技处处长/教授

杨浩雄　　北京工商大学商学院教授

卢　强　　北京工商大学商学院博士/副教授

张笑菊　　北京工商大学商学院博士/副教授

第二篇 专题研究

第六章 食品电商供应链

6.1 食品电商供应链环境分析

6.1.1 电商宏观经济环境分析

近几年,伴随移动互联网的不断成熟,以及移动终端的智能化程度不断提升,各类电商新模式、新业态蓬勃发展,社交电商、移动支付、餐饮外卖等应用实现应用,线上线下深度融合,电子商务消费规模扩大、结构优化,消费新动能加速形成。"互联网+"战略深入贯彻实施,显著改变了我国经济发展模式和人们的工作生活方式。据国家统计局数据显示,2018年,我国电子商务交易总额达31.63万亿元,同比增长8.5%,如图6.1所示;网上零售额达9.01万亿元,同比增长23.9%,其中餐饮行业占据一半份额。另一方面,随着"丝路电商"合作的不断深入,2018年,我国跨境电子商务交易额达1.77万亿元,比上年增长9.5%。

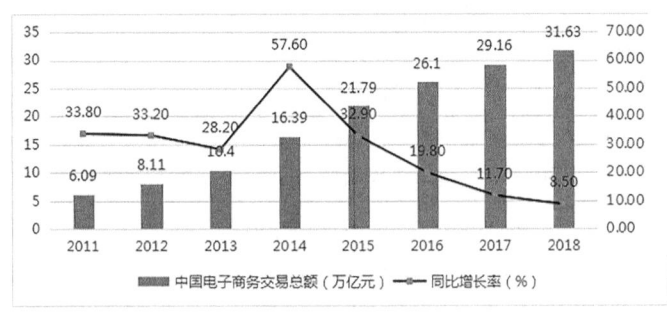

数据来源:国家统计局。

图6.1 2011—2018年中国电子商务交易总额

根据中国互联网络信息中心(CNNIC)发布的第43次《中国互联网络发展状况统计报告》显示,截至2018年12月,我国网民规模达到了8.29亿,网络购物用户规模达到了6.1亿,年增长率为14.4%,如图6.2所示。经过多年的高速发展后,网络消费市场逐渐进入提质升级发展阶段,供需两端"双升级"正成为行业增长新一轮驱动力。

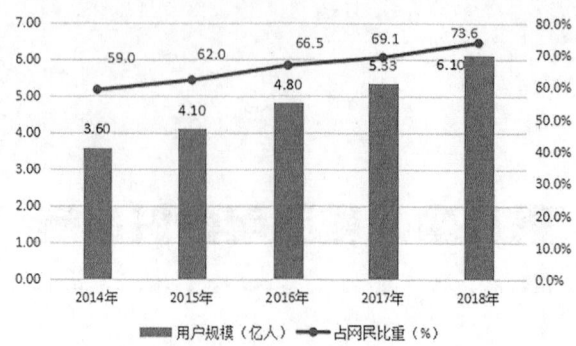

数据来源：CNNIC。

图6.2　2014—2018年中国网购用户规模及使用率

国家统计局数据显示，2018年中国居民购买力增强，食品消费市场潜力巨大。在2018年食品商品网络零售额中，吃类商品同比增长33.80%，较上年提升5.2个百分点，如图6.3所示。2018年全年，中国居民人均消费支出19853.0元，比上年增长8.4%，其中食品烟酒类人均消费支出为5631.0元，占全部类别的28.4%，相比去年上涨了4.8%，如图6.4所示。

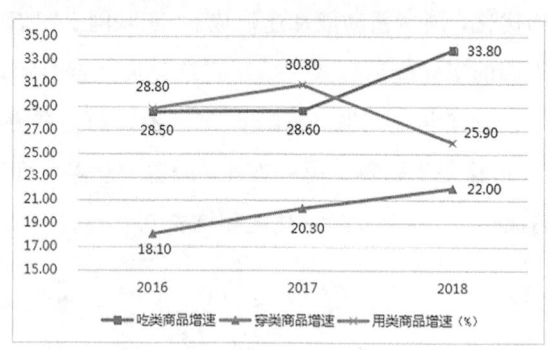

数据来源：国家统计局。

图6.3　2016—2018年中国网络零售吃/穿/用类食品商品交易额同比增速

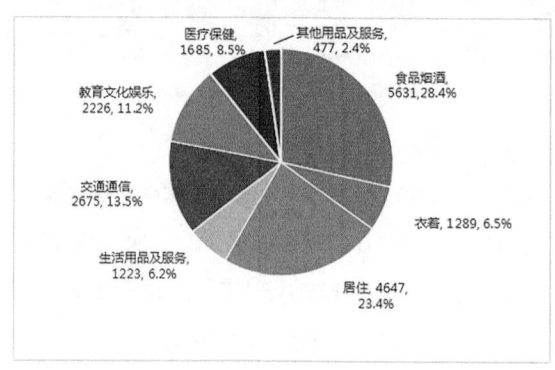

数据来源：国家统计局。

图6.4　2018年中国居民人均消费支出及构成

我国是全球第一大食品消费市场，据国家统计局数据显示，我国2018年食品类商品网上零售额持续增长,食品类商品网上零售额累计增长 22.0%。在网络购物快速发展的推动下,我国食品行业、餐饮业等传统行业加速转型升级,依托信息技术发展电子商务,催生了生鲜电商、网络餐饮、跨境电商以及共享厨房、共享餐厅等新业态和新商业模式。相对于传统食品产业,食品电商在降低交易成本、减少库存积压、缩短供应链周期、提高服务质量等方面具有更大优势。如表 6.1 所示,我国食品电商从定位小众的探索期发展至今,经历了启动期、发展期,自 2017 年已经步入成熟期。现阶段,消费者对休闲食品的购买频次和消费金额逐渐增加,各企业商业模式、盈利模式逐渐成熟,品牌美誉度提高,资本实力进一步加强。

表 6.1 中国食品电商发展阶段

时期	年份	发展情况
探索期	2005—2009	定位小众和本地市场的食品电商逐渐兴起,大型零售商也尝试进入,但受市场不成熟、消费者接受度低等因素影响,整体处于探索期阶段
启动期	2009—2012	食品电商快速发展,消费者对网购逐渐认可,一些具有代表性的平台迅速崛起,模式逐渐成熟
发展期	2012—2017	伴随着三只松鼠等食品电商的崛起及快速发展,食品电商获得新的增长机会,大量资本流入,线上零售平台也开始大力发展食品电商板块
成熟期	2017—	食品电商商业模式、盈利模式逐渐成熟,品牌美誉度提高,资本实力进一步得到加强

数据来源:前瞻产业研究院。

6.1.2 食品电商政策法律环境分析

我们国家电子商务正处于蓬勃发展的时期,具有渗透广、变化快、新情况多等特点。为了解决电子商务领域的突出问题与矛盾、构建网络经营的健康环境与秩序,《中华人民共和国电子商务法》(简称《电子商务法》)于 2019 年 1 月 1 日起正式实施,填补了电子商务领域的法律空白。《电子商务法》适当加重了电子商务经营者的责任义务,特别是第三方平台,加强了对电子商务消费者的保护力度,针对性地解决电子商务领域的突出问题,也为跨境电商提供了规范发展的权威依据。《电子商务法》中涉及市场主体登记、电子商务经营者和平台义务、消费者保护、跨境电商、知识产权、隐私、网络安全等条款,直接与网络食品安全密切相关,涵盖了食品电商供应链中多个环节。

此外,针对与食品相关的电商、网络餐饮领域,我国的《食品安全法》中明确了网络食品交易第三方平台的权利和义务,与《电子商务法》相互补充,对网络食品的监管达到全面统一;并专门制定"两办法",即《网络食品安全违法行为查处办法》《网络餐饮服务食品安全监督管理办法》,结合各省市地区自行制定的监管规定细则,架构起"抓住平台责任这一关键点、确保线上线下相一致"的规则体系,重点提出监管部门的主体责任和电商网络平台的主体责任,明确规范食品电商、网络餐饮服务经营行为,保证食品安全,保障公众身体健康。

针对食品类跨境电商,《关于完善跨境电子商务零售进口监管有关工作的通知》要求政府部门完善监管措施,优化食品类跨境电商零售进口商品,做好质量安全风险防控。为了鼓励发展生鲜电商,国家在流通、技术发展等相关方面都出台了相应的利好政策,在提倡生鲜商品优质优价的同时,鼓励企业探索研发多种供应链技术,打破制约生鲜电商发展的技术壁垒,以此推动中国生鲜电商的快速发展。为了推动冷链物流建设,国务院印发了《关于积极推进供应链创新与应用的指导意见》以及《关于加快发展冷链物流保障食品安全促进消费升级的意见》;商务部、农业部下发《关于深化农商协作大力发展农产品电子商务的通知》;2018年商务部等8部门联合发布《关于开展供应链创新与应用试点的通知》等。这些相关法律法规和规定相继出台落地,为人们的日常生活带来了便利,也为我国食品电商的发展与市场监管提供新的契机与重要支撑。

6.2 食品电商供应链发展概况

6.2.1 食品电商行业现状

食品电商可以替代传统食品供应链上的流转节点,减少不必要的流通环节,缩短食品供应链的长度,减少产品流通时间,提高运输效率,减少损耗,从而保证产品质量、降低流通成本。生鲜电商、网络餐饮、跨境电商是目前主流的食品电商形式。

1. 生鲜电商

国家就生鲜电商发展出台的利好政策、年轻消费者消费习惯的改变、信息技术的发展加紧了农业和冷链运输联系、新零售的新兴以及大品牌巨资的介入,为我国生鲜电商行业注入了新鲜的血液,促进了我国生鲜电商的快速发展。2018年,我国生鲜电商行业市场交易规模达到2103.2亿元,较2017年(1402.8亿元)增长49.9%。预计未来几年,其市场将持续被资本市场看好,2020年其交易总额或将达到3470亿元,如图6.5所示。

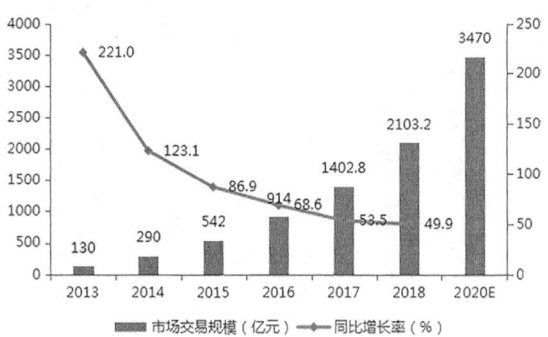

数据来源：前瞻产业研究院。

图 6.5　2013—2020 年生鲜电商行业市场交易规模及增速情况

生鲜电商月活跃用户数量亦快速增长。2018 年 6 月，受到气温回升、水果集中上市的影响，生鲜电商应用活跃人数增速环比增长达到 13.7%。2018 年 7 月进入夏季以后，随着气温逐渐增高，产品保鲜难度加大，加上鲜果换季、消费者口味有所转移等因素的作用，市场有所动荡，生鲜电商应用活跃人数环比增速下降至 8.1%。如图 6.6 所示，2018 年 12 月，我国生鲜电商月活跃用户数量已经达到 2162.2 万人，较 2017 年底（1277.1 万人）增长 69.31%。

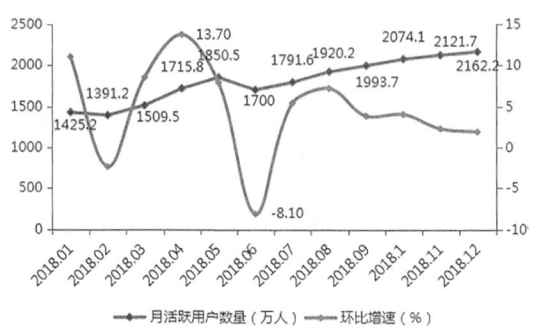

数据来源：前瞻产业研究院。

图 6.6　2018 年中国生鲜电商月活跃用户数量

目前，我国生鲜电商行业正处于快速发展阶段，生鲜电商渗透率连年上升。由图 6.7 中数据显示，2018 年我国生鲜市场交易额约为 1.91 万亿元，这意味着我国生鲜电商渗透率刚刚达到 10.99%，未来提升空间巨大。据前瞻产业研究院预测，随着生鲜电商市场资源进一步整合，行业发展进一步成熟，未来三年生鲜电商市场交易额年复合增长率将达到 49%，电商渗透率将持续提升，预计在 2020 年，渗透率将达到 22% 左右。

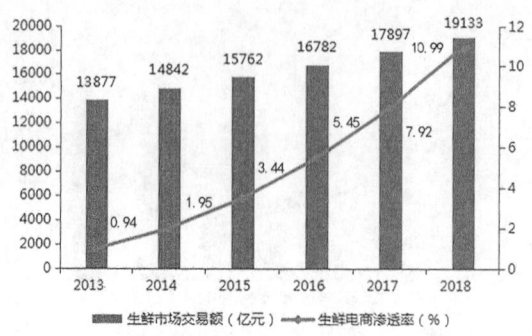

数据来源:前瞻产业研究院。

图 6.7 2013—2018 年生鲜市场交易额及生鲜电商渗透率情况

2018年,生鲜电商行业资本进场,行业融资额创下历史新高。以阿里盒马鲜生和永辉超级物种为代表的线上线下新零售模式,以及以百果园、钱大妈为代表的小而美实体店模式成为市场创新主流。在创新与探索的风气下,2018年行业竞争加剧,行业资本活跃,投资商增多,行业融资笔数以及融资金额均有所上升,分别实现28笔融资和120亿元的融资额,融资额创下历史新高,如图6.8所示。

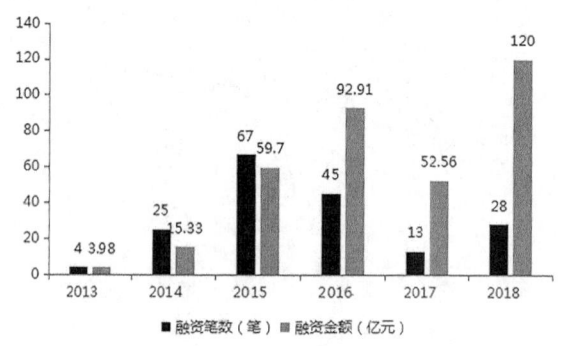

数据来源:电子商务研究中心。

图 6.8 2013—2018 年生鲜电商行业融资金额及数量情况

根据电子商务研究中心不完全统计数据,2018年国内共有22家生鲜电商企业斩获融资,分别为:百果园、食范、鲜世纪、彩虹星球、天马便利、有好生鲜、壹号餐桌、三蛋生鲜、宋小菜、十荟团、呆萝卜、谊品生鲜、华和生鲜、天鲜配、每日优鲜、食得鲜、生鲜传奇、美菜网、每日一淘、农政齐民、快鲜网、食享会等平台。其中,美菜网成功获得两笔融资共10.5亿美元,成为2018年生鲜电商行业最大的一匹黑马,两轮融资后,其估值达到约70亿美元。此外,每日优鲜保持着平均六七个月一次的融资速度,于2018年9月6日,宣布完成新一轮4.5亿美元融资,这是每日优鲜自成立以来的第八轮融资。本轮融资将主要用于上游供应链开发、全国冷链物流基础设施建设、智慧零售技术的战略投入。2018年融资额排名前十的生鲜电商还有:食得鲜、百果园、每日一淘、生鲜传奇、宋小菜、鲜食享会、十荟团、鲜世纪等平台,其融资时间、轮次、金额情况如表 6.2 所示。

表 6.2 2018 年前十生鲜电商融资案例

平台	融资时间	轮次	金额
美菜网	2018.10.10	E 轮	6 亿美元
	2018.1.12	E 轮	4.5 亿美元
每日优鲜	2018.9.6	新一轮	4.5 亿美元
食得鲜	2018.10.25	B 轮	数亿美元
	2018.7	Pre—B 轮	未透露
	2018.1.15	B 轮	未透露
百果园	2018.1.11	B 轮	15 亿元
每日一淘	2018.11	B 轮	1 亿美元
	2018.7	A 轮	3000 万美元
生鲜传奇	2018.10.10	B 轮	3 亿元
	2018.10.25	B 轮	数亿美元
宋小菜	2018.7.20	B2 轮	1.8 亿元
	2018.1.22	B1 轮	2.3 亿元
鲜食享会	2018.12.28	B 轮	3000 万美元
	2018.8.21	A 轮	1 亿元
十荟团	2018.8.21	天使轮	1 亿元
鲜世纪	2018.3.5	B 轮	近亿元

数据来源：电子商务研究中心。

2. 网络餐饮

2013—2018 年中国餐饮收入及同比增长走势如图 6.9 所示，2015 年增速达峰值 11.7%，自 2015 年起，全国餐饮收入保持着两位数稳定增长。2018 年全国餐饮收入 42716 亿元，同比增长 9.5%，高于同期社会消费品零售总额增长（9%），餐饮消费成为国内消费市场的重要力量。

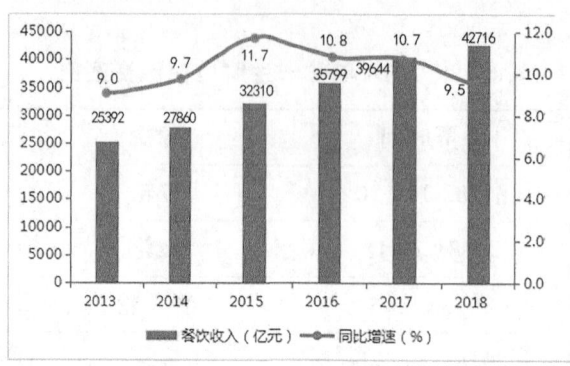

数据来源:国家统计局。

图 6.9 2013—2018 年中国餐饮收入及同比增长走势

在餐饮行业,为了畅通渠道,降低成本,商家积极结合线上(资金流、信息流)与线下(物流、服务)的优势。网上订餐已逐渐成为许多居民餐饮消费的主要方式,市场规模不断扩大。据统计,在餐饮预订途径选择上,采用线上预订的占比高达 39.9%。分别从外卖和团购两种常见的商业模式来看,外卖行业呈现出及时性、短半径、破时空的特点,已经成为餐饮新商业模式的重要组成部分。据图 6.10 的 2015—2020 年中国在线餐饮外卖市场规模及预测显示,中国在线餐饮外卖市场规模增速持续放缓,其市场发展未来已进入稳定期,但市场规模的上升空间依然很大,预计 2019 年外卖市场规模将达 2787.2 亿元。在线餐饮平台发展的重点应从增量转向用户存量的挖掘,配送效率、服务体验、食品安全、人性化和智能化的交互系统将是未来竞争的重点所在。

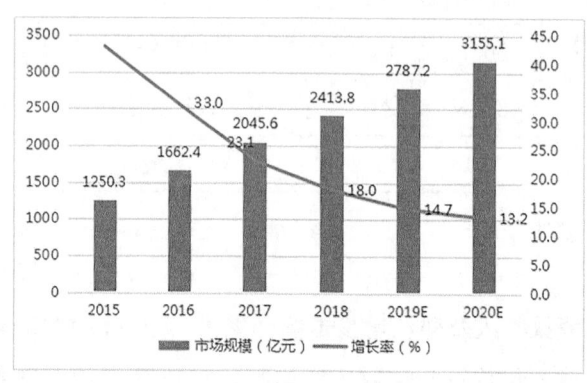

数据来源:艾媒咨询。

图 6.10 2015—2020 年中国在线餐饮外卖市场规模及预测

饿了么和美团外卖成为外卖行业的两大巨头。为了进一步巩固和扩展用户市场,饿了么和美团外卖向智能化方向靠拢,将人工智能技术应用于在线餐饮外卖 APP。饿了么平台的人工智能技术应用有:提供智能送餐服务的外卖机器人万小饿;能够实现语音下单接单、拨打用户电话等指令、实时语音反馈、保障骑手行车安全的智能耳机;根据路线规划时间,利用预估决策模型分配方案降低骑手空驶率的智能调度系统。美团外卖平台的人工智能技术应用有：可以语音下达指令、智能推荐打电话时机的语音助手系统；通过订单结构、配送员熟悉程度、区域复杂路况、天气信息、出餐时间、交付难度、历史订单、骑手轨迹等数据实现智能调度，提高配送准时率的调度系统。

3. 跨境电商

据前瞻产业研究院发布的《中国跨境电商产业园发展模式与产业整体规划研究报告》统计数据显示，2013年中国跨境电商交易规模已达2.7万亿元，并呈现逐年快速增长态势。2015年中国跨境电商交易规模突破5万亿元。到了2017年中国跨境电商交易规模增长至7.6万亿元，同比增长20.63%。截至2018年底中国跨境电商交易规模超9万亿元，达到9.1万亿元，同比增长19.5%。在用户需求提升和规范化加强的背景下，2019年，跨境电商交易规模有望增至10.8万亿元，踏入十万亿市场。预计在2020年，中国跨境电商交易规模将增长至12.7万亿元，同比增长17.9%，如图6.11所示。

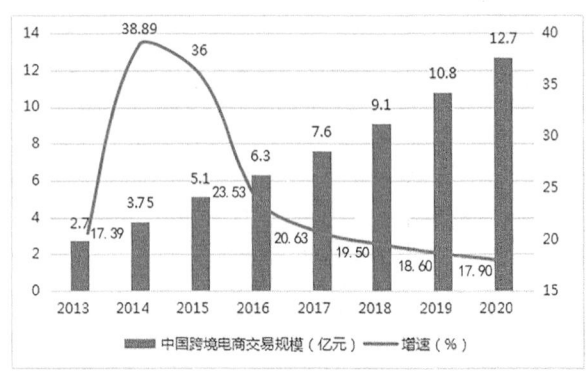

数据来源：前瞻产业研究院。

图6.11　2013—2020年中国跨境电商交易规模统计及增长情况预测

2018年10月世界银行发布的《2019年营商环境报告》显示，中国跨境贸易的营商环境大幅度改善，整体提升了32位，其中，跨境贸易排名由97位跃升为65位，也提升了32位。企业在通关过程中所需要的时间更短、效率更高、成本更低。据中华人民共和国海关总署数据显示，我国已采取五项措施推进口岸提速降费：降低进出口环节合规成本、简化进出口环节监管证件、压缩整体通关时间、加大改革力度，优化通关流程和作业方式、提升口岸管理信息化智能化水平。而在各海关也积极响应号召，推出相关措施改善跨境贸易的营商环境。如广州海关出台25项措施优化营商环境，365天常态化通关措施；海口海关推行跨境包裹通关"一站式"办理；南昌海关提出力争"通关与沿海同样效率"；拉萨海关实行去繁就简，实现全面无纸化和全程线上办理。

开放政策的扶持、贸易便利化措施的不断完善以及居民生活水平的不断提升，促使我国进口食品消费规模高速增长。根据海关总署统计的2009—2018年我国进口食品规模统计及增长情况可知,我国进口食品规模年复合增长率高达17.7%,到2018年进口食品规模已超过700亿美元,达到724.7亿美元,中国已成为全球最大的进口食品消费国之一,如图6.12所示。2019年4月中国进口食品占居民食品消费金额比例统计情况如图6.13所示,57.5%的消费者在进口食品上的消费金额占整体食品消费的比例超过10%。

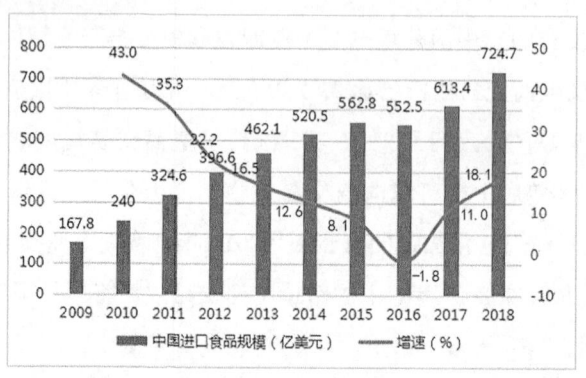

数据来源:中国海关总署。

图6.12 2009—2018年我国进口食品规模统计及增长情况

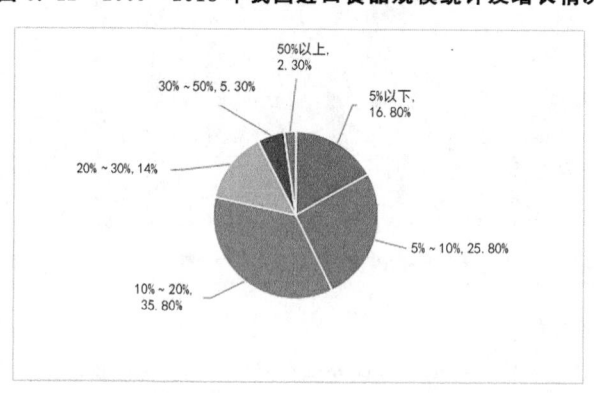

数据来源:国家统计局。

图6.13 2019年4月中国进口食品占居民食品消费金额比例统计情况

电商平台通过线上渠道数字化、高效地对接供需双方,简化了传统进口贸易渠道复杂程度和冗长的供应链流程,在提升效率的同时,可以降低中间成本,让进口食品更容易地被广大消费者所接受。此外,电商平台打破了时间和空间的限制,使得购物方便快捷,如图6.14所示。因此,跨境电商已经逐步成为消费者购买进口食品最重要的渠道。

传统渠道

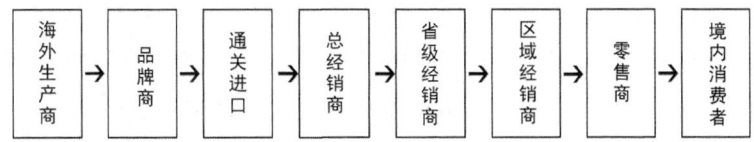

线上渠道

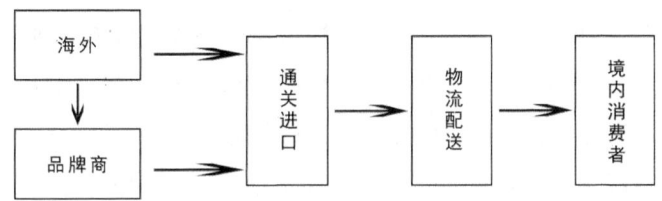

数据来源：艾瑞咨询研究院。

图 6.14　2019 年中国进口食品传统渠道与线上渠道对比

6.2.2　食品电商主要运营模式

食品电商运营模式主要有传统网购模式和线上线下模式两大类，其中，传统网购模式又可分为综合电商模式和垂直电商模式，线上线下模式分别经历了 O2O（Online To Offline）模式和 OMO（Online Merge Offline）模式两个发展阶段。

1. 综合电商模式

综合电商模式通常采用"第三方商家入驻＋平台自营"的形式，商品种类齐全，SKU 过万，在平台中开设生鲜频道。京东生鲜、天猫生鲜是该模式的典型代表。

综合电商模式的主要优点有：利用综合型电商平台的资源整合能力，为卖家、消费者、物流企业提供便捷的交易平台，这些平台经过多年积累，流量丰富；对于入驻商家而言，综合电商平台网站管理、网站设计、支付渠道等体系建设都相对完善，使得商家平均获客成本相对较小；综合电商依据自己品牌方面优势，有许多忠实的消费者，这些对于平台的忠诚度也会部分转移到入驻商家方面。

综合电商模式面临的主要挑战有：流量运营、全程监管客户物流体验和垂直类电商的竞争。综合电商平台具有天然的流量优势，如何进行有效的流量运营，将平台流量转化为购买力、增加日活和用户复购，是需要商家面临的挑战之一；在第三方商家入驻模式下，平台无法对客户体验进行全程监督，只能对商家进行资质审核，也无法对其商品质量、物流体验进行全程监控；综合电商平台会受到来自食品类垂直电商平台的挑战，如何引导商家持续运营是平台发展的重难点。

2. 垂直电商模式

垂直电商模式是指在某一个行业或细分市场深化运营的模式，垂直电商平台主要业务针对同类产品，多数承接B2C或者B2B业务。其主要特征在于产品精细化、服务专业化，以及社会化营销等方面，能够提供更加符合特定人群的消费产品，满足某一领域用户的特定习惯，因此能够更容易取得用户信任，从而加深产品的印象和口碑传播，形成品牌和独特的品牌价值。垂直电商的专业专注可以精准地吸引人群。由于食品产品大多具有保鲜期短，易损腐等特点，从采购到配送任何一个环节出现问题都会影响用户体验，垂直类食品电商通常会从源头开始介入食品供应链的各个环节。以饿了么为例，在每个城市不仅需要建立自己的营销和管理体系，还要建立物流体系，整个的发展模式偏向于外卖领域的京东。垂直类食品电商的典型代表企业是易果生鲜，拥有自己的生鲜电商平台、供应链、冷链物流。

随着消费结构的不断优化，消费者对"小而美"的追求日益凸显，垂直电商产品精细化、服务专业化，以及社会化营销显示出巨大优势。垂直电商模式的主要优点有：全程把控供应链，省去许多中间环节成本，可以获得价格优势；商品品质问题由供应商承担，保障消费者利益；自身物流体系与传统渠道物流相结合，使产品在物流中的损耗降到最低。

垂直电商模式面临的主要挑战有：单一品类不足以支撑供应链形成规模优势，致使销售规模受限；此外，从原产地控货到原产地加工仓、城市分仓、落地配送等全产业链介入的全过程来看，存在模式过重、成本过高，资源亟须整合、市场规模发展受限等突出问题。新的垂直食品电商，流量较小，缺乏品牌知名度，运营推广困难，往往造成获客成本较高；高获客成本导致垂直电商对资金链具有较强依赖。

3. O2O模式

O2O模式指从线上到线下，互联网商品和服务交易延伸到更多的场景，导致互联网对实体经济渗透率超过20%。模式分为三种形式：一是电商商家与线下便利店、超市合作，将商品寄存在超市或便利店售卖；二是电商商家在社区建立自己的站点，从前置仓向外发货；三是电商对社区超市便利店的整合。代表性企业有每日优鲜、京东到家等。

O2O模式主要优点有：前置仓分布在用户周边，1~2小时送达，满足用户即时性需求；通过便利店做日销，可以降低商品损耗；线上线下消费数据打通，对线下实际购买记录，线上浏览记录等对比分析，更精准地了解用户消费行为，指导企业运营，降低成本，提高效率。

O2O模式面临的主要挑战有：便利店合作模式下，无法保证足够的冷链仓，单纯依靠便利店冰柜也容易造成商品的损耗；对整个链路的有效配置和合理掌控能力是最大挑战，配置失衡会带来较高的损耗，例如做促销活动时，区域订单增多会造成仓库无法满足调度需求，不做促销时，又可能会造成仓库中生鲜货品的积压，造成损腐。

4. OMO 模式

OMO 模式指线上线下业务高度融合，线上线下的边界消失，线上与线下将互相导流。此模式线上销售占比约 50%，线下前店后仓模式，门店既做仓库又做店铺，售卖供顾客消费的一站式商品。盒马鲜生、超级物种、7FREASH 等新零售概念商超是典型的 OMO 模式。

OMO 模式主要优点有：线下用户强体验为线上服务背书，进行引流；线下门店前店后仓，承担前置仓功能，保证配送时效的同时降低成本；OMO 模式筑起线下壁垒，餐饮体验一方面能增加用户在店内逗留的时间，同时也方便临期产品的处理，降低损耗；拥有线上线下一体化的运营和服务体系，电商、实体店的供应链、仓储、数据将打通，形成线上线下一体化管理，而不是分离成两个部门。

OMO 模式面临的主要挑战有：重成本、重资产，需要在区域建立自营冷链配送，配送成本较高；关键问题是门店覆盖的人群以及线上扩充的用户人群是否能够支持店铺的流转；该模式中生鲜的数量更多，而生鲜的损耗率较高，企业不得不面临拉低整个门店毛利的风险。

6.2.3 食品电商供应链发展现状

食品供应链是由农业、食品加工业和物流配送业等相关企业构成的食品生产与供应的网络系统，是一条连接供应商到用户的物流链、信息链、资金链，而且是一条增值链，对材料进行加工、包装等增加其价值，为企业带来收益。食品电商的供应链起点是食品生产者，如农场、养殖场、生产加工企业等，通过食品中间收购商过渡给食品电商企业，食品电商根据消费者互联网订单配送给最终消费者。相比于传统的线下渠道，食品电商供应链具有成本更低、突破空间限制、精准服务等优势。由于线上销售，食品企业的产品无须经过传统销售渠道的代理商、批发商和零售商等销售通路上的众多环节，省去中间费用使产品价格更低。而大数据、云计算等新型技术的发展，更能让食品企业提供让消费者更为满意的精准服务。

食品电商供应链的主要节点由源头生产者、中间商、电商、终端用户组成，通过资金流和信息流，每个环节根据食品的流向通过物流实现食品的流通，从而形成供应、渠道、消费一条完整的食品产品供应链，即生产商、批发商或者收购者、食品电商，经过物流配送到消费者手中，如图 6.15 所示。

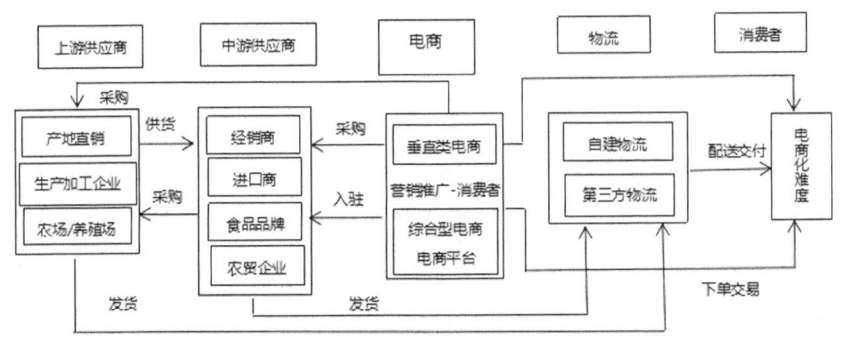

图 6.15 食品电商供应链

1. 食品电商供应链的数字化与智能化建设

当前,我国重视对食品供应链的信息化建设,即以网络化、数字化、智能化手段为支撑,打造从生产到销售的完整产业链条,全面提升我国农产品流通的信息化、标准化、集约化的水平。食品电商供应链发挥电子商务优势,与大数据、云计算、物联网等新技术深度融合,颠覆产业链的结构、组织与价值,带来新的发展红利。以云计算作为数据支撑的智能物流是食品电商智能化建设的基础设施,而依靠大数据为物流体系提供供应链预测及分配服务是布局智能化食品供应链的关键。大数据分析不仅可使食品零售商获取消费者的偏好与购买行为,还可将消费者需求与制造商的生产能力进行精准匹配,提高整个供应链的运营效率。大数据的来源形式多样,可以是结构性的,也可以是非结构性的,可以来自于销售点(POS)、无线射频(RFID)、全球定位系统(GPS)、社交网站乃至消费者博客。在食品供应链中,最常见的数据采集技术则是与物联网紧密结合的 RFID 技术。构建一个良好的供应链产业生态,需要以质量和效益提升为核心,积极引入新技术、新模式、新理念,逐步释放行业发展新动力,同时坚持深化供给侧结构改革,降低食品安全产业供应链成本,提高物流的供应链,不断增强食品经济的竞争力,此外,亦将大力倡导绿色制造、绿色流通、打造全过程、全环节的绿色供应链体系。

2. 区块链助力保障食品供应链安全

据世界卫生组织统计,每年全球有 40 多万人死于受污染的食物,全球每年有约 10% 的人口因为食品安全问题罹患疾病,而现实中由于缺乏有效的食品数据存储和追溯能力,导致及时发现食品区块链问题区块、控制食源性疾病的传播蔓延十分困难。为建设完善的食品追溯平台、推动食品行业追溯体系建设,形成食品来源可查、去向可追、责任可究的质量管理体系和风险防控机制,政府陆续出台《国务院办公厅关于加快推进重要产品追溯体系建设的意见》(国办发〔2015〕95号)、《中共中央国务院关于深化改革加强食品安全工作的意见》等文件,为初步建立基于风险分析和供应链管理的食品安全监管体系,基本实现食品安全领域国家治理体系和治理能力现代化,为推进食品行业高质量发展提供政策支持。

区块链作为一种起源于网络货币的技术,它将各个数据块连接在一个连续的链条上,创建一个永久的数字总账,让利益相关方能够共同维护安全可靠的重要数据属性及交易记录,与中心化记录方式不同的是,其数据来源单一,数据记录具有一致性(通过所有节点同时记录数据),从而可以在各个环节创建更清晰的追踪渠道。

在食品供应链中使用区块链技术,可以实现食品体系的数字化溯源,推动消费升级,保障食品安全,还可以迅速地找出食品问题源头,帮助食品企业针对性地快速召回产品以便降低财务损失。食品企业可以将连接于物联网的标签贴到货物上,每批货物都分配一个唯一的标识号码。通过这些标识码可以记录产品的来源、加工信息、存储温度保质期及其他信息。在供应链的每个阶段,员工都可以使用其标识码简单地"登记"产品(写入区块),区块链将跨越检查点安全地追踪产品。员工还可以输入标识码,获取产品及其历史记录的实时数据,这比联系各个环节、在多人之间传送文件有着显著的改进。

中国检验检疫学会、中国检验检测创新联合体于2018年9月26日正式发布全程质量支撑体系。质量链为产品生成唯一质量码,用区块链技术背书,帮助企业进行产品质量的自我声明,提高不法分子的造假成本,有效保护企业品牌。消费者通过扫描产品的质量码,即可查到所购商品的生产企业信用评价,以及产品从生产到交易的全过程信息。截至目前,茅台、格力、美的、青岛啤酒等国内千余家企业已加盟质量链。

3. 冷链物流发展推动食品市场扩张

冷链物流是指为保持食品(新鲜或冷冻)的品质或其他产品(医药等)的效能以及减少运输损耗,在其加工、储藏、运输、分销、零售等环节,使货物始终保持一定温度的一种物流运输方式。由预冷处理、冷链加工、冷链储存、冷链运输和配送及冷链销售几方面构成,涉及制冷技术、储藏工艺、检测技术等技术和冷库、冷藏车、保温盒、冷藏陈列柜等设施。

表6.3 冷链过程中使用的先进技术和设备

物流环节	相关技术	相关设备	相关学科
生产加工环节	制冷技术 冰温技术 蓄冷技术 食品加工工艺	速冻机 解冻设备 干燥设备 发酵设备	制冷 食品加工 机械设计与制造
运输环节	制冷技术 隔层技术 蓄冷技术 多温共配技术	冷藏集装箱 冷藏保温箱 冷藏保温车 蓄冷设备	温控 物流 集装箱运输
储存环节	食品贮藏工艺 制冷技术 隔层技术	大中小型冷藏 冷冻、冰温库 陈列展示柜 零售冷藏柜	仓储管理 仓储技术与方法

续表

物流环节	相关技术	相关设备	相关学科
销售环节	食品贮藏工艺 制冷技术 食品检测技术	冷藏库 陈列展示柜 销售冷藏柜	仓储 温控 销售

冷链物流的适用商品一般分为三类：一是初级农产品，包括蔬菜、水果、肉、禽、蛋、水产品、花卉等；二是加工后的食品，如速冻食品、肉、水产、熟食、冰激凌和奶制品等；三是特殊商品，如药品和疫苗。和传统物流相比，冷链物流在每一个环节上对技术的要求更高，资金投入也更大，已是国家重点扶持的领域。冷链物流的核心不完全是"冷"，而是"恒温"，因为不同的产品需要不同的保存温度。

随着食品工业及电子商务的发展，我国蔬菜、水果、肉类、禽蛋、水产品等生鲜农产品产量连续多年居世界第一，国内农产品冷链物流需求不断增长，技术也随之不断创新。制冷、食品速冻、冷库自动化、包装等技术发展助力冷链服务质量和效率提升。互联网的应用倒逼冷链物流标准落地，生鲜电商的竞争使得冷链服务标准越来越透明化、标准化，移动二维码等信息技术的应用使标准动态监控成为可能。

目前，我国冷链物流市场正处于快速发展阶段，基本形成冷链物流体系框架，包括冷链企业、物流企业及农产品市场联动的机制，冷链仓储、加工、运输及配送等基础设施建设。但是，冷链物流的基础设施建设水平仍有待提高，规模相对于庞大的市场需求仍有限。

6.2.4 食品电商供应链面对的挑战

1. 生鲜电商供应链管理水平有待提升

电子商务法等相关法律法规的出台落地，便利了人们的日常生活，促进了食品电商的新发展。在生鲜电商行业，对消费者而言，尽管网购生鲜非常便利，但由于生鲜产品涉及食品安全，对其品质要求很高。对电商企业而言，生鲜产品保质期短、标准化程度低、损腐高，且受地域性和季节性限制强，因此不同于其他品类产品，生鲜产品对供应链管理要求更高，投入更多，难度也更大。而生鲜产品的标准化和供应链管理是生鲜电商供应链的核心问题。生鲜产品的标准化，需要通过专业的质检、分级、整理、包装，以及物流配送来保障。生鲜产品供应链管理不仅直接关系到商品品质、消费体验，更重要的是影响生鲜行业的整体效率和运营成本。随着生鲜电商行业日趋理性，各企业也意识到，仅凭打价格战的做法难以为继，资源和服务才是制胜之本。而如何实现高效的供应链管理，便成了所有生鲜电商企业共同面临的最大问题。

生鲜电商企业的供应链管理，有自建和外包两种方式。自建供应链固然具有一些优势，但专业人才的匮乏、超高的资金投入和不均衡的使用率导致众多生鲜电商创业企业难以实现自建供应链。此外，要链接上游，获得原产地直达产品，仅凭单一企业的自建物流体系成本高、难度大。因此，只有采取创新模式和专业化分工合作运营，中小生鲜电商企业才会在最大程度上实现资源互补、合作共赢。也有一部分企业认识到自建生鲜物流体系的痛点，进行资源整合，建立专门针对生鲜农产品的独立第三方的供应链服务平台，提供供应链外包，构建生鲜产品标准化与作业流程标准化体系。

2. 食品跨境电商面临复杂交易环境

近年来，我国跨境电商交易规模逐渐扩大。然而，市场主体多、交易链条长、标准不统一、信息不对称、质量不确定、双边贸易关系、准入制度差异等因素给跨境电商带来众多挑战，加之食品的仓储运输要求条件较高，食品跨境电商发展过程更加艰难。食品跨境电商当下存在很多问题，如：食品的跨境电商政策还不完善，且区域发展不平衡；跨境电商食品产销之间信息不对称、不透明；跨境电商食品的标准体系、认证体系、监管体系不健全，质量难以保证；食品冷链物流体系不成熟；维权保障薄弱；追溯体系不健全等。

首先，困扰食品跨境电商发展的最大问题是假货问题：一方面是物流单可被造假，造成"海淘买国货"情况；另一方面是商品是否为假货存在争议，比如该如何处理一些进口食品符合当地国家标准而不符合我国有关标准的情况。解决消费信任要优先解决几方面的问题：政策的和谐一致、认证标准的认可、数据信息的交互、能力建设等。需要多方共同努力，参与国际标准制定，争取全球食品电子商务安全共治共赢。其次，跨境电商退货程序烦琐、退货周期长，尤其食品易在退回过程中腐烂，且消费者需退还物品到原海关才不会被征收税款，给消费者带来损失。第三是仓储问题，与生鲜电商相同，进口生鲜类食品需在特定条件下储藏，否则将存在食品安全隐患。

3. 冷链物流建设相对市场需求不足

国外的冷藏运输兴起于19世纪上半叶，距今已有160多年的历史。相比之下，我国冷链物流处于起步阶段，从冷藏运输率、设备设施、法规、标准等方面远远落后于发达国家。20世纪60年代，我国冷藏运输开始发展，国内主要农产品产地和大城市开始兴建大型冷库，铁路冷藏车和水运冷藏车联运方式开始应用到冷链运输。20世纪90年代中期，上海、北京、广州等大城市超市连锁业出现，零售终端冷藏链逐步配备与完善，加快推进了冷藏链各环节的设备与技术开发、制造与建设进程，真正意义上的现代食品冷藏链出现并发展。目前，我国冷链物流行业投入较低，设备设施落后于发达国家，冷链流通率和运输率远不及发达国家，生鲜食品在运输途中腐损率过高，造成严重浪费，冷库容量和冷藏车数量较发达国家仍有较大差距，人均冷库占有量比较低，与其他国家相比差距依然较大。

根据中国报告网数据显示,2018年发达国家和地区(欧洲、美国及日本等)易腐食品的冷藏运输率已超过90%,冷链流通率约为95%～98%,肉禽等食品冷链流通率达到100%,我国果蔬、肉类、水产品的冷链流通率分别为22%、34%、41%,冷藏运输率分别为35%、57%、69%,与发达国家平均水平差距巨大。目前,国内大部分生鲜农产品仍在常温下流通,部分产品在储藏环节采用了低温处理,在运输、销售等环节出现"断链"现象,全程冷链的比率过低。

从分布上来看,全国冷链发展主要集中在华东、华北、华中地区,其中,上海、山东、广东、江苏等地的冷链水平较高,冷链网络及体系相对健全。但是,中部农牧业主产区和西部特色农业地区冷库严重短缺,承担全国70%以上农产品批发交易功能的大型农产品批发市场、区域性农产品配送中心等关键物流节点缺少冷冻冷藏设施,造成冷链物流在生产源头缺乏预冷。

6.3 食品电商供应链发展展望

1. 食品电商更加注重产品的质量与健康

依据中国产业信息网,中国消费者对食品的需求从温饱升级为健康,可见我国的食品需求发生了质的变化。中国消费者对食品安全越来越重视,高质量和健康的食品消费成为拉动行业增长的新动力。70.0%的消费者在购物时优先考虑产品/服务的质量,64.4%的消费者考虑产品/价格,如图6.16所示。在食品领域,用户对品质和体验的高要求,将促使食品电商平台更加严格地选品、把控供应链以及创新经营模式。

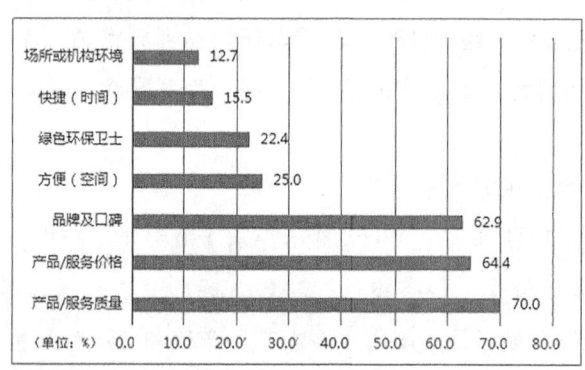

数据来源:中国产业信息网。

图6.16 2017年中国消费者消费/购物时的考虑因素

2. 电商渠道成为中国进口食品消费者选购关键渠道

根据艾瑞咨询发布的《2019中国进口食品消费白皮书》,消费者在进口食品领域的品质消费趋势明显,消费者更在乎商品为自身带来的价值而非绝对价格,进口食品消费呈现常态化、普及化特征。进口食品市场将有以下发展趋势:

进口食品消费习惯逐渐养成；渠道下沉，全球美食进入更多三四线家庭菜篮；冷链物流快速发展奠定基础，进口生鲜食品增势迅猛；"一带一路"利好进口市场开放繁荣，东南亚、中东等地区进口食品发展潜力大。可以预见，未来在电商利好政策的推动下，中国进口食品消费者通过电商平台购买进口食品的比例将会继续增加。

3. "一带一路"建设为食品领域跨境电商提供新机遇

中国跨境电商得到快速发展，食品和农产品进出口持续发展推动跨境电商发展的同时，"一带一路"建设更是为跨境电商带来了新的发展机遇。截至2019年4月30日，中国已与131个国家和30个国际组织签署了187份共建"一带一路"的合作文件。"一带一路"沿线国家食品工业发展水平差异较大，除部分东南亚沿海国家和部分中东欧国家食品工业基础较好、食品产业相对发达外，东亚、中亚、南亚、西亚、北非及部分独联体国家食品工业的整体水平发展较为滞后，对食品进口需求较大，这为中国食品工业发展提供了巨大的国际市场。

4. 创新业态带给生鲜电商发展新机遇

近两年，生鲜行业不断发展变化，一大批中小型生鲜电商企业或倒闭或被并购；同时，巨头入局，不断加码冷链物流和生鲜供应链投资，逐渐形成以阿里和京东等综合生鲜平台为主的第一梯队，拥有全产业链资源和全渠道资源的企业将越发具有优势。伴随着市场交易额的持续增长、高频率的消费、用户的刚需，越来越多的生鲜电商意识到，仅做好线上已不能够满足消费者对于生鲜消费多样化、多场景、多入口的需求，必须要线上线下融合愈加紧密，提高用户体验，提高物流效率，减少囤货量，这将成为行业新的发展趋势。

多场景布局持续深化，运营区域不断拓展、会员业务升级成为生鲜电商运营关键词。相较于生鲜电商发展初始阶段通过烧钱模式开拓大而全的市场，现阶段生鲜电商运营的着力点是通过企业端供应链管理降低企业成本，通过会员体系升级提升用户黏性以及搭建综合性购物平台。电商更加注重生鲜消费生态的搭建和新零售的场景布局，进行区域化的精细运营。

未来随着网购的增速放缓，传统电商瓶颈将显现，新零售必将促使消费全面升级。

5. 电子商务加速冷链物流体系建设

我国生鲜电商与进口食品市场高速发展，其中物流运输环节起到关键作用。随着生鲜市场和进口食品市场规模的飞速扩张，我国冷链物流市场也快速发展。目前，我国尚未形成完整、独立的冷链物流体系，大部分生鲜、乳品等在运输过程中并不能保证在冷链条件下进行。随着市场需求的扩大，冷链物流越来越受到重视，行业得到规范，技术提升，未来冷链物流体系将更加健全完善，进一步应用到产品的运输中。

冷链物流市场前景广阔，但业内专业提供冷链物流服务的企业不多。随着市场需求的进一步打开，将有更多企业布局其中，例如，顺丰已开启冷链物流业务。快递企业在物流运输行业已有优势，未来冷链物流市场将有更多强有力的竞争者。此外，消费者对商品的时效性、新鲜度等方面越来越重视,一些传统的冷藏运输方式将优胜劣汰。未来,冷链物流技术将有所提升,运输体系将升级优化。

6. 多方共同搭建生鲜供应链平台与产业园区

面对生鲜电商供应链管理水平不足的痛点,可以根据生鲜产品地域性强的特点,通过政府扶持、各方参与打造一个以供应链管理为核心的生鲜服务园区。生鲜服务园区可积聚产业链上下游企业,将生鲜产品的种植、质检、加工、销售、配送等供应链各个环节聚合起来,形成功能完善的生鲜产业集聚区;可有针对性地吸引、配置各类专业生鲜类要素入园,构建不同等级的生鲜标准化作业体系、工艺、装备,使之成为生鲜领域新模式、新工具、新知识产权的孵化平台;园区提供配套专业服务与政策指导。生鲜服务园区可全力打造生鲜电商集中交易平台,建立产品标准化、可追溯体系;打造生鲜电商集中服务平台,形成集中、协同、高效的城配体系;打造生鲜电商集中融资平台,提供金融支持、构建生鲜供应链生态体系。

7. 网络餐饮外卖行业持续发展

目前,网络餐饮外卖市场步入高速发展期,市场规模保持着稳定的增长态势,市场竞争也呈现白热化,但垂直细分外卖领域并未饱和。预计随着行业的进一步发展,用户群体逐渐被分层、细分,用户群体以及市场资源会发生结构性的变化。送餐物流是网络餐饮外卖服务的基础载体,外卖送餐的及时性与准时性是影响外卖用户体验的一个重要因素。随着外卖市场的发展,订单量快速提升,各大外卖厂商投入资源不断完善物流配送系统,物流配送也慢慢成为外卖厂商一个重要竞争壁垒。此外,随着物流配送的不断纵深化发展,外卖物流将叠加更多元化的应用场景,将会成为外卖厂商拓展多样化的配送服务的基础。

经过快速布局完成城市覆盖后,外卖厂商纷纷及时进行策略迭代,通过不断加强城市运营团队的执行力,以及不断新增优质的市场供给,从而不断挖掘用户的多样化需求,更好地为用户提供差异化服务,提升用户满意度,建议品牌忠诚度。从长远来看,红包补贴短期内快速培养用户消费习惯的手段,精细化的运营,提供给用户更好的品质服务才是未来竞争的关键。

8. 食品电商供应链监管力度需进一步加大

在食品电商行业快速发展的同时,涌现出的食品安全问题也不容忽视。食品安全问题会动摇消费者对产品品牌、购买平台乃至整个食品电商行业的信任,因此亟须加大对食品电商行业的监管力度。食品电商的食品安全风险广泛分布于供应链的生产环节、流通环节和市场环节,具有全过程渗透、主体复杂性、信息不对称严重等特征。因此,依靠供应链单一主体进行食品质量安全治理,难以取得显著效果。要全面贯彻中共中央、国务院发布《关于深化改革加强食品安全工作的意见》,遵循"四个最严"要求,建立食品安全现代化治理体系,提升食品全链条质量安全保障水平,努力构建供应链协同治理体系。

6.4 食品电商供应链发展实例

6.4.1 盒马鲜生

盒马鲜生是阿里巴巴以数据与技术驱动为核心建立的真正意义上线上线下一体化的全渠道超市,采用"电商＋门店"的经营模式,集零售、餐饮、仓储、互联网为一体,通过阿里系的天猫超市、大润发、易果生鲜、三江等进行合并采购,盒马鲜生双店合一的模式打通了阿里从线上到线下的扩张,不仅给消费者带来更加良好、便捷的购物体验,而且解决了电商平台生鲜商品的物流与配送难题。

1. 线上

阿里以盒马鲜生 APP 为业务端口推出了一站式的生鲜销售和配送,以及熟食外卖。首先,对于生鲜品,盒马鲜生施行"线上下单＋线下自提"与"线上下单＋30分钟送达"(5公里内)的模式,实现了店仓一体化:门店货架即为线上虚拟货架。这一模式不仅降低了仓储成本和所需仓库数,以门店作为配送中心的特点还增强了配送的时效性。此外,电子标签,自动化物流等高科技也提高了生鲜品的物流效率。再次,对于餐饮熟食,盒马鲜生 APP 还提供海鲜代加工服务以及各种熟食套餐的外卖服务,方便消费者享用最新鲜的美食。

2. 线下

盒马鲜生目前在北京、上海、深圳、广州、成都、杭州、武汉、西安、南京、苏州、昆山、南通、宁波、贵阳、福州、海口等 16 个城市建设了 107 家线下实体门店,随着盒马鲜生实体店在更多城市的建成,未来盒马鲜生的活跃用户有望继续上涨。线下门店一方面可以将线上消费者引导至线下实体店参观、体验,让顾客对门店环境、商品品类与质量、服务等有更真实的感受,增强客户对平台的信任感。方便消费者在店即提线上下单的新鲜美食,提升了生鲜食品的电商渗透率。同时,良好的实体店体验也可以将更多的顾客吸引至线上消费,同时带动其他食物饮料的网络销售量。此外门店零售与餐厅的跨界融合有助于吸引客户并延长客户在店的逗留时间,增加顾客黏性,以及改善盒马鲜生的盈利结构。

6.4.2 中粮我买网

随着食品电商行业的不断发展,各大平台的运营模式日益成熟,供应链从源头到流通全方位升级。以中粮我买网为例,其是由世界 500 强企业中粮集团有限公司于 2009 年投资创办的食品类 B2C 模式电子商务网站,致力于打造中国最大、最安全的食品购物电商。近几年,中粮我买网完成了其进口食品电商平台供应链的升级。

在采购环节,中粮我买网下属四家海外公司,进口食品覆盖 46 个国家、6 大洲、157 个品牌,海外直采覆盖 16 个国家、63 个品牌,为消费者提供全球精选美食;物流仓储环节,建立多品类分布式仓储，生鲜食品全程无缝冷链，全流程保障食品安全与品质。

1. 物流仓储是保障供应链升级的关键

中粮我买网六大仓储中心辐射全国，生鲜食品全程冷链运输，高标准安全管理，全流程保障食品安全与品质。仓储能力包括：全国6大仓配中心辐射全国；3大温区6大温层全程严格控温保障食品品质。配送能力包括：生鲜食品全程无缝冷链，专业中转设备确保冷冻食品配送过程中恒温优质；冷链生鲜覆盖全国317个城市，常温物流遍布全国。构建了安全管理体系：拥有高标准安全管理体系，先后建立质量安全7C标准；并通过构建质量安全可视化体系、质量安全追溯体系，将相关信息直观呈现给用户，实现品质和安全透明化。

2. 给自有产品赋能进行供应链模式创新

中粮我买网深入产业链上游，不断发展完善自有产品体系，全流程多级质检。真正实现从原材料到餐桌的全链路品质把控，保证消费者食品安全。以中粮我买网进口上质无乳糖牛奶供应链全流程品质把控为例：

针对原材料供应商甄选，凭借中粮全球产业链的布局优势；甄选当地排名TOP3以内的乳企工厂作为上质生产供应商；原材料安全保障：上质无乳糖牛奶生产工厂是有超70年历史的知名乳企Lactinov，其生产产品通过多项质量体系认证并获得相关产品认证。

在加工方面：产品采用"清洁配方"，即上质无乳糖产品，采用不添加糖、香精、食品稳定剂等的清洁配方；为满足消费者对于口味的需求，选品前进行多种产品对标的口味测试，优选出符合中国消费者口感偏好的产品。

在运输及储存方面：为保证牛奶的新鲜营养，从法国运往中国的全程均采用20℃恒温柜运输，并于清关入库后，在仓库中同样采用恒温仓库储存。

6.4.3 美菜网

美菜网是生鲜B2B商业模式中最具代表性的企业，是一个在重资产、重运营模式下，能够满足餐饮企业等B端用户对大体量生鲜交易需求的服务平台。2018年4月，美菜网入选硅谷全球数据研究机构PitchBook评选的全球16家独角兽榜单，2018年9月，估值已达70亿美元。在B端市场，美菜网已经成为中国最大的餐饮供应链服务商，具有其他中小企业无法比拟的、强大的供应链优化能力。

作为市场上对餐饮供应链需求把握最为精准的平台，美菜网能有效嫁接买卖双方的信息，充分提升餐饮市场的用户体验，保证餐饮企业在供应链端的无忧采购，让单一的餐饮企业实现降本增效和利益最大化。美菜网前期以中小型餐饮商户为切入点，专注为全国近1000万家餐厅提供一站式、全品类且低价、新鲜的餐饮原材料采购服务。服务理念是为客户提供省时省力、省钱省心的原材料，实现全程无忧的采购。通过对采购、质检、仓储、物流等流程科学精细化的管理，解决农民农产品滞销问题。美菜网强大的供应链服务能力，为整个餐饮市场营造出了健康、可持续的产业氛围。

美菜网将互联网、农产品电商、农产品物流基地进行有机整合，简化农产品流通环节，降低商户供应链成本，节省供应链人力。其打造的农产品垂直电商平台通过掌握优质食品品类直采权进行源头把控；通过自有车辆调配、运行轨迹智能优化、严格监管物流运输时间来实现流程把控；依托大数据技术精准预估客户采购量，以及通过完善的售后服务保障实现对客户的把控。美菜网的运营模式能够形成闭环，产地直采、终端配送是关键。

1. 精细化运作B端服务以构建供应链核心壁垒

餐饮行业最大的痛点来源于供应链采购环节，食材品质难以保证、食材价格的不透明、数量不足，以及采购成本高等诸多乱象亟待解决。究其原因，买卖双方信息不对等是该问题的主要原因。生鲜市场庞杂无序以及供给端的主导地位让买方只能被动接受，饱受高成本之苦。因此，美菜帮助餐饮行业降本增效的重头戏在采购端。其通过在采购端严格控品、建立有效的信息反馈机制，优化供应链，从源头肃清改善了整个产业环境。

2. 扮演B端服务商角色以发力优化供应链模式

美菜网实现了采购端的严格控品，保证食材品质和数量，省去了餐饮企业在传统采购模式下的诸多麻烦，让交易充分透明化。这样既减少了人为采购过程造成的成本损耗和浪费，又保障了生鲜产品品质。其次，在B2B模式下，美菜网对源头与客户两端的信息、诉求进行有效连接和及时反馈，平衡买卖双方的市场地位，在平衡中建立有效、健康的交易机制。事实上，传统模式下因交易主体双方话语权的不平衡，餐饮企业很难采购到质优价廉的原材料，而在美菜网透明化的信息嫁接体制和标准化的产品规范下，买卖双方供需得到了最大程度的平衡，企业运营风险也随之降低。美菜网充分跟进整个交易流程，为餐饮企业提供更有保障的售后退换货服务。"产品源头可追溯"是美菜网的一大创新优势。传统生鲜交易模式一贯秉承着"售出概不退换"的交易宗旨，而信用体系建设的不成熟让餐饮企业的利益无法保障。美菜通过大数据应用，实现了前端验货、售后可溯源、退换的新型交易模式，保障了餐饮企业的利益。

第七章 食品冷链物流

7.1 食品冷链物流发展现状

7.1.1 食品冷链物流的特点

冷链物流是指冷藏冷冻类食品在生产、储藏运输、销售,到消费前的各个环节中始终处于规定的低温环境下,以保证食品质量,减少食品损耗的一项系统工程,包括低温加工、低温储存、低温运输配送及低温销售四个环节,具有复杂性、协调性、高成本、信息化复杂等特点。冷链物流是随着科学技术的进步、制冷技术的发展而建立,以冷冻工艺学为基础,以制冷技术为手段,在低温条件下的物流过程。冷链物流主要环节如图7.1所示。

由于冷链是以保证冷藏冷冻类物品品质为目的,以保持低温环境为核心要求的供应链系统,所以它比一般常温物流系统的要求更高、更复杂,建设投资更大,并且冷藏冷冻类食品的时效性要求冷链各环节具有很高的组织协调性。

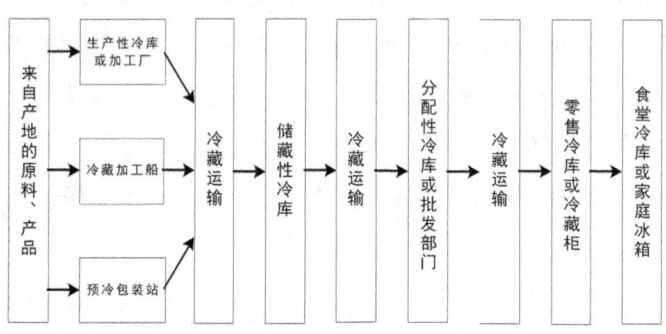

数据来源:中国产业信息网。

图7.1 冷链物流主要环节

食品冷链是指易腐食品从产地收购或捕捞之后,在产品加工、储藏、运输、分销和零售、直到消费者手中,其各个环节始终处于产品所必需的低温环境下,以保证食品质量安全,减少损耗,防止污染的特殊供应链系统。随着社会经济的发展和社会生活节奏的加快,人们对冷冻食品的需求越来越大,对产品质量和新鲜度的要求也越来越高。为了保证食品高度新鲜、营养和安全,食品冷链物流应运而生,食品冷链物流流程如图7.2所示,全程需要温度控制。食品冷链物流组成及应用如表 7.1 所示。

冷链物流适用的食品范围不仅包括初级农产品（蔬菜、肉、禽、蛋、水产品、花卉产品等）、加工食品（速冻食品、肉、禽、水产品等包装熟食，冰激凌和奶制品，快餐原料等），还包括特殊商品（保健品、药品等）。冷链食品分类从加工的温度来分，包括冷藏、冷冻、速冻食品；从加工程度分为生鲜农产品（粮谷、薯、豆类；果蔬、花卉；畜禽肉、水产品）和调制加工食品等；从社会消费角度可分为：宅食食品、餐饮厨房食品、团膳食品、交通旅游食品等；从产品种类分为：面米制品、肉制品、蛋奶制品、水产制品、果蔬制品、冷饮、菜肴、配餐食品等。

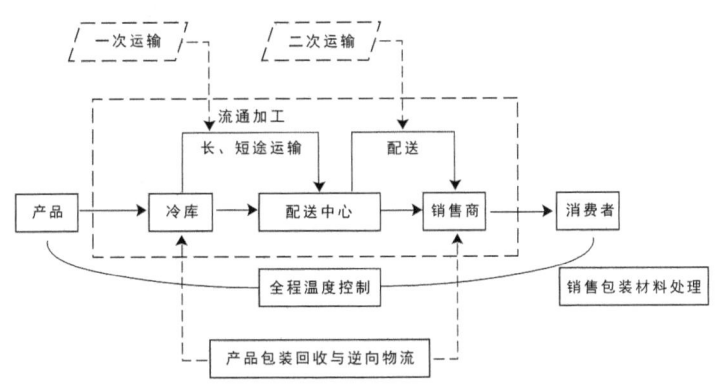

图 7.2　食品冷链物流流程

表 7.1　食品冷链物流组成及应用

食品冷链物流	主要内容	所需设备	特点
冷冻加工	包括肉禽类、鱼类和蛋类的冷却与冻结，以及在低温状态下的加工作业工程；果蔬的预冷；各种速冻食品和奶制品的低温加工等	冷却、冻结装置和速冻装置	①必须要有食品安全技术的有力支撑 ②成本高于常温物流，前期基础设施建设需要较高的资金投入 ③兼具组织性、复杂性和系统性 ④是一个完整的、无缝隙的系统
冷冻储藏	食品的冷却储藏和冻结储藏	各类冷藏库/加工间、冷藏柜、冻结柜及家用冰箱	
冷冻运输及配送	食品的中、长途运输及短途配送等物流环节的低温状态	铁路冷藏车、冷藏汽车、冷藏船、冷藏集装箱等低温运输工具	
冷冻销售	各种冷链食品进入批发零售环节的冷冻储藏和销售	冷藏/冻陈列柜和储藏库	

7.1.2 冷链市场规模持续增长

我国冷链物流产业在物流产业中的占比情况如图7.3所示，可见其占比逐年增加。根据智研数据中心对我国2015—2020年冷链物流产业市场盈利的预测分析，我国冷链物流产业的毛利率也在逐年上升，我国冷链物流产业不仅从"量"上稳步增加，从"质"上也呈现快速增长的态势，如图7.4所示。2018年的第二届全国冷链运营大会对我国冷链物流阶段进行了判断和总结：我国冷链物流现处于"四期"，即由点向链的连接期；由低向高提升期；由线向面扩展期；由虚向实的转变期。

数据来源：前瞻产业研究院。

图7.3 冷链物流产业在物流产业中的占比情况

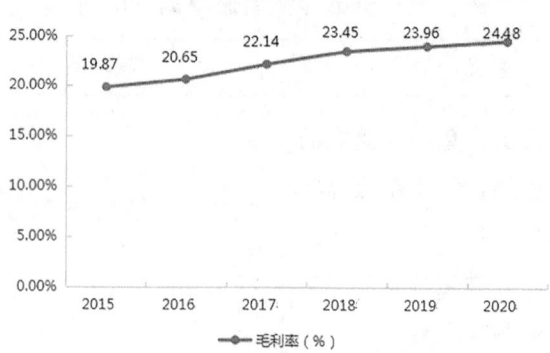

数据来源：智研数据中心。

图7.4 2015—2020年中国冷链物流产业市场盈利预测分析

2012—2018年我国冷链物流市场规模增长趋势如图7.5所示，2012年我国冷链物流市场规模已破千亿元，2015年我国冷链物流市场规模达到1800亿元，同比增长20%。到了2016年我国冷链物流市场规模增长至2250亿元。至2017年我国冷链物流市场规模达到了2550亿元，同比增长13.33%，2018年则达到了3035亿元人民币，比上年增长485亿元人民币，同比增幅19%，同时2018年中国冷链物流需求总量达到1.8亿吨，比上年增长3300万吨，同比增长22.1%。2019年，从市场规模和需求量来看，中国冷链物流市场依旧处于"高速增长、供不应求"的局面。前瞻产业研究院整理数据后预测，2019年中国冷链物流市场规模将突破 4000 亿元，2020 年中国冷链物流市场规模将突破 5000 亿元，并预测在 2023 年中国冷链物流市场规模将增长至突破 9000 亿元，达到了 9150 亿元，2019—2023 年均复合增长率约为 22.26%，这些数据说明我国冷链物流行业的巨大潜在价值空间，2019—2023 年我国冷链物流市场规模预测如图 7.6 所示。

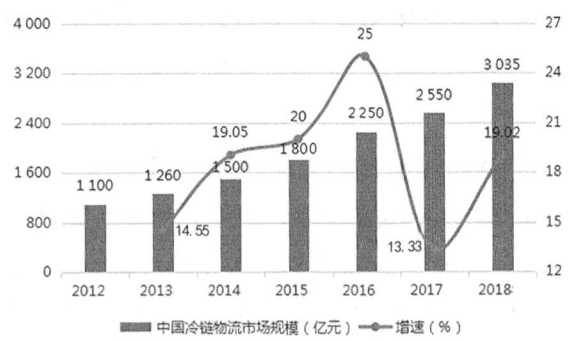

数据来源：前瞻产业研究院。

图 7.5　2012—2018 年中国冷链物流市场规模

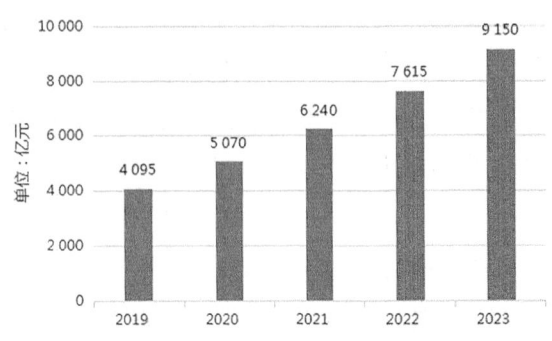

数据来源：前瞻产业研究院。

图 7.6　2019—2023 年我国冷链物流市场规模统计情况及预测

基于冷链物流发展的良好态势，虽然 2018 年中美贸易战对食品进出口业务带来冲击，但我国的食品类冷链物流市场仍旧保持快速增长。随着我国冷链物流行业水平的不断提高，行业标准的不断完善，行业毛利率还将缓慢增长。千亿级市场规模下，多方企业开展合作，加入食品冷链物流的建设中，其中具有代表性的企业有阿里巴巴、京东、顺丰等。

驯鹿冷链并入阿里巴巴的冷链物流后，阿里巴巴集团旗下驯鹿冷链与中和澳亚（天津）实业有限公司进行战略合作，中和澳亚现有的冷链物流体系将并入菜鸟的整体冷链物流体系中。驯鹿冷链计划在中国建立 50 个大中型专业生鲜冷链仓库，布局 100 条生鲜冷链运输干线、1000 条运输支线及冷链短驳。

京东物流与中国国际货运航空开始了一项全球冷链物流体系建设合作。从 2018 年 12 月开始，京东物流已经接连推出了冷链运输服务"京东卡班"、B2B 核心产品"冷链城配"以及首个平台化产品冷链整车。2019年4月,京东物流还正式对外发布京东云冷链计划;6月12日,京东物流首次对外开放冷链仓、冷链分拣中心。按照规划,2019年底,京东冷链仓计划增加至48个。

顺丰和美国物流巨头夏晖宣布成立冷链物流合资公司,并与深圳前海粤十信息技术有限公司进行战略合作,双方计划开展供应链管理平台与冷链物流平台的数据无缝对接项目合作,为传统冷链物流市场加持"互联网+"思维,为冷链仓储管理系统及B2B电子商务平台做好物流配送服务衔接。

另外,逐渐有多种食品冷链物流模式创新出现,包括智能生鲜店、无人生鲜体验店(货柜)、智能农贸市场等。如盒马鲜生、超级物种、7F等,首农集团旗下首农电商宣布推出宅配服务"首农HELO宅鲜配",中粮我买网上线宅配平台"顶英生活",用会员制模式进军生鲜电商。生鲜电商本来生活已经开通了有机蔬菜和牛奶的宅配业务。此外还有"冷链共同配送""生鲜电商+冷链宅配""中央厨房+食材冷链配送"等。

7.1.3 政策支持不断深化

根据商务部、国标委联合印发的《关于开展农产品冷链流通标准化示范工作的通知》要求,我国在2016年确定了31个试点城市和285家试点企业参与农产品冷链流通标准化示范。各试点城市和试点企业积极探索,在农产品冷链流通基础设施建设、标准化、信息化、集约化以及构建全程农产品冷链流通链条等5个方面形成了17条可复制推广的经验和模式。《商贸物流发展"十三五"规划》等文件的出台为冷链运输行业奠定了"十三五"的政策基础。

2018年商务部、中国物流与采购联合会等8部门出台《关于开展供应链创新与应用试点的通知》、国务院办公厅印发《推进运输结构调整三年行动计划》和《关于推进奶业振兴保障乳品质量安全的意见》,推动冷链物流产业发展。中物联冷链委新申报《食品冷链物流温度控制要求》等两项国家标准,开展《生鲜宅配作业规范》《冷库能效设施评估指标》等四项标准制定,此外还参与了《冷链货物空陆联运通用要求》《食品冷链卫生规范》等多项标准的制修订工作。以上这些标准的出台实施,将会助力我国冷链物流标准化水平更上一个台阶。根据《中国冷链物流标准目录手册(2018)》,我国已颁布的现行冷链物流国家标准、行业标准和地方标准共计230余项。与食品冷链物流相关的主要政策条例如表7.2所示。

2019年7月,由国家食品安全风险评估中心、中物联冷链委等牵头起草的《食品安全国家标准 食品冷链物流卫生规范》强制性国家标准公开向社会公开征求意见。《食品安全国家标准 食品冷链物流卫生规范》是《国家卫生计生委办公厅关于印发2017年度食品安全国家标准立项计划的通知》计划之一,由国家食品安全风险评估中心、中国物流与采购联合会冷链物流专业委员会、中国商业联合会、中国肉类协会共同参与起草。本标准规定了食品在冷链物流过程中的设施设备、交接、运输配送、储存、人员和管理制度、产品追溯及召回等方面的基本要求和管理准则,适用于产品出厂后到销售前需要温度控制的各类食品的物流过程。

表 7.2 食品冷链物流相关的主要政策条例

类型	条例名称
行政法规	国务院办公厅关于加快发展冷链物流保障食品安全促进消费升级的意见
部门规章	交通运输部关于加快发展冷链物流保障食品安全促进消费升级的实施意见
部门规章	国家发展改革委员会关于印发农产品冷链物流发展规划的通知
部门规章	交通运输部关于发布《道路冷链运输服务规则》等 11 项交通运输行业标准、《城市公共汽电车应急处置基本操作规程》标准修改单、废止《汽车运输、装卸危险货物作业规程》等 4 项将通运输行业标准的公告
部门规章	中华全国供销合作总社办公厅关于开展系统冷链建设情况摸底的通知
部门规章	中国证券监督管理委员会关于核准青岛海容商用冷链股份有限公司首次公开发行股票的批复
部门规章	商务部办公厅、国家标准化管理委员会联合印发关于复制推广农产品冷链流通标准化示范典型经验模式的通知
部门规章	国家邮政局关于发布《快件处理场所设计指南》和《冷链快递服务》邮政行业标准的通知
部门规章	交通运输部关于加快发展冷链物流保障食品安全促进消费升级的实施意见
部门规章	商务部办公厅、国家标准委办公室关于做好农产品冷链流通标准化示范城市及企业评估工作的通知
部门规章	国家发展和改革委员会公告 2016 年第 25 号——关于公布《肉与肉制品冷链物流作业规范》第 7 项物流行业标准的公告
部门规章	国家食品药品监管总局公告 2016 年第 154 号——关于发布医疗器械冷链(运输、贮存)管理指南的公告
部门规章	商务部办公厅、国家标准化管理委员会办公室关于开展农产品冷链流通标准化示范工作的通知
部门规章	中国证券监督管理委员会关于核准南通四方冷链装备股份有限公司首次公开发行股票的批复

续表

类型	条例名称
部门规章	国家发展和改革委员会、财政部、商务部等关于进一步促进冷链运输物流企业健康发展的指导意见
部门规章	全国计划免疫冷链系统管理办法（试行）

7.1.4 食品冷链物流设备

(1) 冷库

冷库是制冷设备的一种，指用人工手段，创造与室外温度或湿度不同的环境，也是对食品、液体、化工、医药、疫苗、科学试验等物品的恒温恒湿储藏设备。各类冷库定义及特点如表7.3所示。

表7.3 各冷库定义及其特点

冷库分类	定义	特点
土建式冷库	主体结构和地下荷重采用钢筋混凝土结构，围护结构墙体采用砖砌	造价低，隔热材料选择范围大，容量较大，但热惰性大，建筑周期长
装配式冷库	主体结构采用轻钢，围护结构由聚氨酯或聚苯乙烯夹芯板拼装而成	库体组合灵活，建设速度快，维护简单，可整体供应，库容量为中、小型
气调冷库	通过对冷库环境中温度、湿度、二氧化碳、氧气和乙烯浓度等的控制，抑制呼吸作用和新陈代谢，更好地保持果蔬新鲜度	保持食品良好品质，比普通冷藏可延长贮藏期2到3倍。但设备成本投入较高，库容量不宜过大
自动化立体冷库	具有多层高货架，采用巷道堆垛起重机运输和自动化控制	库内不需要操作人员，作业迅速，吞吐量大，空间利用率高，库容量较大。初投资大，对操作管理人员的技术水平要求较高

续表

冷库分类	定义	特点
冰温冷库	把食品保存贮藏在冰温区（从0℃到食品结冰点的温度区域），更好地保持食品采摘的新鲜度	不破坏细胞，在时间和鲜度上有很大优势，食用时无需解冻，避免了失水。但冰温区范围较窄，技术要求很高，运行成本与投资较大

近几年来，我国冷库建设发展十分迅速，主要分布在各水果、蔬菜主产区以及大中城市郊区的蔬菜基地，如上海、江浙以及湖北、河南等地，重要的运输港口的冷库需求量也比较大。农业产业化发展，加快了农产品深加工、食品精加工及冷冻冷藏迅猛发展，同时对冷库吨位、规模和形式的要求越来越高。随着科学技术的进步和制冷行业的发展，在食品生产加工储藏中逐渐采用新的冷库模式，以全新的建筑理念即标准化、模块化、工厂化等替代了原有冷库类建筑的建造模式及运营方式。

根据中物联冷链委的统计，2018年全国冷库总量为5238万吨（折合1.3亿立方米），位居世界第三，新增库容488万吨，同比增长10.3%。值得一提的是，从冷库新增的区域来看，武汉、杭州、福州、济南、重庆、大连等城市增幅明显，反映出二三线城市消费的快速崛起。

据中物联冷链委、链库不完全统计，2018上半年全国冷库需求超过150万平米，同比增长14.9%。主要集中在北上广深，以及福建、天津、浙江、江苏、山东、重庆、河南等地。2018上半年全国冷库可出租面积超过330万平米，同比增长12.1%。主要集中在北上广深，及湖北、山东、江苏、辽宁、山东等地。

当前，冷库供需区域重叠度很高，但仍存在诸多问题。比如：①有些城市供需两旺，但供需无法有效匹配；②有些省市冷库相对过剩。主要原因在于：①高标库少，很多冷库硬件差无法满足高端客户需求；②资质证照不全，客户在选择时有后顾之忧；③地理位置偏，交通不便，辐射半径小，造成物流成本高。

（2）冷藏车

冷藏车是指用来维持冷冻或保鲜的货物温度的封闭式厢式运输车，是装有制冷机组的制冷装置和聚氨酯隔热厢的冷藏专用运输汽车。作为全程冷链的主力军，冷藏车提供全程温控确保运输货物的安全，同时降低运输过程中的腐损率。

作为冷链运输环节最重要的交通工具，冷藏车产销量逐年增加。根据前瞻产业研究院的数据整理与预测，如图7.7所示，我国冷藏车产量从2012年的0.85万辆增加到2017年的3.38万辆。预计2019年我国冷藏车产量将达到5.67万辆，2022年中国冷藏车产量将突破11万辆。并预测在2023年中国冷藏车产量将增长至14万辆左右，2019—2023年均复合增长率约为25.35%。

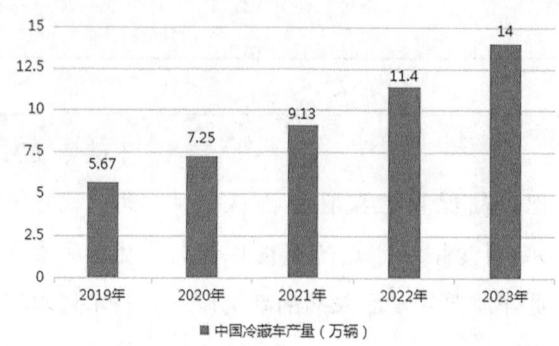

数据来源：前瞻产业研究院。

图 7.7　2019—2023 年中国冷藏车产量

我国冷藏车市场发展存在两种特点：①冷藏车市场集中度高。2018 年我国冷藏车生产企业前 6 名的市场占有率在 90% 以上，其中，中国重汽、东风汽车和一汽解放等 3 家占据 60% 以上，福田汽车、陕汽集团、上汽依维柯红岩等紧随其后；②冷藏车行业垄断程度高。2018 年行业的龙头北汽福田占据 34.6% 的市场份额，超出总市场份额的 1/3，排名前三的企业占总产量的 53.1%，超过了一半行业产量，排名前 10 的企业总产量已达到整个行业产量的 76%。

（3）冷藏箱

冷藏箱根据质地不同分为塑料、布料、泡沫、金属材质、木制等各种冷藏箱。现市面上冷藏箱的主要材料为高密度牛津布，是一种环保性面料，具有密度高、保冷性极强、轻便、质地不软不硬、无毒的特性，被称为环境专用材料。并且，冷藏箱可根据客户需求进行设计制作，以充分满足客户要求，闭合封面附加橡胶密拉链，配合冰袋使用，保冷效果超过美国同行业标准。冷藏箱产品的组成包括冷藏运输的冷藏箱、高效蓄冷冰排、高效蓄冷冰袋、温湿度记录仪（GSP 设备），产品具有密封性、环保性、保冷保温性、耐热耐冷性、耐用性、多功能性。在标准方面，2007 年中国农业部发布的《兽用运输冷藏箱（包）》，是国内唯一一个相关行业标准。

7.2　各国冷链物流发展现状

经过多年快速发展，我国冷链物流行业具有了一定规模，但同欧美发达国家相比仍存在明显差距。在世界冷链物流的发展过程中，美国、加拿大、德国、荷兰和日本等国处于世界领先地位，这些国家根据本国农业的特点和需求不同开展农产品冷链物流体系建设，取得了不错的成绩。虽然我国冷链物流问题突出，但这恰恰说明了我国冷链物流产业不论是在"质"上，还是在"量"上，都有巨大的提升空间，借鉴国外发达国家优秀的发展经验，结合国内实际情况，能够少走弯路、有效发展。发达国家冷链物流发展现状如表 7.4 所示。

表 7.4 发达国家冷链物流发展现状

国家	发展阶段/优势	发展特点	对冷链物流的影响
美国	冷链物流水平处在世界前列，产业集中度很高	交通运输网络完备	发达的道路设施给冷链物流的发展提供了坚实的基础。除了发达的公路网，美国的内河、湖、铁路运输也十分发达。多种运输方式相结合，可以更加合理优化地运输货物
		冷链企业分工明确	冷链物流企业在各个环节各司其职，使冷链物流的各环节的专业性都很强，无论质量、速度，或者技术都有很大提高，同时让整个冷链运行起来有据可依、有证可查，大大提高冷链物流的可操作性
		科技投入大，科技水平高	注重科技投入，将冷链运输的各个环节都与高科技信息系统结合，提高了公司的营运效率，也使得冷链物流的各个环节得到安全保证
		物流配送企业进行食品检验检疫	将食品的检验检疫放在物流配送企业来做，并不是全部运输出口食品都放在某个企业，这样不仅减少了海关的工作量，而且能够避免食品在海关排队检测中的变质，同时增加了食品流通速度，降低物流成本，还为企业带来了效益
荷兰	发达的运输网络＋标准化生产加工	海、陆、空运输网络发达，标准化生产	荷兰位于"欧洲门户"的有利位置，为冷链物流的发展提供了良好的条件，为农产品的运送提供了便利，缩短冷链物流链条

续表

国家	发展阶段/优势	发展特点	对冷链物流的影响
新加坡	规范行业，利用第三方物流	注重人才培养	政府提供资金开始培养相关的管理人才，这为新加坡的农产品冷链物流发展提供了很大的帮助
		制定冷链物流标准助力冷链物流发展	现行农产品冷链物流标准所涉及的方面很多，促使新加坡的农产品冷链物流快速发展；并且不断颁布新的标准完善农产品冷链物流运输以维持行业高质量的服务标准，推动行业更好地发展
		大力推广3PL（第三方物流）	帮助企业和客户尽可能地降低成本，达到最优化
日本	冷链物流在日本是属于低成本的物流，现已进入了成熟期并拥有完善的基础设施	科技投入大，专业化和自动化水平高	农产品冷链物流在进行作业时都是采用专业的机械，能够提高其准确性，降低错误率，也在无形之中降低了成本；冷链物流企业广泛地使用电子数据交换系统，使得信息能够更快速、更准确地传达到客户手中；冷链物流企业GPS技术的运用让企业不仅可以优化配送线路提高配送效率，而且还有利于企业和客户对送货员的管理和监督
		政府的支持力度大	低温流通推进协会，制定了行业管理办法和未来走向规划，还规定了食品在低温情况下流通的严格温度环境范围，使生鲜食品冷链保鲜技术进一步完善
		需求预测机制完善	日本的农产品冷链物流在运输中仍未出现过断货的现象，使得日本的冷链物流信息化始终保持快速运行

续表

国家	发展阶段/优势	发展特点	对冷链物流的影响
德国	农产品保鲜物流体系与现代工商业实现了高度融合	大力研究食品保鲜包装技术	食品保鲜包装种类繁多、科学合理
		主要制冷设备完全通过电脑精细控制	德国98％的生鲜农产品只要进入流通领域，始终处在一个符合产品保质要求的冷藏链的通道中运行
		严格的食品安全检验	德国农产品保鲜物流体系管理、执行、质检都有专门负责的部门，政府通过完善的立法、严格的监督、严厉的惩罚等措施对生鲜食品安全进行保障
加拿大	最先建起一整套空运、陆路、铁道、水路综合冷链物流体系	实现全过程低温控制	食品在储存、运输过程中的损耗降到最小，并有效降低了由此所引起的污染
		现代化手段	保证将加拿大的蔬果损耗控制在6％以内，其物流成本不到30％

7.3 食品冷链物流相关技术

食品冷链物流具有其特殊性，比如生鲜易腐农产品（蔬菜、水果、肉类、水产品等）需要在生产、储藏、运输、销售等流通环节中低温保存，最大限度地保持食品原有的新鲜度、色泽、风味及营养，并且除了在途安全外，还需要建立一套严格的安全追溯机制，即一旦发现问题，可以通过可溯源性信息的支持，对问题食品追查到底，保障食品安全。食品冷链物流属于技术密集型行业，涉及的技术领域非常广泛，现代物流技术、冷链标准和认证技术、冷链保鲜技术、节能技术、智慧物流技术，都是食品冷链物流的重要支撑技术，如图7.8所示。

图 7.8　冷链物流技术金字塔模型

7.3.1　冷链信息化技术

（1）无线射频识别技术

无线射频识别（Radio Frequency Identification，RFID）技术是一种利用无线射频方式在阅读器和发射机（标签）之间进行非接触数据传输以读取数据的自动识别技术。其基本原理是电磁理论，标签进入磁场后，接收解读器发出的射频信号，凭借感应电流所获得的能量发送出存储在芯片中的产品信息，或者主动发送某一频率的信号，解读器读取信息并解码后，送至中央信息系统进行有关数据处理，具有读取快捷方便、识别速度快、数据容量大、使用寿命长等优点。

使用 RFID 技术结合网络、信息系统进行数据的采集和通信，其目的在于提高信息的采集、传递的效率，对食品有效地进行标识，把分散的信息集成起来，从而达到追溯的要求。以商品猪肉供应链为例，为了实现全程的跟踪和监控，追溯体系需要在商品猪肉供应链的各关键节点，包括生猪养殖场、市境道口、屠宰场、批发市场，设置控制点，使用 RFID 标签记录追溯所需的信息。

（2）定位跟踪

定位跟踪主要依赖于 GPS 和 GIS 技术。全球卫星定位系统（Global Positioning System，GPS）指利用 GPS 定位卫星，在全球范围内实时进行定位、导航，为地球上的 GPS 接收器提供空间和时间信息的系统，具有高精度、实时、全天候等特点，在冷链物流中应用于车辆定位与监控。

地理信息系统（Geographic Information System，GIS）又称"地学信息系统"，指在计算机硬、软件系统支持下，对整个或部分地球表层（包括大气层）空间中的有关地理分布数据进行采集、储存、管理、运算、分析、显示和描述的技术系统，在冷链物流中应用于路线选择与规划问题。

由于冷链产品必须低温存储和运输，如果在运输中一旦发生车辆抛锚、冷冻系统瘫痪等事故，都会大大影响冷链产品的质量，因此将 GPS 和 GIS 技术应用到冷链物流中，通过网络实现资源共享，对货物运输过程中的车辆的运行路线、车辆的实时运行位置、人员的安全情况、车辆的运行情况以及车厢内的温度进行监控，实时准确地掌握，便于车辆的指挥调度，一旦发生突发事故，迅速做出决策。

（3）条码技术

条码技术是最为成熟、成本相对较低的物流信息技术，为冷链物流追溯提供了可行性。一维条码系统一般包括编码技术、光传感技术、条码印刷技术和计算机识别应用技术。一维条码技术属于自动识别范畴，能够准确地将信息识别、编译、最终输入到计算机进行数据处理。其特点是识别速度快，准确率大大提高，制作相对简单，与之配套使用的阅读器、打印和印刷设备也相对成熟。在冷链各环节中，针对不同食品，可采用不干胶、PVC 条码绑带标签或防盗扣等标签，实现流通阶段个体识别，仓储时采用手持条码读取设备辅助作业；在超市 POS 则进一步发挥了条码标签的作用，特殊条码标签在售出后可回收，大大地降低了成本。因此，一维条码技术是开发冷链物流可追溯系统中最为经济实用的技术。但是，一维技术的信息容量较小，码制占据的面积较大，低温、潮湿、多霜等复杂环境对标签要求较高，追溯信息标识到追溯单元上的自动化成本较高，同时受识别设备的影响，其实时性也不是很强。

二维条码技术具有信息容量大、编码来源广泛、加密程度高等特点，随着成本的降低，将更好地弥补一维技术的不足。近年来二维码的应用越来越普及，手机内置的解码软件可以让更多的消费者了解、使用基于二维码所提供的服务。消费者通过手机实时读取冷藏食品二维标签的信息，获取各环节追溯信息，在预置二维条码软件的手机普及的不久将来，将会非常有效地解决条码识读设备携带不便、信息量小、时效性差等冷链物流追溯问题。

（4）传感技术

传感技术是关于从自然信源获取信息，并对之进行处理（变换）和识别的一门多学科交叉的现代科学与工程技术，它涉及传感器、信息处理和识别的规划设计、开发、建造、测试、应用及评价改进等活动。利用传感技术可以感知周围环境或者特殊物质，比如湿度、温度、光线、特殊气体、振动与冲击量、人体感知、食品中的微生物含量等，然后把模拟信号转化成数字信号，给中央处理器处理。可以看出，传感器的功能与品质决定了传感系统获取自然信息的信息量和信息质量。信息处理包括信号的预处理、后置处理、特征提取与选择等。识别的主要任务是对经过处理信息进行辨识与分类。它利用被识别（或诊断）对象与特征信息间的关联关系模型对输入的特征信息集进行辨识、比较、分类和判断。

在冷链各环节安装若干传感器，传感器将采集数据通过无线方式发送至网关；网关连接到互联网，对于仓库等固定场所，可使用以太网方式连接互联网。而对于流通环节中各移动设备，可使用 GPRS 网关，通过 GSM 网络连接到互联网，该网关还具备 GPS 功能，可将移动设备的位置等信息发送至互联网中的数据服务器，方便定位与食品状态判断；用户通过监控平台可实现对冷链食品的实时监控，实现对整个冷链物流过程的监管。

7.3.2 冷链节能技术

（1）制冷系统节能

制冷系统是冷链物流的核心，在该环节的节能降耗直接关系到整个物流链的效率、产品的品质和成本。关于制冷系统的节能方式主要包含压缩机的使用、变频技术和换热器。

压缩机的使用。在预处理过程中，食品的热负荷从大到小变化很大，而且压缩机在部分负荷运行的时候比满负荷运行时的效率低。因此，使用多台小功率的压缩机代替一台大功率的压缩机，随着热负荷的减小，逐渐减少压缩机运行台数。

变频技术。变速压缩机比定速压缩机节能20%～30%。而在大的制冷系统预处理系统中，一般采用两极压缩中间冷却或者经济器来提高整个系统的效率。

换热器（包括蒸发器、冷凝器和风机盘管）。其主要节能措施是材料的选择、换热面积的增加和传热性能的改善。材料的选择考虑传热性能和成本问题。增加换热面积的方法有增加迎面换热面积、增加管排数、增加翅片密度以及增加冷凝器的过冷度。改善传热性能的方法包括改进翅片设计、改进管路设计以及对翅片表面进行特殊处理等。

（2）合理运行与维护

蒸发器内油膜0.1mm，将使蒸发温度下降2.5℃，耗电增加11%。如蒸发温度下降1℃，则制冷量减少5%，耗电增加4.4%；冷凝器内结水垢1.5mm，将使冷凝温度上升2.8℃，耗电增加9.7%；冷凝器中若存油膜0.1mm，将使冷凝温度升高1℃，制冷量减少1.4%，耗电增加2.9%；当制冷系统中混有不凝性气体，将使耗电增加18%，制冷量下降8%；蒸发器外表面结霜后，由于霜层热阻很大，使传热效果恶化，导致蒸发温度下降，会直接影响到系统的制冷效果，耗电增加。这就要求要求管理人员定期对蒸发器进行除霜工作。目前已发明的除霜方法有热电融霜、热气融霜、水冲霜、反向循环除霜、空气融霜等。

（3）冷库节能

冷库的热负荷主要包括通过冷库的维护结构传入冷库的热量、存放货物本身热量、开门和通风换气所带入冷库的热量以及设备运行产生的热量。冷库的节能除了上述的制冷系统本身节能外，还应该从以下几方面考虑：

一是隔热材料的选择。冷库通过保温层传入的热量占总热负荷的20%～35%，选择合适的隔热材料可有效减少外界热量进入冷库，隔热材料隔热、隔湿特性，保温层最佳经济厚度、新型绝缘隔热材料是研究热点。二是空气幕。为防止外界热湿气体渗入冷库，减少库内冷负荷，通常在冷库门处设立空气幕。合理控制射流速度、喷口宽度、喷射角度以及热压，有利于提高空气幕密封效率。三是液化天然气冷能的应用。液化天然气在供给用户之前，在气化站进行气化过程释放大量冷能，把其利用到冷库，不仅可获得良好的收益，而且还能实现节能降耗。

7.3.3 冷链保鲜与包装技术

冷冻保鲜贯穿冷链物流所有环节，使生鲜食品在生产、储运、销售，最终到消费者的各个环节都保持在规定的温度中，如表7.5所示，以保持食品的新鲜性。冷冻保鲜在控温上不仅需要体现在末端的配送环节，也要体现在仓储运输环节，从打包到分拣、运输、配送等各项环节中，都要确保食品全程都在冷链中毫无间断，对冷冻保鲜的技术要求极高。

表7.5 冷链食品的分布温度带

温度带	对象品目
5～-10℃	蔬菜、果类、奶类加工食品、火腿、香肠
-2～-5℃	生食用鱼贝类、牛奶、生鲜肉、鸡蛋
-15℃以下	冷冻肉、冷冻鱼、冷冻食品、冰激凌、浓缩果汁

随着制冷设备的不断改进，冷冻保鲜技术得到了不断的发展。首先，冷藏食品的包装方式不断加以改善，由原始的整体包装和大包装逐渐转向小型化和单一化的包装形式，使食品的冷冻速度和冷冻质量得到了很大的提升。例如，常用的冷链专用保温纸箱由三明治式轻质保温板材采用纸箱制作工艺制作而成，三明治式轻质保温板材是在橡塑发泡保温板的两面敷反光聚酯铝箔而成的，具有保温性能好、轻便、包装体积小的特点，而且防水防晒防静电。其次，在冷冻方式上也实现了突破，吹风式冻结、可连续冻结和流态化冻结等方式逐渐成为食品冷藏的主要方式，不仅使食品的冻结温度更加一致，同时还在很大程度上提高了食品冻结的效率。最后，制冷装置技术也不断得到提升，采用液态氧、二氧化碳、DENBA保鲜设备对食品直接进行冷冻的装置使食品的冻结温度大幅度降低，并且冻结速度也有了很大进步。尤其是近年来新兴的环保冷酶——DENBA保鲜设备，给保鲜技术带来了新的动力。此外，伴随着冷藏技术的发展，逐渐形成了一体化的冷藏链，将食品冷冻、冷藏、运输、销售等环节有机地联系成一个整体，使冷藏食品的生产、流通和销售之间更加完整。

（1）预冷技术

为了延长水果、蔬菜的货架期，减少其干耗和流通中的各种损耗，使消费者获得高鲜度洁净的水果、蔬菜，则必须在工厂进行一系列采收后的加工处理，如挑选、去蒂根皮叶、清洗预冷、滤水、包装等，因此预冷工艺是必不可少的。预冷是指食品从初始温度迅速降至所需要的终点温度的过程。即在冷藏运输和高温冷藏之前的冷却以及快速冻结前的快速冷却工序统称为预冷。

目前主要有空气预冷、真空预冷和水预冷三种预冷方法。空气预冷方法分为常规室内预冷、压差预冷、流化床连续预冷或隧道连续预冷，具有空气温湿度易调节、可用于各种食品冷却冷藏运输、设备造价低等优点，但也存在冷却速度慢、冷却不均匀、干耗大等缺点；真空预冷技术分为间歇式真空预冷、连续式真空预冷、喷雾式真空预冷。其利用果蔬在低压环境下水分的蒸发，快速吸收果蔬蓄存的田间热量，同时不断去除产生的水蒸气，使果蔬温度得到快速降低；水预冷分为冷水预冷和冰水预冷。各预冷方法的原理及其特点如表7.6所示。

表7.6　预冷方法的原理及其特点

预冷方式	原理	特点
空气预冷	利用流动的冷空气使被冷却食品的温度下降	空气温湿度易调节，价格便宜。但冷却速度慢、冷却不均匀、干耗大
水预冷	用0～3℃的水做冷媒，将食品冷却到指定温度	比风冷速度快，无干耗。但是必须要防止循环冷水被污染
真空预冷	真空加快水分蒸发，使产品温度下降	降温快、冷却效果好、操作方便。但是成本高，少量使用时不经济

（2）速冻技术

食品中心温度从-1℃下降至-5℃所需的时间在30分钟以内，属于快速冻结。食品速冻一般是指运用现代冻结技术，在尽可能短的时间内，将食品温度降低到其冻结点以下的预期低温，使其所含的全部或者大部分水分随着食品内部热量的外散而形成合理的微小冰晶体。

速冻共有三个阶段：①快速冷却。使食品从初始温度迅速冷却到冰点温度。此阶段主要是避免食品质量损坏，缩短冻结时间；②壳体冻结。对于肉类、鱼类食品应冻结到-15℃，对于果蔬类颗粒状食品严格地讲应该称为表层冻结，即食品冻结厚度为1～2mm；③深温冻结。食品从-15℃或-5℃冻结到-18℃或更低温度。各个速冻方法的原理及其特点如表7.7所示。

表7.7　速冻方法的原理及其特点

速冻方式	原理	特点
鼓风式	使-46℃～-29℃的空气强制流动，与食品充分接触，促进食品快速散热	可用机械间断进出或连续进出，生产能力较大，价格便宜。但冻结不均匀、能耗大

续表

速冻方式	原理	特点
间接接触式	使用低温冷却的金属板和食品紧密接触，使食品冻结	速冻时间短，可在常温间运行。但结构复杂，不能进行连续性生产，对食品的厚度有一定限制
直接接触式	食品与低温介质直接接触下进行冷冻的方式	速冻速度快，干耗小。但对低温介质有一定的限制，不能改变食品的原有成分和性质

(3) 气调包装与贴体包装

气调包装是利用复合气调保鲜气体进行冷链食品的包装，所用气调保鲜气体一般由 CO_2、N_2、O_2 及少量特种气体组成。CO_2 能抑制大多需氧腐败细菌和霉菌的生长繁殖；O_2 抑制大多厌氧的腐败细菌生长繁殖；保持鲜肉色泽、维持新鲜果蔬富氧呼吸及鲜度；N_2 做充填气。复合气体组成配比根据食品种类、保藏要求及包装材料进行恰当选择而达到包装食品保鲜质量高、营养成分保持好、能真正达到原有性状、延缓保鲜货架期的效果。贴体包装就是采用薄膜完全贴着生鲜进行包装，形成一个类似真空的环境，以隔绝空气和细菌等。一方面能够直观地向消费者展示商品，另一方面则运用创新技术确保肉类在 0~4℃ 的环境下新鲜保存 21 天。

7.3.4 冷链冷藏技术

(1) 制冷技术

制冷技术包括制冷方法，制冷的热力学基础、单级蒸汽压缩制冷循环、制冷剂、载冷剂与储冷剂、多级压缩及复叠式蒸汽压缩制冷循环、应用非共沸混合制冷剂的制冷循环、溴化锂吸收式制冷、热电制冷、制冷换热器的传热学基础、冷凝器、蒸发器、节流机构、制冷装置的设计等。

(2) 蓄冷技术

蓄冷保温技术是一门关于低于环境温度热量的储存和应用技术，是制冷技术的补充和调节。低于环境温度的热量通常称作冷量。人们的生活和生产活动在许多时候要用到冷量，但是有些场合缺乏制冷设备，有些时段不能使用制冷设备就需要借助蓄冷保温技术解决用冷需要，即冷量的储存。蓄冷保温技术有显热蓄冷和相变潜热蓄冷两大类。蓄冷技术就是在夜间电网低谷时，由蓄冷设备将冷量储存起来，待白天电网高峰时再将冷量释放出来满足用冷的需求，从而实现用电负荷的合理利用。

冷链的蓄冷保温材料主要用于冷库和冷藏车等设备。岩棉、玻璃棉、聚苯乙烯泡沫塑料（EPS）、挤塑聚苯乙烯泡沫塑料（XPS）和聚氨酯泡沫材料（PU）使用越来越广泛。其中，聚氨酯泡沫是目前应用最广泛的隔热材料，它传热系数低、隔热性能好、强度高且工艺好。

7.4 食品冷链物流存在的问题

7.4.1 食品冷链体系仍需完善

由于政府多个部门管冷链，众多企业盲目投资，导致食品冷链领域投资不足与投资过度同时存在，冷链物流资源缺少整合。目前国内只有少数的物流供应商能够保证对整个冷藏供应链进行实时温度监控，大多数经由传统冷藏运输商转变的冷藏物流供应商只能提供冷藏运输服务，并非真正的冷冻冷藏物流服务。

(1) 冷链物流成本高，装备缺乏竞争力且结构性不平衡

我国生鲜行业发展的主要阻碍是受到了高成本冷链运输的制约，尤其是空运冷链运输，导致收益降低，阻碍了发展的速度。冷链装备是冷链物流体系的核心组成部分，是冷链物流的基础设施，而我国冷链物流装备存在能耗高、种类少、自动化程度低、自主技术含量低、缺乏竞争力等问题。冷库设备相对老旧，大部分的储存设备功能不全，无法精准控制温度，在对接的过程中，因为设备质量差，难以满足要求。

此外，我国的冷链设备还存在分布不均的问题，主要集中在沿海地带和发达城市，中西部设备严重不足，发展相对滞后。一方面，部分农产品产地仍旧存在冷链最初一公里配套设施不足，产地预冷设施和冷库偏少、标准偏差的问题；另一方面，局部省市又存在冷库盲目过量建设，功能定位落后于市场需求，导致冷库市场供大于求或者供需无法匹配的现象。在设备的种类和功能上发展也不平衡，大型的设备建设比较多，中小型的冷库很少。

(2) 对运输环节及车辆的有效监管不足

我国运输车辆的控温性能参差不齐，公路冷藏车中企业自有车辆占比高，部分易腐食品实际使用的是未经资质认证的社会车辆或二手冷藏柜改装车辆运输，有些甚至没有制冷设备，从而为产品质量安全埋下隐患。此外，在农贸市场交易中心等大型中转场所，配套设施和人员控温意识不足，导致产品间断性脱离温控环境。还有部分企业为减少油耗节约成本，在车辆运输过程中关闭冷机，使冷链全程仅存头尾两端，这些问题被频频曝光，但缺乏有效的监督管理机制。

(3) 冷链人才缺乏

冷链物流人才短缺严重。首先，冷链行业缺乏制定战略和运营管理方面的人才，中物联冷链委《2018冷链行业人力资源报告》显示，当前行业既有理论基础又具备实操能力的高级管

理人才不足 2000 人。冷链物流对技术的专业要求很高，包括冷链运输设备以及冷链物流信息化体系的建设等。而据中物联教育的物流行业人员数据显示，全国每年有 20 万的物流专业院校毕业生，但是每年新增的物流岗位却有 130 万之多，尤其是冷链物流人才远远不能满足这方面岗位的需求。由此可见，专业冷链物流人才的培养速度与冷链物流业发展速度并不匹配，从而限制了冷链物流的发展进度。

（4）诚信缺失、监管缺位问题突出

冷链行业的高速发展，也带来企业诚信缺失和监管部门缺位，造成冷链行业违约成本低、价格战、单方毁约、应收账款高、企业监管成本高、企业融资难等一系列问题。由我国发改委主导、中物联冷链委深度参与的冷链行业失信治理工作已全面启动，冷链物流行业诚信体系建设迫在眉睫，行业既要有白名单，也要有黑名单。

（5）缺乏统一的规范化标准

规范冷链物流各环节市场主体行为的法律法规体系尚不健全，冷链物流各环节的设施、设备、温度控制和操作规范等方面缺少统一标准，导致产业发展无序，市场竞争恶劣，管理难上台阶，企业难以形成规模效益，严重阻碍冷链物流行业的综合发展。美国、德国、日本等国家在物流基础设施建设上较为成熟，标准化体系较为完善。而我国物流行业整体情况，都是以"小、散、乱"为主要特征，物流行业的标准化缺乏。此外，各地冷链的发展程度不一，差异过大，对冷库、车辆等的规范化要求差异也非常之大，难以统一规范。

7.5 食品冷链物流的发展机遇

（1）市场机遇

随着经济的不断发展，国民生活水平的不断提高，消费者对食品的品质提出了更高的要求，对生鲜食品，尤其是肉禽、水产品、乳制品等易腐食品和反季节蔬菜水果的消费量不断上升，这为冷链物流的发展奠定了现实基础。加之我国经济的平稳增长、消费的不断升级、城镇化进程的不断加快、中产阶级数量的不断增多、食品安全意识的不断提高，一系列外部市场因素共同推动着冷链行业迈向新的发展阶段。

随着全球化的纵深发展和对外开放新格局的逐步形成，中国与世界经济体的联系日益加深、贸易往来日益密切，商贸物流格局的变化正在发生。加之"一带一路"政策拓宽了我国的经济贸易渠道，深化"一带一路"沿线农产品贸易也成为共同诉求，从而激发了冷链的市场发展动力。

2018 年冷链物流百强企业冷链业务营业收入合计达 398.24 亿元，同比增长 53.27%，占整个冷链物流市场13.79%；百强企业中新晋企业有25家，表现冷链行业竞争充分，市场活力强。此外，2018年我国进口食品总额将首次超过700亿美元，20年来增长15.2倍，进口食品背后冷链潜力巨大。与此同时，随着京津冀一体化、大湾区建设和海南等更多自贸区的开放，区域升级必将会在冷链基础设施建设等方面产生很多新机遇。

（2）政策机遇

2016年，冷链物流行业被提上国务院重点工作安排，安排中明确表示要健全食用农产品和食品冷链物流建设和运行标准，提高冷链物流水平。在国家对产业政策支持推动下，国内外资本巨头纷纷进入生鲜冷链配送领域。2017年，我国中央和地方政府因势利导出台多项冷链产业政策，《关于加快发展冷链物流保障食品安全促进消费升级的建议》《关于积极推进供应链创新与应用的指导意见》《商贸物流发展"十三五"规划》等政策相继推出，明确提出了冷链产业发展方向和重点任务，为冷链行业的发展提供了利好的政策环境。2018年两会代表也纷纷提议"加强冷链物流基础设施建设""加强对企业建设产地仓＋冷链专线模式的统筹引导和政策支持""驱使我国冷链行业向着更加规范化、专业化和高效化迈进"。2019年，中共中央政治局会议分析研究当前经济形势，部署下半年经济工作，要求紧紧围绕"巩固、增强、提升、畅通"八字方针，深化供给侧结构性改革，提升产业基础能力和产业链水平，并明确提出实施城乡冷链物流设施建设工程。伴随着这一工程的实施，未来城乡之间的冷链物流建设将迎来大发展，物流业的冷链短板将会逐步补齐，国内需求将进一步释放。同时，随着京津冀一体化、大湾区建设和海南等更多自贸区的开放，区域升级必将会在冷链基础设施建设、城市冷链配套服务等方面产生很多新机遇。

7.6 食品冷链物流未来展望

在"互联网＋"和电商红利的双重推动下，智能化已经是冷链物流发展的战略方向。智慧物流是工业4.0重要组成部分，随着工业4.0的临近，智慧物流是大势所趋。在经济新常态和产业升级背景下，人工、土地、仓储租金成本不断上升，物流业作为"第三利润源"的战略地位凸显，智能物流技术和智能装备的优势逐渐显现。因此，未来我国冷链物流与智能物流技术、智能装备相结合的紧密程度将逐步增加。

7.6.1 新技术助力智慧冷链物流

物流行业的本质是降本增效，在人工、土地等成本只会涨不会降的前提下，唯有新技术和新装备的应用，才能驱动冷链企业做大做强，从而推动冷链物流产业的发展。在国家《物流发展中长期规划（2014—2020年）》实施推动下，国内冷链物流蓬勃发展并迅速成长为万亿级产业，而互联网物流技术的快速发展又进一步促使新产品、新业务的不断衍生。

智慧物流是指物流过程的智能化，它以信息交互为主线，使用条形码、射频识别、传感器、全球定位系统等先进的物联网技术，集成自动化、信息化、人工智能技术，通过信息集成、物流全过程优化以及资源优化，使物品运输、仓储、配送、包装、装卸等环节自动化运转并实现高效率管理，可以在一定程度上自动达成特定目标而无须人工干预。它能够有效提高企业的市场应变能力和竞争能力，为客户提供快捷、方便、准确的服务，同时降低成本，减少自然资源和社会资源的消耗。

大致而言，智慧物流体系应具备三个核心要素，分别是：智慧单元化物流技术、自动化物流装备以及智慧物流管理信息系统，以实现智能物流、智能转运设备、智能物流管理等功能，如图7.9所示。在智慧物流体系中，各类传感器技术是基础，物资的状态、地理等信息都依赖传感器技术，如使用RFID技术、激光、红外、条码检测与识别技术对物品进行分类、拣选、计数；采用全球卫星定位技术（GPS）、RFID技术、车载视频检测技术等对物品运输进行定位等。分拣信息识别技术能将提高分拣效率和准确率变为现实，进而实现自动分拣降低货损率；无人机可以打通国内干线与支线的航空物流，同时为生鲜冷链产品提供高效运输手段；基于区块链技术的食品追溯平台可打破食品供应链上各环节之间的分隔，实现各环节上传的数据实时共享，增加产品信息透明度的同时加强消费者信任；物联网在冷链仓储和运输环节的应用，真正驱动冷链产业实现了数据化实时管理，运用物联网标记最基本的冷链传输单元，实时传输冷链运输过程数据，借助专家系统实时分析响应，可以实现冷链物流的透明化管理与控制；随着物联网应用率的提升，越来越多的冷链产业运营数据得以不断丰富和积累，结合产品冷链运输标准数据库的完善，会驱动整个产业实现商业智能；比如，智能调度将发挥越来越重要的作用，传统物流仅需要考虑时间因素，冷链物流还需要考虑温度和能耗因素，将更为复杂，但是随着运算能力的提升和算法的优化，精细排程和智能调度能够大幅助力冷链产业运营过程实现效率提升、成本降低；结合仓储物流智能优化技术，将大幅拉动冷链服务质量精准控制水平的提升。此外，智能仓储、新能源汽车、大数据等技术，将在短时间内应用于冷链物流中，提升物流系统的智能化、自动化水平，推动实现智慧冷链物流。智慧冷链物流可以使以前一些不可控的因素透明化、职责化。把物流运作中复杂多样的环节有效地衔接起来，同时降低物流成本，提高了物流效率，使消费者轻松、放心购物消费。

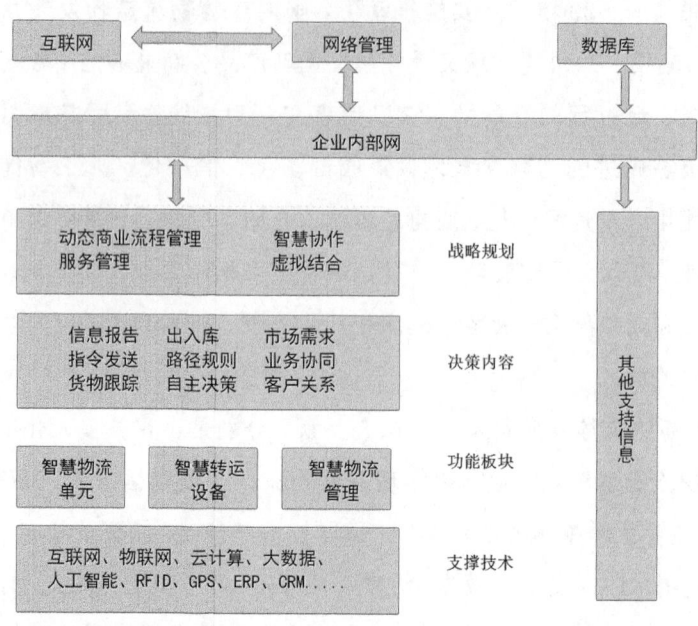

数据来源：《工业4.0和智能物流》。

图7.9 智慧物流体系架构

我国经济已进入高质量发展阶段，消费者对生鲜冷链需求不断增大。生鲜冷链消费市场越来越关注"安全、新鲜可靠、便捷获取"，生鲜冷链企业的发展正经历"互联网＋物流，线上＋线下、虚拟＋实体"的路径，而生鲜冷链物流服务能力是生鲜冷链企业开展业务的基础，整个冷链物流系统可以定位为信息流、物流和资金流的有机结合，生鲜冷链企业必须有效突破"实物流、信息流、资金流、物流"四流整合的瓶颈。这就要求生鲜冷链物流的运营模式要从传统单一"仓储＋分拣＋包装＋配送"模式向"生产物流＋流通物流＋消费物流＋平台生态圈"的全链条智慧物流转变，并要求生鲜冷链物流行业变革的主题，围绕"创新发展、智能融合、技术推动"来展开。生鲜冷链企业聚集化、规模化发展成为必然趋势，生鲜冷链物流技术化和数据化趋势不可逆转，如何通过产业集聚，打造公用型生鲜冷链智慧物流信息系统，建立"生产物流＋流通物流＋消费物流＋平台生态圈"将成为未来行业内的研究热点。而构建完整的、良好的生鲜冷链服务平台技术架构是实现生鲜冷链物流智慧化的首要任务，只有这样才能使多方资源融合、多方角色协作，实现科学的生鲜智慧冷链物流体系，实现资源收益最大化。

7.6.2 智能制造促进冷链产业升级

智能物流装备是智能物流的基础，而智能物流装备的基础是自动化，通过集成感知传感、信息化、人工智能等技术实现智能化。自动化物流装备包括自动化仓库系统、自动化搬运与输送系统、自动化分拣与拣选系统、自动信息处理与控制系统等。代表性的产品有自动导引车、穿梭车、堆垛机、输送机、分拣机等。智能物流装备与下游行业密切相关，几乎覆盖全部工业制造领域，预计未来在冷链行业会保持较快增长。自动化立体库、输送分拣系统、物流机器人系统、自动识别与感知系统等先进的物流技术与装备将快速成长，成为市场新的推动力。

大型物流和电商企业已经逐步投资智慧物流的配套设备。2014年6月，京东推出其位于上海的首个"亚洲一号"现代化物流中心。该物流中心几乎实现无人化操作，仓库中的所有操作都是全自动的，包括收货、储存、包装和分类。2017年京东一共在全国运营14个"亚洲一号"仓库。菜鸟也在不断投资智慧物流的配套设备，2018年5月，在杭州余杭区推出全球第一个智慧快递社区系统。此智慧快递具有四个主要元素，包括人脸识别系统、智能管道、智能快递箱和控制储物柜的应用程序。其中，智能快递箱支持退货和回收，用户更可以调节智能储物柜内的温度，以储存生鲜食物。

无人机、自动驾驶汽车、无人作业小车、智能快递塔等一批智慧物流装备逐步在物流中应用。京东于2017年2月获得中国民用航空局（CAAC）的正式批准后开始在某些农村地区用无人机发送包裹；永辉旗下的超级物种也于2018年6月在广州试用无人机运送包裹。此外，一些公司已经试用自动驾驶汽车来解决最后一公里交付的问题。苏宁物流于2018年7月与百度阿波罗宣布达成战略合作伙伴关系，共同开发智慧物流。两家公司联合推出了一款名为MicroCar的无人作业小车解决方案，旨在解决最后5公里的交付问题。该自动无人作业小车将首先用于苏宁小店，为苏宁小店周边社区3公里范围内的网上购物订单提供送货服务。其他解决最后一公里交付的创新方法包括智能快递塔。菜鸟在杭州的各个社区和工业园区试行并推出了许多智能快递塔。智能快递塔高超过5米，呈正八面体形，可以存储600~800件包裹，配备自动传动系统，通过对接无人机、无人车，实现24小时全天候无人传送投递。客户只需要通过扫脸来取件。

7.6.3 逐步构建新型绿色冷链模式

在我国物流行业由大变强的过程中，快递包装循环体系、环保包装材料成本、冷链包装耗材等问题成为快递行业的可持续发展痛点，发展清洁冷链成为当务之急。2019年两会再次聚焦绿色物流，提出《制定循环包装国家标准，建成绿色包装回收体系》的建议，其中对冷链物流的绿色化发展提出新的思考。一方面，通过制定冷链耗材国家标准，推进冷链仓技术升级，加强耗材管控，运用大数据推荐更合适的包装及冷媒介质，提高冷链运输配送基础设施标准；另一方面，鼓励企业加大研发投入，研究及使用更易携带、易回收的新型冷链包装。通过提高冷链商品周转率，降低商品损耗，推进食品垃圾处理体系建立，科学处理食品垃圾，减少对环境造成的影响，这离不开政府、企业等多方的共同参与。

国内已有企业致力于为全球提供一流的冷藏运输装备和服务，打造绿色环保、安全人性、技术创新、高效低耗、性价精益的现代化冷箱。青岛中集冷链高新产业园新厂建设采用了世界冷藏集装箱科学技术的最新研究成果，以高水准为起点设计并建造了现代化生产线，在劳动强度高、作业环境差的工序优先采用自动化设备，以机械代替人工，减少用工成本。

7.6.4 协作发展冷链物流共同配送

物流企业单独建立冷链物流中心和专业冷链物流运作体系，存在投资成本高、回收期较长等一系列问题。而发展冷链物流的共同配送，可以使多家企业对冷链物流设施设备等资源进行整合，实现物流货源的优化配置，将来源于各个企业的零散货物整合成一次性运输，达到冷链物流配送的经济规模。冷链物流的共同配送是经过长期的发展和探索优化出的一种配送形式，也是美国、日本等一些发达国家采用较为广泛、影响面较大的一种先进的物流方式，它对提高物流运作效率、降低物流成本具有重要意义。运输企业的规模化可使冷藏冷冻专业车辆资源得以充分利用，装载效率明显提高，在提高物流效率的同时，也有助于降低商品的腐烂率，保证商品的质量。同时由于资源实现共享，减轻了企业对大量冷藏冷冻设施设备的投资负担和风险。从微观角度看，实现冷链物流的共同配送，能够提高冷链物流作业的效率，降低企业营运成本，可以节省大量资金、设备、土地、人力等。企业可以集中精力经营核心业务，促进企业的成长与扩散，扩大市场范围，消除有封闭性的销售网络，共建共存共享的环境。从整个社会角度来讲，实现冷链物流的共同配送可以减少社会车流总量，减少城市卸货妨碍交通的现象，改善交通运输状况；通过冷链物流集中化处理，有效提高冷链车辆的装载率，节省冷链物流处理空间和人力资源，提升冷链商业物流环境。

第八章 大数据在食品供应链中的应用

随着大数据时代的到来和跨越式的快速发展，大数据（Big Data）已在医疗卫生、农业研究、互联网金融、气象预报、交通管理、新闻报道、电子商务、生产制造、企业管理等方面广泛应用。大数据背景下，在传统的食品供应链运作模式的基础上，以互联网和物联网信息技术为基础形成了一种应用食品供应链中产生的大数据的运作模式——大数据背景下的食品供应链模式。大数据应用于供应链，能够挖掘出蕴藏在内巨大价值，借助新兴的技术运用于食品供应链中的食品安全风险，保障食品的供应安全管理，具有重要的理论和现实意义。

早在 20 世纪 80 年代，著名未来学家阿尔文·托夫勒就在《第三次浪潮》一书中提到了大数据的概念，并将之喻为以"第三次浪潮的华彩乐章"。2008 年《Nature》推出 Big Data 专刊，2011 年 5 月，麦肯锡全球咨询公司发表了报告《Big data：The next frontier for innovation competition and productivity》，详尽分析了大数据领域的关键技术，应用领域以及带来的影响。2013 年被视为"大数据元年"，人们从日益激烈的竞争中对大数据特别是其中蕴含的价值的理解和认识不断地深化，信息技术也从数字化时代向数据时代迈进。大数据的力量正在改变着社会的各行各业，人类的决策过程会越来越趋向于数据化和科学化，而不同于以往主要依赖主观推断，大数据将成为社会各部门追求创新、竞争和生产力的下一个新领域。

十九大报告指出我国要建立从农田到餐桌的食品安全监管体系，建立全程可追溯、互联共享的信息平台，加强标准体系建设，健全风险监测评估和检验检测体系。食品安全信息化监管即食品安全监管主体通过运用"互联网+"思维，以大数据为监管依据，以互联网为监管渠道和手段，而对食品安全进行的全方位、多元的监管。食品安全的监管、溯源体系的建设以及食品安全的信息化检测是食品安全信息化监管的三个方面。信息在食品供应链中不能顺畅地传递，食品供应链中各环节均可能导致食品安全问题发生并且消费者难以参与到食品安全的监管是食品安全监管面临的三大问题。基于大数据模式的食品安全信息化监管能够对食品供应链的各个环节进行监管，并且使消费者能够参与到食品安全的监管中，充分发挥其自身优势。

8.1 大数据与食品供应链

8.1.1 大数据时代背景下的食品供应链安全风险识别

食品供应链是指从食品的初级生产者到消费者各环节的经济利益主体所组成的链条。食品安全供应链的主体具体指"从农田到餐桌"过程中相互协作的经济主体，依次包括农畜生产资料供应商、农畜产品生产者、原材料加工企业、销售企业、流通企业以及消费者等。食品安全风险可能由生物性、化学性、物理性、人源性和制度性等因素产生。在食品供应链中，原料供应商、加工商、销售商是产生食品安全风险的三个主体，其中，食品深加工是危害最大的环节。通过对食品安全风险产生机制研究可以得出：原材料生产者是食品供应链的起点，若生产者使用质量较差、添加剂超标等的原材料，而政府监管部门因监管不足使问题原材料进入供应链的下一个环节，食品安全风险将传递给下游企业。当加工商检测供应商发出的原料并发现问题后，加工商为弥补信息成本损失而偷工减料，食品安全风险上升。在食品加工完成后，加工商通过物流将食品运输给销售商，最后将风险转嫁给消费者。

信息不对称、食品安全监管不足是产生食品供应链风险的关键因素。信息不对称是产生食品安全问题的根源，影响着食品供应链中的每一部分，信息共享与传导是食品供应链成功与否的重要因素之一。同时，供应链中企业道德缺失、物流相关法律法规的缺失也会引发食品安全风险，食品企业在利益的驱使下，丧失职业道德，制假售假，生产大量存在安全隐患的产品，严重影响了人们的身体健康，同时也造成了社会恐慌。

从供应链的角度分析，在生产、加工、配送和消费等各个环节存在的风险因素可以通过大数据平台进行识别和监控，降低了供应链中食品安全风险的发生频率。

（1）在生产环节中

农业生产者为了追求产量实现自身的经济诉求，往往过度使用农药、化肥等生物技术，再加之工业化加速了土壤、水源污染，导致初级食品的种植、养殖环节不同程度地受到农药、化肥、激素等的影响与环境的污染，其残留物将直接危害这些食品食用者的身体健康，可以通过环境感应器收集食品的生长环境数据来识别安全风险。

（2）在加工环节中

食品企业为达到改善食品外观、延长保质期等目的，往往需要在食品加工过程中加入适量的添加剂。但超量使用或滥用食品添加剂，甚至有的企业为降低成本使用工业助剂，也成了引发食品质量安全问题的重要原因。大数据平台可以通过电子标签感应器，收集食品在加工处理过程中的数据，对造成食品安全风险的因素进行分析识别。

(3) 在配送环节中

食品在运输存储的过程中，存储的卫生、通风及环境温度等，都可能对食品品质产生影响。由于食品的易腐性，加之运输与配送环节上冷链设备的缺乏，以致食品在运输、配送环节中发生腐败，容易出现食品品质安全问题。大数据平台通过配送过程的存储环境感应器收集相关的数据，识别配送过程的风险因素。

(4) 在消费环节中

部分食品在销售中还要经历流通加工、储存及分装等，而销售中加工操作不规范、冷链不落实等也常常导致食品安全问题。另外，由于商家对食品销售的监督管理职责不明确、不到位，假冒伪劣、过期、变质食品在售的情况也时有发生。数据平台可以根据电子标签和存储环境感应器记录的数据识别在消费环节中的食品安全风险因素。

在上述食品供应链环节应用大数据进行监管是逐步成为食品安全监管的新方向和新潮流。大数据监管的优势主要体现在五个方面。第一，基于供应链所有食品安全数据的支撑，各监管部门可在同一个数据库的基础上开发应用平台，实现质量安全监管的无缝对接。第二，食品安全的监管转变为循"数"监管，在数据的支撑下，监管人员可以通过挖掘，自动发现导致食品安全问题的原因所在、区域所在和主体所在，从而提高监管的针对性和有效性。第三，基于大数据的食品安全监管要由"监管"向"服务"转变，改变两者之间的对立关系，打造政府与企业合力提高食品安全质量水平的氛围，实现对监管对象的全方位管理。第四，依托大数据支撑，监管部门可将监管重心向前转移，强化事前的预警和事中的运行监控，在质量问题大规模爆发之前，提前通过信息手段开展预测预警工作。第五，利用大数据采集技术和数据挖掘技术，可以全方位地搜集、整理、存储食品安全各方面、各主体、各区域、各品种的相关数据；依托全方位的食品安全数据，即可对食品安全行业开展全面监管。

8.1.2 大数据时代背景下的食品供应链运作模式

传统食品供应链运作模式（见图 8.1）是一个包括生产、加工、流通和消费等多环节的综合复杂系统，其中供应链中的每一个环节都可能产生食品的不安全问题，因此需要对整个供应链进行内外部安全监管，以保证食品质量与安全。

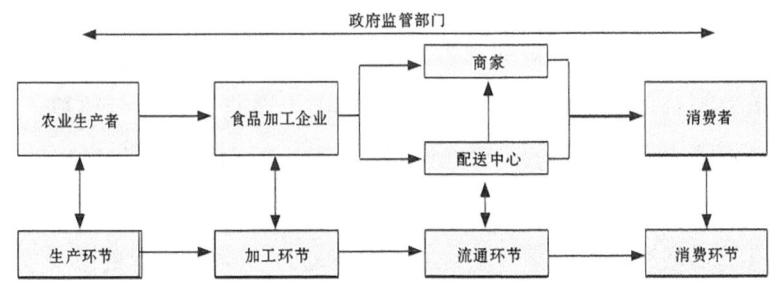

图 8.1 传统食品供应链运作模式

但是传统的食品供应链中长期存在的管理环节离散分割、物流活动松散等比较显著的问题，因而难以实现食品供应链问题的快速可追溯，对于食品安全管理过程中典型存在问题的控制和解决作用有限。如果能把供应链中有关食品安全的数据加以收集和利用，能够大大地改善政府监管部门的监督管理效率和整个食品供应链的运作管理。

在食品安全问题频频出现的时候，其背后所反映的其实是缺乏真实及时的食品安全信息权威来源，缺乏信息对称、统一监管和统一发布的食品安全数据公共平台，大数据时代为食品安全问题的解决提供了新的契机。在食品生产到消费的各个环节都产生着大量的数据，食品产业的大数据，更多地与即时趋势联系在一起，大数据管理将海量数据聚合在一起，将离散的数据需求聚合为数据长尾，从而满足传统治理中难以实现的功能，因此，结合食品供应链的基本要素构建大数据时代背景下的食品供应链模式（如图8.2）。

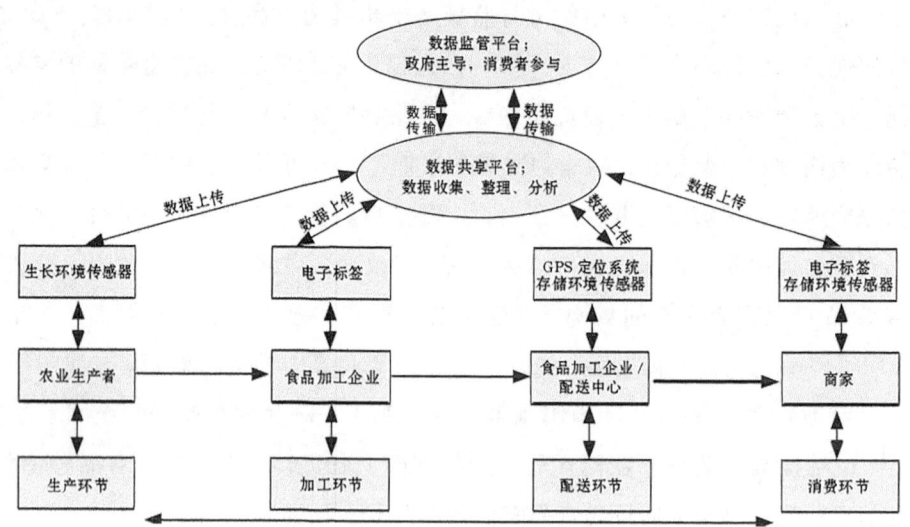

图8.2 大数据时代背景下的食品供应链运作模式

大数据时代背景下的食品供应链模式对传统的食品供应链加以改进：

第一，数据共享平台，农业生产者可通过环境传感器实时监测到食品的生长环境状况，例如温度、湿度等数据并自动上传数据；食品加工企业通过电子标签的形式给产品配上具体的商品信息；配送企业可通过配备的GPS定位系统和存储环境传感器，提供食品的位置与配送信息；商家可通过存储环境传感器和电子标签，提供记录的食品存储品质信息和销售交易信息。

第二，数据监管平台，监管部门可以对供应链的各个节点数据进行监控，对数据进行实时查询。消费者可以登录数据监管平台，可查询产品真假和质量信息，包括产品的生产日期、生产地点、配料、保质期等，另外消费者还可以将消费感受、评价上传，来充实大数据平台。同时，由于数据的有效记录和快速共享，食品加工企业通过查询消费者的感受或者评价等信息，来不断优化产品的质量。在大数据时代背景下的食品供应链模式下，产品一旦出现问题可以根据追溯系统准确而快速地找出问题环节所在并实现按责追究,因而在一定程度上消除食品供应链中存在的问题,对食品的质量与安全水平提升具有重大促进作用。

8.2 大数据背景下食品供应链的几个研究角度

8.2.1 大数据影响下食品供应链战略协同的共生机制

基于大数据视角,应用复杂适应系统理论和系统动力学方法,对食品安全供应链的战略协同机制与模式进行动态模拟与仿真分析。通过仿真分析,提出战略协同的有效措施,为食品安全供应链管理的发展提供参考。毋庸置疑,同其他行业一样,在大数据背景下食品安全供应链的运作及其生态发展也正日益走向网络化和动态化。现代企业不论其所处哪个行业,其生产管理与商务决策在很大程度上将依赖于社会媒体、网民消费群体、上下游关联企业以及竞争对手所构成的"网络生态系统",并逐渐呈现出纵向整合和横向联合的两种新发展趋势。以食品安全领域为例,在纵向整合方面,一种趋势是大规模企业群体以食品安全供应链为纽带紧密联系起来,它们分工协作、互利共生,以实现食品供应链向价值链,进而向网络生态链的转变,这种生态链将会围绕食品安全方面的问题融成"共同体";另一种趋势是,大数据的发展和应用会使得纵向链条上的参与主体减少,生产者可以借助大数据技术来直接获取消费者的需求量、需求偏好等销售方面的信息以及消费者的个人信息等,这一手的资料可以帮助企业及时调整战略或决策,从而省略掉一些不必要的中间环节;在横向联合方面,网络化商务模式改变了企业及组织之间的竞争模式,使得地理位置上异地分布、组织架构上平等独立的多个企业或主体,在谈判协商的基础上建立密切合作关系,形成动态的"虚拟企业"或"企业联盟",这种新型组织形式能够实现企业资源的优化、动态组合与共享。

这部分应研究大数据环境下的食品行业企业生态系统微观个体建模、行为规律与交互模式及其宏观组织结构、共生协同演化及其系统稳定性等关键问题,构建可持续发展的网络生态链。由于我国整体食品行业的复杂性,其中田间的种植个体、小微型食品加工企业等零散主体在生态系统中的共生/竞争协同演化机理及其稳定性分析将是主要研究内容。

8.2.2 大数据时代基于食品供应链的商业运作模式分析

通过中外比较、逻辑演绎、案例分析、调查验证、实践归纳总结,提出基于食品安全供应链的网络生态系统,为企业资源优化、动态组合与共享提供理论依据。如上一问题所说,纵向链条除有逐渐缩短的可能性之外,在大数据的背景下,食品安全供应链运作中产品的生产和价值创造等诸方面都日益走向社会化和公众参与。这种社会信息产生与传播方式的变化使企业与消费者间的关系趋向平等、互动和相互影响。由互联网用户创造的信息和数据,形成了互联网海量数据的重要来源，同时，以往"闭门造车"的管理模式正在被摒弃，尤其像"食品安全"这类日益受到普遍重视的话题，企业可以通过数据平台与网民群体密切互动，主动引导网民群体参与食品安全流程管理中的创意、设计、生产、质量保证、市场推广、销售和客户关系管理的关键环节，并根据网民群体的互动反馈完成产品优化与创新，激发终端参与到食品安全的过程中，实现企业与网民群体的协同发展。

目前的大多数业态仍是零售企业在永无止境地争先发现和使用大数据以使自己赢得并保持竞争优势，零售商们不仅记录下每一笔交易和操作，还记录着新出现的数据源，比如 RFID 芯片，可追踪货物、在线消费者的行为和情感表现等，这也使得数据量的增长势不可当；随着大数据的进一步开发使用还将会加速食品加工的设计开发，帮助设计人员回到最重要和最有价值的产品特性，将其应用在产品的生命周期管理、评估设计、开放创新中，其基础是具体的消费者投入和减少生产费用的设计，利用消费者的远见，通过公开创新的方式减少研发成本；能有效提高生产效率的大数据工具，还可以将虚拟技术应用到食品生产加工过程中生成海量数据，以帮助制造商使用实时的传感器数据来追踪食品，检测食品生产机械装置，工艺流程的规范性等以指导实际操作。

8.2.3 大数据影响下食品供应链运作模式的演变趋势

这一方面需关注大数据环境下食品安全供应链生态网络中各主体的协调方式和利益分配优化问题。目前在食品安全供应链的运营中，来自零售终端、售后服务提供商、经销商、运输商、生产商和供应商等诸多环节的数据都将成为大数据的一部分，如何通过食品安全供应链主体间的协调运作实现这些数据在市场机遇发现与模式创新等方面的价值、在传统的基于批发价的契约机制的基础上食品安全供应链主体之间如何实施数据的共享与协同价值创造，以及如何实现大数据驱动的食品安全供应链协调运作机制等，将是未来学术界和企业界所关心的焦点问题。如用遗传算法等管理科学的方法建模来分析评价食品安全供应链上的大数据资源掌控者的竞争优势，提出食品安全供应链条上居主导地位的应该是有能力掌控大数据资源的角色这一构想，而这个角色随着大数据的发展应呈多样化、丰富化，而不是目前食品安全供应链上销售端具有绝对优势的格局。零售业借助信息技术获利的做法已经有几十年的历史，比如，在20世纪70年代的美国就首次出现了从条形码中获得零售终端的主要交易数据，90年代之后，许多大型零售商都开始使用门市层级和食品安全供应链的数据来优化配送和物流，加快货物规划和管理，升级店铺运营，并由此提升整个行业的运作效率。未来随着大数据的发展，食品安全供应链上其他角色如仓储物流方等其主体也应充分利用自有的大数据资源发挥区域联动等各种优势，实现大物流的统筹安排，避免不必要的浪费，提高整体效率。

8.3 大数据背景下的食品供应链关键问题分析

食品供应链涵盖了食品生产、加工、流通、消费等多个环节以及生产者、经营者、消费者等多个主体，因此需要明确其在供应链各环节上应发挥的作用及为各个相关主体所带来的效益。我们首先对食品供应链整体结构进行了介绍，指出要实现食品供应链需要解决的几个关键问题：供应链过程信息可靠采集、多元异构数据高效接入与存储、低成本食品供应链过程管理、食品产能与需求的有效衔接、消费端的认可与信任建立。

数据感知：保障食品供应链过程数据的可靠采集。

数据汇聚：实现食品供应链过程多元异构数据的统一接入与存储。

过程管理：如何面向不同的食品生产业态实现低成本的生产过程管理。

产销对接：如何将优质产能与优势营销渠道进行无缝对接。

消费体验：如何利用供应链过程信息建立消费者对食品本身和品牌的信任。

8.3.1 食品供应链过程数据的可靠采集

要实现食品供应链，首先要解决的就是供应链过程数据的可靠采集问题，传统粗放的生产记录方式完全无法满足供应链对食品生产、加工、流通等过程数据记录要求。物联网技术自2008年IBM"智慧地球"战略提出以来，迅速受到各国的高度关注，我国也高度重视物联网发展趋势，并将其作为国家战略性新兴产业的重要组成部分，采取了多项政策性措施推动其在各行业全面应用。作为食品源头的农业是物联网技术应用的重点领域之一，也是物联网技术应用需求最迫切、难度最大、集成性特征最明显的领域，极大提升人类对动植物生命本质的认知能力、食品复杂系统的调控能力和食品安全突发事件的处理能力。物联网技术受到世界各国的广泛关注，欧美一些发达国家已经将物联网技术广泛地应用在食品生产、加工、流通、经营等环节，实现了基于物联网的智慧农业生产，形成了一批成熟的农业物联网产业化应用模式，推动了食品生产向信息化、智能化发展。在国内，中国农业大学、国家农业信息化工程技术研究中心、中国农业科学院、浙江大学等科研机构近些年来也开展了广泛的应用研究，形成了一些典型的应用示范案例，实现了食品资源、生产环境、流通过程、销售环节等信息的实时获取和数据共享，起到了一定的引领带动作用。

（1）食品生产过程数据采集

在食品生产过程中，对生产环境因子的准确感知，结合农业知识模型和阈值模型，能够帮助生产者科学地判断动植物本身的生长发育状态、病虫害发生概率、水肥状况。通过对动植物生长环境因子的科学调控，可以达到合理使用农业资源、降低生产成本、改善生态环境、提高食品产量和品质的目的。农业物联网在设施、大田、畜禽、水产的领域已经取得了非常丰富的研究成果。

1)设施农业在设施种植中,农业物联网信息采集设备通过相应的数字、化学、光学等类型的传感器实时监控温室内的空气温湿度、光照强度、二氧化碳含量、土壤温度、土壤水分等信息,运用大数据、云计算等技术进行智能化决策,并根据决策结果自主实现对温室内环境控制设施智能化控制。例如结合作物生长及病害发生模型对温室遮阳网、灌溉阀、通风扇、卷膜器等设备进行智能开闭以及肥水药管理和智能喷淋等操作,为温室内作物提供最佳的生长环境。北京市植保站研发的设施农业病虫害生物控制专家服务平台将物联网技术、模式识别和专家系统技术集成应用,实现了对设施环境中病虫害的实时监控和有效防控。孙忠福、曹洪太等基于GPRS和WEB技术设计了一种温室环境信息采集系统,实现了温室环境信息的实时监测。吴金洪、丁飞等基于CC2420芯片设计了基于Zigbee的无线温室环境采集系统,降低了设备的安装维护难度;徐正华基于Android系统开发了温室环境监测控制系统,极大地提高了温室管理人员的作业效率。

2)大田农业在大田种植中,农业物联网技术通过实时监测田间作物生长、种植环境参数,及时掌握大田作物的生长微环境及气候变化情况,为病虫发生发展趋势分析、指导大面积生产提供科学依据。华南农业大学研究人员以农田物联网环境中WSN可信传输为研究对象,对WSN在农田环境中网络可信体系、节点间行为评估与管理模型、自适应传输控制模型和可信自组网协议等关键技术开展了深入研究并取得了创新性成果。同济大学研究者结合滨海棉田生长过程,将ZigBee和GPRS技术集成应用,构建了一套基于物联网的棉田生长环境远程实时监测系统,通过对对棉田环境和土壤墒情的监测来支撑调节和改善盐碱地作物生长条件,最终提高作物产量。国家农业信息技术研究中心王彦集等对农田环境信息多样性、多变性和分散性等特点设计了一种基于GPRS,Web Services技术的农田环境信息采集和发布系统,为农业领域中远距离、多要素数据的采集和共享提供了一种便捷的解决方案。

3)畜禽养殖在畜禽养殖中,农业物联网技术大量使用电子标签、定位、姿态感应等技术,实现对动物个体进行识别与跟踪,实现畜禽的生活习惯、行为动态的在线监测,为异常行为与疫病防控提供支撑;通过对畜禽养殖舍内的环境的实时监测实现养殖环境因子异常预警和远程调控。李华龙、李森等设计了一种基于物联网技术的蛋鸡养殖环境智能监控系统,针对层叠式鸡舍复杂结构,设计了一种监测布点的拓扑结构,可以实现对层叠式鸡舍环境参数的在线监测与布局分析,为规模化畜禽精准养殖提供了有益参考;曹元军、翟旭军等基于物联网技术设计了一种鸡舍环境因子无线监测与控制系统,对鸡舍内温度、CO_2浓度、NH_3浓度等环境因子实现监测与智能调控;朱科峰、曹静等利用物联网传感器技术实现了对猪舍温度和氨气的长期监测,在大量环境数据的支撑下分析了温度与氨气浓度的昼夜变化关系,为科学化管理猪舍环境提供了有益参考;朱伟兴、戴陈云等利用Zigbee与Web技术实现了对保育猪舍环境的精细化管理，实现了自动化、智能化的牲畜养殖。

4) 水产养殖 在水产养殖领域，物联网技术通过对水体溶解氧、水污染情况的监测与调控提高水产品的产量与质量，通过闭环的物联网自动控制体系缓解水产养殖劳动力资源短缺。颜波、石平利用基于RFID与无线传感器网络技术设计了水产品智能化养殖监控系统，通过对水产品生长环境的长期监测与数据积累，对进行高密度水产品养殖的最佳环境进行了分析并通过实验进行了验证；李慧、刘星桥等利用传感器与移动互联技术设计研发了一种基于Android平台的水产养殖远程监控系统，能够实现对水温、水位、pH值、溶解氧等环境参数的在线监测，并能通过移动终端对现场环境进行远程调控，各参数的误差精度均能满足生产需求；潘彩霞基于BP神经网络建立了一套水产物联网故障诊断系统，对水产物联网设备常见的故障类型制定了故障评价指标，较好地解决了水产物联网设备故障症状与设备无法对应，故障知识难以获取的问题。

(2) 食品加工过程数据采集

在食品加工环节中，信息技术的应用无疑能够帮助食品加工企业通过对业务流程的重组，提升其生产和管理技术水平，ERP、OA、CRM等一系列企业生产经营管理系统受到了众多食品加工企业的青睐。但是，在很多企业的实际应用情况中，支撑信息系统运行的基础数据采集及系统间衔接完全靠人工完成，信息的准确性和实时性均受到影响，另外数据孤岛现象也时有发生，最终导致信息化系统的运用实际效果远远不如预期。李娜、钱东平分析食品加工企业ERP系统在应用中存在的问题，提出了基于RFID技术的解决方案，能够在食品到货、出入库、盘点、生产线操作等环节自动地将相应信息进行采集并按照类型归类，降低了人工操作的难度，提高了生产线效率；黄烨华将RFID技术应用到鹏鹄屠宰加工环节，建立了牲畜加工批次与追溯批次之间的对应关系，同时对于加工分割后的鹏鹄肉，将个体鹏鹄的SID标签与分割后的鹏鹄肉的条形码进行一一匹配，建立配送批次与加工批次之间的对应关系，日后查询条形码时可以通过数据库建立的匹配属性关系进行查询，实现了鹏鹄产品加工过程的可追溯性管理；杨熠帆对传统生鲜食品加工过程信息的采集和处理需求进行了详尽分析，将RFID与无线传感网技术结合应用，设计了一种基于当前物联网的生鲜食品加工配送系统，将物联网技术和信息采集和处理技术与其有效地结合，实现了生鲜食品加工、配送过程的全面感知；林材安利用传感器技术对食品在加工环节的环境指标数据进行记录和监控，通过RFID标签将数据按照加工过程进行分类并关联时间、操作员、保质期等相关信息，为食品加工过程数据采集与透明提供了有效的解决方案；何恩东设计搭建了一个基于二维码的物联网加工实时信息架构，辅助计划员在安排加工和成品入库方面提高流通加工作业效率，缩短生产周期和降低生产成本。

(3) 食品流通过程数据采集

在食品流通环节中，温湿度环境变化及流通周期是影响食品品质及损耗量的重要因素，据国家发改委数据显示，我国食品每年仅生鲜果蔬因为流通环节的处理不当造成的损失就达1000亿元以上，占果蔬总量的20%～30%，损失总金额高居世界榜首。针对这一问题，国内外很多学者致力于食品流通领域的研究，基于物联网技术提出了很多有效的解决方案并积累了一系列研究成果。Ruiz-Garcia等将Zigbee无线传感器网络技术应用于水果流通过程的温湿度环境监测，通过模拟水果流通过程的微环境变化，验证了Zigbee技术方案的可行性；胡丽蓉将Zigbee与嵌入式控制技术集成应用于猪肉的运输过程，实现了猪肉配送过程厢体环境的实时监测及异常预警。郭晋涛设计了一种冷食品链物流监控系统，将Zigbee与GPRS技术相结合，不仅实现了物流过程环境数据的实时监测，同时对车辆行驶轨迹、状态也实现了全程监控。孙旭、杨印生等面向生鲜食品，设计了一套供应链数据采集终端，通过集成运用近场通信、北斗定位等技术，实现了生鲜食品流通过程数据的自动智能采集，保证节点企业间信息连续度；陈勇等基于云计算提出一种食品冷链物流监测系统，对冷链车辆运行状态实现实时、无缝的远程控制和管理，运用云计算的数据处理技术，提高运算分析效率，降低冷链物流的运营成本；郭斌等以冷藏车辆厢体环境监控为研究对象，从信息技术的角度构建了一个基于Zigbee的果蔬冷链配送环境信息采集系统，对冷藏车辆厢体环境远程采集技术进行了探讨；王晓思、孙静等将RFID技术与云计算相结合，设计了一套食品物流信息管理系统，将食品物流过程信息充分共享，物流业务与相匹配的物流资源进行整合与分配，使得食品供应链各环节快速、准确、及时地溯源成为可能。

从已有的研究成果中可以看出，物联网技术经过多年的积累与发展，已经广泛地应用于食品供应链各个环节，尤其在供应链各环境信息感知、监测和数据传输方面的应用已经相当成熟，完全能够满足食品供应链数据采集的需求。但是食品供应链过程数据来源多，且更多的是半结构化和非结构化的数据，如大量的文字、图表、图片、动画、语音/视频等形式，如果能够将供应链过程的多元异构数据进行有效存储并加以利用，为"感知—分析—决策—发布"食品供应链闭环应用提供支撑，那将极大提高物联网技术在改造传统食品工业上发挥的作用。

8.3.2 食品供应链多元异构数据的存储与共享

食品供应链数据涵盖面众多，涉及的数据流程从生产、采集、加工、仓储、物流直至销售终端，而涉及的人群则涵盖了种植者、运输商、分销商、监测部门以及最终客户等，这必然导致了数据来源的复杂性、多样性，以及存储模式和数据结构的差异性。此外，食品供应并不是仅仅在食品生产这一领域的活动，还有物流、贸易、市场等行业从业人员的的参与，具有跨行业、跨专业的特性，采集和汇聚的数据除了物联网感知数据等结构化、规范化的数据，还有更多的非结构化的数据，如大量的文字、图表、图片、动画、语音/视频等形式的超媒体要素。如何将这些多源异构数据统一描述、合理存储与共享是实现食品供应链信息化管理，打破信息壁垒，建立参与主体间的相互信任关系的前提条件。

在食品供应链领域中，对多源异构数据的统一描述、高效交换和存储也是研究的关键问题之一。赵卓比较了对数据仓库进行搭建和应用的元数据模型 CWM（Common Warehouse Meta Model）和由元数据协会（MDC）提出的一种针对企业的元数据规范 OIM（Open Information Model）两种元数据标准，分析了二者的优势和缺点，最终基于 CWM 元数据标准进行元数据建模，通过特定的元关系、元类把各数据仓库和异构数据源组件里的元数据，使用 CWM 规范进行 XML 文档转换，应用于禽肉质量安全追溯元数据研究当中。在蔬菜质量安全可追溯体系研究中，由于蔬菜从种植到销售各环节的信息会不断更新，最终汇聚到系统中心数据库中，而中心数据库与蔬菜生产、加工、流通环节参与者使用数据库结构不可能完全一致；闫晶晶采用了 XML 技术来解决异构数据库的数据同步问题，取得了较好的效果。食品供应链与以上的研究领域在数据层面上具有相似的特点，如覆盖多个行业领域，来源多样化，不仅有各类专业采集的结构化数据，也有大量的众源化数据以及非结构化的数据，此外在数据产生来源上也有很大程度的重叠，如均涉及食品生产各个环节等。通过研究大数据在食品供应链等领域在多源异构数据统一描述、存储上的相关经验，可以为食品供应链大数据的存储与共享提供参考和依据。

8.3.3 食品供应链消费端的认可与信任建立

消费端是食品供应链的最后一个环节，也是优质食品供应链中重要的参与力量，消费者的购买意愿特别是购买行为是最直接和准确的市场反馈信号。如果能够有效地取得消费者对产品和生产者的认可和信任，通过消费者选择向市场传递安全食品的"偏好"信号和"优质优价"的市场信号，充分发挥消费者行为对优质食品供给的逆向促进作用，对促进食品生产结构化调整、品质提升，进而促进生态的长期良性循环具有重要意义。

（1）消费端购买意愿

优质食品与一般食品相比，除了品种因素外，其在种植养殖环境、生产技术要求，生产周期等方面都有更高的要求，这也造成了优质食品的生产投入成本远高于普通食品，加上产品所附加的品质相关信息价值，因此优质食品的价格会明显高于普通食品。这种情况下，如果消费者能够认可优质食品的安全和健康环保而愿意为之支付额外的成本，在利润率相同的情况下优质食品的生产经营者会获得更高的回报，会促使他们继续生产销售有品质的食品以争取更好的收益；相反，如果消费者由于消费能力或对优质食品价值不认可转而消费普通食品，这就会导致优质食品生产经营者由于产品的滞销而得不到与之付出相匹配的回报，长此以往，不得不放弃优质的食品生产经营模式，这就导致了食品供应链的恶性循环，丰产不丰收，买难卖难。

冯洪斌对有机食品消费者的购买意愿及影响因素开展研究，发现当人们的消费水平有限时，更倾向于把有限的收入用来满足最基本的生存需求，但随着消费能力的不断提高，人们在满足了基本的功能性需求后，自然会倾向于高层次的发展需要，而对高品质食品的了解和认可程度，会直接影响其购买行为；杨倍贝以成都市大型商超消费者为调研对象，分析了消费者对可追溯食品的支付意愿，样本分析结果显示，52.1%的消费者没有购买过可追溯的食品，认为其价格太高，但并没有感觉到品质有所不同；豆志杰对吉林市城市居民食品消费情况进行了调查分析，统计结果显示650个调查样本中只有12.87%能够区分食品安全标识，71.74%的受调者表示认可食品质量安全信息是决定其购买的主要因素，其影响和作用程度已经超越了食品的价格和口感；林德萍认为顾客价值是决定顾客对产品认可度的前提，是顾客对产品和服务进行选择和购买的重要因素。

(2) 消费端认可与信任

在消费能力满足的前提下，消费者对食品生产加工企业的认可及信任直接影响消费者的购买意愿。以政府或企业主导的供应链追溯体系建设更多的是以质量监管，明确责任主体为目的，并未以消费端需求为出发点考虑，加上提供的供应链数据大多是人工录入的静态数据，消费者的实际反应并不乐观。度朝阳以可追溯的蔬菜和猪肉产品为例，在对消费者支付意愿分析时发现，被调查的样本中有31.85%的被访问者认为食品可追溯体系对食品质量安全没有保障，认为企业发布的可追溯信息可以人为操作，没有可参考性；王志刚认为，我国优质食品的供应链过程普遍缺乏制度认证，消费者对政府的认证不信任是其中重要的原因。曹艳媚认为，通过信息技术建立食品从"餐桌"到"农田"的供应链信息管理体系，为消费者提供丰富的食品供应链信息够增强消费者对食品生产加工企业的信任和依赖。代文彬提出了食品透明供应链的概念，认为质量标签能传递许多关于食品安全的信息，但这并不能转化为消费者对食品安全性的信心。

从已有的文献中可以看出，消费者的认可和信任对优质食品供应链能否良性循环发展起到了决定性作用，但产销信息不对称又阻碍着消费者认可和信任优质食品；从食品供应链管理，质量安全监管角度出发建立的各类食品质量安全追溯成果能够一定程度体现食品品质信息，但是其静态信息的真实性不完全被消费者认同；有学者提出要以消费端需求出发来建立产销双方的信任体系，但是还未见相关具体研究。在我国食品市场由卖方市场向买方市场转变的大趋势下，如何从消费者的角度出发，建立能够满足消费者对优质食品品质的探寻欲望，实现产销双方有效交流的信息化服务平台，对提高食品消费体验，增强消费者的认可度，最终取得消费者信任会有极大的帮助。

8.4 应用研究——贵州"食品安全云"应用案例分析

为了解决频发的食品供应链中安全隐患问题，完善食品安全监管工作，探索建立溯源性强、覆盖范围广、合理调动利益相关者、具有针对性、时效性的工作机制，本章以贵州"食品安全云"监管平台为例，分析大数据技术在我国食品供应链安全监管中取得的成果以及存在的问题。

贵州省于2014年注册成立食品安全云产业化载体食品安全与营养（贵州）信息科技有限公司，开始建设"食品安全云"监管平台，截至2016年末，"食品安全云"凭条汇集了近六万家食品相关企业的产品信息，共存储产品自检、抽检、进销存、企业许可证和产品标准等数据上亿条，具备了大数据监管的条件。不仅如此，"食品安全云"平台通过移动端APP的建设为群众、媒体等社会主体提供数据检索查阅、产品溯源查询、食品知识讲堂等服务。

8.4.1 "食品安全云"平台的运营

"食品安全云"针对政府、食品生产和流通企业、消费者、行业协会、媒体、检测机构这六类主体，提供不同的服务，实现食品安全的大数据监管。

第一，六类主体加入到食品安全的监管中，不仅可为监管平台进行数据的提供和反馈，并且可从不同的客户端（消费者端、企业端等）进行数据的查询，监管人员会根据监管平台的实时监控和数据对比对食品安全进行监管。

第二，监管平台进行数据收集和整合，行业协会为监管提供了"新鲜血液"，检测机构协助制定标准数据，六类主体均可与监管平台进行信息的交互。

第三，实现非现场监管，资源得到有效利用。首先，"食品安全云"对政府、食品生产企业、流通企业、餐饮和电子商务平台等均建设有数据采集系统，能够通过大数据监管平台对各个主体的数据进行实时监控，实现了非现场监管。其次，"食品安全云"对省、市、县三级的检测机构和实验室进行综合调配，加强了对食品的检测力度，强化了食品相关标准的建设，同时通过资源的合理调配，提高了监管效率，降低了监管成本。

第四，全面监管的实现。首先，在"食品安全云"的监管过程中，政府作为监管的"惩戒者"，会根据监管平台的实时数据反馈，对出现问题的食品企业进行监管，并且迅速找问题食品的生产源头和流通过程，起到惩戒企业并迅速切断问题食品流通的作用，改变以往"以罚代管"的局面。其次，政府向"食品安全云"平台提供食品企业的行政奖励和处罚记录，同时消费者也可对各类商品进行信息反馈，而平台会根据信息自动为食品企业建立诚信档案。

第五，溯源体系构建完成。"食品安全云"平台下设了农产品安全溯源系统，能够对食品进行溯源管理，实现从"农田到餐桌"的食品信息可查。首先，溯源系统的建设，成为食品安全预警系统的重要构成部分，监管人员通过实时数据进行事前监管。其次，根据溯源系统，监管平台会在食品安全事件发生过程中进行产品溯源，政府可根据信息进行紧急事中处理，防止食品安全问题的扩散蔓延，实现事中监管。

第六，全渠道监管的实现。首先，生产环节中，"食品安全云"平台针对农户、食品加工企业提供了信息接入端，能够及时收集生产源头的数据。其次，在流通环节中，针对流通企业和电商平台等流通主体建设了企业端平台，能够进行货物管理、安全信息提供、流通信息采集，完善了流通过程中的监管。最后，销售环节中，建设有"食安测"移动端，能够采集消费者的信息反馈；同时"食安测"可对互联网舆情信息进行采集，并及时处理分析，实现了销售环节的监管。

8.4.2 "食品安全云"平台发展经验

贵州作为我国综合大数据试验区，已经成功引进中国移动、华为、阿里巴巴、Apple iCloud 中心等企业，逐步构建了云上贵州大数据中心。"食品安全云"平台正式采用云上贵州大数据中心资源，因此相对于其他平台，"食品安全云"监管平台的建设具有较好的基础。

一套完整的非现场监管程序是一个闭环，第一步是监管计划的制订，第二步是对监管过程中需要的数据进行采集，第三步是进行日常的监管和数据的分析，第四步是按照积累的数据进行分析，充分做好食品安全事件的风险预警工作，第五步是支持现场监管的立项，第六步是监管评级，第七步是后续追踪监管。在食品安全的非现场监管系统构建的过程中，政府主要完成计划的制订以及后续追踪监管，政府外的各类主体主要完成信息的提供，监管平台则负责采集数据，并对数据进行检测、分析、风险评估、评级，从而使得食品安全的非现场监管闭环形成。

通过"食品安全云"平台采集的数据，不仅政府和平台能够迅速地了解食品生产、流通各个环节中的情况，消费者、媒体等第三方亦可以通过"食品安全云"进行监测。对于参与度较高的社会团体和消费者，可以针对食品进行自检，并将结果提交到平台中，使得食品各项质量指标更加透明化。同时，非现场监管对于食品企业的激励作用明显，各大食品企业陆续将数据接入"食品安全云"平台，并提供定期的产品抽检、上传合格证书以及更新最新食品各项数据。"食品安全云"平台非现场监管体系的特点主要有：

（1）数据流程框架：在监管真正实施的过程中，监管平台围绕食品安全全程监管、保障支撑、应急预警、信用约束和社会共治五大体系进行运作，监管工作涉及的许可管理、监督管理、行政处理三个方面的工作，日常监督、快速检测、监督抽检、专项整治和行政处理五大监管业务主线。能够为平台的非现场监管提供充足的数据，并且能够对抽检的产品进行化验分析，并对数据进行严格的管理和控制。因此数据能够合理地流动，使得各个社会主体作为数据的输出者和接收者。

（2）协同优势的体现：在食品安全的监管过程中，各个主体期望达成的目标相同，并且各个主体均凭借一己之力无法完成。通过非现场监管体系的构建以及大数据技术的应用，食品安全的监管不再依赖单一主体，各类主体的参与扩充了食品安全的信息量，提高了监管效率，降低了监管成本，提高了食品安全的预警能力，使得各个主体间能够进行联合工作，产生正效益，形成了协同优势，完成了参与各方的基本目标要求。不仅如此，在以数据为框架的监管体系中，以供应商、生产商、批发商、零售商、消费者为主体的食品供应链中，各个主体间的产销存以及消费者偏好数据能够进行流通使得各节点主体能够保证食品安全。由于政府的大力推广，并给予了"食品安全云"平台一定的资源和政策，从而产生一定的溢出效应，使得参与主体的目标达到更高的社会层面。

8.4.3 "食品安全云"平台利益相关者分析

在运用"食品安全云"平台进行食品安全监管的过程中，不同的利益者有不同的利益追求。在本案例中，利益相关者主要是三个：政府、消费者和食品企业。

从政府的角度看，在"食品安全云"平台建设的过程中，政府是一个独立的利益主体，利益追求主要体现为：首先，当下食品安全问题频发，民众对于食品问题极其敏感。"食品安全云"平台的建设，为政府构建了监管系统，提供监管、行政许可、执法等信息技术支持。其次，我国当下的食品安全监管模式仍是政府单一方面监管，面对层出不穷的食品安全问题已显得"力不从心"。监管人员不足、不专业，检测设备落后，食品问题高科技化等问题都给政府带来了新的监管压力。我国对于食品安全社会共治的探索从未止步，不仅中央政府密切关注，并且关于食品安全社会共治的研究一直是学术界的热点问题。"食品安全云"平台的推出不仅能够为政府监管带来便利，而且能够使其他行业协会以及互联网媒体共同参与到食品安全的监管过程中，提高监管效率和监管效果。最后，贵州是我国首个综合大数据试验区，具有"天生的优势"和"大数据基因"，建设"食品安全云"平台能够更好地推广其地位，促进本地区的大数据产业发展。

从消费者角度看，在"食品安全云"平台建设的过程中，消费者一直秉承着支持的态度。近年来我国的食品安全事件频发，"三聚氰胺"牛奶、"苏丹红"鸭蛋、"陈馅"月饼等问题牵动着消费者的神经。首先，频发的食品安全问题严重影响了消费者的购买行为，消费者在遭遇食品安全问题后会激发其退出保护机制，造成众多企业即使修正错误也无济于事的后果。"食品安全云"平台的出现，使得食品的质量安全不仅仅是食品企业的"一口价"，变成了集合食品企业提供的检测、消费者自检以及平台抽检三种检测报告共同呈现的局面。其次，随着"食品安全云"平台与京东、北京华联超市等电商平台和流通企业的合作，使得消费者更轻易放心地购买食品，降低食品安全中的信息不对称以及消费者敏感度。

从食品企业角度：自"食品安全云"平台建成以来，全国共有21359家食品企业入驻平台，包括蒙牛、茅台、娃哈哈、青岛等著名企业，共有超过736万条数据接入，企业信息74.9万条，检测报告173.8万条，标准4.8万条，舆情数据2482.6万条，涉及37116个食品。

从平台取得的成果可以看出：首先，国内外大型食品企业（蒙牛、伊利、卡夫、茅台等）均在第一时间将自家产品合格证书、产品检测报告等信息接入"食品安全云"平台，并配合平台进行产品的定期抽检，及时更新食品数据。这样的企业行为为其产品打出了"无声"的广告,能够提振消费者信心,同时使消费者采取积极的消费行为。其次,虽然已有较多的企业将自身产品数据接入至"食品安全云"平台中,但仍有部分食品企业或部分产品未接入到平台中,或不提供定期抽检和产品自检报告。此类食品企业态度上并不支持"食品安全云"平台的监管,认为这样的监管将提高自身经营成本。例如近期出现的卫龙"辣条"防腐剂超标问题。虽然卫龙已经接入了"食品安全云"平台,但其接入无疑是一种"被动行为",未完成定期的食品质量抽检,也未配合平台进行食品安全监测,仅提交了食品合格证书。

8.4.4 大数据食品安全监管存在的问题

贵州"食品安全云"平台经过了4年的发展,取得了一定的成果,完成了对于大数据食品安全监管的实际探索并积累了大量的经验。但是随着"食品安全云"的发展,大数据食品安全监管未来发展中的"拦路虎"也逐渐被发现。

(1) 各自为政,数据共享度低

我国对于食品安全的大数据监管尚属于探索阶段,政府对于新的监管仍处于"口头"支持状态,并未出台相关的法律法规。出现这样问题的原因主要是:首先大数据属于新生事物,大数据与食品安全监管的结合也处于探索阶段,由于法律法规的滞后性,导致出现了监管内部的无序;其次,各个平台的建设方有着不同的基础,因此对于数据的搜集和运用的能力也不同,使得各个地区在平台搭建、数据搜集、企业参与热情、数据综合处理等方面存在差异,最终导致数据的共享存在难度。例如,贵州作为我国大数据的综合实验区,相对于其他建设方有着较多的优势,在监管平台的运作过程中拥有更多的数据搜集和运算预测能力,因此造成共享较难。依托互联网平台广泛开展质量安全监测,为质量安全监管部门提供政策支撑是发达国家普遍的做法。

我国由于处于大数据监管的初级阶段,缺少相关的法律法规监督,因此出现了较多的问题。首先,多省、地区(如贵州"食品安全云"、河北"药安食美"、四川"食品安全云"、湖北"智慧眼"等)"扎堆"建设各自的大数据食品安全监管平台。目前,各个地区建设的大数据食品安全监管平台的监管质量参差不齐,并且针对的监管区域也各有不同,有的平台仅对自己地区的食品进行信息采集。其次,由于监管区域的不确定,使得平台并未对监管产生较丰富的信息,造成了资源的浪费,并且徒增食品生产、流通企业的成本。最后,监管平台的重复建设还存在着数据"独享"的问题,监管平台不存在互通,使得各个监管平台成为了各自的信息孤岛,缺乏联动机制。而这些问题的解决,仍需依靠国家制定明确的法律法规,建设统一的综合监管平台,避免各个食品安全监管平台的竞争问题,实现数据资源的共享,提高监管的效率。

(2) 缺少统一标准,数据整合难

在食品生产和流通领域,数据可分为非密非敏可公开、脱密脱敏可公开和涉密涉敏不公开三类,因此在监管平台对于食品企业的生产和流通的数据采集的过程中,存在着涉及权限、商业机密、商业价值的问题，衍生开来，涉及数据采集中隐私的问题，数据开放中数据交换、数据价值界定、数据使用权限等问题。这为食品的数据采集带来了新的难题，亟须相关的政策支持。不仅在数据采集方面，在食品的检测标准上，存在着标准不统一的问题。在对食品安全进行监管的过程中，需要执行统一的标准。但我国的食品安全风险评估尚未成型。以农产品为例，农产品在生产、流通、销售等环节的数据由于缺乏具体的参数标准，数据标准不统一造成相关利益主体之间冲突，难以达成一致意见。而且，由于缺乏统一的农产品质量标准，数据结果难以令人信服，数据结果利用率大幅度下降，造成农产品质量安全监管工作变得举步维艰，难以进行。因此，不同地区和部门之间数据标准的不统一，将会大大限制数据的使用范围，为数据收集、整理、分析工作带来很大的难度，大数据在食品质量安全监管工作中的价值将大打折扣。

（3）参与度不高，缺少政策监督和宣传

虽然贵州"食品安全云"平台的运营已取得较好的成效，但是其参与主体仍多积聚于贵州本地以及周边区域，数据库的建设并不完善。而"食品安全云"以外监管平台的建设更是举步维艰，大多面临着数据不足、主体较少、使用率不高的问题，各主体的参与度不高，大大降低了监管的效率。以河北的"药安食美"平台为例，APP 的下载量不足，功能仅限于查询部分食品二维码和一些小学的厨房监控，仅有 4 家农产品生产商进入平台，距离真正的大数据监管差距较大。并且，对于食品供应链中的生产、流通等环节缺少监管，从而导致平台的使用量较低，消费者的参与度不高，而这样的现象又反作用于生产和流通企业，使其更加没有加入平台的意愿。出现这些现象的原因主要有：首先，政策法规的缺失，使得平台对于食品供应链中各个生产和流通主体并没有强制力，加入与否"全靠自愿"。其次，虽然我国民众对于食品安全监管的渴求不断增长，但其参与度却远远不够，究其原因主要是各类监管平台的宣传力度不够，使得各类主体很难将参与食品安全监管的愿景，转化为有效的行为。

第九章 食品供应链金融

9.1 供应链金融产生的背景与发展

9.1.1 供应链金融的产生背景

首先,中小型企业需要创新性融资方式。众所周知,中小企业一直是我国经济的重要组成部分,数据显示,中小企业创造的最终产品和服务价值约占国内生产总值(GDP)总量的60%左右,纳税占国家税收总额的50%。但是,融资难、融资贵问题一直以来都是制约中小企业发展的主要障碍。另一方面,企业间分工的发展使得供应链中的企业从全球范围内进行采购与外包业务,从而产生的一个必然结果就是全球贸易的快速增长。在传统的贸易中,主要采用信用证(国际)与支票(国内)等结算方式。而在基于供应链的全球贸易中,频繁的业务往来使得信用证结算方式不再适用,赊账这种结算方式在全球贸易中被得到广泛应用。但根据国际信用服务机构科法斯集团(Coface)针对中国中小企业开展的信用风险调查结果显示,赊销已经成为企业间最为普遍的支付方式。在采用赊销方式进行结算的中小企业中,越来越多的企业面临逾期还款的问题,并且,超过180天未还的情况也是逐年增加。这表明,中小企业在实际运营中面临的资金短缺问题日益严峻。在这一背景下,供应链金融作为一种创新性的融资方式,近年来,逐渐成为解决中小企业融资难、融资贵的重要途径。

其次,商业银行需要创新商业模式。商业银行作为金融体系中的重要一环,如今也面临着商业模式创新的必要,从而进一步推动了供应链金融的产生。目前,中国商业银行的利润来源主要靠存贷利差。据波士顿咨询公司发布的《银行业价值创造报告》显示,在我国的商业银行体系中,存贷差收入占银行主营业务收入的绝大部分,平均在80%左右。而国外发达国家的商业银行一半以上的利润来源均是中间业务收入。因此,供应链金融成为我国商业银行新的业务生长点和利润来源。

最后,国家政策要求积极发展供应链金融。从国家层面来看,供应链金融是国家经济发展的重要一环,是当前政策关注的重要方面。2017年,国务院办公厅颁布了国家层面第一个关于供应链的文件,也就是《国务院办公厅关于积极推进供应链创新与应用的指导意见》,在其中,明确提出要积极稳妥发展供应链金融，推动供应链金融服务实体经济。2018年，商务部、工业和信息化部、生态环境部、农业农村部、人民银行、国家市场监督管理总局、中国银行保险监督管理委员会和中国物流与采购联合会等8部门联合发布了《关于开展供应链创新与应用试点的通知》，进一步强调"规范发展供应链金融服务实体经济，推动供应链核心企业与商业银行、相关企业等开展合作，创新供应链金融服务模式"。那么在此背景下，供应链金融逐渐得到了蓬勃发展，并成为理论界与实践界关注的热点话题。

9.1.2 供应链金融的概念

Michael Lamoureux（2008）提出，供应链金融是指在一个经济生态圈内，以核心企业为主导，通过对商流、物流、资金流和信息流进行整合和控制，利用成本分析和融资管理等手段对资金的可得性和成本进行系统性的优化过程。供应链金融一定是基于实体供应链。金融服务商不仅关注供应链中的焦点企业，同时也会基于供应链中的真实交易为供销企业提供融资优惠。从而实现以供应链带动金融，再用金融去夯实供应链。因此，供应链金融是一种集物流运作、商业运作和金融管理为一体的管理行为和过程，它将贸易中的买方、卖方、第三方物流以及金融机构紧密地联系在了一起，实现了用供应链物流盘活资金，同时用资金拉动供应链物流的作用。

对于商业银行来说，供应链金融是一种创新型的金融产品，商业银行通过把握中小企业与供应链核心企业之间的贸易关系，对供应链中的上中下游相关企业提供整体融资授信服务，由单个企业的风险管理转换为对供应链的整体风险管理，对上下游中小企业进行授信支持及其他结算、理财等综合金融服务。对于中小企业来说，供应链金融是一种新型的融资方式。中小企业通过与供应链核心企业之间的贸易关系，将核心企业的信用嫁接过来，取得银行贷款授信，从而解决了缺少固定资产抵押和第三方担保的问题，最终通过与核心企业的贸易达成来进行贷款偿还。

9.1.3 供应链金融的发展

供应链金融是近几年供应链管理和金融理论发展的新方向，是最新发展起来的有效解决中小企业融资难的手段。在21世纪，供应链金融在世界范围内得到快速发展，面向不同行业不同层次的各种融资模式、方法、产品不断出现，各类企业尤其是中小企业积极参与其中。发展至今，中国的供应链金融，大体上经历了3个阶段。

第一阶段：金融机构主导的供应链金融

以金融机构为主导，依托于供应链上的核心企业，向上下游企业提供金融服务，是供应链金融发展的初级阶段。这是互联网技术未实现之前传统金融机构的做法，也是供应链金融的初始模样。

在互联网技术还未开启的时代，金融机构根据核心企业"1"的信用支撑，以完成对一众给核心企业提供服务的中小微型企业"N"的融资授信支持。商业银行的确是供应链金融的主体，产业供应链的参与各方与银行之间是一种资金的借贷关系，与传统借贷相比，结构方式发生了改变，也就是说传统借贷是点对点的关系（银行与借款人之间的关系），而供应链金融1.0则是点对线的关系（银行与供应链参与各方之间的关系）。但是作为金融服务的主体——银行，并没有真正参与供应链运营的全过程，只是依托供应链中的某个主体信用，延伸金融服务。并且整体操作在线下进行，不仅效率低下，大量的交易数据分散在外，并没有得到有效利用。

第二阶段：产业企业主导的供应链金融

经历了供应链金融1.0阶段的摸索，供应链金融进入产业与要素结合的阶段。并且此阶段将传统的线下供应链金融搬到了线上，让核心企业"1"的数据和金融机构完成对接，从而让金融机构随时能获取核心企业和产业链上下游企业的仓储、付款等各种真实的经营信息。

此阶段与第一阶段不同的是其以产业企业为主导，银行作为流动性提供者，利用供应链作为支撑点来带动资金流，产业和银行共同作为综合风险管理者推动产融结合。金融服务的主体以及其在供应链中的位置已经发生了变化。供应链金融服务的提供者逐渐从单一的商业银行转向供应链中各个参与者，也就是说供应链中的生产企业、流通企业、第三方或第四方物流，其他金融机构（如保理、信托、担保等）都可能成为供应链金融服务的提供方。因此，在从事供应链金融业务的过程中，出现了生态主体的分工，即供应链直接参与方成为了供应链金融交易服务提供商（供应链运营信息的聚合）和综合风险管理者（供应链金融业务的设计和提供），而传统的商业银行逐渐从融资服务的主体转向流动性提供者（提供资金方）。

有了互联网技术的支持，服务企业不仅与上下游企业、物流服务提供商、商业银行产生关联，而且整个的交易过程、物流过程和资金流过程是由服务企业设计和组织，供应链其他各参与主体与服务企业之间形成了序列依存关系，因此，其在网络中具有很好的信息资源。在这个阶段，金融服务全面向线上迁移，数据开始积累和集聚，但这种大数据只涉及了关键的核心企业，对其上下游中小企业的控制力不足，虽然已经取得了核心数据的支持，对于真正借款的中小企业未完成实际的数据收集和掌控。

第三阶段：平台企业主导的供应链金融

基于前两个阶段的积累以及互联网技术的深度介入，供应链金融突破了单个供应链的限制，提供金融服务的企业"由一变多"，资金的来源更加丰富，而资金成本进一步降低，金融生态和产业生态产生循环迭代作用。

进入3.0阶段，作为金融服务主体的企业，其功能和位置发生了更大拓展。此时服务企业不仅仅是供应链运营的组织者，更成为供应链平台的建构者。平台的搭建颠覆了过往以融资为核心的供应链模式，转为以企业的交易过程为核心。出现了货物质押之外的方式，通过在企业交易过程中应收账款的质押等方式，金融机构要搭建一个服务平台，让中小企业的订单、运单、收单、融资、仓储等经营性行为都完整地呈现在系统中,同时引入物流、第三方信息等企业,搭建服务平台为企业提供配套服务。在这个系统中,核心企业起到了增信的作用,使得各种交易数据更加可信。

即在供应链金融2.0阶段,服务企业发挥着供应链业务协调者和流程管理者的作用,而在3.0金融阶段,除了上述功能外,服务企业更是网络链的平台建设者、管理者和规则制定者,因此,服务企业与其他组织和企业之间的关系不仅是序列依存,更是和相互依存关系。此外,网络中的参与主体范围极大扩展,不仅是供应链各环节都形成了复杂的群落(如不再是单一的上游或下游,而是上游或下游本身就形成相互作用、相互影响的网络),而且供应链的参与方从直接利益相关方延伸到了各种间接利益相关方(如一些政府管理部门、行业协会等)。在此阶段,大数据技术被运用于供应链金融服务当中。与此同时,生产平台、贸易平台、物流平台、政务平台及其他服务平台等多平台数据的重新融合,使数据的丰富度和深度大大增强。

(2) 供应链金融市场规模

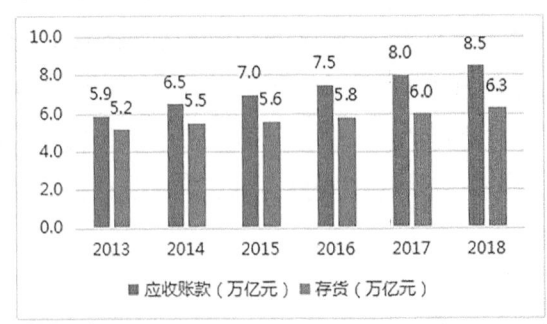

数据来源:艾瑞前瞻产业研究院整理。

图 9.1　2013—2018 年中小型工业企业应收账款及存货规模

2013—2018 年中小型工业企业应收账款和存货规模如图 9.1 所示。供应链金融是近年来供应链管理领域与金融领域发展的新方向,其产生和发展主要为中小企业提供了融资渠道,主要业务形态有应收账款融资、库存融资、预付款融资和战略关系融资。现阶段,我国中小型工业企业应收账款和存货规模已有一定体量,2013—2018 年中小型工业企业应收账款和存货规模都呈一种上升的趋势,其中,中小型工业企业应收账款由 5.9 万亿元上升至 8.5 万亿元,中小型工业企业存货规模由 5.2 万亿元上升至 6.3 万亿元,如此稳定的增长趋势说明了供应链金融市场规模在不断增长,这为开展相应的供应链融资提供了良好的基础。

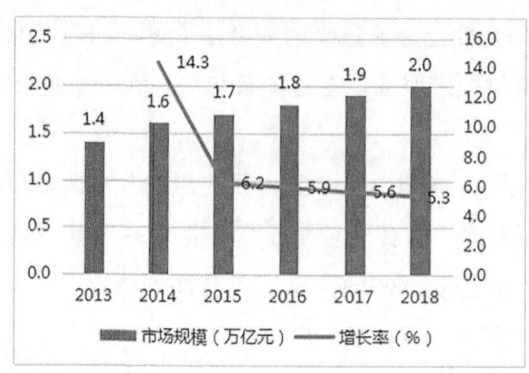

数据来源：艾瑞前瞻产业研究院整理。

图9.2　2013—2018年我国供应链金融市场规模及增长速率

2013—2018年我国供应链金融市场规模及增长速率如图9.2所示。目前，我国供应链金融已经从初期的摸索阶段转入快速发展阶段，市场规模持续增长。2013—2018年我国供应链金融市场规模呈现不断增长的趋势。2013年，我国供应链金融市场规模约为1.4万亿元，虽然在今后的五年中增长速度开始变缓，但也始终保持在5.3%以上的增长速度，到2018年，我国供应链金融市场规模已达2.0万亿元，实现了1.5倍的增长。2.0万亿元的实现，让我国供应链金融市场规模的增长产生了新的目标，使我国供应链金融市场规模不断迈向新台阶和新高度，我国要重视供应链金融市场，不断研究提高供应链金融市场规模的新方法。

表9.1　中国供应链金融典型模式及企业

模式	说明	代表企业
电商平台模式	电商平台主要以各店铺在电商平台上的交易流水账作为信用额度的风险评估依据，为各店铺提供贷款	阿里巴巴、京东等
物流平台模式	主要以物流企业掌握物权为核心，引入第三方物流机构评估与监管，以物流中货物、仓单作为抵押物，为各物流客户提供贷款	顺丰速运、怡亚通等
软件企业模式	构建基于SOA（面向服务的体系结构）的供应链云平台，以下游供应商的应付款、上游经销商的预付款等信息作为信用额度的评估标准，为供应商、经销商提供贷款。	金蝶、汉得信息、用友等

资料来源：前瞻产业研究院整理。

我国供应链金融典型模式及企业如表 9.1 所示。在市场规模快速扩张下，各种供应链金融模式的竞争格局也初步显现，典型的有电商平台模式、物流平台模式、软件企业模式。电商平台模式以各店铺在电商平台上的交易流水账作为信用额度的风险评估依据，为各店铺提供贷款，代表企业有阿里巴巴、京东等；物流平台模式，以物流中货物、仓单作为抵押物，为各物流客户提供贷款，代表企业有顺风速运、怡亚通等；软件企业模式通过建立供应链云平台，以下游供应商的应付款、上游经销商的预付款等信息作为信用额度的评估标准，为供应商、经销商提供贷款，代表企业有金蝶、汉得信息、用友等。

不过，供应链金融在快速发展的同时，也暴露出许多问题。例如，供应链金融作为一种新兴事物，还没有建立起完善并适应其业务特性的风险管理理念，也没有相应的规范机制，在具体放贷的过程中并不能完全摆脱传统的授信业务中的抵押担保理念。

再如，供应链金融涉及的企业众多，这些企业之间相互制约，受多种因素的影响，很容易导致供应链融资出现混乱和不确定性。另外，由于供应链风险还具有扩散的特性，一旦供应链上的某一企业经营状况发生意外，就会导致该节点融资出现问题，极易造成该融资问题迅速蔓延到整个供应链，最终引发金融危机。

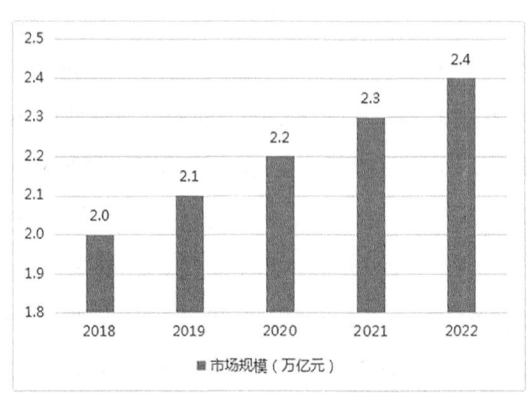

数据来源：艾瑞前瞻产业研究院整理。

图 9.3　2018－2022 年我国供应链金融市场规模预测

2018－2022 年我国供应链金融市场规模预测如图 9.3 所示。可见，我国供应链金融行业还有很大改善空间，未来可根据不同企业的融资需求设置不同的融资产品、制定科学的内部风险管理程序。一旦存在的问题逐渐化解，供应链金融市场规模将继续得以增长，2018 年我国供应链金融市场规模达到 2.0 万亿元，供应链金融市场被越来越多的企业所重视，尤其是中小型企业，供应链金融市场前景大好，中小型企业发展机会不断增加，这会使供应链金融市场规模保持增长趋势。预计到 2022 年我国供应链金融市场规模将达到 2.4 万亿元。我国供应链金融市场规模的稳定增长对我国经济发展起着十分重要的影响。

9.2 食品行业中的供应链金融

9.2.1 我国食品企业融资现状

第一,当前中小型食品企业融资难度大和成本高是亟须解决的问题。融资难是全世界范围中小企业普遍面临的问题,在传统融资模式下,我国食品企业融资面临两大较为凸显的问题:一是融资难度之大,传统融资模式对融资对象有着极为苛刻的要求,作为中小型规模的食品企业往往难以满足金融机构对其经营规模、资产质量等方面的要求,无法提供相应的抵质押物;二是融资成本之高,基于前述融资难问题的存在,即便是获得金融机构的融资,其成本也是一般中小型食品企业难以承受的,无形中增加食品企业经营的困难。

经过实际调查,一家资产总规模在1.5亿元,销售收入在5000万以上的食品企业在银行申请1000万的授信,其融资成本一般要达到10%以上,其前提还在于提供了抵质押率不超过55%的抵押物和质押物。虽然这并非普遍情况,但不争的事实是传统融资模式下食品企业融资的成本是比较高的,如果将烦琐的审核成本计算在内,其综合成本将会更高。由此可见,传统的融资模式对食品企业而言会在无形当中增加其经营的成本,从而侵蚀最终受益。

第二,目前食品供应链金融具有天然的优势。首先,食品企业本身具备较长的产供销环节,食品生产从农业生产阶段,到原材料运输、食品加工到供销环节,周期很长,且关联的企业涵盖食品企业、物流企业、化工企业、批发和零售企业等及相应的服务部门,形成了大范围的食品供应链系统。其次,食品企业在很多环节得到各级政府部门的支持,具有良好的信用环境和信用基础,相对而言其经营风险、违约风险较低,容易得到金融机构的支持,融资效率能够得到提高。当然,食品供应链金融并非属于零风险行为,同样需要面临传统融资所拥有的各类风险,包括在生产环节、供应环节、销售环节等各个环节的风险。食品供应链金融一方面降低了融资过程的风险,另一方面可以降低融资成本,前者是对金融机构而言,后者是针对食品企业而言,综合效应是提高融资效率而最终达到降低交易成本的目的。

食品供应链金融为我国食品企业融资难困境的化解提供了重要的渠道,食品供应链金融本身具有相应的优势。通过食品供应链进行融资,食品企业与银行均可获得相应的收益,各自的经营成本都有所下降,达到了双赢的效果,实现了帕累托最优。

总而言之,食品供应链金融具有理论上的支撑和实践上的参考,为化解食品企业融资困境提供了可能,实践中众多食品企业的积极探索也在不断推动食品供应链金融的发展。但是同时也需要对供应链金融相应环节中存在的细节性问题进行解决,在技术层面研究更多可行的解决办法,将食品供应链金融模式逐步推广。

9.2.2 食品供应链金融的模式

1. 食品企业的传统融资模式

融资难、融资贵是我国食品企业普遍面临的问题，资金匮乏对企业发展而言无疑阻碍其生存与发展。我国食品企业中90%以上为中小型企业，属于融资约束较重的群体，加之我国食品工业发展一直较为落后，部分食品企业并不具备良好的信用基础，因此融资困境有增无减。传统融资模式下，多以银行为代表的间接融资和以资本市场为代表的直接融资作为融资的主要渠道。食品属于高运输成本商品，并且食品行业也带有浓厚的地域色彩，这些因素都使得食品行业在扩大规模、进行再推广方面需要很大的资金支持。食品行业和其他行业一样，其融资模式分为债务融资和股权融资。其中债务融资主要是发行债券、商业银行贷款和民间借贷；股权融资主要是进行上市。发行债券是企业以债券的形式筹措资金的行为过程，债券的发行者必须按照规定向管理部门提出申请书，并需要经过严格审核。而我国食品行业的多数企业规模较小，所以发行债券这种融资模式虽然对资源配置和经济增长有重要作用，但交易成本（金融机构的利润、税收和薪酬）巨大。

（1）商业贷款

通过商业银行进行贷款这种融资模式对我国食品企业存在一定困难，银行等金融机构首先会面向有效贷款需求，即那些符合银行信贷准入标准的企业，因为这部分贷款放得出、收得回、风险低、呆账坏账发生率低。而食品行业中，中小型企业和小微企业较多，存在规模较小、缺乏资产抵押、商业信用度较低，缺乏担保等问题，因此并不是商业银行贷款的首选。除此之外，食品行业的收益相较高附加值行业而言缺乏优势，不确定性因素较多，企业经营存在一定的风险。对食品企业来说，贷款成本高、风险大、监督难，这些因素都造成了企业向商业银行贷款难的困境。相对于向商业贷款而言，民间借贷的门槛相对较低、贷款手续简单。民间借贷作为一种资源丰富、操作灵活便捷的融资手段，具有一些优点，但利息较高，会增加企业的运行成本和偿还风险，而食品行业中的多数企业利润不高，对于它们来说所需承担的资金压力较大。

（2）股权融资

股权融资是指企业的股东愿意出让部分企业所有权，通过企业增资的方式引进新股东的融资方式。按渠道可分为公开市场发售和私募发售，公开市场发售即通常说的上市，上市的筹资费用一般主要包括固定成本、成功费和其他费用（其中，固定成本为600万~800万元之间，成功费3%左右，费用比例约为10%）。企业如果上市成功，再融资的成本会很低，约为1%~2%，而且持续融资的能力会增强。由此看来，上市对大型企业来说可能是一个较好的融资模式，但对于食品行业而言则不尽然，资本筹集量与筹资成本是负相关关系，资本筹集量越小，成本则越高，对于中小型食品企业来说，它们的财务指标快要达到或是刚刚达到交易所上市的要求，面对较高的交易成本，显得力不从心。达晨创投的负责人在谈及食品企业IPO时指出："面对现在食品行业呈现出的结构分布不均、集中度高的特点，上市这种融资途径虽然机遇很大，但挑战也确实不小。"由此看来，通过上市进行融资这种模式对我国食品企业来说也不是首选。

现阶段中国企业R&D投入主要来源于自身现金流、注册资本增加以及商业信用。随着我国开放型经济的不断发展，参与国际资本融资的活动也越来越多，为拓展我国食品行业企业融资渠道提供了更加广阔的市场。然而，传统的融资模式并不能完全覆盖食品行业，这是我国食品工业亟须拓宽融资渠道的重要原因。基于我国的金融制度，间接融资在食品企业融资过程中占据了重要地位，间接融资多以银行信贷为主，包括信托机构提供的信托贷款。传统金融提供的资金支持多面向具有较强实力的企业，而对处在发展中的中小型食品企业支持力度较低，对食品企业而言，要获得银行信贷同样存在困难。在当前经济新常态背景下，银行收缩信贷，其他金融机构也谨慎介入，导致了以食品企业为代表的众多中小企业难以及时获得企业经营所需资金。对直接融资模式而言，与间接融资具有同样的特点，由于其行业属性使然，食品企业难以获得资本市场的青睐。此外，FDI对我国食品工业的资本形成、技术进步和出口贸易等方面都具有积极的影响，在一定程度上拓宽了食品企业的融资渠道，对促进食品工业的发展起到了一定作用。由于垄断问题和FDI挤出效应的存在使得我国食品工业利用FDI效果并不佳。因此，我国食品工业利用FDI并不具有普遍性。因此，传统融资模式并不能满足我国食品企业的融资需求，因此探索新的融资模式对食品企业获取资金具有重要意义。

2. 食品供应链金融的融资模式

食品供应链通常以某家核心食品企业为中心，在其基础上建立其完整的贸易链条，食品供应链环节中的各企业可根据上下游之间的贸易进行低成本、高效率融资。食品供应链金融并非仅以核心食品企业为中心，凡是基于食品供应链管理的融资均可视为食品供应链融资，均属于食品供应链金融的范畴。基于这个假设，食品供应链金融的概念得以拓展，而食品供应链金融也有了更加全面的理论指导。食品供应链金融模式成为可以有效解决企业融资难症的关键，是食品企业化解融资困境的重要渠道。根据我国现有的实践经验，食品供应链金融分类如表9.2所示。

表9.2 食品供应链金融模式

融资模式	质押物	所处阶段
应收款类	债权	销售商品阶段
预付款类（融通仓）	物权（存货）	所有环节
库存类（保兑仓）	物权（预先购买）	原材料采购阶段

（1）应收款类融资模式

应收款类融资是指从货物销售到款项回笼前，销售方由于资金短缺，将应收款作为抵押物向金融机构、核心食品企业或其他有实力的供应链金融运作企业平台融资，支付一定对价后，提前取得相应的贷款进行使用和周转的一种融资模式，该模式能有效解决销售方临时性资金周转需求，维持公司经营的正常运作。在这种模式下，基于采购方在金融机构或食品供应链金融相关的食品企业的信用基础，一定程度上可以降低提供贷款单位的授信风险。根据应收款类融资在金融机构或食品供应链金融企业是否有追索权或称债权是否真正转移，分为有追索权的应收账款融资，即应收账款质押融资和无追索权的应收账款融资，即应收账款保理。具体操作方式如图 9.4 所示。

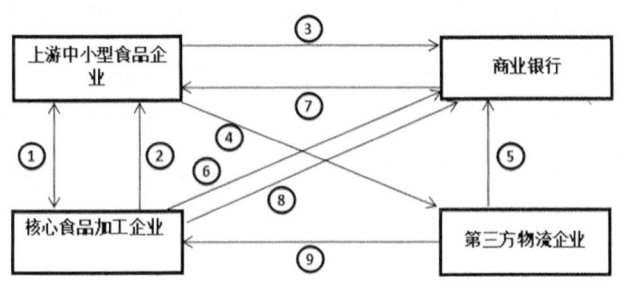

图 9.4 应收款类融资模式

①中小型食品企业与核心食品加工企业签订食品收购合同。

②中小型食品企业收到核心食品加工企业的应收款单据。

③中小型食品企业将应收款单据作为质押物交给商业银行，并向其提出贴现申请。

④中小型食品企业将所出售的食品交由商业银行指定的第三方物流企业。

⑤第三方物流企业将该批食品的提货单提供给商业银行。

⑥核心食品企业向银行证明该应收款单据，并承诺付款。

⑦商业银行对中小型食品企业提供应收款贴现融资。

⑧核心食品加工企业对到期的应收账款进行偿付，并取得食品提货单。

⑨核心食品加工企业通过提货单向第三方物流企业提取所购买的食品。

(2) 预付款类融资模式（融通仓）

预付款类融资模式（融通仓）是企业以其存货为质押向金融机构或供应链金融企业申请贷款的一种融资模式。也是以物流企业为主导的供应链金融运作模式下的产品创新。作为集物流、资金和信息流三流合一的供应链金融产品创新模式，为中小型食品企业开辟了融资的新渠道，加速企业资金周转，保证企业的正常运作。在这种融资方式下，存货作为抵押物的监管企业、货物权属认定、动态安全库存水平是金融机构或供应链金融企业考察的重点。由于金融机构或供应链金融企业无法动态监控存货作为抵押物的具体情况，将选择经其考察或长期合作资质良好的专业的物流企业协助作为存货流通中的监管者。同时金融机构或供应链金融运作企业还可以授予专业的或规模化的物流企业一定金额的授信额度，由物流企业直接对需求企业进行融资贷款，在简化流程的同时降低授信风险，提高整体运作效率。

融通仓融资模式主要有信用担保融资模式和质押担保融资模式两类。

第一，信用担保模式是专业的、规模化的物流企业获得金融机构或食品供应链金融企业的授信额度后，由物流企业对质物进行仓储管理和监督服务的模式，代表金融机构或食品供应链金融企业同需求方签订仓储管理协议和质押借款合同的形式。物流企业监管的存货作为信用担保品，解决融资企业的资金需求。该方式在提高贷款业务运作效率的同时也有利于物流企业扩展客户，获得更多经济来源。

第二，质押担保融资模式，是融资企业以其存货作为质押物进行融资，当融资人不履行债务时，金融机构或食品供应链金融企业有权从质押物中优先受偿。该模式下，物流企业主要负责货物的验收、价值评估和相应的监管服务，并向金融机构出示证明文件。金融机构根据评估报告发放贷款。融资企业可先行销售融通仓内商品，物流企业在获得收款凭证后发货，融资企业收到货款后归还贷款。具体操作方式如图9.5所示。

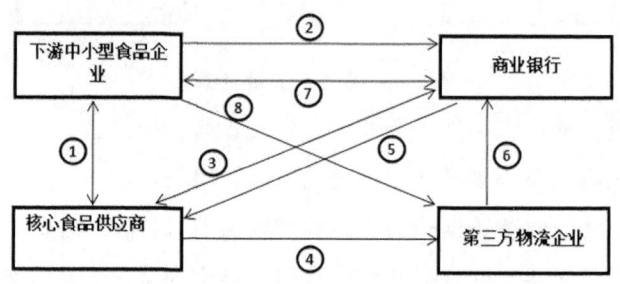

图9.5 预付款类融资模式（融通仓）

①下游中小型食品企业与核心食品供应商提前签订食品买卖合同。

②中小型食品企业提出银行贷款申请，并保证在银行获得的既定仓单质押贷款专门用来向该核心食品供应商购买货物。

③核心食品供应商与商业银行签订该批食品的回购责任保障书，在中小型食品企业违约时，由核心食品供应商回购该批食品，商业银行审查通过后同意对中小型食品企业融资。

④核心食品供应商向商业银行指定的第三方物流企业发货，并取得仓单。

⑤核心食品供应商将仓单质押给商业银行，商业银行开立以中小型食品企业为出票人，以核心供应商为收款人的承兑汇票，并交予核心食品供应商。

⑥第三方物流企业将该批食品的提货单交给商业银行。

⑦中小型食品企业将部分货款交给商业银行，商业银行向中小型食品企业释放相应比例的食品提货单。

⑧中小型食品企业通过提货单从第三方物流企业取得相应的食品货物。

⑨循环⑦～⑧，直至中小型食品企业偿还贷款。

（3）库存类融资模式（保兑仓）

库存类融资（保兑仓）又称为买方信贷，是一种未来获权融资模式。采购方需支付给销售方一定的预付货款，由销售方在未来约定时间内交付货物。采购方金融机构或供应链金融公司申请预付货款，销售方承诺未来采购方账户余额不足以偿付到期债务时，由其对仓单中剩余未提取的货物进行回购，采购方作为资金需求方以该批次货物作为抵押品向金融机构或供应链金融公司申请融资。该模式下，采购方仅需支付一定比例的保证金即可取得货物，用销售货物取得的收入偿还贷款。具体操作方式如图9.6所示。

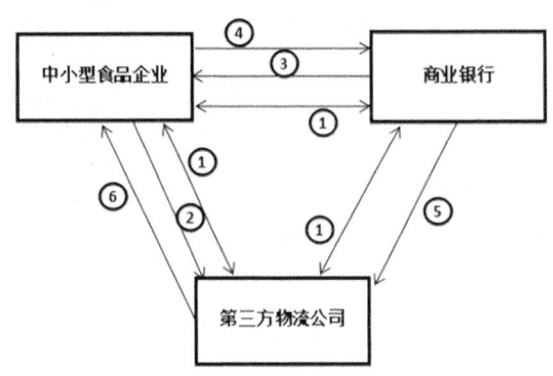

图9.6 库存类融资模式（保兑仓）

①银行、中小型食品企业和第三方物流公司签订《食品仓储监管协议》；

②中小型食品企业将食品质押物储存在商业银行关联的第三方物流公司；

③商业银行通过审核给中小型食品企业提供相应额度的贷款；

④中小型食品企业一次或分次偿还贷款并提走相应数量的食品质押物（在此过程中，中小型食品企业可以对质押物进行补充和交换）；

⑤商业银行向第三方物流公司发出与归还贷款金额或补充质押物相等价值的食品；

⑥第三方物流公司将质押食品交给中小型食品企业。

3. 不同模式的对比分析

（1）传统融资模式的不足

传统融资方式并不能解决中小型食品企业的融资问题，主要原因如下：

只考核单一食品企业的业绩，进行发放贷款。金融机构在对食品企业制定授信标准时，只需考虑申请企业的财务状况、经营状况等，而不考虑与其相关联食品企业的业绩，且制定的信用额度仅申请企业自身可以享用，这些资金问题严重影响了申请企业的发展状况。

担保物少，贷款用途不明确。传统的融资模式仅考虑银行与食品企业之间的债权债务关系，而未考虑二者之间的合作关系，且担保物多数为不动产等固定资产，只有信誉较好的食品企业才可以采用信用担保的形式。当发放贷款后，银行对中小型食品企业对资金的用途并未限制，这将严重影响贷款的使用效率和效果。

只评估融资企业的风险。在评估传统融资模式的风险时,只需根据融资企业的静态数据进行分析,而不考虑与其相关食品企业的风险。由于食品企业不是单一的企业,与供应链中其他食品企业具有很强的相关性,从供应链整体的角度进行风险评估,能够更客观、真实地反映食品企业面临的风险。

(2) 供应链融资的优势

与传统融资方式相比,供应链融资具有以下优势:

对供应链各节点食品企业采用公开授信的方式

在食品供应链金融方式下,银行等金融机构对中小型食品企业融资进行授信分析时,主要关注整个食品供应链的交易背景、核心食品企业的运营发展状况、融资企业的财务运营状况、交易质押物状况等。在制定对中小型食品企业的授信标准时,适用对象是整个供应链中的中小型食品企业,不必对各节点的每个中小型食品企业进行授信,减轻了金融机构的业务量。同时,核心食品企业自身良好的信誉,为金融机构进行贷款提供了良好的保障。

放宽担保方式,有效控制资金用途

传统融资方式的担保物较为单一,而食品供应链金融的担保物范围较广,核心食品企业可以将其良好的信用水平作为担保物而获得融资。食品供应链在对中小型食品企业发放贷款时,不是仅考虑中小型食品企业自身的财务运营状况,而是结合整条食品供应链的运作状况,核心食品企业的信用实力和其发展背景可以使得中小型食品企业获得信贷支持。此外,银行等金融机构能够更好地考虑中小型食品企业的融资额度而进行发放贷款,这样能有效控制融资的有效利用,减轻银行等金融机构的贷款风险。

成本较低,风险较低

传统融资模式多采用实物抵押、担保的方式,食品供应链金融采用信用担保的方式,采用信用担保方式的融资费用较低,且食品供应链金融融资产品多数都低于基准利率,这些都为食品企业采用食品供应链金融融资降低了融资成本。此外,食品供应链金融是以熟悉整个食品供应链的背景为前提,这样有利于解决信息采集成本,也能降低管理成本。供应链中核心食品企业对其联盟成员制定了严格的准入资格管理,在透明度较高的严格监管和经营模式下,中小型食品企业的道德风险和信用风险都较低,银行等金融机构的总体风险也相应降低,从而降低了整个食品供应链金融融资的风险。

有利于深化银企合作关系

传统的融资模式中,银行与食品企业仅存在"一对一"的债权债务关系。食品供应链金融结合了物流、信息流、服务流和资金流,银行对食品供应链节点中所有的薄弱中小型食品企业发放贷款,银企之间是"一对多"的关系。食品供应链金融将更多的中小型食品企业纳入服务范围内,为其提供更多的金融衍生产品服务,与其形成长期的合作关系。

9.3 食品供应链金融存在的风险及其防范

9.3.1 食品供应链金融存在的风险

在供应链金融的背景下，中小型食品企业的信用风险不仅仅来源于企业内部，也包括供应链上的各种不确定因素。经济环境、市场价格、政策导向、与核心企业的交易状况等都可能会影响中小型食品企业的融资信用。一般来说供应链融资风险的来源主要分为外生风险和内生风险。

1. 外生风险

外生风险主要是指供应链系统外部环境变化所产生的风险，在供应链金融中，笔者认为会影响中小型食品企业融资的外生风险主要包括以下几种：

(1) 自然环境风险

食品在生产过程中对自然条件有很强的依赖性，即便是在农业现代化高度发达的今天，食品的生产仍然要受到地域、气候等自然条件的巨大影响。干旱、洪涝、台风、病毒传染等自然灾害会严重地影响农作物和畜禽的生长繁殖，食品产量和质量也随之下降，中小型食品企业的生产和经营也必将受到严重的影响，使得企业无力偿还贷款。

(2) 经济环境风险

经济环境主要是指供应链所在地域的总体经济实力和经济运行状况，中小型食品企业要想可持续地快速发展，必须有良好的经济环境基础，当经济环境发生变化时，往往会对供应链企业的资金管理及其他经济管理活动产生巨大的影响。一般在经济繁荣期企业融资风险较低，在经济萧条期企业融资风险较高。

(3) 制度环境风险

供应链金融属于近年来的新生事物，各种供应链金融产品及其组合都处于探索和发展阶段，新的金融产品如雨后春笋般层出不穷。国家法律法规在供应链金融方面的规定还不够完善，金融信贷创新产品很容易在契约设计和流程操作中出现漏洞，从而造成中小型食品企业融资风险。

(4) 市场环境风险

随着现代市场竞争格局的变化，快速及时地顺应市场变化而做出调整是中小型食品企业在竞争中立于不败之地的必备条件。市场因素可以细分为价格因素、地理差异和人口特征等，其中最为重要的是价格因素。在供应链金融的融通仓模式中，只有市场价格稳定性高，才能确保质押物贬值率较低，有利于第三方物流企业的监管和评估。

2. 内生风险

内部风险是指通常由系统内部环境变化所产生的风险，在供应链金融中，会影响中小型食

品企业融资的内生风险主要包括以下几种:

(1) 中小型食品企业自身财务风险

一方面中小型食品企业的财务管理基础较为薄弱,很多企业并没有设置专门的财会机构,财务制度也不健全,有些企业中的财会人员身兼数职,财会人员岗位责任制、稽核制度、账务处理程序等制度形同虚设。另一方面,从资金的运营上看,首先,中小型食品企业的现金管理较为混乱,中小企业业主的个人现金往往与公司现金混为一谈。其次,中小型食品企业的资金不能有效利用,为了追求利润,生产投资往往缺乏计划性。

(2) 食品供应链核心企业道德风险

食品供应链核心企业在与上下游中小型食品企业的贸易交往中经常处于强势地位,在谈判过程中往往会采取对自己有利的方式,以实现自身利益最大化。尤其对上下游中小企业在交货、价格、账期等方面的交易条件要求较为严苛。通过赊购占用上游供应商大量的资金,导致供应链资金紧张,迫使供应商向银行申请融资,以维持企业的基本生产运作。一旦中小企业获得银行贷款,满足自身生产经营,核心企业对于支付产品货款便会更加消极怠慢,使得供应链运营不稳定,带来风险。

(3) 食品供应链信息不畅风险

信息化管理是供应链金融服务的主要特征和运行基础。食品供应链参与成员众多,而且分布的地域较广、布局分散,"北粮南运""南菜北输""西果东送"、万村千乡市场工程使得食品供应链跨区域调节越来越普遍。虽然计算机网络和信息技术快速发展,但地区之间发展不平衡,节点过多、渠道过长,容易发生信息扭曲和失真,因此,食品供应链信息不对称情况普遍存在,供应链金融服务的开展需要选择局部供应链中较为稳定和信息通畅的部分来进行。

(4) 商业银行内部频发道德风险

食品供应链金融服务中参与者较多,需要处理的信息量大,授信的方式多样、流程复杂。授信过程的每个环节都至关重要,如果相关环节在银行内部的运行出现问题,则极有可能涉及相关人员的权钱交易、权权交易,内部人员的道德风险自然产生,一方面它为这些人员的自利行为提供了条件,另一方面它损害了利益相关者的正常融资行为。

9.3.2 对食品供应链金融风险的防范

中小型食品企业参与供应链融资,对于商业银行的业务方向和食品企业的自身发展都是未来必然的一种发展趋势,根据以上实证研究的结果,要使供应链金融服务能在食品供应链中充分发挥价值并得到快速发展,必须在实际操作中着重考察中小型食品企业的信用水平、食品供应链核心企业的资质和质押产品的状况。

1. 着重提高中小型食品企业信用水平

在供应链融资条件下,中小型食品企业自身财务管理水平的提高必不可少,虽然在信用风险的评价及评级中银行是处于主导地位的,但首先是根据相关企业提供的资料来进行信用风险评价的,所以企业财务管理极其重要,尤其是中小型食品企业的偿债能力管理。具体来说,提升企业偿债能力要通过提升企业流动比率、速动比率,降低资产负债率来实现,因此中小型食品企业需着重做好以下几点:

(1) 加强财务风险的认识和管理

①提升财务人员的职业素质。通过培训和学习来加强内部财会人员的风险意识。普及供应链金融知识,并对自身企业的财务状况加以科学判断和分析,不间断地对财务人员进行引导和激励,使企业财务水平向评价指标体系的要求靠拢。

②中小型食品企业的财务管理人员尤其需要强化企业信用风险意识,实施规范化管理。财务信息的及时性和真实性直接关系到中小型食品企业的信用水平。虚假的财务信息可能取得一时的信用贷款,但可能埋下长期的支付风险隐患,最终影响企业的长期发展。

③加强对财务状况的实时监督及相关失信行为的利害关系等方面的控制及管理,优化所提供财务信息的可靠性及科学性,为商业银行评定融资对象信用风险提供翔实可靠的依据。

(2) 注重现金流控制,加快现金流转

①中小型食品企业需合理规划现金使用,根据食品生产的季节性对现金预算进行统筹规划、调剂资金余缺,提高资金的使用效率。

②在日常经营过程中,加强对产品存货、应收账款和应付账款的管理,以缩短现金循环周期,加快现金流转。

③在资金使用方面,量入为出,切忌过度使用资金,杜绝盲目地多元化投资,注重主打产业发展,提高企业"造血"功能。建立企业风险储备金,以供企业出现危机时使用。

(3) 优化资本结构,降低财务风险

①响应号召,引入投资。国家在品牌创建、休闲观光产业、农业循环经济、食品精加工等方面一直积极鼓励并给予投资支持。中小型食品企业可以通过加强自身建设和科技成果转化应用来申请国家资金支持、引入外资和民间资本等,来改善自身资本结构,有助于降低财务风险。

②与银行保持良好的信用关系。目前,很多商业银行等金融机构不断创新金融产品,陆续推出供应链金融、"芝麻贷""小微贷""生意通"等针对中小企业的贷款业务,这对于中小企业来说可谓是"一场及时雨",中小型食品企业在抓住机会的同时,一定要与银行保持良好的信用关系,信用记录是一种无形资产,拥有良好的信用记录才能不断取得商业银行的授信支持。

③科学举债，合理偿债。适度合理的举债经营有利于企业充分利用财务杠杆，降低企业资本成本，提高资产利用率，以获得更好的收益。但在借债时一定要遵循适度原则，企业应当根据自身营运状况和盈利能力，制订合理的举债计划。通过合理的融资渠道筹集资金，并加强自我约束能力，科学利用借债资金，按照计划偿还借款。

2. 谨慎选择食品供应链核心企业

由供应链金融"1＋N"的实施模式可知，供应链核心企业也是供应链金融的核心，一般说来供应链核心企业规模越大，实力越强，偿债能力越强，供应链金融的风险就越小。所以供应链核心企业的选择对于供应链金融的风险控制至关重要。

银行需建立良好的评级系统，严格筛选供应链核心企业。一般情况下，首先是由银行确定食品供应链核心企业后，才将与其有交易往来的中小型食品企业作为整体提供融资服务的对象，如果核心企业没有期望中的那样，有较大的控制力和较强的短期偿债能力，从而让相关贷款存在很大的信用风险，那么银行就得不偿失了。所以，银行必须建立良好的评级系统，对食品供应链上的龙头企业进行考核。具体说来，评级体系主要针对企业的行业地位和对供应链的控制力。主要包括对企业规模、市场占有率、核心技术掌握、盈利能力等方面的评估。当然，评价体系的建立一定程度上也会促使供应链核心企业加强自身管理，提高供应链运营效率，降低供应链金融信用风险，更好地获得商业银行的信任。

通过订单、合同等资料严格审核中小型食品企业融资行为真实性。在供应链融资行为中取得贷款须根据相关订单信息，而银行在此环节上需要倾注更多精力，相关订单的可靠性、可行性等信息都是监管的重要内容，通过与供应链核心企业的担保审核及交涉、相关融资信息、合同及经营情况的调查可以了解有关供应链融资的合法性与合理性，做到相关贷款运用的目的性，提高相关贷款真正实现相关融资主体的经营效率，满足中小型食品企业的经营需求。另外，商业银行也要防范核心企业与中小企业的串谋行为，积极与资质高的核心企业建立互利联盟，共同推进供应链融资模式的发展。

中小型食品企业与食品供应链核心企业保持良好的交易关系。中小型食品企业为了在供应链中增加竞争优势以求得更好的发展就必须加强与食品供应链中核心企业之间的信息交流，以保持企业间业务协同和流程整合，建立长期合作伙伴关系。中小型食品企业与供应链核心企业之间交易年限越长、交易频率越高、交易违约率越低，供应链金融的风险就越低。食品供应链的运营稳定，企业的生产经营便会有一个良好的环境，稳定的原材料来源、充足的客户订单、通畅的物流和信息流，能够达到整个食品供应链利益的最大化。

3. 根据质押产品属性选择食品供应链金融模式

由于食品的特殊性，在进行供应链融资的过程中需充分考率到质押产品的属性。一般选择易于储存、不易变质、较易变现的食品作为融资项下质押物。

根据质押产品属性，采取差异化融资模式。由供应链金融的三种实施方式可以看出，每种模式均涉及食品质押物交由第三方物流企业进行储存和监管，所以，对于粮食、大豆、花生和带包装的深加工产品等易于储存，市场价格稳定的食品均可参与应收账款、保兑仓、融通仓融资模式；对于蔬菜、肉类、水果、水产等生鲜产品，已经有第四方物流企业以及冷链物流技术参与的供应链融资产品来为中小型食品企业进行服务。根据质押产品的属性，在该供应链内部实行差异化金融服务，不同的产品提供不同的授信方式及额度，在保证整体授信额度的基础上，满足中小型食品企业的资金需求，最大限度发挥资金使用效用，降低商业银行的授信风险。

加大对质押产品的管理，为未来能收回贷款提供保障。作为商业银行还款途径的存储产品管理在信用风险防范中也极为重要，食品产品质押物的数量、质量、价值及产权归属等问题都是银行亟须考虑的问题，数量减少需要增加，不易储存的食品需要进行合理管理，并由第三方物流企业经常对相关存货的价值进行评价，以保证质押物的价值准确性，此外，质押存货的产权确定也有利于银行降低相关信用风险，保障资金收回。

大力发展第三方物流企业和冷链物流技术。食品的鲜活性和易腐性的特点，使得食品供应链金融的实施对物流的要求比较高。通过加快第三方物流基础设施建设、信息化管理以及冷链物流技术的升级，对于提高食品供应链金融效率、降低企业信用风险将会有极大的帮助。

9.4 食品供应链金融的特点及未来发展趋势

9.4.1 食品供应链金融的特点

食品供应链金融改变以往对单一融资企业授信的方式，以食品供应链中的核心企业为依托，对食品供应链上的各节点企业提供全方位的金融服务，整合食品供应链上的物流、服务流、资金流和信息流。与汽车、钢铁、医药、农业等其他行业供应链融资类似，食品行业供应链融资也具有以下特征：

1. 复杂性

整个食品供应链中各交易主体的资源状况、组织结构、企业文化等存在很大差异，各企业为了实现自身发展而导致整个供应链中存在相互冲突的目标，这些使得供应链融资方式较为复杂，增加了整个供应链协调的难度。

2. 整体性

供应链金融将整个食品供应链作为一个整体，对食品供应链中的上下游食品企业、核心企业、经销商、分销商等提供金融服务，使食品供应链中各节点企业受益，从而提高各交易主体的群集性。

3. 动态性

食品供应链上各节点企业的持续经营交易、不断变化的市场环境和相应调整的企业战略等，使得各节点企业进行不断更新，从而引起整个供应链出现动态变化，使得食品行业供应链融资呈现频繁性和动态性。

4. 风险的分散性

由于食品行业涉及范围较广，多数企业为中小企业，且地理位置分布较为分散，就形成了食品行业供应链融资呈现多参与主体、跨地区等分散性特征。

5. 风险的潜在性

食品行业存在众多的中小企业，在信息的传递过程中，存在很大的信息不对称。各交易节点企业一般采用不完全契约的方式进行交易和协调相互之间的利益冲突，以实现自身的最大利益目标，此种方式导致食品行业供应链融资风险的可能性较大。

此外，食品企业多起源于小作坊，食品供应链中的上下游企业多为农户、批发商、零售商等中小企业，由于中小企业操作不规范和没有严格的流程制度等，存在很大的信用风险、操作风险等一系列潜在风险。概括起来，食品供应链金融存在以下特征：

1. 产业集中度低

规模以上食品工业企业在众多食品企业中所占的比例较低。食品企业涉及肉类加工、粮食加工、乳制品、食油和制糖业等，且我国资源分布不均匀，大规模、正规化的食品产业链较少，这些造成食品产业的市场环境存在不规范竞争。众多中小食品企业由于体制不规范、运营管理不完善等，难以抵御市场风险、价格风险等，当存在产品滞销、价格下跌、原料成本提高等时，存在较大的风险。鉴于此，银行等金融机构不愿向中小食品企业发放贷款。

2. 发展势头好

当前食品企业的数量、工业增加值、规模效益、投资规模和从业人员等，均呈现增长趋势。食品企业的规模效益逐渐增大，利润总额也在逐渐上升，也促进了食品企业的发展。为促进食品企业更好地发展，充足的资金是关键。银行等金融机构开展供应链金融业务，一方面能够解决中小食品企业的资金需求，另一方面扩展了金融机构的业务范围，促进了银行等金融机构与食品企业的良好发展。

3. 促进相关产业的发展

农业为食品企业提供原材料等初级产品，是食品企业的主要供应商。为食品企业提供燃料、包装材料、运输等的相关企业包括能源企业、化工企业、餐饮业和销售业等，食品企业在自身发展良好的状况下，带动了相关产业的发展。

9.4.2 食品供应链金融未来发展趋势

食品供应链金融作为一种新的融资方式，可有效减少食品企业的融资成本，提高资金的运作效率，未来核心企业、上游供应商、下游批发商和零售商以及终端消费者都将参与到食品供应链金融的业务活动中，使得食品供应链金融的业务规模和范围进一步扩大，食品供应链发展前景将更广阔。同时，互联网背景下的食品供应链金融，融资行为可以在前端环节实现，从而使食品供应链有可能从单一产业链扩展到整个生态圈。而且信息技术和庞大的数据积累能够扩展食品供应链金融。有了大数据、云协作等技术支撑，互联网与食品供应链的结合就能创造新的风险控制手段，使食品供应链金融能够紧跟资金流向、紧随整个生产过程和业务走向。

总的来说，供应链金融在中国还处于初级阶段，主要集中于部分规模较大的食品企业集团的产业链中，还有待于向更多的食品企业集团以及集团与集团之间扩展。还有很重要的一点是，中国目前的食品供应链金融还只存在于生产过程中，还没有向消费领域扩展。如果进一步向消费领域扩展，把消费者的资金运用及其理财行为都纳入食品供应链金融的过程中，前景将更为广阔。

大数据、人工智能将被深度应用。供应链金融最终是要实现"物流""商流""资金流""信息流"的"四流合一"。与传统金融相比，供应链金融不再单纯看中贷款企业的财务报表等静态数据，转而对企业的动态经营数据进行实时监控，将贷款风险降到最低。供应链金融参与主体在掌握了大量的动态客户交易信息之后，如果不能够及时、准确地对客户信息进行分类整理并分析也是无法有效地开展供应链金融产品服务的。

金融机构对贷款食品企业或贷款对象的监控，将从财务报表等静态数据，转变为动态数据的实时监控，将风险降到最低。目前已有大数据机构与金融机构合作，为食品企业量身定制企业版的"体检报告"，依托丰富的真实数据来源和大数据处理技术，计算出各标准数据的区间范围，通过上下游食品企业数据的匹配，对其资信进行合理判断。此报告最大的亮点是数据实时变化，并提供了部分数据变化预测，对业务周期全程化进行监控，能够做到及时通知和给出建议，从而将金融机构风险降到最低。

模式向生态化演变。传统供应链金融主要是采用"1+N"模式，主要依据核心企业的资信情况给依附于核心企业的 N 个供应商提供融资，利用捆绑授信来防范风险，其实这种模式是无法防范行业风险的，核心企业一旦出了问题，整个食品供应链上的企业也就会跟着出问题。所以未来的食品供应链金融模式应是一个完整的生态圈。是一种跨企业、跨行业、跨区域的，与政府、企业、行业协会等广结联盟、产融结合的金融生态平台。

产品竞争转变为解决方案的竞争。从供应链金融服务商的角度看，供应链金融的本质是产品，但在金融市场，产品同质化程度高，食品供应链仅依靠产品竞争难以获得长期的竞争优势。

为提高竞争力和客户黏度，未来，食品供应链金融服务商将从卖产品升级到卖解决方案，通过整合各方资源，提供一揽子的解决方案。

与电商的深度结合。展望未来，传统食品企业仍是中国经济的重要支柱，电子商务本身并不能改变物流管理、资源调配和支付结算的本质，但却可以极大地提高效率。传统产业链的电子商务化是未来实现食品企业利益的最大化和提升食品供应链整体竞争力的必然趋势。在这一过程中，产业电商和食品供应链的结合将日趋紧密，势必衍生出更多新的增值服务，产生新的行业生态，推动产业金融服务的模式逐步走向成熟。

本篇撰稿人：

蔡圆媛　北京工商大学计算机与信息工程学院博士/副教授

张青川　北京工商大学计算机与信息工程学院副教授

毛典辉　北京工商大学计算机与信息工程学院副教授

卢　强　北京工商大学商学院博士/副教授

第三篇 案例分析

案例一　大连鑫玉龙海洋生物种业科技股份有限公司：打造辽参产业供应链

10.1　公司简介

大连鑫玉龙海洋生物种业科技股份有限公司最早成立于2004年，注册资本6070万元，是普兰店区第一个农业产业化上市公司，也是国内唯一专注于海参全产业发展的高新技术企业。公司生产养殖基地位于大连市普兰店区平岛，平岛海域地处世界公认的海珍品适宜生长地带——北纬39度，海域内水流畅通，营养盐丰富，适宜各类底栖硅藻和大型藻类生长，海水理化因子稳定，水温、流速、盐度适中，浮游生物资源丰富，被评为国家一类清洁海域，是养殖海参的天然理想之地。公司拥有4000余亩辽参守护区，2万亩国际级海洋牧场，育苗室规模18万水体，年产海参200万斤，现已发展成为总资产近10亿元，年产值突破2亿元的综合良种创制、苗种繁育、生态放养、海参加工、产品精深加工、产品销售、旅居康养为一体的国家级农业产业化龙头企业。

公司作为"中国辽参产业联盟"重要成员、"中国辽参产业之都"的核心企业，先后被国家和政府授予"国家级农村产业融合发展示范园""农业部刺参遗传育种中心鑫玉龙分中心""国家级海洋牧场示范区""中国辽参产业创新发展基地""辽宁省级仿刺参良种场"等资质，并获得包括"国家级农业产业化龙头企业""国家级高新技术企业""辽宁省级原良种场""省市著名商标及名牌产品""辽参地理标志保护产品""农业部健康水产品示范区""都市现代渔业示范区"等一系列荣誉。

公司在生产经营中始终以质量为先导，在良种创制、苗种繁育、苗种质量控制、产品生产各个环节实施严格有效的监控，持之以恒实现长久的质量保证能力。公司先后通过了有机产品认证、ISO9001质量体系认证、ISO14001管理认证、ISO22000食品安全体系认证。2016年，公司作为大连市第一批试点单位之一，率先推行建立水产品质量追溯体系，是行业内首家拥有水产品质量追溯和SGS体系认证的双溯源企业；2018年荣获首批"全国有机农业一二三产业融合示范园区"称号；2019年公司不断提升改进创新荣获"大连市市长质量奖提名"荣誉。

科技研发方面，公司建有行业内唯一一个海洋生物研究院，同时也是大连市级工程中心，研发队伍由8名博士（后）、30名硕士和50名工程师组成，并聘请多名院士专家为技术顾问，先后与中国海洋大学、大连海洋大学、扬州大学、大连工业大学、江南大学、辽宁省水产研究院等高校及院所建立了长期的联系并签订战略合作协议，在海参全产业链及原良种种业科技的发展中贡献巨大力量。共承担国家级和省部级课题10余项，申请专利近200项，制定团体标准1件。

10.2 技术方案主要内容

10.2.1 海参种业面临的现状

海参自古是我国及东南亚各国传统的名贵滋补品，含有丰富的蛋白质、酸性粘多糖、维生素、氨基酸、海参皂苷以及多种微量元素和众多生理活性物质，具有很高的营养、保健和药用价值，其中以产于我国辽宁、山东沿海的仿刺参刺参营养、药用价值最高。

从20世纪初开始，国内外许多学者便着手对刺参的生物学特性、人工育苗及增殖措施等进行了研究。我国自1954年起，首先由中国科学院海洋研究所会同河北省水产试验场共同开展了刺参人工育苗及放流增殖等开展了研究，直到70年代后期，河北、山东、辽宁等省的科研部门及一些生产单位重新又开展了刺参的人工育苗技术研究并取得突破，刺参的增殖从20世纪90年代末在我国北方沿海得到快速发展。

仿刺参是目前我国北方沿海地区养殖池塘开展养殖的主要种类，辽宁省是我国刺参的主产地之一。截至2016年刺参养殖面积达14万余公顷，苗种产量占全国的35%左右。我国是世界上主要的刺参进口国，其中一半以上靠进口，仅大连每年就从日本进口不少于200吨干品刺参。由于需求的增加，采捕强度增大，造成我国刺参资源量和产量的急剧下降。经过多年的刺参深加工技术开发，现在市场上各种刺参加工品涌现，如各种刺参营养素、胶囊、口服液制品也消耗了大量的刺参。刺参作为珍贵的海产品，尤其是在医药上的价值，具有广阔的市场，随着人们生活水平的提高，对刺参的消费将逐渐增大，刺参市场空间巨大。市场调查表明作为我国人民传统海珍品的刺参越来越受到外国人的欢迎，消费潜力不容小觑。

然而近年来随着仿刺参养殖区域和养殖量的增加，种质退化问题日益凸显。近亲繁殖、种苗来源单一、不合理投放、过度捕捞带来的野生仿刺参资源枯竭、养殖个体种质退化等问题都已成为刺参养殖业健康和持续发展的重要制约因素。市场迫切需要具有优良养殖性状的刺参苗种，实施刺参的良种化养殖是我国水产养殖的发展方向，也是刺参养殖的发展方向。

10.2.2 主要项目和技术实施方案

1. 刺参新品种创制与推广

公司与大连海洋大学合作,以多疣足、速生、耐高温、耐低盐、抗疾病五方面为目标,通过人工选择,群体杂交创制刺参新品种。相关技术方案如下:

(1) 亲本筛选

多疣足性状

通过外观形态,筛选在饵料充足、环境稳定、个体健康的情况下,疣足坚挺粗长,具有六排疣足(背部左右各两排,体两侧各一排)或疣足数量多的个体。筛选时间一般为每年刺参繁育季节前进行。

速生性状

在饲养管理过程中筛选出生长速度明显较其他个体快(体长、体重)作为亲本进行繁育。

耐高温与耐低盐性状

耐高温与耐低盐度试验用个体采集于高温受灾地区或者低盐地区存活个体,或使用控温水槽、恒温光照培养箱和人工调节海水盐度的方式创造人造胁迫环境,进行筛选工作。设定胁迫温度范围与梯度,试验期间设置对照组,各组间统一其他养殖条件。

抗疾病性状

抗疾病个体的筛选主要针对灿烂弧菌,灿烂弧菌为一类导致刺参发生腐皮病的海洋弧菌。通过病原侵染试验对抗病种参进行筛选。侵染过程中,对存活个体的体腔液碱性磷酸酶(AKP)、酸性磷酸酶(ACP)、超氧化物歧化酶(SOD)和溶菌酶(LZM)为免疫酶指标进行检测。

(2) 群体杂交

各品种刺参筛选后在车间内分批次暂养,日常投喂、换水、倒池。待刺参摄食量减少,多数个体夜间攀附于池底时即可进行人工催产。催产方式为"阴干+流水刺激+升温刺激",产卵期间区分雌雄个体,分别暂养于不同池中。各批次子代在后期养殖过程中需严格区分工具,防止各品种间交叉污染。

育苗过程中对子代的体长、体宽、体高进行测量:耳状幼体阶段 4 倍显微镜下使用目镜测微尺测量;稚参阶段,方法同亲参。同时稚参第三次替换附着基起对幼体的重量进行记录,各组间的测量方式统一标准,按照发育阶段设定测量间隔时间,设计固定样本量,按照随机抽样的方式进行样品选择,测量记录上述性状数值。

(3) 家系构建

通过筛选,选取确定具有优良性状的的个体,进行一对一或一对多的家系杂交试验。亲参催产后进行群体产卵,待雌性开始产卵后,雄性开始排精后捞出进行配组。该方案操作简便,生产率高,但面临家系污染风险。亲参催产后每个个体放置于一个水槽中待产,待雌性排卵、雄性排精后进行人工授精。该方法雌性个体产卵率低,但无家系污染风险。考虑棘皮动物在养殖过程中性状易受环境因素影响,家系维护过程中尽量维持环境均一化(水、饵、管理)。并且在浮游幼体时期、附板后第一次倒池时、第一次更换附着基、第二次更换附着基;第三次更换附着基五个时期对试验池参苗数量进行均一化处理,消除因密度引起的数据偏差。

刺参分子标记开发及分子标记辅助育种技术建立。采集的家系个体及其亲本作为参考群体,进行重测序,标记定位,基因型与表型相关性验证等工作。开发可用于准确筛选目标表型的基因标记并将其应用于刺参新品种创制工作中。

(4)车间蓄养

刺参的车间内蓄养结合车间内种参越冬技术,提前促熟亲本进行繁育;同时尝试通过控温和合理密度养殖,将个体蓄养于车间度夏,人工缩短度夏时间,延长刺参生长发育时间,缩短育种周期。

(5)养殖区放养

放养区域应选择独立的陆基参圈进行,离原种保护区有一定距离,防止杂交种污染原种基因库的情况发生。也可根据苗种大小规格采用网箱或吊笼进行养殖。

2. 育苗

(1)抗生素替代品的研究

通过筛选分离海参肠道菌种,找出致病菌,针对性培养枯草芽孢杆菌、乳酸菌等抑菌型微生态制剂。光合细菌、EM菌等解决育苗池水质问题,改善海参肠道,提高海参摄食率和消化率。通过植物源杀菌剂的活性物质对病原菌起直接的抑制作用。此外,还含有一些活性物质和营养成分,既可以刺激植物自身产生抗病菌活性物质或机能,又可以提高和改进植物的营养条件,从而提高其抗病能力。

(2)生态苗种培育技术

①7月开始,将大规格升温苗投放网箱,实验开始前将网箱空置于海水中5~7天,网箱内投放附着基便于水中自然饵料附着,整个实验过程不投饵。

②定期刷洗网箱壁和更换网片。

③定时观测并记录水温、盐度、pH、透明度等理化因子,以及观察刺参的摄食、排便、病害与死亡情况,发现问题及时采取措施并详细记录。

④实验结束后对实验产生的生产成本、幼参增长率、成活率、脏壁比做出统计;测定监测网箱对底质的污染程度。

3. 追溯体系建设的必要性

近年来,由于食品安全(食物中毒、疯牛病、口蹄疫、禽流感等畜禽疾病以及严重农产品残药、进口食品材料激增等）危机频繁发生，严重影响了人们的身体健康，引起了全世界的广泛关注，如何对食品有效跟踪和追溯，已成为一个极为迫切的全球性课题。

鑫玉龙集团密切关注国内外食品安全，自 2012 年开始，已经开始建立公司食品安全追溯体系，分别与通标标准技术服务有限公司（SGS）、大连市海洋渔业局、中国质量协会、京东等多家机构合作共建，接受多方监督，以集团内部记录和信息化管理平台为基础，联合多方专业机构，建立起鑫玉龙的多方食品安全追溯体系。

（1）书面记录追溯阶段

追溯体系建设的初期雏形是通过记录完成追溯，将生产过程按照工艺阶段进行拆分，对每个阶段的信息进行记录，建立《追溯管理制度》，并书面记录有规律的批次信息，同时保存这些记录，通过这些记录的连贯性进行追溯管理。

记录追溯阶段对人员要求较高，要求环节工作人员能认真、如实地记录生产情况，并按照设置好的追溯管理制度执行，要求多部门、多人如一；同时，纸质记录查询烦琐，不能快速地实现追溯。

（2）产地溯源阶段

随着追溯技术的发展，纸质记录已经无法满足需求了，二维码追溯技术在海参制品中的应用已经初具形态，这就诞生了产地溯源管理。

按照海参制品的主要阶段划分，从原料产品到加工产地，分两个板块进行重点管理，延伸至企业资质、投入品、检验检测、认证认可、基地评估等方面，通过二维码向消费者展示以上信息，通过和第三方合作共建的模式，避免了"自说自话"的伪追溯，增加消费信任度。

（3）区块链追溯技术

随着信息化技术的提升，区块链的概念逐渐应用于食品安全追溯管理，通过"分散式记账"的方式，按照供应链管理要求，由各环节自行记录本环节的生产信息，并结合现场监控和数据采集，最后由数据中心进行统一串联，形成基本完善的追溯链条。结合二维码技术和防伪技术，能实现消费者端的全生产信息查询和企业端的防伪监控，在追溯体系的建设上向前迈出了飞跃的一步。

（4）信息化＋智能化＋物联网集成追溯技术

海参制品不同于其他食品，其具有产量小、批次多的特点，无法实现批量生产，这也为追溯体系的提升设置了障碍。为解决这一难题，公司多年来一直坚持不断开发、总结、提升信息化＋智能化水平，并结合物联网技术，实现便捷追溯技术。MES 系统是一套面向制造企业车间执行层的生产信息化管理系统。MES 可以为企业提供包括制造数据管理、计划排程管理、生产调度管理、库存管理、质量管理、人力资源管理、工作中心/设备管理、工具工装管理、采购管理、成本管理、项目看板管理、生产过程控制、底层数据集成分析、上层数据集成分解等管理模块，为企业打造一个扎实、可靠、全面、可行的制造协同管理平台。ERP是一种主要面向制造行业进行物质资源、资金资源和信息资源集成一体化管理的企业信息管理系统。ERP是一个以管理会计为核心可以提供跨地区、跨部门，甚至跨公司整合实时信息的企业管理软件。针对物资资源管理（物流）、人力资源管理（人流）、财务资源管理（资金流）、信息资源管理（信息流）集成一体化的企业管理软件。随着技术的提升和改良，公司也不断引进、改造了一批智能化加工设备，通过生产过程数据的自动采集，减少了人工干预，提升了标准化程度。通过MES系统＋ERP系统＋财务系统＋物联网的有效集成，结合企业生产现状和特点，形成适合企业批次追溯体系，实现原料与成品的双向快速、高效查询，提升了便捷性、有效性和唯一性。

10.3 技术实施效果

1．新品种创制与推广

通过亲本人工选择和群体杂交产生具有优势表型子代个体，经饲养过程中的二次筛选，保留优势性状突出的子代群体，并基于该类群体开展F2代繁育工作，保留性状稳定遗传群体作良种创制与申报材料。

推广养殖良种刺参苗可以显著缩短养殖周期，降低因自然灾害和病害造成损失的风险，同时可以减少使用防病治病药物，对于保持刺参的食品安全、提高产品品质、减少因药物等对环境造成的污染，具有显著的生态和社会效益。

2．分子标记辅助选育技术体系建立

通过亲本人工选择和家系建立结合性状连锁标记的筛选、性状相关基因座定位以及全基因组关联分析等分子标记辅助育种方法，均是以找到与表型性状相关的位点、标记、基因为渠道，通过其与表型的关联或进一步的研究，进而以单一位点来辅助表型而达到选取优良个体进行育种的目的。

3．生态育苗技术标准建立

2019年与大连理工大学联合培养微生态制剂，通过光合细菌、EM菌前期泼洒育苗池，水体中氨氮、亚硝酸盐显著低于未投放微生态制剂组，进而延长倒池周期，减少倒池时对参苗的机械损伤，提高参苗成活率。投放芽孢杆菌、乳酸菌，改善海参肠道菌群生态平衡，提高海参摄食率和消化率，提高海参生长速率。

产品质量标准化和可追溯

（1）借助专业食品安全管理平台促进集团对食品质量的控制。

（2）强化产业链各环节责任，扶正抑劣，有力地保护企业信誉。通过实施追溯能够查询到市场上流通的产品源头信息，切实找到产品质量负责人，迫使有安全隐患的企业退出市场，而生产质量好的企业也可以建立信誉。

(3) 帮助企业寻找危害的原因与风险的程度，通过管理将生产过程中的风险降低到最低水平。

(4) 给予消费者知情权。消费者能够通过终端查询系统查到食品的来源地以及生产流程，并决定是否购买。

(5) 促进全球贸易一体化。食品安全追溯系统在食品物流各个环节建立与国际接轨的标准标识体系，实现对供应链各个环节的正确标识，增强农产品来源的可靠性和信息传输处理速度，为 EDI、电子商务和全球贸易一体化奠定基础。

(6) 消费者可以通过超市终端或食品安全追溯官方网站对食品种植、生产、加工、运输等情况进行查询。

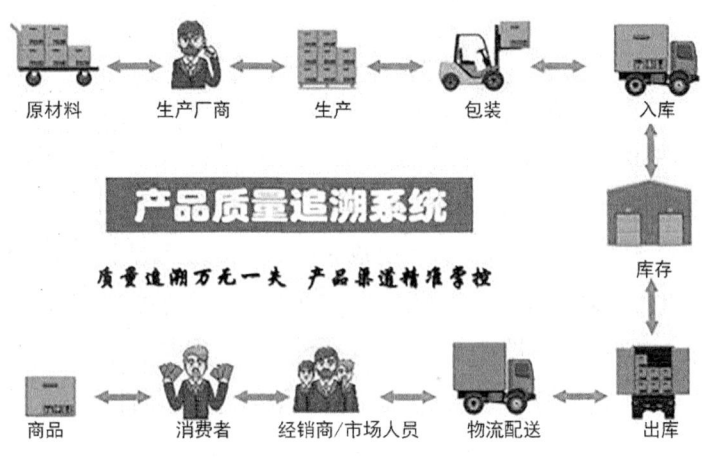

图 10.1 产品质量追溯系统流程图

10.4 技术应用及未来发展规划

10.4.1 刺参遗传育种

种质退化、病害严重和经济效益大幅下滑等问题已成为刺参养殖业健康和持续发展的重要制约因素。市场迫切需要具有优良养殖性状的刺参苗种，实施刺参的良种化养殖是我国水产养殖的发展方向，也是刺参养殖的发展方向。

目前刺参养殖生产绝大多数用种均为未经科学选育的野生种，通过对刺参育种技术的开发与完善，公司将不断深入开展辽参种质保护和开发，培育辽参新品种。综合利用选择育种、杂交育种及分子标记辅助育种，辅以优化的人工繁殖和育苗技术，提升种苗质量；配合高品质刺参健康养殖技术等配套服务，切实提高养殖刺参的生长速度、抗病力和存活率，提高养殖刺参的品质，并实现良种的产业化扩繁和养殖推广，大面积推广优良品种的育苗及养殖，保持刺参养殖行业健康发展。

结合育种技术，公司在未来五年内计划建设辽参良种生态养殖库海域面积为2500亩，主要用于本公司创制的辽参良种的养殖示范，通过高效的生态养殖技术及优良的辽参良种苗种，提高养殖池塘的辽参的品质，增加单产产量（亩产达到250斤以上），提高刺参池塘养殖的经济效益，同时通过本公司的示范，带动周边地区辽参良种的养殖，提高本地区的良种覆盖率，促进刺参养殖业健康发展。辽参良种生态养殖库优质辽参年产量达到65万斤以上，产值达到1.0亿元以上。

同时在育种标记开发方面，对刺参全基因组进行重测序，筛选与生长速度、肉刺数量、耐高温能力、胶原蛋白含量、皂苷含量等相关的分子标记；开发能够区分不同刺参地理群体的分子标记技术，为今后的刺参育种工作打下基础。

10.4.2 刺参生态育苗

（1）海水室内工厂集约化养殖新模式开发

利用新型建筑材料如彩钢板或新型建筑用玻璃材料，可节省成本，且自然采光吸热，节省取暖成本。利用海参粪便产生沼气，沼气新型环保能源发电或直接用于培育水体升温，可避免烧煤对环境造成的污染，且可节省大量成本。将原来的20~30m³培育水池缩小为1~2m³培育池，不仅操作简单，且可高效利用培育车间空间，两个人即可完成5~6个人的工作量。将室内养殖模式产生的废水经过光合细菌、EM菌等活菌制剂降解水中氨氮、亚硝酸盐毒素等处理水质指标合格后经离心泵抽入沙滤罐过滤，重复水循环过程，重复使用，避免直接排入周围海域，影响周围水生态环境。

①使用新型建筑材料建设成本低廉可利用自然能源的新型育苗室；

②采用多级水过滤系统，有效过滤敌害生物及其卵细胞；

③利用可减少污染排放的新型能源，带动育苗车间供暖、制冷系统；

④立式多层小水体结构，高效利用育苗室空间和养殖水体，在小水体单池基础上，利用网筐作为养殖对象附着装置，倒池快捷简单，且机械损伤概率低；

⑤设置污水处理系统，包括两套排水系统，循环排水管道排放上层清水，经多级过滤处理后可循环利用，单向排水管道将污水导入污水沉降池，经微生态制剂分解后，重复利用。

（2）越冬苗培育工艺优化

越冬苗培育过程通过倒池和换水保证水环境稳定，在此过程中容易造成稚参机械损伤和肠道问题，且稚参适应新环境需消耗营养和时间，影响稚参生长速度，且受损参苗容易死亡，进而造成参苗减产。越冬苗是海参生长最关键的时期，优化工艺流程和采用新的培育模式，制作越冬苗培育标准，减少倒池换水等过程给稚参带来的损失。越冬苗培育工艺优化，提高苗种产量、优化操作工艺流程、运用微生态制剂、高效利用培育车间空间。

①根据饵料投喂量、附着基状态、水质条件制订可行方案进行针对性优化。

②在参苗达到300头/斤时，控制饵料投喂量、调整饵料营养成分配比、新型附着基的使

用、减少附着基的更换频率。

③大规格苗种采用新养殖模式（饵料投喂方式、饵料配比、饵料形态、新型附着基）效果研究。

10.4.3 刺参标准化建设

公司将进一步加强智能制造和信息化管理的有效结合，完善批次追溯管理，细化追溯细节，还开展多元化的追溯体系，包括品质追溯、性能追溯、生命周期追溯等方面，全面、多角度地开展追溯管理。此外，在安全追溯体系基础上，着力建设以品质为目标的质量标准和相关追溯体系。

本案例撰稿人：

左然涛　大连鑫玉龙海洋生物种业科技股份有限公司研究院院长

案例二 贵州茅台：构造原料供应链管理平台

11.1 企业简介

贵州茅台酒股份有限公司是由中国贵州茅台酒厂有限责任公司等八家公司共同发起，并经过贵州省人民政府黔府函字〔1999〕291号文件批准设立，注册资本为一亿八千五百万元。公司于2001年7月31日在上交所正式挂牌上市，股票代码600519，市值过万亿；2018年实现营收736.39亿元，同比增长26.49%，实现净利润352.03亿元，同比增长30%；贵州茅台品牌价值达2729.25亿元，稳居行业榜首，是名副其实的世界第一蒸馏酒品牌，主打产品贵州茅台酒单品销量世界第一。

公司地处贵州省仁怀市茅台镇赤水河边，气候炎热潮湿，地理环境独特，是天然的酱香酒酿造基地，2018年茅台酒年生产量4.97万吨，系列酒产量接近3万吨；除53度飞天茅台酒之外，43°、38°茅台酒拓展了茅台酒家族低度酒的发展空间；茅台王子酒、迎宾酒满足了中低档消费者的需求；生肖纪念酒、15年、30年、50年、80年陈年茅台酒填补了我国珍品酒、年份酒、陈年老窖的空白；在国内独创年代梯级式的产品开发模式，形成了高低度、高中低档、珍品三大系列100多个规格品种，全方位跻身市场。

公司立足"顺天敬人"为主旨的"茅台匠心"质量管理模式，遵循道法自然的传统工艺，构建以质量、食品安全等七大管理体系为基础的质量管控体系，致力于为消费者提供高品质的产品和服务。

11.2 项目背景

11.2.1 原料供应管控的需要

俗话说"粮为酒之肉"，茅台酒作为有机食品、绿色食品，始终将原料生产作为"第一生产车间"，把原料供应作为一个长足发展战略来抓，在业内最早建设原料基地。长期以来，贵州茅台基地建设始终坚持"品质优先、绿色供应、反哺惠农、互利共赢"的原则，着力实施科学有效的"公司+基地+农户"三级管理模式，不仅规模越做越大，而且供给侧也在不断优化改革。目前，已建成贵州省仁怀市、习水县、金沙县，遵义市播州区、汇川区5个有机高粱种植基地，涵盖87个镇、200余个合作社、涉及农户超近15万（其中约24%为贫困户），共有近100个收粮站点、超过480个仓库，再加上有机小麦、糯高粱供应链，均涉及收购、仓储、物流、质检等环节，形成了"供应链长、管理环节多、参与方广"等综合特征。随着公司产能的不断提升，原料需求量越来越大，随之，基地不断增多、面积不断扩大、供应商越来越多，传统管理模式所暴露出的局限性也就日渐明显，如自动化程度低，数据掌握不精准、不及时，统计分析困难，参与方"各自为政"、链条难以追溯，监督存在漏洞等，导致了整个公司原料供应链管控难度大、成本高、效率低等突出问题，对公司原料供应链的管控非常不利。

11.2.2 智慧茅台的驱动

近年来，工业互联网、大数据、云计算、物联网、人工智能等信息技术为代表的新一轮科技革命方兴未艾，按照党中央、国务院，以及省委、省政府在经济发展新常态下的信息化战略部署，为加快推动信息化与工业化的深度融合，促进提质增效，助推发展转型升级，公司前瞻性地启动了"智慧茅台"工程建设，原料供应链管理平台作为智慧茅台的组成部分之一，被优先提上了议事日程，并顺利落地生根。

11.2.3 反哺惠农的需要

"大品牌要有大担当"一直是贵州茅台作为承担社会责任的重要理念。除助力道真自治县脱贫攻坚、每年出资一个亿圆梦助学等一系列举措之外，贵州茅台有机高粱原料基地的发展，也是该企业作为工业反哺农业、助力地方政府脱贫攻坚的长足政策。贵州茅台的有机高粱收购价达到市场价的2~3倍之多，是直接惠及十五万农户（家庭）、数十万农民和上下游产业的重大民生工程。而以往的传统管理模式，使得企业无法与农户搭建"直接"的联系、掌握"真实"的动态，也使得他们的利益无法得到强有力的保障。

11.3 项目介绍

1) 建设目标

项目以加强公司原料（有机高粱、有机小麦、糯高粱）供应管控为初衷、保证原料产质量为抓手、保障原料供应链各参与方利益为前提，通过物联网、大数据、"互联网+"等先进技术和手段，围绕种植、收购、质检、仓储和物流等10多个业务环节提供信息化服务，最终形成一套管理扁平化、流程标准化、监管过程化、决策数字化、有茅台特色的原料供应链管理综合应用平台。

2) 管理扁平化

调整组织结构，减少中间环节，实现管理扁平化、高效化：设立统一的人员调配部门以及集中的资源管理机构，实现组织、资源的整合管理；同时辅以信息化手段，包括人员管理、设施管理、绩效考核、投诉建议等功能，实现责任到人，达到规范精细的层级化管理目标。

3) 流程标准化

制定业务标准规范，实现业务流程统一化：制定平台标准化运行机制，针对种植计划、种植过程、原料收购、原料调运、仓储管理、质量检测全过程，实现原料供应链全过程标准化运行。

4) 监管过程化

面向原料供应全过程实现全面监管，通过软硬件结合实现对计划执行检测、生产过程管控、物资发放监管、收购质检预警、仓储过程监管、物流在途监控等各个环节作业流程的监控，构建切实有效的预警管控体系，及早发现问题，规避对后续环节的影响。

5) 决策数字化

基于目标导向，以数据驱动为抓手，在种植发展谋划、有机地块规划、质检辅助决策、粮食收购预测、仓储使用规划、运力分析决策等方面，辅助管理层进行决策，实现决策数字化、智能化。

6) 建设思路

茅台原料供应管理平台旨在通过借鉴成熟的物联网、"互联网＋"等技术，对原料种植、收购、存储、调运、质检等关键数据进行采集，通过软硬件系统的全面集成，实现原料供应链管理和监控的智能化应用，引导原料供应链规范化管理和可持续发展，规范有机高粱的生产、存储、运输过程，完善现有的原料供应链管理体系，实现对原料供应链的全面管理。

具体措施在于通过对"人、物、货、场、链"五个方面的信息化及硬件部署，全面改善供应链管理局面。

1. 人－生产单元网格化管理：茅台原料供应链管理平台围绕新型生产单元管理要求，加强农户、农技员、供应商的管理。实现一户（农户）一码、一人（农技员）一码、一商（供应商）一码，在基地单元办公室的统一管理协调下，实现基地管理的规范化、精细化和业务协作化。健全规章制度及考核指标体系，通过多层级人员考核评价，逐步建立完善的考核方案和流程，规范化地对人员进行考核。实现责任到人，规范精细的层级管理，如图11.1所示。

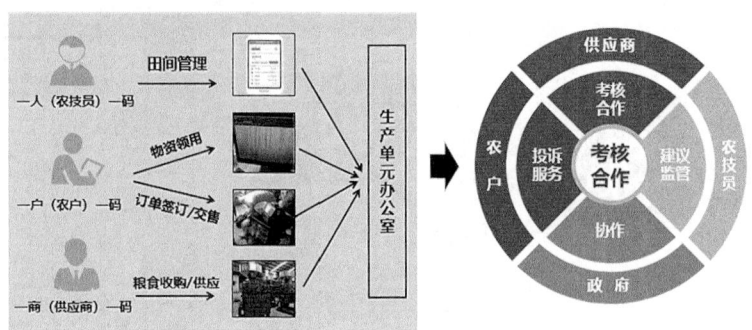

图 11.1　人－生产单元网格化管理示意图

2. 物－设备设施管理：围绕设备设施全生命周期管理目标，结合终端、GIS 实现设备、设施等资源的可视化管理，构建资源配置方案，优化资源配置，并进行合理化布局分析，实现设备的高效运行以及全方位保障，如图 11.2 所示。

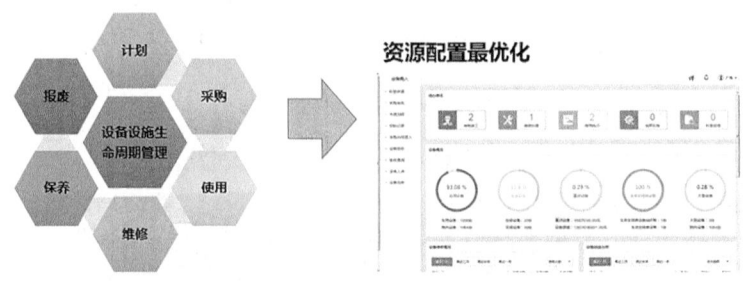

图 11.2　物－设备设施管理示意图

3. 货－周转箱管理：引入周转箱，根据种植生产单元（合作社/村）生成二维码标识，对整个生产单元产供销过程中，在交粮、仓储、运输过程等各个节点，通过周转箱、周转袋以及二维码技术实现全过程追溯，如图 11.3 所示。

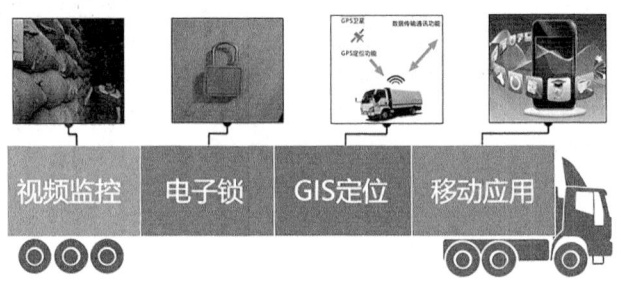

图 11.3　货－周转箱管理示意图

4. 场－GIS 遥感平台：引入 GIS 遥感技术及物联网设备，构建 GIS 遥感应用，实现对基地、供应商工作的管理可视、过程可控、收储可管。采用遥感＋航拍＋人工纠正的方式，对有机土地情况进行有效摸底，确定实际种植面积，同时对作物长势情况进行分析，规避病虫害等大规模自然灾害风险，如图 11.4 所示。

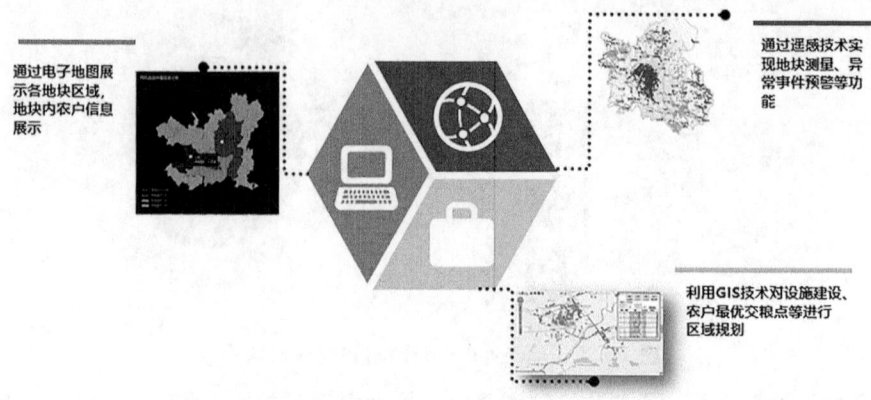

图 11.4　场－GIS 遥感平台示意图

5. 链－监管平台：依托原料供应链管理平台，面向计划执行、生产过程、物资发放、农资巡查、收购过程、仓储过程、物流运输等关键要素，实现全供应链流程的数字化、信息化监管，发现过程问题，优化供应体系，辅助高层决策，如图 11.5 所示。

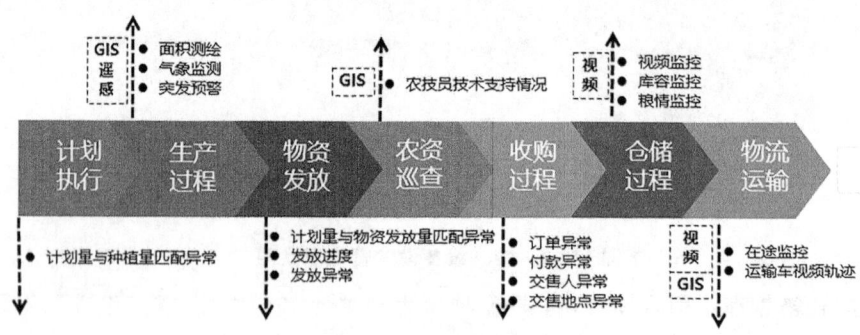

图 11.5　链－监管平台示意图

11.4　基础架构

11.4.1　业务架构

按照标准化运行、全要素管理、全过程监管、多维度决策的思路，对数据层、业务层、组织管理层、目标决策层进行了整体规划，如图 11.6 所示。

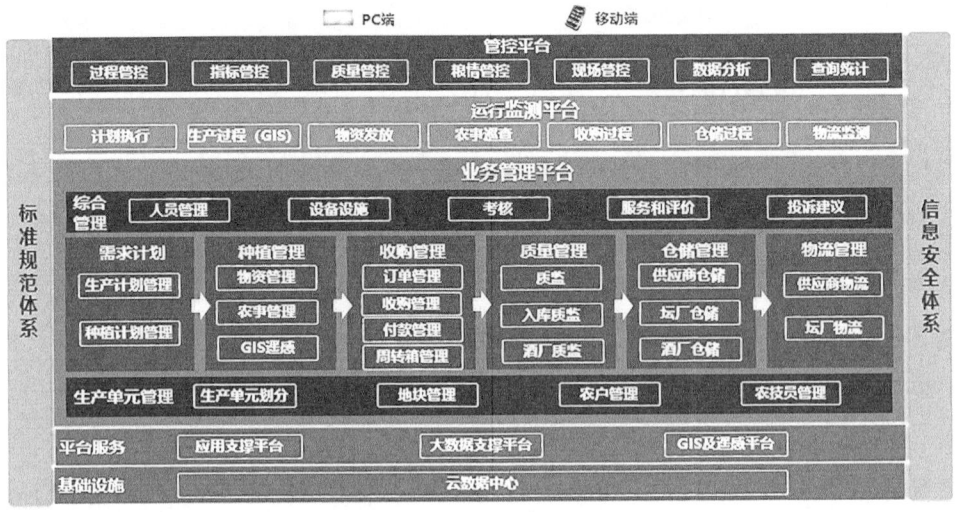

图 11.6 业务架构示意图

11.4.2 技术架构

如图 11.7 所示，架构遵循 SOA 技术架构，采用 B/S 结构，基于 J2EE 架构开发，按照平台＋应用的建设思路，以云计算、集群化、分布式为基础，构建一体化的、可灵活扩展的、支持高并发的一体化的管理平台，保障体系结构的先进性和延续性。

应用软件组件化的同时，结合茅台基础资源云平台，实现原料基地管理平台的组件化解耦、服务化交互和资源抽象复用，支持资源、平台、应用软件的动态扩展。

分布式应用服务器集群、数据库集群，结合茅台基础资源云平台 PaaS 层提供的消息中间件、分布式缓存及应用软件大并发规划，共同形成原料基地管理平台的大并发处理架构。

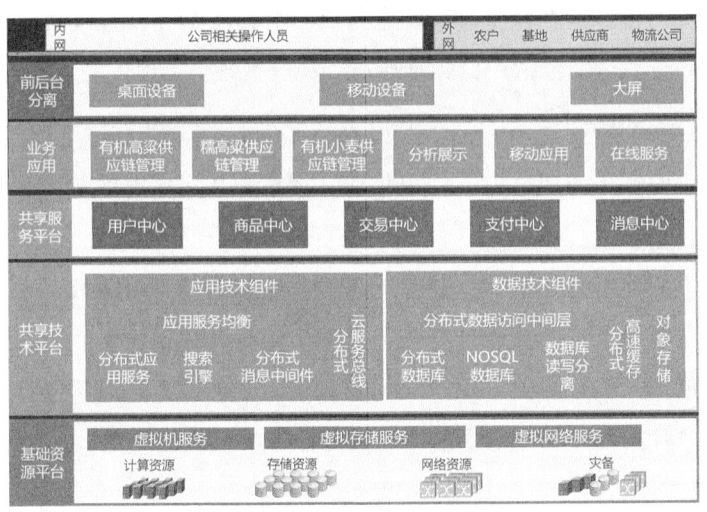

图 11.7 技术架构示意图

11.5 系统功能

原料供应链管理,实现原料从农户管理、基地与供应商管理、种植管理、农资管理、种子管理、收粮管理、仓储管理、采购管理、物流管理、质检管理等供应链全流程管控。

11.5.1 基地与供应商管理

管理有机高粱原料供应链中的基地和供应商,建立基地、供应商、农户、农技员档案,记录历史档案,并实现对供应商的考评管理。

①农户管理

建立有机高粱的农户档案,包括农户基本信息、一卡通(银行卡)信息、所属地块信息、种植订单信息、农资领用信息、种植信息、售粮信息、结算信息等。

②基地管理

建立高粱和小麦的所有基地档案信息,并为有机高粱建立相应的有机地块档案信息,包括有机地块认证信息、有机地块环境信息、有机地块地形信息、有机地块产能信息;建立高粱和小麦的基地考察档案,包括考察计划制订、考察情况记录。

③农技员管理

建立有机高粱的农技员档案,包括辅导员基本信息、辅导员专业技能信息、辅导员农户对应信息、辅导员指导计划、辅导员工作和考核等,通过APP对辅导过程进行记录。

④供应商管理

建立原料和农资的供应商档案信息,新建完成的档案需要提交管理员进行审核;对原料和农资的供应商进行评价管理,包括评价标准建立,评价管理,实现供应商的优选劣汰。

11.5.2 种子管理

对基地相关农户的种子使用计划、种子采购、调拨和领用情况的管理。

①种子使用计划管理

合作社统计农户的种子使用需求,汇总到基地,生成种子使用计划,由基地办进行审核,包括:种子使用计划制订、种子使用计划调整、种子使用计划审核。

②种子采购管理

基地办审核通过种子使用计划后,按计划进行种子的采购。包括:采购情况记录、报表查询与打印。

③种子调拨管理

种子采购完成后,按使用计划把种子调拨至各基地。包括:调拨情况记录、报表查询与打印。

④种子发放管理

各基地按种子使用计划，进行种子发放。包括：种子发放情况记录、报表查询与打印。

⑤种子使用管理

对种子使用情况进行抽查监管、对违规使用种子的农户（合作社）进行查处、登记。

11.5.3 农资管理

农资管理是对有机高粱基地相关农户的农资使用计划、农资采购、调拨、领取和使用情况的管理。

①农资使用计划管理

合作社统计农户的种子、有机肥、生物制剂等农资使用需求，汇总到基地，生成农资使用计划，由基地办进行审核，包括：农资使用计划制订、农资使用计划调整、农资使用计划审核。

②农资采购管理

基地办审核通过农资使用计划后，按计划进行农资的采购。包括：采购情况记录、报表查询与打印。

③农资调拨管理

农资采购完成后，按使用计划把农资调拨至各基地。包括：调拨情况记录、报表查询与打印。

④农资发放管理

各基地按农资使用计划，进行农资发放。包括：农资发放情况记录、报表查询与打印。

⑤农资使用管理

对农资使用情况进行抽查监管，对违规使用农资的农户（合作社）进行查处、登记。

11.5.4 种植管理

以生产种植管理为主线、农技员为核心、规范生产行为，实行全面质量管理标准，提高生产种植质量及水平。农户、农技员通过手机 APP 进行种植管理信息的实时录入。

①种植计划管理

基地办根据生产管理部的生产计划，生成用粮计划，下达至基地，分解成种植规划，基地办审核种植规划，审核通过后，和农户签订种植订单，包括：用粮计划制订、用粮计划调整、用粮计划下发、种植规划制订、种植规划审核、种植订单管理。

②育苗管理

对种植过程中的育苗指导和育苗过程中所用的农资进行管理，包括：育苗指导计划管理、育苗农资管理。

③移栽管理

对种植过程中的移栽指导和移栽过程中所用的农资进行管理,包括:移栽指导计划管理、移栽农资管理。

④田间管理

对种植过程中的除草、施肥、灌溉排水、防治病虫等一系列农事管理措施的指导计划、信息记录以及所用农资进行管理,包括:田间指导计划管理、地块种植情况核查记录、田间管理过程信息记录、田间管理农资管理。

⑤收割管理

对种植过程中的适时收割进行指导和记录的管理,包括:收割指导计划管理、收割信息记录。

⑥轮种管理

对种植过程中和其他作物的轮种进行轮种计划、轮种信息记录管理,包括:轮种计划管理、轮种信息记录。

11.5.5 收粮管理

收粮管理是对粮油公司收购点及收购人员的管理,及向农户收购的过程管理,包括收购管理和资金结算。

①收粮点收购管理

实现粮油公司向农户收购有机高粱时,利用电子秤实现相关业务数据的自动录入,人工审核及修改、查询,收购单的自动生成与打印,包括以下方面:收购单自动生成、修改、审核、LED屏收粮信息显示、语音播报、收购单入库、记账粮款账单自动生成报表查询与打印。

②资金结算

根据农户的交粮信息,以及一卡通绑定的银联卡信息,自动实现粮款账单与银行的对接,银行通过自动批处理的方式将收粮款打到农户银行账号中。

③粮食打包

按要求对收购的原料进行打包,并建立追踪溯源信息,以供后续各环节对原料的信息追溯。

11.5.6 仓储管理

管理原料供应链中收粮点仓库、供应商仓库、物流园区仓库、车间暂存仓的仓库作业流程,包括以下内容。

①仓库信息管理

管理多级仓库的基本信息,库房信息、库区信息、货位信息。需要在系统中显示详细的库存信息。

②入库管理

管理仓库的入库信息，包括入库单生成、入库单审核、入库单货位指定、入库称重、入库确认等。

③出库管理

管理仓库的出库信息，包括出库单生成、出库单审核、出库单货位指定、出库确认等。

④加工（磨粮）管理

管理仓库的磨粮加工信息，包括磨粮计划管理、磨粮记录。

⑤盘点管理

管理仓库的盘点信息，包括盘点单生成、盘点核对、盘点信息录入。

⑥损益管理

管理仓库的损益信息，包括损益单生成、损益单审核、损益单确认。

⑦中转管理

管理仓库的中转信息，包括中转单生成、中转单审核、中转调出确认、中转调入确认。

⑧粮情监控

实现物流园区平房仓库存储过程中的粮情信息采集和监控，包括粮温信息、湿度信息、病虫害信息等，其他仓库的粮情信息由巡检员录入，物流园区在建仓库的粮情信息届时以数据对接的方式纳入系统管理。

⑨作业管理

在仓库作业的入库作业、出库作业、库内作业、粮情监控各个环节，在 PC 或者电子屏上可显示当前作业的整体情况，包括作业计划和作业进度。

⑩统计查询

对仓库运行过程中的各项信息进行统计查询，包括进出存查询、库存查询、入库统计、出库统计、损益统计等。

11.5.7 物流管理

实现原料从供应商仓库到物流园区仓库，从物流园区仓库到茅台酒厂仓库，以及厂区各仓库之间的物流管理。

①运输车辆管理

管理运输车辆信息，包括车辆的型号、颜色、牌照、载重量、照片等信息。

②驾驶人员管理

管理运输车辆驾驶员信息，包括驾驶员的姓名、联系方式、驾驶证号码、驾驶证有效期、照片等信息。

③配送网点管理

管理配送网点信息,包括基本信息及位置信息。

④配送单管理

根据调运信息,生成配送单,包括配送出发地点、配送数量、配送品种、配送到货地点等。

⑤配送调度

根据配送单情况,结合运输车辆的装载情况,生成配送调度单,指派车辆进行运输,驾驶员相应的配送单信息,进行装车运输。

⑥在途管理

通过技术手段,对运输车辆运输过程进行监控,包括运输进度监控、运输路线监控等。

⑦配送交接管理

配送车辆到达目的地后,快速识别其运输信息,并通过系统进行交接确认。

⑧配送结算

管理配送车辆和运输单位的结算信息。

11.5.8 质检管理

管理原料供应链各环节的质量检验情况,包括收购检验、供应商仓库抽检、物流园区仓库入库检验、车间暂存仓检验、班组检验。

①种子检验

管理种子公司种子生产过程中的质量检验情况。

②种植质量管控

根据有机高粱种植规范,对农户有机高粱的整个种植过程,进行种植质量检查和管控。

③农资检验

管理农用物资的质量检验情况。

④收购检验

管理各收粮点的收购检测信息,包括感官检验信息、理化(水分)检验信息。

⑤供应商仓库抽检

管理供应商仓库抽样全检信息,包括感官检验信息、理化检验信息。

⑥物流园区仓库入库检验

管理物流园区仓库入库检验情况,所有原料需要进行感官检验、理化检验。

⑦车间暂存仓检验

管理车间暂存仓检验情况,所有原料需要进行感官检验、理化检验。

⑧班组检验

管理车间暂存仓检验情况，所有原料需要进行感官检验。

11.5.9 采购管理

采购管理，是对原料从采购计划生成、采购计划执行，到生产调运的整个流程的管理。

①采购计划管理

物资供应部门根据生产管理部的生产计划，生成原料的采购计划，和供应商签订采购合同。

②采购合同管理

物资供应公司与供应商公司签订采购意向合同。

③采购订单管理

根据采购合同，物资供应公司与供应商公司下达采购订单意向，录入订单。

④采购调运单

根据对供应商粮食的质检情况，生成采购调运单，从指定供应商仓库调运粮食至物流园区仓库。

⑤生产调货单

根据生产计划和暂存仓粮食库存，生成生产调货单。从物流园区仓库调运粮食到茅台酒厂车间暂存仓。

11.5.10 一卡通管理平台

通过农户一卡通，实现原料从订单到交粮打款全过程的身份识别与功能服务管理。一卡通卡片由当地银行免费提供，是带有 IC 芯片的银联卡，既作为银行卡，又能与原料供应链管理平台进行数据交互，绑定并记录农户的基本信息和原料种植过程信息。

11.5.11 协作中心

通过协作中心，实现原料供应链参与各方之间的工作协作。替代了以往各方通过打电话、跨县市送工作联系函、送通知等纸质文件的烦恼，既解决了工作留痕的问题又达到了让信息（数据）多跑路、工作人员少跑路的信息化初衷。

11.6 系统亮点

11.6.1 电子秤应用深得民心

电子秤完成了有机高粱收购时的称重、计量，精准快速，让农户少排队、更放心、利益得到最大化保障；通过集成一卡通系统读取农户（订单）信息，实现农户数据快速匹配；收粮、农户等数据的自动采集，让工作效率得到极大提升；二维码自动匹配原料，支撑质量溯源体系建设。同时电子秤还兼具以下特点，为有机高粱收购工作提供了有效保障：

①实现最大称量达 600kg，精确度提高到 0.1kg

②支持蓄电功能，保障不间断运行

③支持离线处理，确保数据不会丢失

④自动计量、去皮、加权，数据计算精准快速

⑤一卡通读取农户信息，快速匹配农户订单

⑥集成微型针式打印机，自动打印收粮码单

11.6.2 网上付款保证资金去向

系统实现了与银行的支付接口对接，通过一卡通系统读取农户账户信息，收粮审核通过后，即可完成收粮款的自动支付，收购款支付不用备零、不用提款、不用双方人员到现场，极大地缩短支付周期，有效提高了付款的效率，资金监管实现全透明化（如农发行对专款专用的监管）；同时通过与贫困户数据库的实时对接，多项惠农政策已通过系统精准落实落细。

11.6.3 卫星遥感助力生产过程监管

引入卫星遥感对基地种植情况进行全过程监管，实现种植情况核实（如种植地块、种植量、种植时间等）、长势监测、灾害预防、产量评估、收割判断等多维度应用。

①种植情况核实：通过卫星遥感取代过去人工去核实种植地块、面积、作物、规范等情况；

②长势监测：通过遥感图像监测叶面积指数，以此进行作物长势预测和产量估算，用于生产计划决策的数据支撑；

③灾害预防：通过气象数据，对风灾、旱灾、洪水（泥石流）、虫灾等自然灾害进行预防；

④产量评估：通过遥感图像分析，对产量进行有效评估；

⑤收割判断：通过遥感数据，可判断农户是否已经收割高粱，是否可进行售粮操作等。

11.6.4 多应用布局提升业务便捷化

项目针对不同用户、不同功能提供多种应用交互方式。其中，针对领导决策，提供大屏应用，将种植、收粮、仓储、运输等环节数据接入大屏，通过可视化图表等形式支撑领导决策分析；针对业务办理，提供 PC 端与移动端应用，业务办理不再局限于办公室，提升了办公效率；同时开发了微信小程序"茅台原料供应"，多渠道、多维度、全天候支撑了业务办理、数据查询、分析预警等需求，有效满足了业务管理者、业务操作者、业务监管者、农户等多类用户，便捷化、个性化的服务让平台深受好评。

11.6.5 全过程溯源保障食品安全性

使用一卡通、二维码等识别技术，实现了对原料的身份标识，进而完成了对原料收购、仓储、质检、调运等供应环节的全程跟踪与记录，通过将记录的数据信息存储在原料供应链管理平台，可供管理人员实时验证查询。

11.6.6 多节点应用风险自动化提示

通过原料供应链管理平台将最新收集数据与预先设定参数进行比较，包括种植计划落实情况、粮食收购达成情况、付款进度情况以及质检调运情况。如发现收集数据与预设数值有了偏差，平台会自动发出指令进行风险提示。风险识别后，自动记录异常数据，通过统计异常数据，将原料供应过程中存在的可能风险因素及其严重度一一列举出来，便于对每个风险因素进行分析，提出相应的解决措施和控制措施去降低可能面临的风险。

11.6.7 多业务内外循环互通

整个平台中，三种原料的供应各为一个大环，其中又涉及多个子业务环，如有机高粱的农户（从种植计划、订单签约、物资发放、田间管理、收割指导、粮食交售、付款成功）为一个闭环；再如有机高粱采购到付款又是一个环（中间还涉及了核量、质检、调运、仓储等）；这些业务环既相互独立，又彼此互通，因此平台的建设中打通了与茅台 ERP 系统、质量管理系统、政府扶贫户管理系统、银行代发系统、茅台应用中心等系统平台的数据交互，实现了无感知的多系统业务协作。

11.7 效益评估

11.7.1 社会效益

1. 助力脱贫攻坚的初心更加落实落细。在原料基地建设中，我们充分考虑了助力地方政府脱贫攻坚的政治需要，同时结合原料生长习性进行了选择和种植计划的制订，并以市场价 2～3 倍的价格去收购农户的有机高粱，目的就是反哺惠农、让利于民，要让农户成为最大的受益者。通过本平台的应用，我们拉近了与农户的距离，实现了"直接"互联互通，让整个过程透明化，且专门针对农户这一弱势群体设计开发了网上付款、微信小程序端数据查询，提供了精准度高达 0.1kg 的电子秤，同时在高粱种植期间提供更多的技术指导和风险预防，极大程度地保障了农户，尤其是贫困户的既得利益。

2. 食品安全防控体系越发坚固。物联网技术的应用实现了原料种植及供应过程的精准化管理，有效控制种植及收粮过程的弄虚作假问题，同时全流程的数字化贯穿，实现了原料供应的追踪溯源，为食品安全监控提供了保障。

3. 原料供应链发展越发健康。农业遥感技术实现了种植过程的有效监控，通过数据建模分析实现了原料的产量预测，不仅可以有效支撑茅台生产的精准决策，同时为茅台制定扶贫策略提供了有效的数据参考，对减产农户制定经济援助策略提供了依据，助推整个原料供应链生态更加健康稳定。

4. 企业品牌形象有效提升。原料供应链管理平台的应用，推动了农业生产现代化的发展，有效保障了各参与方利益，拉近了 15.6 万农户与茅台的距离，积极履行了更多的社会责任，高度负责任的态度赢得社会各界的好评,有效提升了企业品牌形象,如图11.8所示。

图11.8 《贵州日报》2018年11月3日第2版

11.7.2 经济效益

1. 管理成本降低。物联网等设备的应用,实现了种植管理、物流管理、仓储管理的远程化、自动化、数据化,既节省了人工投入,又提高了单位时间的工作效率(以往一个粮食收购站点一个人一天最多完成收粮50吨,电子秤应用后每天可以收粮超过90吨,效率提高了80%以上),大大节省了人工成本,仅在有机高粱收购数据统计方面一天就可以节约时间投入34小时(按每个站点15分钟计算)以上。

2. 生产效益提高。通过农业遥感等物联网应用,实现了种植管理的精细化、灾害预警预防更加科学及时、物资浪费现象得以有效杜绝,提高了单位面积、单位空间的投入产出比,提升了利润空间,增加有机高粱种植效益,同时也保障了茅台酿酒用粮的需求。

3. 物流资源节省。通过供应链管理平台,实现了调运计划、车辆调度、路途监控、分批入库等各环节的无缝对接,降低了车辆少运、空运等情况发生,极大地降低了物流成本。

4. 质量风险降低。通过对实际种植面积的监测、产量的预测、物流仓储的可视化监控,把事后质检转化为全过程质量防控,大大提升了监管力度,有效预防了质量问题和质量事件的发生,减少了不合格粮食前期的人力物力投入,极大地保障了茅台酒和系列酒生产的原料品质。

5. 数据价值提升。平台的启用,实现了业务数据的实时化、精准化,使各类数据的统计更加及时、精准、全面;同时系统根据各业务管理和决策需求,建立了诸多数据分析模型,为茅台原料供应链的管控和发展提供了更具价值的参考依据。

本案例撰稿人:

杨云勇　贵州茅台酒股份有限公司信息中心主任

案例三 禧云千链：万亿级团餐供应链平台的数字化融合创新

12.1 公司简介与业务概述

禧云千链是中国领先的团餐原材料和用品供应链服务平台，通过优化源头直采模式，基于数字化手段对采购、质检、仓储、物流等流程进行精细化管理和全程食品安全支持，以互联网技术为团餐企业提供一站式全品类准时高效的原材料及用品供应服务。

禧云千链深耕餐饮供应链 20 年，累计采购配送额超过 160 亿元，服务全国 30 多个省市，拥有超过 4000 家稳定合作供应商，为 3000 多家餐饮服务单位提供超过 1600 万次配送。此外，在母公司禧云国际各业务板块的协同之下，禧云千链在团餐供应链的互联网化、数字化领域进行了卓有成效的探索，全程食品安全介入也成为其特色服务。

禧云千链是中国团餐产业链一站式企业服务平台禧云国际旗下子公司，根据亿欧智库和中国烹饪协会联合推出的《2018 年中国团餐行业研究报告》，禧云国际是目前中国唯一一家也是规模最大的团餐综合企业服务平台。禧云国际业务范围覆盖供应链集中采购、品牌整合营销、食品安全管理、管理培训与咨询、企业信息化建设、数字科技等团餐产业全部环节。通过打通行业上下游服务信息链条，以团餐消费场景为入口，通过各大业务板块间的联动协同，禧云国际打造了团餐行业的生态闭环，业务之间联动协同、互联赋能，实现乘法效应。

禧云国际成立于 2017 年，成立当年即获得来自于蚂蚁金服、阿里巴巴旗下口碑以及鼎晖投资的 2 亿美元战略投资。公司总部设在北京，在全国 31 个省市开展业务。禧云国际自成立以来，在企业规模、营业收入、客户数量等方面一直保持高速增长。2018 年，禧云国际服务了 4000 余家食堂，团餐消费用户达 15 亿人次。

2019 年 5 月 9 日，在长城战略咨询发布的《中国独角兽企业发展报告》中，禧云国际成功入选"2018 年中国独角兽企业"名单。

12.2 方案诞生背景与主要内容

12.2.1 团餐行业背景及供应链现状与需求

1) 中国团餐市场规模达万亿元,以中小微企业为主

团餐是餐饮业的三大支柱之一,根据《2018年中国团餐行业餐饮大数据研究报告》披露,全国团餐受众达6.7亿,人均年团餐消费额在1300~1500元之间。综合国家统计局、教育部官方网站和中国餐饮大数据研究中心的数据估算,2017年团餐市场份额在整体餐饮市场中约占28%,总营收1.19万亿元,增速是GDP增速的1.7倍,是整个第三产业增速的1.5倍。中国产业信息在《2016—2021年中国团餐市场发展前景预测报告》中预测,团餐行业预计未来将会以11%以上的速度高速增长,预计到2021年将超过1.8万亿元,如图12.1所示。

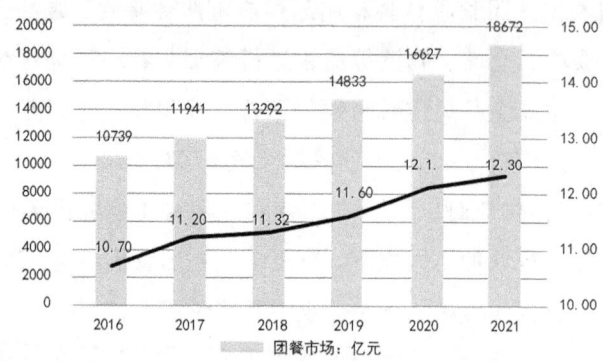

数据来源:中国产业信息《2016—2021年中国团餐市场发展前景预测报告》

图12.1　2016—2021年 中国团餐市场发展趋势及预测

中国烹饪协会公布的数据和亿欧智库的调研访谈数据显示,目前国内有超过10万家团餐企业,其中2017年团餐百强企业年收入均在1亿元以上,但整个行业超过99%以上的企业年营收不足1亿元,团餐前十强企业的营业收入合计约在550亿元,市场集中度仅5%,而美国团餐行业前十强的市场集中度为80%,日韩为60%。

另据2018年《中国团餐行业研究报告》数据显示,2017年全国团餐市场采购规模近5000亿元,团餐供应链服务需求空间巨大,且这一数字还将伴随着团餐总体市场规模的扩张而同步增长。

2) 团餐企业供应链成本占到营收的40%以上

团餐行业的原材料(尤其是标准品)从厂家到食堂会经过多层经销商和分销商,比如传统模式下的标准品由厂家生产后,会经过一级总代理、二级批发商、散户/零批商,最后才流转到餐饮终端。

亿欧网针对团餐企业的调研数据显示,在这一完整的原材料流转过程中,每个环节加价10%

左右不等,使得原材料的餐饮终端采购价为出厂价的 1.3 倍左右,而在餐厅运营过程中,团餐企业的采购成本占总收入的比重高达 40%～45%。

3) 团餐企业对禧云千链等第三方供应链服务提出迫切需求

团餐企业在供应链服务需求上有独属于自身的特点,例如时限要求高、采买计划性强、消费复购率高、食品安全要求高、SKU 集中单品用量大、价格敏感度高等。其中团餐行业原材料 SKU 总计约三千种,远低于社会餐饮高达四万多种的原材料品类,相比于社餐,团餐行业的供应链复杂程度在 SKU 层面较低。另外,团餐用餐人数众多,且供应一日三餐,餐饮中心的日常采购量较大。而由于用餐人数及用餐时间相对可控,团餐行业的原材料消耗具有较为固定的周期及用量,食堂可根据用餐人群数量、时段分布等规律来调整采购节奏。

但目前团餐企业在供应链层面也存在两高一低、食品安全隐患高、信息化程度低等痛点。利润低、采购成本高、人力成本高是所有中小微团餐企业面临的共同难题。群体性就餐的特点,导致团餐对食品品质和安全要求更高。另外,团餐供应链各个环节企业相对独立,业务相对分散,导致集约化程度低,信息化程度更低,众多团餐企业采购仍停留在手工纸张记账的层面。这些痛点都使得团餐企业中占据绝大多数的中小微企业开始对专业的第三方供应链服务提出迫切需求,他们对供应链的需求除了解决最基础的采购价格问题,也对食品安全管理、信息化等更多层面提出了要求。

12.2.2 禧云千链服务模式及优势

禧云千链专注聚焦团餐全品类 SKU,可提供米面粮油、生鲜果蔬、调料干货、冻品副食等餐饮市场采购需求的全覆盖。禧云千链直接与优质的农产品基地和知名食材供应商达成合作,由源头直达餐饮终端,省去中间环节,每周进行市场询价对比订购,确保为客户提供更具竞争力的采购价格,为团餐企业提供低价高效安全的一站式服务。基于"平台化运营+源头直采"搭建的 B2B 商城,客户可以一键下单,快速响应,享受集采价降低采购成本,获得可追溯的食品安全保障,提升采购管理效率。

在物流仓储环节上,禧云千链已在全国主要一线重点城市布局了一纵(北京、石家庄、郑州、武汉、广州)一横(上海、合肥、长沙、成都、重庆)的仓配物流中心。禧云千链对仓配中心实施多温层管理,其中恒温仓主要用于加工类半成品菜肴、加工类蔬菜净菜和水果,常温仓主要用于米面油等大宗原材料、酒水饮料、调味调料和餐厨用品用具等,冷冻仓用于牛羊肉、海产品、调理包、速冻糕点、面食、成品菜肴和速食菜肴等。

禧云千链还采取食品用品分解管理、先进先出基础管理、食品保鲜管理,通过数字化物流管理系统,提供一站式配送服务和高效的统仓统配服务,最大限度降低产品损耗,确保食品储存安全和库存周转良性运行。

禧云千链还打造了全国干线、区域支线和城市配送运输体系,增加冷藏车运行比例,充分满足日常恒温、冷链配送需求。此外,禧云千链还加大与国内大型第三方运输服务商的合作力度,共享仓储及配送资源,持续增强配送服务能力,确保货品准时无损高效交付给客户。

目前,禧云千链已经与益海嘉里、安琪、五得利、古灯等4000多家供应商和3000余家地采供应方建立了长期稳定合作,业务覆盖全国30多个省份,3000多家餐饮单位。

1) 互联网、数字化技术在禧云千链的应用

禧云千链针对团餐企业搭建了B2B商城,团餐企业客户可在商城完成食材采购配送需求的线上化一键下单,改善了以往采用电话、短信、微信等下单方式时效性差、订单证据留存差、易产生分歧等弊端。

团餐企业客户在B2B商城所下的订单会实时进入禧云千链的OMS(Order Management System)订单管理系统,借助这一系统,禧云千链可以通过统一订单提供用户整合的一站式供应链服务,对集采客户下达的订单进行管理及跟踪,动态掌握订单的进展和完成情况,提升作业效率,从而节省运作时间和作业成本。如图12.2所示。

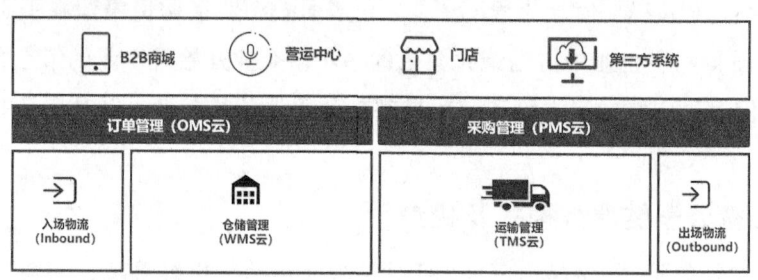

图12.2 禧云千链信息化团餐供应链体系

在食材仓储环节,禧云千链构建了WMS(Warehouse Management System)仓库管理系统。这一系统集成了信息技术、无线射频技术、条码技术、电子标签技术,通过入库业务、出库业务、仓库调拨、库存调拨和虚仓管理等功能,对批次管理、物料对应、库存盘点、质检管理和即时库存管理等功能综合运用,有效控制并跟踪仓库业务的物流和成本管理全过程,完善企业仓储信息管理,提高作业效益,实现信息资源充分利用。

在团餐企业所需食材通过订单管理系统进入物流配送环节时,禧云千链的TMS(Transportation Management System)运输管理系统开始介入,对运输环节实施具体管理,主要包括订单跟踪、货物跟踪、从业人员管理、运输业户管理,通过对物流公司的车辆进行实时跟踪,保持信息流和物流的畅通,实现运输配送流程的可视化监控、结算管理等。

通过VMS和TMS系统,禧云千链可实现仓储全过程的精细化、可视化管理,实时运输监控,实现精准到店。

2) 禧云千链的供应链全程食安服务

传统团餐供应模式下,食材从源头起经过一级代理商、区域经销商、批发商、贸易公司多

个中间环节后才能进入终端的团餐企业，期间不仅价格逐级提高，质量和食品安全也难以保证，只有在最终进入团餐企业之前才可能会有第三方的食品安全监管机构介入。但禧云千链的一站式团餐供应链服务，可以为团餐企业提供从采买到仓储再到物流的全程食品安全管理及监督体系。如图12.3所示。

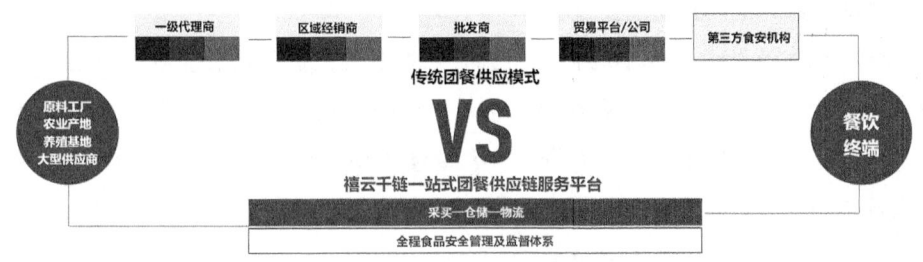

图 12.3　禧云千链全程食安管理监督体系

依托母公司禧云国际旗下的食品安全板块，禧云千链区别于其他食材供应链公司的点状式抽查检测，在为团餐企业客户提供供应链服务时，对食品安全进行了全程监管和层层把关。禧云千链还通过智能物联网设备构建供应链食品安全的信息化管理，通过出入库台账系统和影像取证系统，从供应商源头把控，到采购、仓储、物流各环节，让客户放心。

在供应商环节，禧云千链除了建立供货准入制度，还要求对相关食材进行产地溯源，并索取供应商的检验报告，要求质量保证承诺，同时进行样品留存，并建立质量问题处罚制度。在采购现场，除了进行现场验货外，还会再次向供应商索取随货批次质检报告，并进行现场包装检视和抽样化验检测。

在仓储环节，除了建立高标准的仓储环境，禧云千链还会定时对库存食材进行抽检。出库时，禧云千链对食材进行现场查验，并提供随货批次质检报告，在装车现场复查。在物流环节，禧云千链要求对物流温度进行控制，要求物流承运单位提供质量保证承诺，并在最终现场进行协同验货。

12.3　项目实施效果

12.3.1　为团餐行业注入"新动能"，促进团餐行业健康发展，提质增效

从2015年7月习近平总书记在吉林调研时首次使用"新动能"一词后，"新动能"逐步开始出现在中央和地方政府主要领导讲话和文件中，内涵也逐渐丰富和完善。"新动能"是指具有创新特征、领先特征的新技术、新产业、新业态、新模式等，它不仅涉及高耗能高污染的制造业，更宽泛地覆盖利用传统经营模式经营的第一、二、三产业。

团餐作为一个传统行业，近些年正在不断自主涌现"新动能"，包括新技术以及新消费的

驱动应用于团餐行业、团餐行业发展过程中产生新产业,同时催生团餐新业态等。禧云千链作为团餐原材料和用品供应链服务平台,将互联网、数字化与团餐供应链进行了深度融合,不断为团餐行业供应链服务注入"新动能",推动团餐供应链水平改造升级,助力团餐行业健康发展,提质增效。

禧云千链源头集采,降低团餐企业成本约10%

随着原材料成本及劳动力成本的持续上升,降本增效已成为团餐企业普遍面临的难题,也是推动团餐企业营收稳定增长的重要途径。禧云千链作为第三方供应链服务商可围绕团餐企业日常采购需求,整合优质供应商及品类资源,大批量集中采购提高议价权,减少原材料、半成品等食材流转中间环节,显著降低团餐企业成本约8%~10%。

禧云千链提升团餐行业食安保障水平

团餐业态就餐人群固定、集中、规模大,这些特性使得团餐食品安全事故影响远超社会餐饮。供应链则是团餐食品安全最重要的组成部分,任何一个环节出现问题都会令上游付出的努力付诸东流。

禧云千链打造的先进供应链体系在互联网和数字化技术的助力下,可以有效实现食材溯源,而借助禧云国际平台下的食品安全板块,禧云千链从食材的生产加工环节,到原材料仓储物流,再到团餐企业的食材存储管理,均能有效提供食品安全的保障和检测能力,全环节保障团餐企业的食品安全。

目前,禧云千链已布局生产基地、养殖基地,可实现生鲜、菜品、肉类等食材原料的生产源头可追溯。此外,禧云千链基于20年丰富的行业经验筛选优质供应商,保障货品品质,有效解决传统供应链模式中的食品安全问题。

禧云千链提升团餐企业采购透明度

禧云千链可为合作的团餐企业提升采购管理效率及透明度。一方面,禧云千链可通过信息化技术实现一体化管理,保证较高的食材价格透明度,从而在一定程度上减少团餐企业内部采购人员腐败问题;另一方面,禧云千链可直接将食材配送至后厨,减少食堂人力成本;另外,禧云千链可为团餐企业提供稳定的原材料供应,同时以较高的配送频次提高食堂库存周转率。

12.3.2 创新模式获得众多机构和客户的高度认可

2017年9月,禧云千链被中国教育后勤协会中小学后勤分会授予"推荐餐饮食材供应机构及供应链合作伙伴"资质。2019年5月,禧云千链以独特的商业模式、全流程信息化技术和出色的运营成果被中国副食流通协会与国家农产品现代物流工程技术研究中心评为"2019中国食品供应链创新企业"。

在客户方面,禧云千链目前重点服务于教育系统、医疗系统、企业单位、交通系统和金融机构五类团餐重点业态,包括海尔、中石化、京东方、美的、奇瑞、英特尔等知名企业食堂均接受来自禧云千链的食材供应链服务。

1) 禧云千链服务国内团餐头部企业千喜鹤

千喜鹤是目前国内唯一一家实现全国覆盖的团餐企业，成立于1993年，总部位于北京，是中国人民解放军饮食社会化保障龙头企业、北京2008年奥运会冷鲜肉及猪肉制品独家供应商，承担了全军3/4的军事院校、3/5的武警院校和2500余家大型企业、地方院校、政府机关及医院的后勤保障工作，每天为600多万人提供一日三餐饮食服务工作，是中国团餐行业第一品牌。

在中国烹饪协会发布的《2018年度中国餐饮企业百强和餐饮五百强门店分析报告》中，千喜鹤位列中国餐饮百强第四名。千喜鹤下属20多个全资子公司，2018年团餐收入超过100亿元。

禧云千链已经为千喜鹤提供了20年的供应链服务，包含一站式全品类原材料、用品采购，仓储物流配送等服务，严格把关从前端服务到后端供应的每个环节，创造了食品安全零事故的纪录。

在服务千喜鹤的过程中，禧云千链从源头集中采购，缩短食品流通环节，有效提升食品质量，保障食品安全。据统计，通过禧云千链提供的服务，覆盖全国的千喜鹤每年在采购成本上可节约8%～12%，另外还可提升40%的采购效率。

2) 禧云千链服务临沂市兰山区中小学食堂

教育系统是食品安全事故的高危地带，集中着来自消费者、家长、媒体、主管单位的全面关注。对教育系统的团餐供应链来说，保障食品安全、提高食材质量是重中之重。在此基础上，降低食材损耗、提高采购效率和及时配送、众多品类的管理也是一个挑战。

凭借优秀的服务水平，禧云千链中标《临沂市兰山区中小学食堂用食材定点供货商选定项目》。临沂市兰山区是临沂市委、市政府驻地，是临沂市的核心城区，连续七年入围全国百强。根据《兰山年鉴2018》数据显示，兰山区共有各级各类中小学159所，在岗教职工10748人，在校学生25.9万人。

禧云千链为临沂第四中学、临沂第七中学、临沂第十中学、临沂第十六中学、临沂实验学校、临沂半程中学、临沂市兰山区半程镇中心幼儿园配送米面油、调味品、杂粮等食材原材料。

在与兰山区中小学合作项目上，禧云千链深刻理解教育机构对一站式、全品类、高品质、高安全食材采购服务的需求，以一贯优质高效的服务，满足了客户的采购需求。禧云千链要求所有供应商必须严格按照公司食品安全标准提供质检报告，从源头上杜绝三无产品，所有食材实行一物一码全程可追溯，保障食品安全。禧云千链还采用了专用包装，有效降低物流和仓储损耗。另外，禧云千链与国内外大品牌供应商合作直采，保证食材品质，提高食材利用率，降低采购成本。

3) 禧云千链服务金谷园、新又好等知名团餐企业

禧云千链也为金谷园、新又好等知名团餐企业提供服务，其中金谷园成立于1996年，是集食品配送、销售及管理于一体的集成化餐饮服务商，业态类型包括大型赛事赛会餐饮服务、企事业单位后勤餐饮服务、冷鲜便当、学生营养餐等，日供中、西餐达100万份，日均加工食材380吨。

成立于2003年的新又好是中国餐饮百强企业、中国团餐十大领军企业、广东餐饮二十强，拥有员工6000余人，专注于为机关团体、企事业单位提供专业的后勤管理服务，服务内容包括员工餐厅经营管理、生态农场、自营及健康食材加工配送、营养餐供餐服务等。新又好目前服务于南方电网、白云机场、广发银行等300余家知名企事业机关单位，日就餐人数达50多万。

禧云千链服务了包括金谷园、新又好在内的众多团餐企业，有效解决了团餐企业客户面临的普遍难题：包括供应商采购响应不及时、售后不积极、采购价格高、食品安全得不到保障、供应商运营不合规等。禧云千链向团餐企业客户提供了针对性的解决方案，赢得了团餐企业客户的广泛信任。

在服务金谷园、新又好等知名团餐企业的过程中，禧云千链恪守商业守则，依法合规运营。禧云千链在运营中依法依规向团餐企业客户提供增值税专用发票，且所有供应商及其从业人员必须提供合规资质和报告。此外，在备货、物流和售后环节，禧云千链采购、销售、储存、运输体系完善，系统高效运作，服务贴心，全面保障客户需求，受到客户好评。

另外，在团餐企业客户重点关注的采购价格上，禧云千链与优质供应商直接合作，源头直采，提供价格更低、品质更有保障的原材料及用品供应服务。在团餐企业客户和餐饮单位最关注的食品安全上，禧云千链层层把关，严格执行各项检验要求，通过溯源系统保障食品安全。

12.3.3 供应链扶贫带来的社会效应

解决农村贫困问题已经成为当下经济社会发展最核心的问题之一，而新时代下的供应链、大数据等为三农问题的解决提供了新技术、新思想和新模式，且已经在实践中成功运用。禧云千链利用供应链和大数据推进精准扶贫已经在贵州毕节运用于实践。

从2018年4月起，在禧云国际创始人兼董事长刘延云的带领下，禧云千链在贵州毕节进行了为期数月的农副产品生产情况大调查，形成一份毕节市标准农产品数据统计报告。通过大数据了解当地主要农副产品的种养规模、品质优劣、技术同异，禧云千链在当地搭建了一个农产品销售平台。

从2018年8月起，销售平台交易额开始呈现递增趋势，一个月实现交易额100万元，第二个月增至600万元，第三个月猛增至1600万元。平台在当地建立起农副产品从种植养殖到生产、加工、销售的供应链体系，在农产品价值实现机制、跨界配置、区块产业要素上进行了探

索和实践，受到当地政府盛赞，认为"此举有助于加快毕节地区农产品商品化进程"。

截至2018年底，平台累计助销农产品金额达7亿元，惠及72个贫困乡镇、479个贫困村，帮助7万名农民脱贫致富，培养300名农业合作社带头人，并初步探索出"企业＋政府＋合作社＋农户"的毕节科学助农模式，找到一条"黔货出山、品牌打造、数据支撑、精准加工、结构调整、产业升级"的农业产业发展之路。

12.4 未来发展规划

禧云千链未来将持续在重点品类、仓储物流和信息化系统方面加大投入，为团餐企业客户提供更全面高效的供应链服务。在团餐核心食材品类方面，禧云千链将优化SKU储备，立足必备需求品类，对冻品、水产品等未来高爆发需求品类进行重点布局，以满足团餐企业未来的增量需求。仓储方面，禧云千链将依托现有一纵一横仓配中心基础，继续扩大仓配中心的布局和建设，打造立体化、网络化的仓储体系。

中国报告网数据显示，中国2018年蔬菜产量近7.8亿吨，加工消费1.1亿吨，占比14%，而这一指标在欧美日等国家或地区高达90%以上，市场潜力充足。此外，中国猪肉已经进入"量稳质升"阶段。禧云千链下一步将在广州、上海等中心城市地区增加净菜加工、肉类分割相关设备投入，进一步降低团餐企业采购加工成本，提升团餐原材料质量。

据农业部统计，全国共有农产品批发市场4000家以上，年交易额亿元以上的农产品批发市场1000家以上。但当下传统农批、农贸市场由于技术应用缺失，管理存在局限性，食品流通、交易过程、检测监控等数据各自独立、无法打通，造成管理与体验上的诸多问题。禧云千链未来将深化团餐供应链，带动产业链上下游协同发展，着力解决传统模式下信息不对称、交易效率低、物流成本高等诸多痛点。

最终，结合禧云国际产业服务能力与线下资源优势，以融合创新模式，通过禧云千链供应链平台连接团餐产业链上下游资源并合理优化和配置，实现全场景、全链条闭环。与此同时，提高全链条的标准化、流程化和专业化，从而提高各环节市场集中度，并通过提供专业化、定制化的产品服务，实现集中采购、规模配送、集中初级加工、机器辅助生产、统一物流配送，提升团餐供应链产品及服务质量，向团餐行业企业输出一站式、标准化、定制化和数字化的供应链服务。

本案例撰稿人：
王习印　禧云国际COO

案例四　山东省：海上粮仓与"一带一路"海陆冷链供应链工程

13.1　海陆通道支撑"一带一路"国家倡议

粮食安全事关国计民生，事关国家安全大局。2015年10月，汪洋副总理视察山东海洋牧场，对深耕海洋，发展现代海洋渔业做出重要指导。党的十八大做出了"建设海洋强国"的重大部署，海洋渔业在国家战略和行业发展中所占的比重明显加大。习近平总书记访问东盟国家时提出，与相关国家携手共建21世纪海上丝绸之路。李克强总理在2014年3月5日所作的政府工作报告中提出，抓紧规划建设丝绸之路经济带和21世纪海上丝绸之路。"21世纪海上丝绸之路"的提出，对海洋经济的发展提出了更高的要求，也带来了新的发展机遇。"一带一路"总体布局中将设供应链通道、设施连通作为优先领域，提出了"畅通陆水联运通道""推进港口合作建设"，有利于促进区域内要素有序自由流动和资源高效配置，直接让我国沿海省市获益。

我国是海洋大国，沿海共有11个省市，面积占全国的13.4%。近年来，沿海11个省市每年创造出超过63亿元的国内生产总值，占全国生产总值的58.6%。其中，海洋生产总值高达60699.1亿元，占11个省市国内生产总值的9.54%。虽然我国海洋经济呈现快速发展状态，但是与世界海洋强国相比，海陆经济联动方面仍存在较大进步空间。沿海地区是陆地与海洋联系的纽带，发挥着联动内陆腹地经济与海洋经济的作用，在"一带一路"倡议的带动下，我国沿海地区必将迎来新的经济增长动力。2012年人民网以"海陆一体化视角的海洋产业发展"进行讨论；2017年《光明日报》以"海陆产业协同发展的意义与路径"为题对海陆联动进行了解读。山东、江苏、广西、辽宁等沿海城市正在探索海陆对接，协同发展。

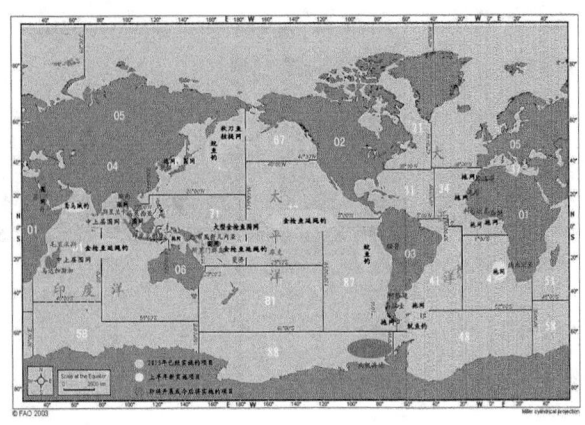

13.2 山东省推进"海上粮仓"基础

海洋资源。山东省人民政府办公厅印发了《关于推进"海上粮仓"建设的实施意见》。山东省是我国著名海洋与渔业大省,海岸线长达 3345 公里,近海海域占渤海和黄海总面积的 37%,拥有 200 多处海湾,渔业资源丰富,为山东省水产品的生产加工和对外流通贸易提供了良好的环境条件。

水产产量。山东省连续多年占据全国水产品产量第一的位置,从 2010 年到 2015 年产量均占全国比重 14%左右。近年来,山东省水产品总产量近 950 万吨,水产品出口量超过 120 万吨,水产品冷链流通率达 40%,超低温储存能力超过 6 万吨,冷藏能力 171.4 万吨/次,冷链流通量 198.53 万吨,水产冷链物流综合实力位居全国前茅。

捕捞器具。目前,我国拥有专业远洋渔船 2512 艘,增幅 37.3%;山东省 2015 年拥有专业远洋渔船 428 艘,增幅 97.2%,远洋渔船数量整体呈迅猛上升趋势。

仓储资源。山东省拥有全国最大的贮藏保鲜库群,省内低温储存能力超过 630 万吨,占全国约 18%,居全国首位。拥有规模冷库 650 座,中小型冷库 2000 座,冷库总容量 630 万吨。

车辆资源。拥有冷藏及保温车辆 5800 辆,占全省货运汽车总量的 0.33%。荣成市目前拥有冷库总量 800 多座,冷库总容量 180 万吨以上,分别占全省的 30.2%和 28.6%。靖海集团公司拥有冷库总库容量 40 万吨,占荣成市的 22.2%。采用 HACCP 认证等管理体系和标准的企业不断增加,全程低温控制技术越来越引起企业的重视,低能耗、低成本的冷链处理技术广泛推广,

"多温层"物流操作理念在部分第三方水产冷链物流公司已经得到运用。

13.3 海产品供应链发展存在的问题

远洋运输规模小、能力低、船队结构不合理、全球水产品流通格局不完善等因素，导致我国远洋运输服务供应贸易所占据的市场份额较低，抵抗市场风险能力弱。市场占有率过低，严重影响了海运供应链企业的生存与发展。

随着人民群众对作为食品的农产品优质优价的需求日益增长，冷链物流近年来呈现出蓬勃发展的态势，冷链物流的产业角色也日趋明晰。冷链物流具有社会需求大、配送范围广、储运种类多等特点，广泛应用于农产品及医药流通领域。冷链物流是企业提高品类跨时空销售服务能力、扩大市场范围、增加企业收入的有力保障手段。目前，在"互联网＋"背景下，传统业态和电子商务都对农产品冷链物流提出了新的产业和技术需求。水产品流通中极易腐败变质，对冷链物流是刚性需求。通过与发达国家在水产冷链物流领域的资源和发展水平的对比，我国在本领域存在巨大差距和不足。长期以来，冷链物流在整个物流体系中所占比重偏低，品控技术及配套装备落后、专业化服务水平不高，标准、法律法规和诚信体系不健全，缺乏有效监管等多方面的问题。"断链"现象比较普遍，市场竞争环境亟待规范，上述问题成为现代流通方式的"短板"。在深化供给侧改革和推动消费升级的新形势下，大力发展服务于水产、生鲜流通的冷链物流业，是构建中高端透明供应链、健全流通体系的有效途径；发展和完善水产冷链物流体系，对促进农民、渔民持续增收、保障食品安全、提升消费品质具有重要意义。只有构建出健康的商业生态体系、建立透明的供应链，让生产者诚、消费者信，才能实现食品安全，进而推进中国从无害消费到品质消费的进程。

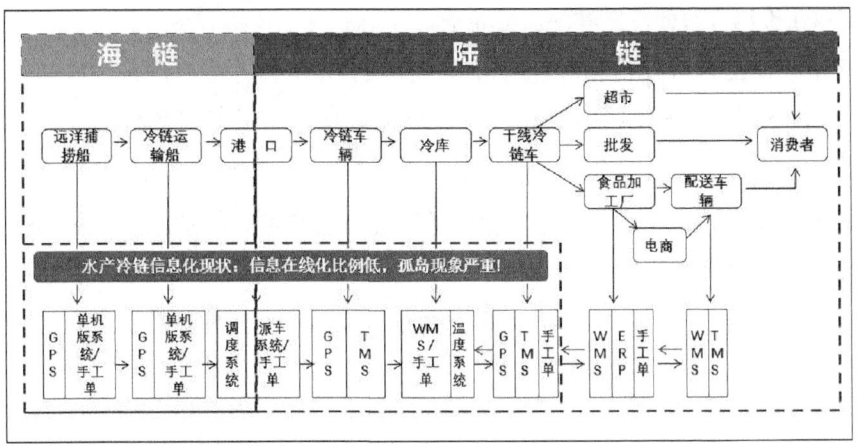

山东省水产品流通存在的问题主要包括：

一是水产企业绝大多数以自营物流为主，冷链物流成本概念淡薄。我省拥有重点远洋渔业水产品产区，大多数渔业企业只在乎从捕捞端开始到加工销售端的贸易差价，根本没有人精算过冷链物流各环节的成本投入，也没有人在乎敞开式的月台会比封闭式的月台浪费多少电费，除霜成本会增加多少。

二是水产冷链物流标准化、信息化水平不高，"海链"和"陆链"没有对接。水产冷链流通过程中，由于"远洋捕捞－海上冷冻保存－冷链运输船运输－港口转运或分销－冷链仓储企业"和"冷链仓储企业－冷链配送车辆－批发市场－商超、饭店、高校"，各环节真实温控数据的交接率较低。信息不对称，造成水产储运过程损耗大、物流效率低。据调查，在山东省荣成地区，从远洋运输船到港口到当地水产加工或经销企业，大部分是木制托盘和货笼，如果入库，需要更换成企业的金属托盘容器，如果使用标准化的周转箱，可提高作业效率40%左右，节约人力成本30%。由于缺乏科学有效的公共信息平台和数据标准，造成山东省食品冷链信息不对称，冷链食品生产、流通、消费都存在盲目性。互联网、物联网品控技术及数据采集等新技术与平台建设滞后，影响水产品物流的在途质量。

三是大量生产型企业处在转型期。日本政策投资银行的一份调查报告表明，中国目前冷冻冷藏食品的年人均消费量与欧美发达国家和日本相比，仍存在巨大差距，仅仅是英国（204公斤/人）的八分之一，是日本（119公斤/人）的五分之一。这说明，中国加工食品产业结构的调整方向就是发展冷冻冷藏食品的生产和供给。山东省是我国冷冻食品的主要加工出口基地，一旦这些冷冻食品转向内销，必然会遇到冷链物流配送不发达和成本高的瓶颈，出口产品转内销没有完善的冷链物流作为品质保障。自2015年以来，多数出口外贸型水产企业，受国际国内经济形势的影响，出口量和经济效益均有不同程度的波动，不少企业表示要打开国内市场，让国人也能吃上高品质的水产品，解决的办法就是加速发展和完善冷链物流配送产业。由于我国地域广阔，这些水产品的干线运输和市内配送环节，都成了水产生产、加工企业的雷区，企业没有专业人才和精力去做,也找不到性价比合适的冷链物流服务企业。

四是电商水产品上行有技术瓶颈。在调研中发现,许多传统企业借力"电商天网"和"互联网+"的大潮,探索转型升级发展之路,冷链物流地网是否能满足不同时空、地域的个性化需求,产品上行"最初一公里"和下行"最后一公里"成为了企业竞争的关键和核心。根据生鲜电商迅猛发展的需要,应对水产品冷链物流新工艺、新技术、新型高效节能的移动式冷却装置、冷藏运输设备车辆、单元化标准储运器具、包装、质量安全追溯设备和技术等进行集中攻关与研制。需要加大城市配送环节中对冷冻、冷藏、保温等冷链物流关键技术和设备的创新与研发。

13.4 技术支持海陆供应链对接

13.4.1 技术路线

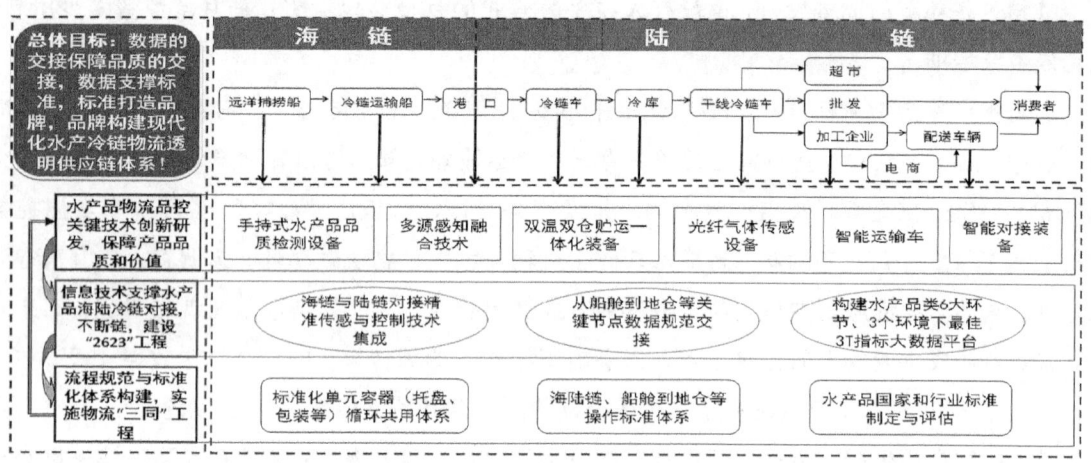

通过技术创新、模式创新的融合,结合"大众创新、万众创业"的时代要求,突破冷链物流关键技术,推动集成、配套的关键技术成果向冷链物流企业转化与应用扩散。通过研发先进的水产品品控物流技术,保障品质和产品价值。开展节点技术研究和集成技术创新,形成电商模式下涵盖水产品全产业链的新型冷链物流技术体系。支持高精度移动贮运技术、品控包装技术、物联网技术、检验检测技术构建新型供应链模式,实现全程减少物权转移,减少环境变化。引导企业在产地、销地建设低温保鲜设施,实现产地市场和销地市场冷链物流的高效对接。通过水产品冷链物流体系构建及品质控制方案的实施,项目实施后有望实现如下目标:一是培育打造具有国际影响力的大型冷链物流企业,企业具备海链、陆链、多式联运仓干配一体化透明供应链体系。二是打造威海等优势区域为一二三产融合的海洋渔业国际名城和诸多(三次产业)共建知名品牌。三是通过数据支撑标准,标准支撑品牌,品牌供应链再造海上粮仓和区域经济新优势。

13.4.2 具体实施内容

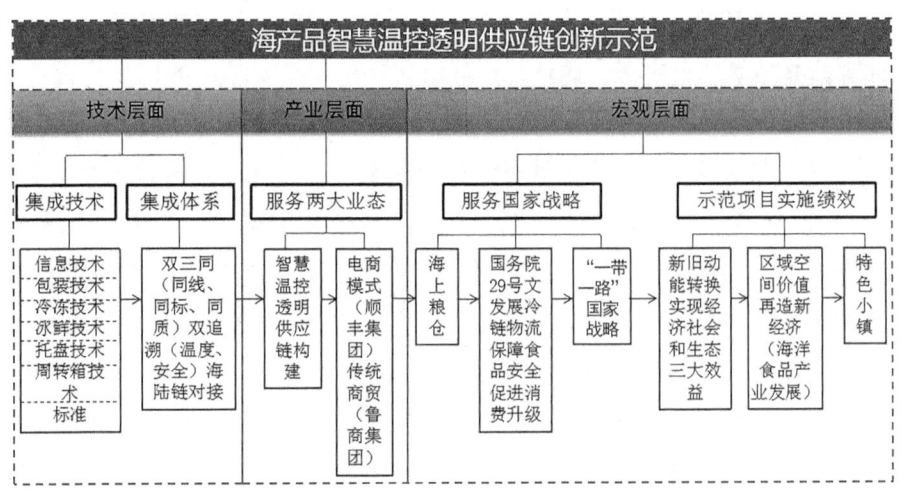

1. 水产品物流品控关键技术创新研发,保障产品品质和价值

冷链物流是物流领域科技含量最高、服务受众最广、与食品安全关系最为密切的第三产业形态。改善水产品冷链物流设施设备条件,通过研发先进的水产品品控物流技术,保障品质和产品价值。开展节点技术研究和集成技术创新,形成电商模式下涵盖水产品全产业链的新型冷链物流技术体系。支持手持式水产品品质检测设备、多元感知融合技术、双温双仓贮运一体化装备、光纤气体传感设备、智能运输车、智能配送装备,构建新型供应链模式,实现全程减少物权转移,减少环境变化。实现从产地到销地的一体化冷链物流运作。新建或改建一批技术先进、节能环保、智能高效的冷库仓储设施,实现在生产流通各环节的品质可控性和安全性。加强水产品物流节点的冷藏冷冻设施建设,选择不同温区及技术装备要求的高价值特色水产品,引导水产企业改造生产流水线及温控设施,加强产品预冷等低温初加工设施建设,加强分级、包装、预冷等商品化处理和冷藏储存环节建设。通过研发预冷保鲜、冷藏冷冻、低温分拣加工、冷藏运输工具等冷链设施设备,提高冷链处理能力,减少"断链"现象。推广预冷、初加工、储存保鲜和低温运输技术,发展产销一体化冷链物流。

2. 信息技术支撑海陆冷链对接,不断链,支持建设"2623"工程

调研发现有些公司产品试图通过互联网渠道销售时,却遇到了冷链物流无数据、无标准、无规范，产品配送距离短、区域窄、追责难的冷链物流问题。水产冷链物流的"六大环节""三大时空"环境的基础数据研究尚属空白，研究领域理论的缺失不能很好地指导产业实践，极大地制约了微观企业的科学操作。消除企业内部信息不通畅、温度数据信息和货物信息分离现象，支持企业进行信息化系统的升级换代；二是建立基于三方机构的信息平台，实现区域内"车一货一库一柜"的信息共享。

针对不同品类的易腐食品，从冷链装备、保鲜工艺、信息技术等方面进行综合数据分析，建立水产品冷链物流数据仓库智能决策系统。通过信息技术支撑，实现海链与陆链对接精准传感与控制技术集成；从船舱到地仓等关键节点数据规范交接，提升冷链物流管理的信息化水平，实现全程物流管控，做到各环节的高效联动和对接，打造智慧冷链物流生态链。选定水产品类在6大环节："生产""加工""储藏""运输""销售""消费"中，在3个环境："时空大环境""车厢中环境""包装小环境"下，最佳的3T（3T即时间、温度、品质忍耐度）指标大数据库。鉴于水产品对冷链物流的刚需要求，尤其应建立"海链"＋"陆链"的数据交接规范以及水产品在各物流环节的包装、温控数据库。

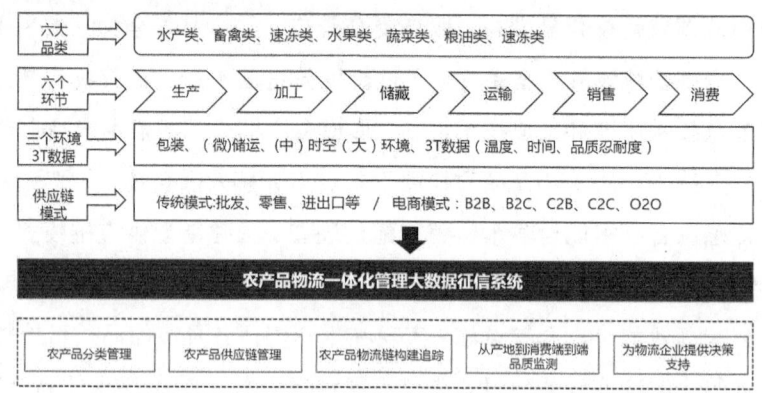

3. 流程规范与标准化体系构建，实现冷链物流同线（运输线）、同标（数据交接标准）、同质（服务质量）"三同"工程

在目前我国冷链物流配送产业现状下，无论是线上还是线下冷冻、冷藏、生鲜食品交易，最大的瓶颈就是物流。因此，实施三同食品交易平台项目，必须与冷链物流配送的标准化、信息化、系统化、网络化建设融合发展才有可能。所以，我们可在水产品生产领域、流通领域、销售终端，探索建立流通环节的"同线（运输线）、同标（数据交接标准）、同质（服务质量）"体系，让消费者明明白白购物，优质产品卖出好价格，高价格享受高品质。通过国家积极鼓励实施的三同公共交易平台，围绕共性问题，努力突破制约产业升级的瓶颈，初步建成布局合理、设施先进、上下游衔接、功能完善、管理规范、标准健全的水产品冷链物流体系。

制定水产品冷链物流行业急需的关键标准，制定海陆链、船舱到地仓等操作标准体系。推动现有水产冷链物流操作规范标准的宣贯和实施。推动利用检验检测认证技术提升企业水产品冷链物流质量管理水平。建立水产品冷链物流标准化服务公共平台，梳理并大力宣贯已有水产品冷链物流国家标准，在水产品原料处理、加工与包装、冷却冷冻、冷库储藏、包装标识等环节，引导行业协会和企业制定急需的相关国家和团体标准，围绕水产品冷链物流系统信息化建设、水产品质量全程监控和质量追溯制度的建立和发展，采用或制定数据采集、数据交换、信息管理等信息类标准。

推进标准化物流器具（托盘、包装等）的普及应用，提高物流周转和操作效率，探索海链与陆链统一标准体系建设。水产品冷链物流对时空物流要素要求高，理论上跨学科、跨领域，高度统一的标准制定难度大。强化标准化工作提高冷链物流效率，提升冷链物流服务水平。另外，成型的水产品冷链物流"大数据"还是空白，标准问题一直是制约中外冷链深入合作的重要因素，由于国内冷链标准不完善、水平低，或者有标准无监管，有标准不执行，很多国外品牌宁可自建冷链物流体系，也不寻找国内冷链物流企业合作。开展细分品类和环节的标准修制定工作，着力加强电子商务模式下水产品冷链物流标准体系建设，探索制定水产品冷链物流强制标准，推进团体标准制定。依据《托盘标准》等国标，推动标准化托盘、包装箱的批量使用，减少流通环节，降低流通成本。

13.5 项目实施后产生的绩效

13.5.1 实现科研成果产业化

通过对信息技术、包装技术、冷冻技术、冰鲜技术、托盘技术、周转箱技术等品控技术的创新促进了集成技术；通过探索建立流通环节的"同线、同标、同质""三同"体系，建立了温度与安全"双追溯"体系，从而形成了集成体系；实现智慧温控透明供应链构建。通过技术层面的集成创新，实现两大品类海产品在电商模式与传统商贸下全程海陆冷链温控与安全数据无缝对接，冷链品控技术的突破创新，规范完善标准化体系，保障食品安全，促进消费升级。通过与顺丰集团即顺丰优选与冷链物流渠道（已与国家农产品现代物流工程技术研究中心签订战略合作协议）合作，与山东省鲁商集团有限公司银座超市等传统线下商超合作实现创新营销模式的产业化最终实现海产品智慧温控透明供应链示范项目的产业化。

13.5.2 服务国家战略

在山东省"海上粮仓"建设、国务院关于加快发展冷链物流保障食品安全促进消费升级的意见、"一带一路"和海上丝绸之路国家战略等背景下，项目通过技术创新、模式创新的融合，结合"大众创新、万众创业"的时代要求，突破冷链物流关键技术，推动集成、配套的关键技术成果向冷链物流企业转化与应用扩散。主要由国家农产品现代物流工程技术研究中心（山东省商业集团有限公司）与山东省水产龙头企业靖海集团有限公司进行整体设计，实施海产品品控物流关键技术创新研发；信息技术支撑海陆冷链对接，不断链，支持建设"2623"工程；流程规范与标准化体系构建，实现冷链物流同线（温控供应链）、同标（数据交接标准）、同质（服务质量）"三同"工程研发。此项工作将对山东区域发展，实现国家战略有着重要意义和作用。

13.5.3 社会贡献

一是推动了新旧动能转换，实现经济、社会和生态三大效益。二是将沿海水产物流如靖海集团有限公司培育打造成具有国际影响力的大型冷链物流企业，企业具备海链、陆链、多式联运仓干配一体化透明供应链体系。三是打造了威海等优势区域为一二三产融合的海洋渔业国际名城和诸多（三次产业）共建知名品牌。通过数据支撑标准，标准支撑品牌，品牌供应链再造海上粮仓和区域经济新优势。四是培育了以海产品上行技术为支撑的电商特色小镇，促进县域经济、省域经济供给侧改革的思路探索和模式创新，必将对海产品上行，即海产品电子商务的发展产生积极影响，对带动山东区域发展、实现国家战略有着重要意义和作用。

13.6 国家农产品现代物流工程技术研究中心介绍

国家农产品现代物流工程技术研究中心是 2009 年 2 月由科技部批复成立的我国物流领域唯一的一家国家级工程中心。依托单位山东省商业集团有限公司（简称"鲁商集团"）是 1992 年底由山东省商业厅整建制转体组建而成，以零售业为主业（食品超市遍布北京、河南、河北等省市），其他产业涉及智慧商业旅游、产业地产、医药康养、供应链金融、教育和传媒等领域，是山东省最大零售企业。2018 年销售收入突破一千一百亿元，从业人员近 20 万。国家工程中心以实现"精准物流、放心消费和打造农产品透明供应链"为总体目标，以果蔬、畜禽、水产、冻品等品类为重点研究对象，以冷链工程技术、物流智能信息技术和品质与安全控制（品控）技术三大物流科技技术集成为支撑，针对生鲜农产品物流在产、加、储、运、销各环节存在的问题，为企业、行业冷链物流工程提供一揽子解决方案，在冷链工程整体设计、设备与保鲜工艺配套施工、智能信息技术和透明供应链建设等方面提供供应链集成技术支持。并在本领域知识标准、人才标准（专业培训）和产业标准全面提供咨询和开放服务。工程中心利用自身产业背景和研发优势，先后与中车石家庄车辆有限公司在铁路冷链蓄冷集装箱的研发应用；与中车长江运输设备集团有限公司在铁路冷链灌装车保温材料研发应用；与中车齐齐哈尔车辆有限公司合作开展了铁路冷链调研工作；作为主要成员单位参与中铁第四勘察院组织的宁哈、乌青沪铁路冷链物流通道可行性研究报告的编制，使铁路冷链物流从规划研究向实质推进迈出了关键一步。铁路冷链物流两端温控供应链体系构建为中心下一步重点研发和技术支持方向。

在科技研发方面，自建立以来，中心共获省部级以上奖励 11 项、鉴定成果 25 项、专利 140 余项。承担国家级课题 9 项，其中 863 课题 1 项，省部级 51 项。中心承建了商务部山东省放心肉工程建设与运维工作，是山东国家农业农村信息化示范省农产品产销平台承建单位。863 计划课题"农产品生产加工及物流销售信息化应用示范与技术验证"是物联网技术在冷链物流与食品安全领域应用方面的国家重大创新主题项目。中心承建了山东重点农产品追溯平台、山东冷链物流监管平台、《黄河三角洲高效生态农业冷链产业科技示范工程》等商务部、科技部等重点项目，中心研发的无水活鱼运输技术和蜜桃出口品控技术体系，有力地支撑了产业发展；采用自然工质 CO_2 作为低温制冷剂，研发的复叠制冷循环机组，打破欧盟技术壁垒，以批量出口法国。

本案例撰稿人：

郭凤军　国家农产品现代物流工程技术研究中心品控部主管
黄宝生　国家农产品现代物流工程技术研究中心品控部主管

案例五 华工赛百：实施乳制品行业产线智能化改造

供应链管理是指通过前馈的信息流和反馈的物料流及信息流，将供应商、制造商、分销商、零售商，直到最终用户连成一个整体的管理模式，是基于价值增值和客户满意的管理思想体现。供应链管理就是对整个供应链中各参与组织与部门的物流、资金流/价值流与信息流/知识流进行计划、协调和控制等，其目的是通过优化提高所有相关的过程的速度和确定性，最大化所有相关的过程的速度和确定性，最大化所有相关过程的净增价值，提高组织的运作效率与效益。

武汉华工赛百数据系统有限公司以信息技术为手段，以法规标准为依据，以发展现代流通方式为基础，建设以追溯管理平台为核心，以提升产品质量安全水平为目标，按照生产有记录、信息可查询、流向可跟踪、质量可追溯、责任可追究、产品可召回的基本要求，构建全流程可追溯的"质量安全信息追溯平台"。

14.1 纽贝滋爱尔兰工厂奶粉智能生产线案例

14.1.1 企业简介

纽贝滋是专业从事婴幼儿营养品开发、生产与销售的乳品公司。以澳大利亚优质奶源为原料，采用国际化的工艺流程。先后研发出了金装、金钻系列产品，纽贝滋剖安素系列产品，以及羊奶粉系列产品。从奶源的选择、产品的研发、生产到售后服务，纽贝滋一切都努力追求最好，运用先进的营销方法、丰富的国际资源、多元化的销售平台，助推纽贝滋新一轮发展，真正实现产品的国际化。

2016年底，纽贝滋集团董事会正式通过了投资爱尔兰的决议，决定在都柏林投建集研发、生产于一体的现代化海外生产基地。纽贝滋爱尔兰生产基地是纽贝滋集团"国际化"战略的重要载体,是纽贝滋未来的重要增长点。不但向中国市场提供爱尔兰品质的婴幼儿奶粉,还将在整个亚太地区,实现产品的同步销售。

14.1.2 行业概况

根据国家质检总局 2013 年发布第 133 号公告,自 2014 年 5 月 1 日起,国家质检总局正式实施"洋奶粉"进口新规定,未经注册的境外生产企业的婴幼儿配方奶粉不允许进口。

而进口到中国的奶粉企业需提供奶粉生产奶源的饲料、养殖、兽药等情况,与国内推行的乳制品安全追溯体系挂钩。即进口奶粉,要将生产端到渠道端各环节最大限度地纳入防伪溯源体系当中,让中国消费者无论购买国产奶粉,还是进口奶粉都能获得详尽的品质信息。

跨国追溯已经成为乳企越来越强烈的国际诉求,如何评价、保障食品安全追溯的有效性和一致性是业界关心的热点。

14.1.3 项目挑战

项目旨在为爱尔兰新工厂建设一套融合欧洲先进技术、优质产品并满足国内食品安全监管的一体化智能制造信息化平台,实现生产全过程智能化、信息化、自动化,提高生产制造水平,建立一套全球范围的乳品安全追溯系统,实现从牧场奶源至生产制造、供应链并至全球消费者的高规格多维可追溯,便于消费者及各国政府管理部门的监督和监管。

但项目时间紧,设备选型现场布局要求苛刻,海外实施难度大,所需准备的设计图纸也较常规项目要求更高。

14.1.4 解决方案

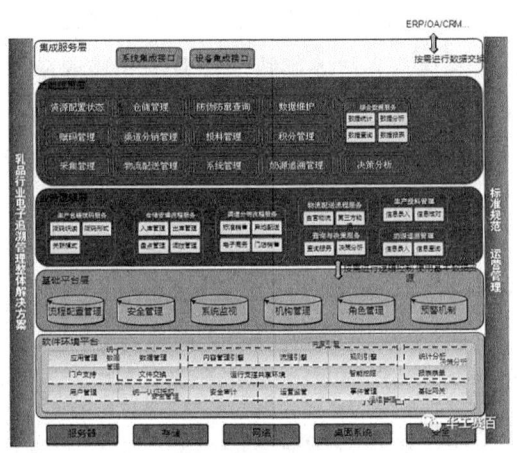

系统架构

项目实施地点为欧洲爱尔兰首府都柏林,该项目软硬件产品出口均满足欧盟相关标准。

整体业务以 IT 基础硬件、服务器及网络为基础,依托现有资源,统一数据、安全、运维、共享、决策管理,在此基础上对基础平台数据按需进行逻辑控制,完成奶源追溯管理、生产投料管理、生产包装赋码管理、仓储管理、物流配送管理、企业销售管理、渠道分销管理、会员积分管理、防伪防窜追溯查询等业务，根据不同业务的组合，把分布在各单独系统的信息统一进行了整合管理，实现原料、生产、仓储、监管、流通领域的全面服务支撑。

14.1.5 效益价值

（1）国际层次率先实现全球食品安全追溯网络体系，响应国家层次"制造2025"及构建食品安全的国策。

（2）助力企业实现生产制造智能化、信息化高度融合，全流程实现信息化管理。追溯系统结合企业信息化，智能化生产管理系统结合制造执行系统，建立了从原料、饲养、生产、运输、加工、配送、销售、一直到消费者手中的全生命周期质量安全追溯系统，打造营养全面、有机健康的乳品全产业链。

（3）进一步提高质量管理水平，提升纽贝滋企业的核心品牌竞争力、运营效率、盈利能力及可持续发展能力。

（4）通过该质量追溯体系可以追溯到出货的发源地，方便企业对问题产品进行追溯召回，解决了奶粉的跨国追溯难题。

14.2 和氏乳业婴幼儿奶粉产品智能产线、精准营销解决方案

14.2.1 企业简介

和氏乳业成立于1992年，由世界银行援建，坐落于得天独厚的"生态乳都"陕西陇县。20多年来始终专注于奶粉的研发和生产，形成集牧场经营、奶畜养殖、乳品研发、乳品生产、产品质检、精准营销于一身的全产业链发展模式，目前已发展为拥有完整全产业链的集团化乳制品企业。

"扎根品质，奶源领先。"和氏乳业集团依托57万亩天然生态牧场、自建海拔2125米优质高寒川生态牧场及6个国家级标准化示范养殖基地，在奶源"第一车间"建设上精益求精，从

源头上保障了和氏乳业集团奶源的自给自足和安全可控。生产方面，拥有 7 条年产上万吨的羊、牛奶粉干湿法复合工艺生产线，全部引进国际先进设备，采用世界领先科技，秉承"营养全面、配比均衡"的科学理念，按照国家标准生产。

纯正奶源与先进工艺设备的有机结合，确保了从奶源到成品天然无公害，而且，和氏奶粉唯有通过 140 道检测、1696 项指标方可出厂销售，严苛检测时刻为品质护航。

14.2.2 行业概况

新修订的《中华人民共和国食品安全法》已于 2015 年 10 月 1 日起施行，被称为"史上最严"的食品安全法律。

在此基础上，2015 年 12 月，食品药品监管总局关于印发婴幼儿配方乳粉生产企业食品安全追溯信息记录规范的通知。要求各地食品药品监督管理部门要督促指导本行政区域内的婴幼儿配方乳粉生产企业结合实际，真实、准确、有效记录生产经营过程的信息，建立和完善婴幼儿配方乳粉生产企业食品安全追溯体系，实现婴幼儿配方乳粉生产全过程信息可记录、可追溯、可管控、可召回、可查询，全面落实婴幼儿配方乳粉生产企业主体责任，保障婴幼儿配方乳粉质量安全。

其次，我国乳品质量安全事件频频发生，暴露出乳品质量安全存在的问题比较突出。社会上对于保证要求呼声越来高，企业也非常希望能建立一套完善的质量追踪溯系统。

14.2.3 项目背景

在建设追溯系统前，和氏乳业信息化基础薄弱，缺少 MES、ERP、CRM 等系统，没有信息化的专门人才，对整个追溯系统并没有特别明确的需求或者是规划，只有最终想实现的目标。

和氏乳业之前已经完成了电商平台、APP 和微信商城的建设运营，但是并没有将三者互融打通。从支付、物流配送，还有积分，更不用说现场采集的数据，三者各自圈地，没法联动，也极少能跟生产的 ERP 进行打通。当目标用户被分散，每个渠道的用户优势就无从施展，营销收效甚微。

同时，可追溯系统需要购置设备、采集信息、维护系统、培训人员，投入大量的人力、物力和财力，对于企业的承受能力也是考验。

14.2.4 解决方案

以信息追溯为目的，信息开发、系统整合、数据整合为手段；以二维码为载体；网站、智能终端查询机为窗口。开发质量追溯子系统，防伪放窜货子系统，消费者会员积分营销子系统，生产线赋码子系统建立统一产品防伪溯源营销平台，实现"一码追溯，全国互联"。做到系统性、实用性、超前性、兼容性、扩展性以及可维护性。根据企业实际情况。做到实用性和经济性的最佳配置,为企业提供一个信息服务平台,为消费者提供一个与企业互动的窗口。

1. 建立从原奶接收、生产加工(干湿复合工艺)到分销终端的全流程可追溯系统;
2. 生产加工部分追溯系统要实现前处理、蒸发器、干燥塔、干混四部分工艺自动化参数的自动采集到追溯系统的功能,并且支持异常时手工录入;
3. 建立消费者通过网站和智能手机的追溯查询系统;
4. 建立生产线包装赋码系统,使产品具有唯一身份标识,实现一物一码,多码合一,通过产线包装赋码系统还需要实现盒/听/包单品和箱的关联关系,实现箱和垛的关联关系;
5. 建立防伪防窜货系统,实现产品流向跟踪、查询;
6. 建立消费者会员积分管理系统;
7. 建立成品仓库管理系统;
8. 建立产品应急召回管理系统。

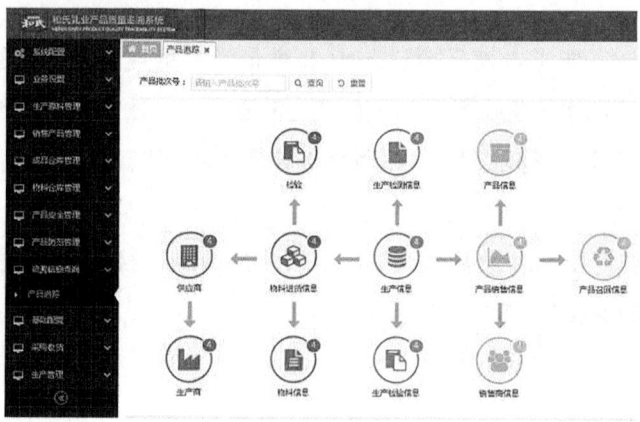

14.2.5 效益价值

在华工赛百的助力之下,和氏乳业集团建成亚洲最大的智能化羊奶粉生产线,从原料进厂、加工过程到产成品流通,从鲜奶冷藏、预处理、配料、浓缩、喷雾、干燥到热敏营养素干混、包装,全部实现了全自动化、智能化、透明化的生产,全程信息化管理,全程双向控制和追溯。打造了营养全面、有机健康的乳品全产业链,从而进一步提高了企业质量管理水平,提升企业的核心竞争力、运营效率、盈利能力及可持续发展能力。

而在该项目里,通过追溯码,和氏乳业PC端的电商平台、手机APP和微信商城的数据可以在自己的大数据平台上建立无缝连接。

消费者扫码后能查看奶粉从奶源到生产到消费等信息,实现"知根知源"。和氏乳业能够借此持续记录和分析市场供求变化,为实施产销管理、渠道推广、精准营销提供参考。

14.3 明一奶粉智能生产线解决方案

14.3.1 企业简介

明一国际,是一家富有社会责任感的国际型企业,拥有十大国际领先核心科技,拥有安全奶源基地和全球自动化程度最高的婴幼儿乳粉制造基地。其生产环境率先达到婴幼儿乳粉生产环境药级标准,率先运用由华工赛百提供的奶粉全程可追溯系统,让消费者透明、公开见证生产全过程。

明一有六大系列、十四个品类产品,目标客户涵盖了婴幼儿、幼童、孕妇、成人等主要人群。

14.3.2 行业概况

奶粉质量关系到每个家庭未来希望,牵动着万千父母的心,并不是大家都崇洋媚外,实在是国内奶粉问题频发,掺水、假冒等让人心寒。作为一项反映民生、关系每个家庭幸福的产业,婴幼儿乳品行业不能光依靠外水而是要正本清源,强大自身方可从根本上解决乳品安全问题。

国务院办公厅日前印发《2016年食品安全重点工作安排》，对 2016 年全国食品安全重点工作作出部署。《工作安排》从健全法规标准入手，突出源头严防、过程严管、违法严惩，加快完善统一权威监管体制，提升食品安全治理能力和水平，切实维护广大人民群众"舌尖上的安全"。

14.3.3 客户需求

打造切实可行的信息化管理系统，实现从产品生产到消费终端的全生命周期监控和管理，提高产品质量，严控假冒伪劣及窜货现象，保证消费者喝到放心、安全的牛奶，增加其对品牌的信任度和忠诚度。

具体地说就是采用信息化手段结合原有的产品生产和销售的情况，对产线和信息查询服务系统等进行改造和建设，建设内容包括激光打码、仓库管理、客户管理、数据统计、信息查询、防窜货管理等。

14.3.4 解决方案

方案结合领先的激光标识、二维码、RFID 射频、ERP 信息化平台等物联网技术，建立奶粉可追溯体系，大数据产品生命周期一码追踪实现集安全追溯、防伪防窜、智能仓储、消费积分四位一体的产品全生命周期数据追溯。

在这个数据平台中，通过激光打码技术赋予每一罐明一奶粉唯一的可识别身份信息——即 RFID 电子标签，企业自身可通过这些信息查询奶粉的追溯码，消费者亦可通过手机、互联网等方式查询奶粉的追溯码，确保所购正品及获得奶粉的生产厂家、生产时间、产品批号、奶源地等详细具体信息，确保了每罐明一奶粉的安全真实性，真正实现奶粉食品安全"一码追溯"体系，打造全产业链奶源基地。

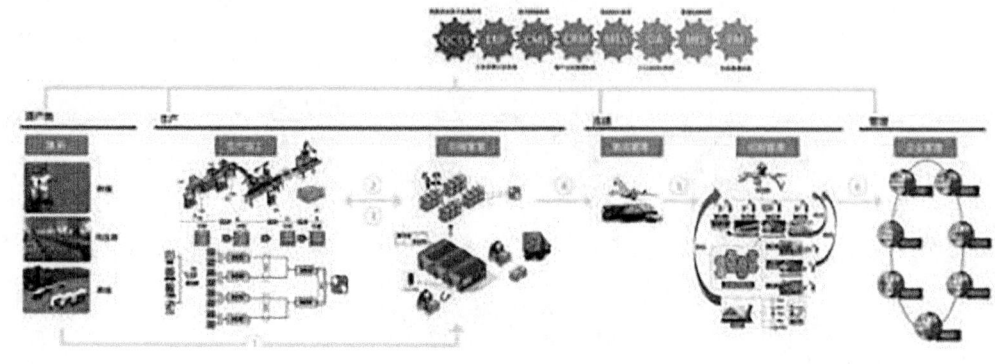

业务流程

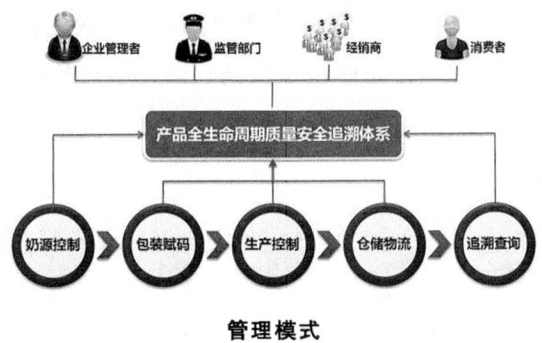

管理模式

14.3.5 效益价值

1. 通过系统对生产和销售业务数据的采集与关联,智能统计后能为企业管理决策提供数据支撑,实现对奶粉整个产业链的追溯信息化管理,提升公司内部管理效率,降低成本;

2. 实时销量监控、产品窜货分析、企业移动执法、商业智能分析,实现对产品全生命周期监管,有效做到奶粉安全风险的高度预防与监控,实现奶产品质量安全全程可追溯,源头上防止假货破坏市场,维护品牌形象;

3. 消费者友好型互动系统支持各种智能手机扫码追溯,实现企业与消费者信息互通、让消费者更加放心地使用公司产品。

14.4 宁夏圣峰百年农牧发展有限公司产品质量安全信息追溯平台

14.4.1 企业简介

宁夏圣峰百年农牧发展有限公司成立于2010年,是宁夏回族自治区政府培育的"农业产业化重点龙头企业"。公司下辖:圣峰枣业(深圳)分公司、(银川)分公司,宁夏圣峰百年农牧开发有限公司种植专业合作社,专门从事同心圆枣育苗、种植、收购、加工和销售及枣文化传播。占地30000平方米,建有红枣及枸杞、八宝茶、枣夹核桃、自动化清洗、灭菌、烘干、预冷保鲜生产线,年生产能力1500吨。

产品先后荣获多项大奖,目前,与兰铁旅游公司签订长期代加工订单,同时,入驻北京西单、王府井高端市场销售，在国内拥有 500 多家销售门店，在微信、淘宝网、京东商城、阿里巴巴跨境电商英文版等电子商务平台开通销售渠道，以高端产品占领市场，深得广大消费者青睐。

14.4.2 项目背景

食品安全事件频发加速了食品行业对食品质量安全信息可追溯系统的需求。同时，食品加工企业为提高国内国际竞争力，对建设食品安全可追溯系统也有着的迫切需求。

企业急需一套让消费者能够通过多途径查询产品真伪的平台，加强对产品流通领域的管理、掌握产品实时流、降低企业物流成本、快速召回和冻结问题产品并多途径与消费者进行互动。

14.4.3 项目挑战

鉴于农产品固有的自然属性，其质量安全问题要复杂得多。农产品的品类丰富，集约化和标准化生产程度低，其质量安全除了受特定生产本身因素的影响外，还受投入品比如农资的质量、生长和加工环境、储存条件乃至产品使用方法等诸多因素的影响。因此，农产品质量安全追溯体系建设，必须要把可能涉及的变量都考虑进去。

目前企业主要依靠半自动半人工的方式进行产品的制作。增加质量溯源信息采集环节，相对传统操作增加了工作量且信息采集的可操作性、便捷性直接影响到他们的采集积极性，所以对操作界面和使用流程要求必须简便。

14.4.4 解决方案

宁夏圣峰百年产品质量安全信息追溯平台针对现代农业生产园区的需求现状，提供了一套先进、全面的整体解决方案，解决方案集生产环境监测、智能设备控制、标准化生产管理、农技生产指导、农产品溯源和农企互联网营销等于一体，通过互联网技术与农学生产技术的深度融合，重构现代农业生产体系和经营管理体系，全面提高现代农业生产的规模和效率，改善农产品经济效益和品牌竞争力，节约人力成本的同时提高品质控制能力，形成完备的现代农业园区产业链。

圣峰百年产品质量安全信息追溯平台主要分为三大子系统：农业物联网监控子系统、农产品溯源子系统和企业溯源商城子系统。

产品溯源质量安全追溯系统可以查询到种植数据、生产数据，还可以查询到销往经销商的分销流通信息，为全面保障向消费者供应真品提供有效数据查询。

整套系统结合了物联网技术，在生产加工环节，外箱、托盘的赋码与数据关联，将关联信息记录到本地数据库中，并实时上报至企业数据库；成品仓储环节完成入库、出库、盘点工作，记录仓储物流信息，管理产品与经销商数据并记录到本地数据库，通过本地数据库即时上报至企业数据库；各级经销/终端用户通过 IE 访问企业数据库，查询产品信息，完成产品质量安全信息追溯。

14.4.5 效益价值

围绕红枣和枸杞产业，打造链条完整、有一定品牌价值的优势产品追溯体系，对圣峰品牌保护，提升企业信息化管理水平与追溯体系相结合，以二维码、电子标签及 RFID 技术等为信息载体，云平台为数据支撑，支持产业链各环节按照统一标准建设追溯体系，实行品牌化生产、规范化经营、电子化交易、专业化检测、信息化追溯，打造特色产品绿色供应链。推动向线上延伸追溯链条，打造线上线下有效衔接的全过程追溯体系，提高整体质量安全和市场竞争力，促进企业健康发展。通过对接自治区农牧、林业、食药监、工商质监等职能部门已建追溯系统，实现信息的互联互通、开放共享。

对通过本项目的实施实现枸杞、红枣全生命周期的质量追溯体系建设，制定枸杞、红枣产品质量安全应急预案，建立枸杞产品质量安全预警系统和反应机制，健全舆情信息处置制度，对枸杞产品质量安全重大事故进行及时有效处理。

建立"生产有记录、信息可查询、流向可跟踪、责任可追溯"的全程质量追溯体系，在企业中开展质量追溯建设工作,从枸杞、红枣产品生产到进入批发、零售市场或生产加工企业前的环节可追溯,实现枸杞、红枣生长、灌溉施肥、病虫害防治、采果、加工出售等电子记录,按要求录入标准生产手册以备查验,逐步实现枸杞产品生产、收购、流通、销售全链条可追溯,营造良好的绿色产品信用环境,努力提升枸杞、红枣形象和市场认知度。

14.5 宁夏红山河全产业链质量追溯系统

根据国家相关政策、经济发展方向及中长期技术发展规划。武汉华工赛百数据系统有限公司助力宁夏红山河食品股份有限公司打造重要产品追溯体系的建设,实现从"种植基地—生产加工环节—产品仓储—消费流通"全流程的溯源,打造集"产品供应、过程监管、质量保障、渠道拓展"聚合为一体的产品生态链。

14.5.1 企业简介

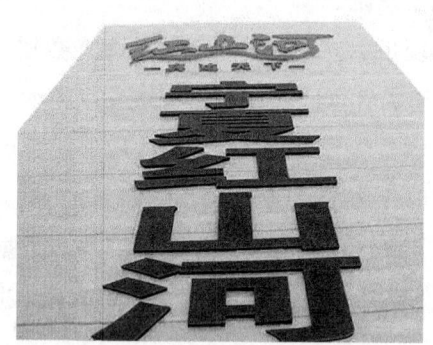

宁夏红山河食品股份有限公司位于中国(吴忠)清真食品产业园核心区,成立于2007年4月,是国内第一家清真复合调味品新三板挂牌企业。公司现有五家子公司,生产场地58036平方米,主要加工和销售清真固态、半固态调味料,共40多个品种,产品主要销往宁夏及周边甘肃、陕西、内蒙古、青海、新疆及河北、山西、河南、四川、东北等地。

目前公司获得了"全国少数民族特需商品定点生产企业"和"2014年全国民族贸易和民族特需商品生产百强企业"等多项荣誉或资质。公司产品"红山河"牌辣椒面被评定为"宁夏名牌产品","红山河"商标连续四届被认定为"宁夏著名商标"。

14.5.2 行业背景

国内餐饮业2万亿元产值,调味品占3000亿元,复合调味料占调味品中25%,市场规模巨大,增长速度平稳,总体容量3000亿元左右,2012年以来保持15%~25%以上的稳定增长,可以支持大企业发展战略。调味品行业仍处于成长期,潜力较大,行业集中度总体上较低,部分细分市场尚未形成充分竞争格局。

环保、食品安全、集约化生产等社会变革需要促使调味品生产向工业化转型。调味品中酱油、食醋完全饱和，乌江榨菜等腌泡菜已有较好的工业化生产成果，复合调味料急需形成工业化生产。

同时，全球物联网市场规模出现快速增长，农产品、轻工业领域的数字化、网络化、智能化发展趋势越来越明显，先进的信息化技术促进生产过程的自动化与精益化；上游供应链与物流更加准时化和精益化；其竞争格局已经从以产品为中心向以服务为中心转变；制造物联正在向全生命周期有效管理拓展。

14.5.3 项目背景

产品分散经营、产品流通企业信息化相对落后，面对这种情况所构建的平台应当能够满足各种不同类型用户的需求。尤其针对生产和流通企业所使用的系统应当简单易用，界面简单大方，让用户更方便使用、针对各级管理和决策部门要有强大的数据分析和统计报表的能力。

公司目前已基本完成信息化系统部署，现有信息化软件包括 ERP、CRM、OA 等管理系统，将企业业务管理流程与产品流通追溯过程融合为一体，需要对已有 ERP 系统进行系统集成。

搭建宁夏红山河全产业链质量追溯系统，需要与市级及区级重要产品追溯监管平台实现主体备案信息、产品关键溯源节点、溯源信息、审核信息、溯源大数据监控等信息共享对接。

14.5.4 解决方案

宁夏红山河全产业链质量追溯系统以落实企业追溯管理责任为基础，以推进信息化追溯为方向，提升企业产品质量安全与公共安全水平，更好地满足人民群众生活和经济社会发展需要。

通过重要产品追溯系统和智能物联网体系建设实现企业"种植基地—生产加工环节—产品仓储—消费流通"全流程溯源；

有效实现溯源记录信息化：通过智能物联网体系建设实现种植基地环境数据采集、视频监控，并实时上传相关环境数据和视频数据；追溯系统可以实现辣椒来源信息、检测报告信息化上传；通过智能物联网体系建设实现产品仓储信息采集并实时上传相关环境数据和视频数据；

在生产加工环节，通过追溯系统配置相应的溯源节点实现各个环节的信息追溯，可以实现对每个环节的操作时间、操作人员、操作现场、操作说明等内容进行追溯；

通过溯源大数据监控屏实现在公司总部实时掌握并直观、有效地展示基地情况、生产加工情况、产品存储情况；

通过重要产品追溯体系建设实现企业大数据整合营销，有效获取消费者、公司产品流通区域、销售情况等相关信息，并结合一定的营销手段提升公司产品的销量；

通过搭建和完善"品控溯源安保体系"提升企业产品的质量品质，提高企业的标准化程度；

通过企业内部或其他城市建设"企业溯源展厅",展厅内可以详细地介绍企业溯源体系建设的意义、内容和成果,陈列具有溯源标识产品,实时展示企业的溯源大数据屏。

通过企业重要产品追溯体系的建设,实现从"种植基地—生产加工环节—产品仓储—消费流通"全流程的溯源,打造集"产品供应、过程监管、质量保障、渠道拓展"为一体的产品生态链,提高企业产品"追溯、监管、管理、营销"服务水平,建立有效的产品召回机制,有力地保证产品的质量安全,完成"源头可溯、全程可控、风险可防、责任可究、公众可查"的目标。

宁夏红山河全产业链质量追溯系统的技术架构:

14.5.5 建设内容

1) 公众查询平台

为实施产品质量安全管理,界定生产与经销主体责任,保障消费者知情权而建立的管理系统。支持互联网与移动网络查询服务,建立生产全程质量安全可追溯体系,以及"从产地到餐桌"的全程质量安全可追溯体系。建立红山河和顾客之间"面对面"的关系,使消费者能够吃上放心的红山河调味品。

通过二维码查询模式,消费者可于本平台查询红山河系列产品说明、原料、生产、加工、运输、质检信息。

2) 建设追溯信息管理平台

根据宁夏重要产品追溯管理平台的统一要求,兼顾企业内部信息化改造需要,按照统一的数据传输格式和接口规范,与追溯信息管理平台连接,采集并上传各个环节的流通追溯信息。

按照统一的技术标准,搭建宁夏红山河全产业链质量追溯系统。并针对不同产品的流通追溯监管需求,开发种植、加工、流通、消费各个环节相关的子系统,汇集各个环节的流通追溯信息,形成互联互通、协调运作的追溯管理工作体系,实现信息存储、过程监控、问题发现、在线查询、统计分析等功能。

3) 网络、硬件等配套工程建设

需要配套建设追溯平台运行必需的网络、硬件等配套工程。

建设种植、加工、流通销售等环节需要的网络环境，各个网络之间独立建设，通过宽带或专线进行连接，保证数据汇总的及时、可靠。

4) 建设智能物联网技术应用系统

5) 搭建企业流通追溯大数据营销系统

6) 品控溯源增信体系建设

7) 建设产品流通追溯体验中心

14.5.6 效益价值

1) 带动红山河品牌市场占有率快速提升

围绕农业物联网监控子系统、农产品溯源子系统和互联网营销子系统展开，形成面向清真食品行业的追溯系统产品及互联网营销产品，重构现代食品生产体系和经营管理体系，全面提高农产品生产的规模和效率，改善农产品经济效益和品牌竞争力，节约人力成本的同时提高品质控制能力。因此本项目的实施，有效地提升品牌公信力，必将带动红山河品牌市场占有率快速提升。

2) 提升溢价能力，带动上下游企业

据初步预计，重要产品追溯体系建立后，通过产品质量的提升和把控，实现产品溢价空间上涨6%至8%，结合大数据整合营销及电商平台等途径，对周边上游下游企业具有一定的带动作用。

本案例撰稿人：

陈　佳　武汉华工赛百数据系统有限公司市场部经理

案例六　溜溜果园：建设中国梅全产业链追溯体系

15.1　公司介绍

溜溜果园集团股份有限公司是一家致力于中国梅产业发展，集科研、种植、加工、销售于一体的现代化集团企业，是中国梅全产业链领军企业。集团总部位于皖江明珠——安徽芜湖，旗下拥有13家全资子公司。目前，溜溜果园集团是农业产业化国家重点龙头企业和中国轻工业百强。

溜溜果园集团在"中国青梅之乡"福建诏安、北纬30°黄山山脉等多个特定区域打造绿色、无公害的原生态青梅种植基地10万余亩，同时建立生产加工基地逾70万平方米，拥有年10万吨青梅生产加工能力。

友高公司作为溜溜果园追溯体系建设项目的技术支持单位，成立于1999年，迄今已有20年发展历程，立足物联网标识行业，友高一直致力于物联网标识技术的研发和应用推广，在产品研发专利、知识产权方面，先后共取得各类专利证书约有50项，并荣获国家级高新技术企业殊荣。

20年积累沉淀，友高已成为一物一码现场标识系统（赋码、采集、关联）的领导品牌，并在食品、药品、白酒、婴幼儿配方奶粉、农药、兽药、种子、日化、化工、建材等行业都有大量丰富的一物一码现场标识系统案例客户。

在推动行业发展方面，友高组织、参与制定各类国家标准，包括：GB/T29017－2012《连续式喷码机》《激光打码机》《产品追溯 追溯编码规则和要求》，GB/T33993－2017《商品二维码》友高作为物联网标识行业唯一专家身份参与了标准审定；友高总经理陈文正先生也被聘为全国物品编码标准化技术委员会（SAC/TC287）的委员。

另外，友高于2018年12月，组织发起成立了IMU物联网标识行业联盟，并成为联盟的理事长及秘书长单位，联盟目前已有理事成员单位一百多家，基本涵盖了行业内知名的生产商、软件商、经销商，具有广泛的代表性。

在行业板块，友高相继推出了中国喷码标识网、《喷码与标识》杂志、"标识天下"微信公众号，"标识天下"APP，还着力打造了"物联网标识行业博物馆"平台，包含物联网标识行业博物馆、物联网标识行业博物馆——研发试验应用中心、物联网标识行业博物馆——会议中心，为全行业提供线上线下解决方案。

15.2 项目概述

随着时代的快速发展，食品安全问题及产品质量可追溯受到国家和相关部门的重视。在提倡绿色食品、健康食品的今天，还是有些食品存在着严重的安全隐患，接连不断发生的恶性食品安全事故引发了人们对食品安全的高度关注，大大增加了我们对这一国之根本的关注和担忧。食品安全关系到广大人民群众的身体健康和生命安全，关系到经济发展和社会稳定，关系到政府和国家的形象。食品安全已成为衡量人类生活质量，社会管理水平和国家法制建设的一个重要方面，食品安全与人民生命财产息息相关。

发生食品安全问题并不是偶然的，而是目前特殊条件下多方社会经济道德因素共同作用下的结果。过去，在生产销售伪劣和有毒有害食品的治理整顿中没有做到法治化、制度化，而是"救火式"的治理，哪里发生问题治哪里，事情过后"刀枪入库，马放南山"。因而制假售假率屡治不绝、屡禁不止，甚至有愈演愈烈之势。

2015年，针对这一现象，国务院办公厅下发了关于加快推进重要产品追溯体系建设的意见（国办发〔2015〕95号），也正是在该意见的统一指导下，如今各行各业都在铆足全力搭建产品追溯体系，全力保驾护航食品安全，这其中又以快消品最为火热。

作为"一物一码，多码合一，产品身份证"赋码、溯源、营销、物联全面解决方案引领者和倡导者，友高凭借"一物一码"技术为安徽溜溜果园集团搭建实时动态智能化大数据追溯平台，助力其实现产品的追踪追溯、防伪防窜、物流管理、仓储管理等功能，保障溜溜果园所有产品实现质量安全顺向可追踪、逆向可溯源、风险可管控，发生质量安全问题时产品可召回、原因可查清、责任可追究，切实落实质量安全主体责任，保障食品质量安全。

现以安徽溜溜果园集团为例，详细解读溜溜果园追溯体系的建设项目经验，并使其取得成效得以分享，以供参考。

15.3 项目建设情况

溜溜果园希望基于以防窜码作为表现方式，建立一个全面、精确、可靠的信息平台来对公司的生产、物流流通，供应链管理等环节，企业内部以防窜码管理成品跟踪、物流等技术手段。实现提高生产效率、保障生产安全运营、降低生产成本、提升产品质量和增强企业核心竞争力的管理目标。以确保产品在仓储、运输和配送环节做到可识别、可记录、可追溯。实现对产品全生命周期能够及时有效地监控管理，对现有市场体系的规范保护，以及基于移动互联网等技术手段的营销方案和内部 ERP 系统的高效率协同。

15.3.1 用户需求分析

1. 利用追溯系统实现产品的一物一码追溯防窜要求，通过产品防窜码查询，精确定位产品经销商；

2. 最小追踪单元为大箱包装的产线是采用在线使用喷码机喷印生产日期、产品防窜码，防窜码位数为 16 位，保证在溜溜梅果园集团内所有产品防窜码不出现重码；

3. 销售出库环节，通过分拣发货完成绑定全国 9 个库房及订单经销商信息管理，同时采集出库数据回传追溯系统，实现公司经销管控及窜货管理，支持扩展库房数量；

4. 发货时能采集到的要素：防窜码的信息、库房信息、发货时间、订单号、产品品项、数量、经销商、操作人员；

5. 可以实现的目标：物流精确追踪、库存查询、窜货、统计报表；

6. 生产过程中需要采集及录入的数据：产品名称、防窜码（二维码）、生产批次、生产日期、产品规格、有效期、生产数量、车间信息、产线信息、班组信息；

7. 第三方接口交互，针对公司 ERP 实现系统间的智能沟通交互；能实现与第三方系统发菜网对接（销售系统）；该功能二期已扩展；

8. 功能扩展预留（移动二维码营销包括抽奖、红包、积分等）；

9. 36 条线根据现场情况汇成 6 条线（按称重机位置计算），实现箱的防窜追溯要求。

最小追踪单元为小袋包装的产线是采用在线使用激光机打印生产日期、产品防窜码，保证在溜溜梅果园集团内所有产品防窜码不出现重码；箱码用喷码机完成赋码，同时在线实现箱内装产品防窜码与箱防窜码的关联对应；手动线产品通过整平装置后，进行自动计数分流，方便人工装箱；该功能二期已扩展。

15.3.2 友高项目方案

友高主要通过 IotPlant 一物一码智能物联平台、友高 AIMARK 智能标识系统（在线式）、赋码设备、追溯平台等对溜溜果园产品包装进行一物一码的赋码、产品包装信息的关联、生产物流信息的采集，为溜溜果园所有产品实现可溯源、防伪、防窜货、仓储管理、物流追踪的管理。

通过企业自建服务器平台和友高对产品赋码、生产信息采集与关联、入库、订单出库、物流追踪等各环节的专业技术管控，实现产品从原料来源、生产加工、包装入库、发货出库、物流追踪全过程的信息管控。各环节做法如下：

考虑溜溜果园现有的组织架构以及一物一码系统建设要求。方案设计架构如下图所示：

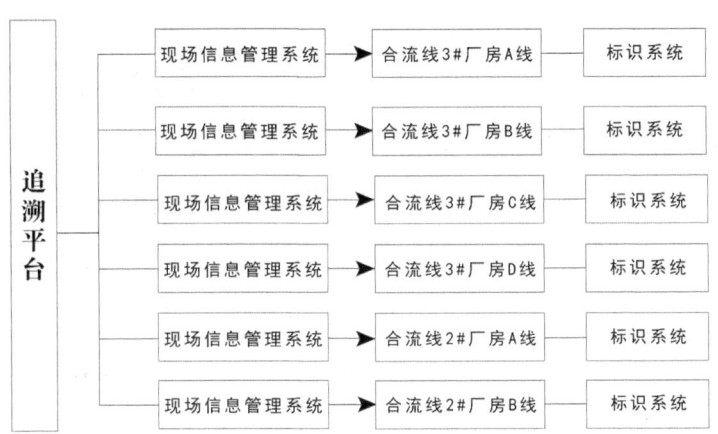

1. 赋码环节

溜溜梅小袋包装的产品是采用在线使用激光打码机打印三期、追溯码，保证溜溜果园集团所有产品追溯码不出现重码；追溯码表现形式为 18 位数字码，追溯码构成：工厂代号 1 位＋产线代号 2 位＋日期时间 10 位＋可变量 5 位。

大箱包装的产品是采用在线使用喷码机喷印生产日期、产品追溯码,追溯码位数为16位,保证溜溜果园集团所有产品追溯码不出现重码;表现形式为16位数字码＋二维码(二维码内含产品品名规格信息及追溯码),追溯码构成:工厂代号1位＋产线代号2位＋日期时间10位＋可变量3位。

产品喷印环节可以定义的生产信息包含:产品名称、产品规格、生产日期、生产批号、车间信息、产线信息、班组信息;可以追溯该产品的生产批号、生产日期、生产车间、生产产线(生产过程的相关设备信息)、生产班组、原材料来源、包材来源信息。

防窜码喷印样式如下图:

2. 生产信息采集与关联及产品入库

生产信息采集与关联环节通过友高 AIMARK 智能标识系统(在线式)和 Iotplant 一物一码智能物联平台完成袋装产品追溯码信息的采集并一一形成箱装产品的对应关系,建立袋装与箱装的关联关系,产生生产数据库;对于无法采集的产品由剔除装置剔除至产线外,采集完成的产品码垛后入库;完成数据采集后的箱装产品信息通过友高 Iotplant 一物一码智能物联平台上传至现场信息管理系统,最终上传至追溯平台。此过程中可以实现生产数量统计、入库信息确认,与现有的 ERP、SAP 实现系统间的智能沟通交互,生产信息快速掌握。

IotPlant 一物一码·智能物联平台

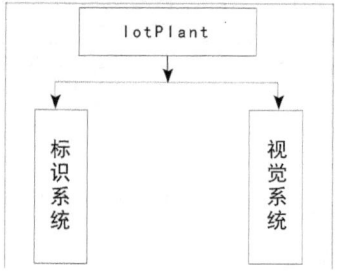

组成部分

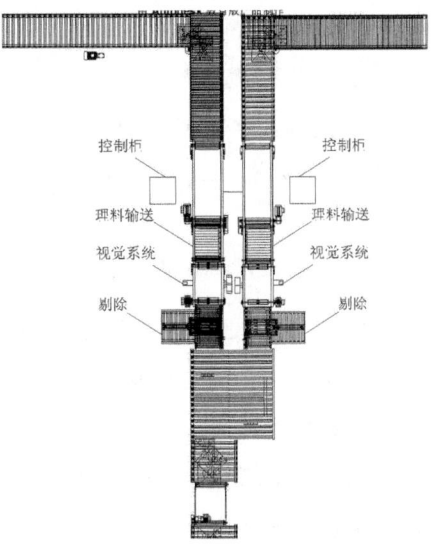

方案图——3#厂房南区方案图

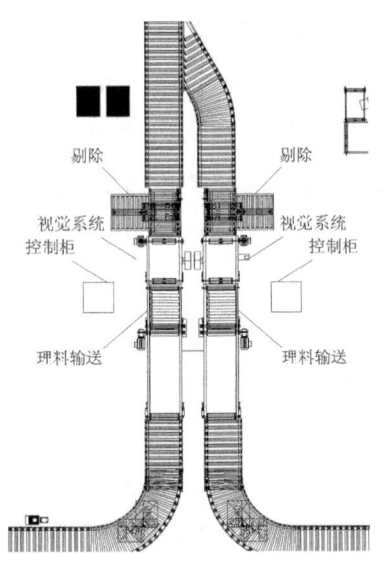

方案图——3#厂房北区方案图

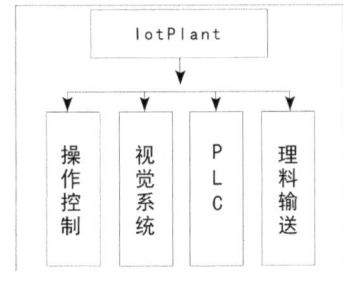

流程说明

人工装箱后的大箱产品在各个产线完成赋码（防窜码），经过合流后进入称重机通过视觉系统完成大箱码（防窜码，指喷码机喷印的数字码和二维码）的采集，采集不合格产品利用称重机剔除至产线外，合格品进入下道生产工序。

根据目前的现场布局，A 线负责处理 4 条产线生产任务；B 线负责处理 3 条产线生产任务；C 线负责处理 4 条产线生产任务；D 线负责处理 4 条产线生产任务。

3. 订单出库

一物一码项目出库环节，华东仓库的产品需要做到订单客户精准发货，目前是出库人员利用手持 PDA 完成大箱产品出库、装车。为了迎合后期新库房的自动化出库及减少当前出库环节的人员劳动量，根据实际需求设计成套自动装车出库系统，并与目前现有的一物一码仓库管理系统进行对接，能完成各订单产品的高效出库。

企业客户现有一物一码追溯平台、仓库管理系统及 ERP 系统，自动装车出库系统需要做到能与仓库管理系统无缝对接，获取及回传订单，将产品的出库信息同步至仓库管理系统。销售出库环节，通过分拣发货完成绑定全国 9 个库房及订单经销商信息管理，同时采集出库数据回传追溯系统，实现公司经销商管控及追溯管理。

追溯系统与企业 ERP 销售订单信息交流，根据 ERP 订单信息自动建立出库信息，库房接到出库订单后，通过 PDA 设备把出库产品逐一完成追溯码（二维码）扫描出库。采集完毕后，通过库房管理系统软件将出库数据上传到本地数据库中，企业可选择手动、定时、实时上传该防窜码信息至系统平台。订单出库环节追溯信息可以关联本订单的销售人员、经销商（名称、地址、负责人姓名、联系方式）、库房信息、发货时间、订单号、产品品项、数量、操作人员。

具体表现为：

1) 利用自动化的出库设备减少当前出库环节的人员劳动量；
2) 新库房的自动化出库；
3) 产品按当前订单要求由仓管人员将产品发放至装车区域；
4) 装车人员按当前订单信息完成各产品信息的采集及装车；
5) 装车完成的订单最后由人员完成结单，信息同步至仓库管理系统；
6) 装车的产品根据订单信息能将客户信息喷印在产品表面；
7) 自动装车速度不小于 1200 箱/小时，由人工上料速度决定；
8) 采集设备能实现双面采集，减少员工劳动强度；
9) 无法采集设备被剔除至收料工位人工处理；
10) 车辆长度最长 9.6 米，高度 1.1~1.3 米；
11) 适应产品宽度的范围差为 200mm，产品尺寸最大宽度 450 mm；
12) 目前华东仓分 ABCD 四个仓库，每个订单可能会包含 4 个仓库的产品，物流通道在中间；
13) 出库、装车按单个订单逐一完成；

14）每个装车出库系统配置一个显示器用于显示当前订单信息。

总图如下：

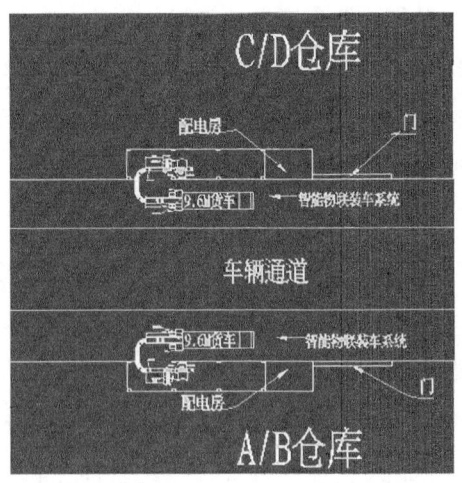

出库管理

当前订单的产品由 IotPlant 智能物联平台自动采集。并把采集的数据同步至仓库管理系统。

设备管控

友高 IotPlant 具有设备物联网，IotPlant 和设备建立连接，可实现对设备的参数调节、控制、设备当前状态。

人工将本订单的产品依次放到人工上料输送机上，输送到检测喷码输送机上，通过扫描仪对产品追溯码进行采集，并把采取到的产品信息保存，同时由喷码机喷印经销商信息，对未能识别追溯码的产品进行剔除，合格产品输送至一定高度到达伸缩输送机上，最终被送至车厢内，由人工进行装车作业；本订单完成后由人工进行结单，本订单信息同步至仓库管理系统。

4. 物流追踪

企业市场稽查人员利用微信公众号产品追溯通道，开展产品窜货稽查及取证、溯源信息查询、真伪验证等功能，精准定位窜货责任经销商；企业稽查人员在市场稽查时能准确得知产品的物流流向，规避窜货处罚错误结果，保持公正性；经销商或消费群体可通过微信服务号扫一扫方式，查询产品单品的追溯码，系统平台将快速返回产品的真伪、物流等信息。消费者查询追溯码时系统自动判定并记录消费者查询位置信息（GPS 定位），企业即可以借助消费者真伪查询自动判定经销商窜货行为，并获得经销商窜货查询服务。

仓库流程说明

1) 手持数据采集器（PDA）终端扫描出库：库房接到出库单后，把要出库的产品拣出。库房采集人员在库房管理系统软件上建立出库单据，下载到 PDA 采集器，使用采集器对出库产品追溯码进行扫描，扫描时按照出库单上的出库明细进行条码采集。

2）出库数据同步：采集完毕后，通过库房管理系统软件将出库数据上传到本地数据库中，企业可选择手动、定时、实时上传该防窜码信息至系统平台，建议手动和定时两种上传方式并行。定义该防窜码的信息（包含了其中的经销商、销售区域、批号、备注）。

3）手持数据采集器（PDA）终端扫描调库：库房接到调库通知后，把要出库的产品拣出。库房采集人员在库房管理系统软件上建立调库单据，下载到PDA采集器，使用采集器对调库产品追溯码进行扫描，扫描时按照调库单上的调库明细进行条码采集。

4）调库数据同步：采集完毕后，通过库房管理系统软件将调库数据上传到本地数据库中，企业可选择手动、定时、实时上传该防窜码信息至一物一码防窜追溯平台，建议手动和定时两种上传方式并行。定义该防窜码的信息（包含了其中的调往仓库、批号、备注）。

5）手持数据采集器（PDA）终端扫描退库：库房接到退库通知并接收到退货返库产品后，清点待退库的产品。库房采集人员在库房管理系统软件上建立退库单据，下载到PDA采集器，使用采集器对退库产品包装追溯码进行扫描，扫描时按照退库单上的退库明细进行追溯码采集。

6）退库数据同步：采集完毕后，通过库房管理系统软件将退库数据上传到本地数据库中，企业可选择手动、定时、实时上传该防窜码信息至一物一码防窜追溯系统平台，建议手动和定时两种上传方式并行。定义该防窜码的信息（包含了其中的经销商、销售区域、批号、备注）。

7）库房物流数据与平台同步：入、出、调、退库信息上传汇总到一物一码防窜追溯平台，并由平台提供产品详细物流查询及经销商窜货稽查服务。

8）仓库—服务器：仓库（与服务器所在地必须具备局域网环境，网络环境由各个仓库自行完成）。

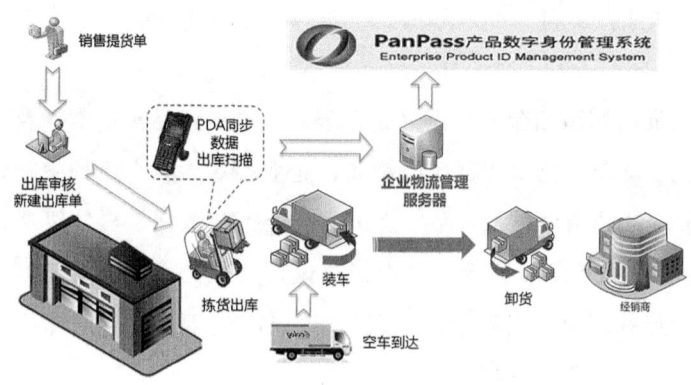

备注：以上流程支持在线及离线业务模式。

5. 溯源查询

基于可变码的防窜管理平台是整个系统的核心，管理平台依托数据中心构建，提供物流防窜管理、产品溯源管理、数据查询统计、经销商物流管理等一系列基于产品防窜码管理的服务功能。

溜溜梅项目一期完成防窜码管理平台的搭建和部署，对于生产环节进行采集关联管理，在发货环节通过扫描定义产品物流流向信息。实现物流防窜管理、追溯、数据查询统计功能应用。

通过对生产过程中产品赋码及流通销售信息的监管，对每一件产品的身份赋码、物流、信息流进行跟踪追溯，从而实现对产品从生产、入库、销售、流通、分销、防窜的管理和控制。产品身份查询系统可通过人工、短信、电话、网络的方式查询。在产品上或包装上均可看到产品身份码标识码，消费者只需要将产品身份码输入相应的查询系统，系统便反馈产品真假、经销地点等产品信息。

现场生产赋码系统对产品进行赋码的同时可对每条生产线产品种类、产品数量进行快速准确的统计。通过系统的统计能快速准确地得出制定一定时期的有效生产量。

最终实现每件产品都能与其责任人（管理人员、质量人员、生产线号、生产班组）、产品信息（品名、规格信息）和生产信息（生产批号、生产日期、工厂代码）建立关联关系。能实现产品与原材料及包材的关联（原料、包材相关信息通过 ERP 对接互通获取及手动获取）。一旦发现产品出现质量问题，可以迅速地追踪到责任人，查明引起质量问题的原因。

15.4 项目实施效果

信息化追溯系统顺应"互联网＋"食品发展趋势，溜溜果园通过搭建一物一码追溯系统，轻松串联原料、生产、流通、消费领域，不仅实现了安全溯源、管理精准、数据分析、营销拓展四大功能，还增强了社会和企业经济效益。表现在：

1. 防伪：防窜货系统通过给每个产品以二维码防伪标签为载体接入二维码防伪系统中，完成对每个产品的精细化管理。为后续生产管理及发货管理，提供信息化支持，提高公司信息化管理水平。

2. 防窜货：当每个产品都有了自己的二维码身份信息之后，通过防窜货系统就能监控到产品的一切流转信息，从产品出厂最终到消费者的手中，都会有详细的信息记录，企业能够自主查询，如果产品出现窜货，防窜货系统也会主动提示企业在哪个区域、哪个批次、哪个经销商出现了窜货，企业能够依据这些信息进行经销商团队的管理。

3. 产品溯源：与防窜货系统的原理一样，经过溯源系统能够查询到产品的产地，以及生产、出厂、流转等一切的详细信息，覆盖从生产至销售的可追溯模式有效帮助了企业和管理部门加强控制和监管，也极大程度地保障了消费者的合法权益。

4. 数据搜集与计算：每个产品有了自己的信息，通过防伪防窜货系统就能很好地计算到产品的流向、销量等各项数据信息，企业能够经过这些信息进行大数据分析，调整不同时节、不同时期、不同地域的营销计划，能够更好地拟定开展战略。"一物一码"精准把握产品动向，搭建了一条直达消费者的沟通桥梁，杜绝了经销商窜货行为，实现产品源头可追溯，质量可监管，物流可追踪，责任可追究；不仅减少企业损失，还使得品牌形象大幅提升。

5. 营销推行功能：二维码是移动互联网的很好的入口，消费者扫一扫二维码就能够接入移动互联网，商家还可以通过防伪防窜货系统实现扫码营销，在查询防伪的过程中，企业能够增加相关产品的促销信息，能够让消费者注册会员，会员查防伪或许共享转载都能获取积分，积分能够直接在商城购买产品，对于扩展产品知名度和提高销量有很大的帮助。

6. 追溯体系的搭建让溜溜果园工厂从传统生产模式逐步转向工业化、智能化的生产模式，这对于企业未来迈向工业4.0又前进了一大步，一举多得。

15.5 项目总结与展望

如今，人们的消费观在升级，产品质量的好坏直接影响着产品的销售和市场，低价劣质必死，质量管理升级迫在眉睫。我国对于食品、农产品及其他重要产品的安全质量越来越重视，相继出台了多个政策法规完善建立产品信息化追溯体系，逐步实现"从农田到餐桌"全过程追溯，以保障广大消费者的健康和利益。

企业的产品品质管理升级要从消费者的角度去思考，要让消费者买得放心，用得放心必须有完善和透明公开的产品质量追溯系统。国家各部委以及地方政府已相继建立了多个产品溯源监管平台和产品溯源数据库，企业通过一物一码技术的应用，建立企业端的产品溯源系统，与政府平台以及数据库打通，增强消费者对企业产品品质的信心。借助一物一码技术，企业可为每一个生产批次的每一件产品赋予唯一的溯源二维码，通过溯源码记录整个生产过程的原料、生产环节、生产人员、物流等溯源信息，消费者在购买产品时只需要扫描溯源二维码，即可立刻得到完整的溯源信息。

在国家大力推动建立完善的产品质量溯源体系，以及消费者对产品品质日益增强的需求下，未来的快消品企业将普遍采用一物一码技术建立企业级的产品溯源系统，更主动地将产品溯源信息展现给消费者，让企业和消费者直接不再处在信息不对称的状态。

安徽溜溜果园集团作为蜜饯食品行业的龙头企业，具有业界内最为先进的自动化生产线，其追溯体系建设极具代表性。本次项目对蜜饯食品中行业的影响会带来一定的示范性作用。

随着国家"中国制造 2025"推出,要求加强标准体系建设,大力发展国内核心智能准备应用,友高为溜溜果园提供的信息追溯管理体系将会推广蜜饯行业的制造的标准化,起到信息标准化建设作用,发挥溜溜果园在蜜饯食品行业标准制定中的重要作用。加快推动新一代信息技术与制造技术的融合发展,相辅相成,溜溜果园以本次技改为出发点,把智能制造作为两化深度融合的主攻方向,着力发展智能装备和智能产品,推动生产过程智能化,培育新型生产方式,全面提升蜜饯食品生产企业在研发、生产、管理和服务的智能化水平。

纵观种种原因,我们不难发现目前食品安全问题并不是一个孤立的现象,而是跟我们目前特殊的社会大环境有密不可分的联系,只有从多方面着手,从企业现场实际问题出发,建立可靠契合完善的产品追溯体系才能有效解决当前问题。

本案例撰稿人:

汪　正　合肥友高物联网标识设备有限公司行业总监

案例七 G7：食品安全方案在供应链追溯中的应用

16.1 食品行业的发展趋势

民以食为天。中国人自古以来对于"吃"就尤为重视。近年来，通过人们不断提高的生活水平不难发现，相较之前，如今的中国人在"吃"上已然发生了变化。

据此前国家统计局发布的数据显示，2018年我国居民恩格尔系数（食品支出总额占个人消费指出总额的比重）为28.4%，比上一年下降0.9个百分点，消费持续升级。同时，据多家本地生活服务平台发布的报告显示，高端食品消费呈现强势增长，国内消费者越来越重视食品品质。同时，随着中国经济由外需向内需驱动的转换，中国食品行业也呈现出相应的变化与趋势，由过去数量驱动逐渐转化为质量、价值驱动。食品消费不断升级，消费者越来越注重健康的食品，也愿意为高端食品买单。品类渠道区域分化，销售渠道多样化且销售渠道不断下沉，对于食品配送的时效性有了更高的要求。

而在政策方面，2018年10月，全国人民代表大会常务委员会新修的《中华人民共和国食品安全法》正式实施，该修订中对于实施严格的全过程管理，建立监管惩罚制度，建立食品安全标准制度等提出了要求。

在技术方面，科技是企业创新的能源，互联网、物联网、大数据、移动支付等新技术在食品行业广泛应用，网络化、数字化、智能化等技术与食品行业也深度融合，推动了食品行业信息化变革，也加速了保障食品安全的重要方式冷链物流的发展。同时，食品安全大数据的可视化、智能化、平台化，不断以融合科技的力量推动食品安全的不断进步。

而这些方面对食品行业的影响，给企业提出了新的挑战，也带来了新的机遇。如何应对这些变化，将挑战转化为机会，实现更大的发展，是企业需要面对的问题。

16.2 企业的需求

为了应对这些变化和影响,在食品行业整个上下游链条中,供应商、货主、物流企业都有着各自不同的需求。

供货商的需求:如何开发出新的产品,如何满足客户的供应需求,怎样及时有效地将生产好的成品送到客户处。

货主的需求:更好地满足来自最终用户的购买需求,提高终端客户的收货体验;如何合理地制订采购计划,各地库存的可视化管理;如何将产品可控、可视,及时地运输到用户处,如何应对客户日益变化的需求,淡旺季销售与运力的匹配。对上下游信息的整合,对物流的 KPI 有效管理等。

物流企业(企业物流)的需求:仓库的选址,仓库的合规性,库存的管理;物流网络的规划,运力的安排,运输过程的可视化,货品品质,货品安全的保障;对于自有车和外协车的管理,以及来自货主方的绩效考核;成本的可视化和优化管理等。

16.3 G7 公司简介

G7 是中国领先的物联网科技公司。基于行业独有的物联网技术平台,G7 向大型物流企业和数以万计的物流车队提供车队管理与服务综合解决方案,覆盖安全、结算、金融、智能装备等车队运营全流程。G7 致力于建设中立、开放的技术平台,构建产业互联的生态系统,通过"AI+IA"(人工智能+智能资产)战略,赋能物流企业与车队客户、提升行业整体效率。截至目前,G7 服务的客户超过 6 万家,连接车辆超过 110 万台,已成为全球最大的车队综合管理服务平台。G7 的股东包括了一流的专业投资机构、大型金融机构和有影响力的产业投资者。

G7 助力企业用 3S(SaaS/PaaS/IaaS)云数赋能,用 5D(运输管理平台,运力整合平台,金融结算平台,安全服务平台,智慧园区平台)打造生态,实现企业生产力 4N 升级:新技术(IoT 赋能),新模式(SaaS/PaaS/IaaS),新动能(5 大管理平台),新生态(上下游协同,内外网协作)。

G7的产品给各个角色带来的价值：

角色	产品	价值
货主/供应商	实时事件可视化管理	端到端可视化提升客户满意度
	招采平台	对供应商、物流商各种相关数据记录，在招采时能高效地匹配需求和资源
	货品端到端追溯	食品流通的合规，政府检查的需要
物流仓储	园区管理/月台预约	提升仓库操作效率，有效地平衡各承运商的到达卸货时间，合理安排员工的作业时间
	库内温度监控与预警	实时监控及时预警，提高管理效率。历史数据留存，可分析可追溯
	仓库的设备智能化	保障操作员工的人身安全，同时提高资产管理的效率
	库存管理（库存的数量及定位）	提高工作效率，高价值的货品的管控，降低货物丢失的风险
物流运输	路由优化	对inbound和outbound的运单与运力池里的资源快速匹配（满载，路径最优），提高车辆利用率及合理安排资源，减少对有经验员工的依赖，提高工作效率
	追货产品	对高价值货品，防窜货货品的监控与预警
	智能安全产品	车辆和人员行驶过程中的安全保障，改善司机驾驶行为，提高管理效率
	货车货品全程冷链监控（提供后台7×24小时服务支持）	货车内多温区的监控，确保运输过程中货品不脱冷，保证货品品质和食品安全
	智能周转箱	周转箱内的温度的控制与保冷，同时能通过终端实现运输过程中的远程监控。位置的监控，让周转箱的管理可视化

续表

角色	产品	价值
物流运输	智能管车	货车的在途轨迹实时监控，货车ETA的管理和预警，提高管理效率及客户满意度货车行驶的相关数据的采集，为后续管理分析提供数字化依据
	运力平台	对自有车、外协车、临时用车的资源安排，车货资源动态匹配
	金融结算	为企业资金、费用结算带来便利

16.4 案例分享

16.4.1 蒙牛公司简介

内蒙古蒙牛乳业（集团）股份有限公司（以下简称蒙牛）始建于1999年，总部设在内蒙古和林格尔县盛乐经济园区。搭乘内蒙古自治区经济飞跃的"千里马"和改革开放的"顺风车"，蒙牛以18年逾1400倍的销量增长速度，成为中国发展速度最快的乳品企业。2014年成为入选恒生指数成分股的中国乳业第一股。

作为中国领先的乳制品供应商，蒙牛致力"以消费者为中心，成为创新引领的百年营养健康食品公司"，并着力提升品牌能力、销售能力、数字化能力、研发创新能力、高效运营能力、组织保障能力，推动高质量、高水平发展，以更优质的产品服务国民健康，为提振中国乳业当好"排头兵"。

2011年，蒙牛作为内蒙古质监局"放心乳粉行动"的首批试点企业，率先建立奶源追溯体系，得到了各部委领导的一致好评。蒙牛奶粉始终坚持"放心乳粉、北欧进口奶源、丹麦专家在线管控、全程可追溯"四项原则，使得产品可以通过平台化的手段实现多维度产品追溯，开创了食品特别是乳品行业的追溯先河。

16.4.2 项目概述

蒙牛集团低温物流部分承运商有定位系统，但各承运商系统独立，各下属机构只能通过承运商提供的数据信息进行管理，中心管理部无法实时了解承运车辆的位置及状态；货品在途的温度不可视，货品品质有时难以得到保障；

运输发车准点，延误等异常难以监控与管理，且需要大量人工投入管理监控，中心管理部

只能通过回访抽查了解客户满意度,无法做到主动监管,对异常进行实施处理;

采用的纸质单据对货品进行交接,纸质交货单的使用存在两个问题,首先,纸质单据信息无法实现电子化和数据化,也就无法快速、实时地了解物流的运营情况。其次,出于单据流转周期的考虑,偏远客户与小型客户的纸质单据采用了代签的方式。

16.4.3 项目目标

为了强化全过程单据追溯,温度追踪,保障货品质量安全、风险控制和提高客户服务水平,由低温物流牵头多部门协作在低温运输环节做了以下的方案设计:

1)利用物联网技术及系统管理,帮助企业实现从农场到餐桌全链条的可视化管理体系。建立完善、规范、精确、协同的信息化管理平台,在提升运营效率的同时,使企业的管理模式具有可扩展性和可复制性。可实现信息实时查询,实时响应,异常情况实时预警。

2)引入电子签收系统,为供货商、承运人、经销商等合作主体提供了跨空间的签收平台,免除了线下面签、快递、仓储的物质和时间成本,大大提高了作为交易关键环节的合同签署效率,同时在风控上通过G7提供的合同全生命周期管理服务,确保作为电子合同有效要素的电子签名满足4个条件:真实身份、真实意愿、签名未改、原文未改——这也是现行《中华人民共和国电子签名法》明确电子签名"可靠",即具备法律效力的四个要件,从而最大化规避相关风险。

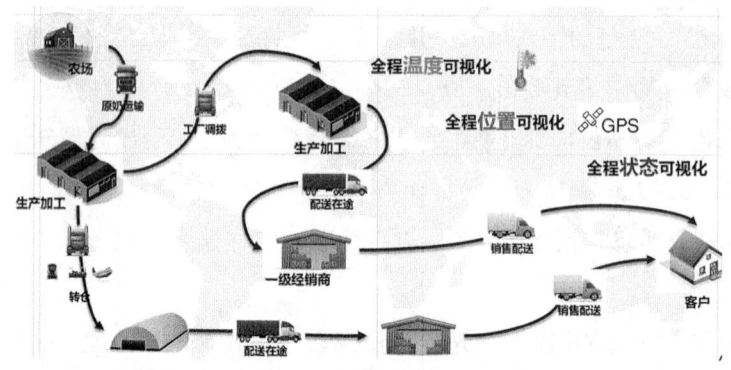

实现从农场到餐桌全链条可视的高效管理系统

16.4.4 项目解决方案

1)可视化管理系统方案

G7打造的蒙牛物流信息化可视平台实现了企业、承运商、运输司机共用同一管理平台,实时传递订单信息以提高工作效率;通过GPS/LBS对车辆在途全程可视化管理,追踪车辆行驶轨迹有效防止车辆异地送货;通过司机APP全程数据记载,真实反馈服务、效率等KPI指标。

系统将上游订单的对接,承运商的调度、司机任务领取,提货确认等相关节点信息全部打通；在途信息节点采集通过司机 APP 完成；此外，签收环节通过电子围栏自动记录司机到达时间。

2）系统总体架构

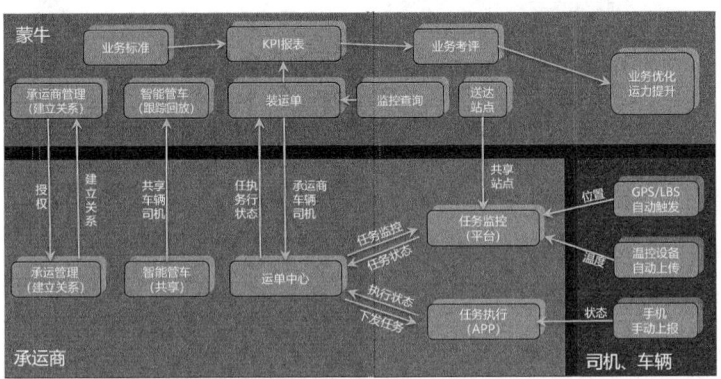

蒙牛基于食品安全的前提下建设的物流数字化管理的目的是将整个链条中的各个节点打通，让数据信息透明化，让企业管理人员能及时有效地追查到相应信息，并实现对应的管理控制。如上图所示，蒙牛的上游 ERP 系统将订单与蒙牛 G7 系统对接，同时在系统上将蒙牛与下游承运商建立授权关系，蒙牛承运商到蒙牛 G7 平台上做后续运单处理与司机指派，司机通过手机 APP 接受任务，执行运输过程，并返回电子签单。

3）运输过程可视

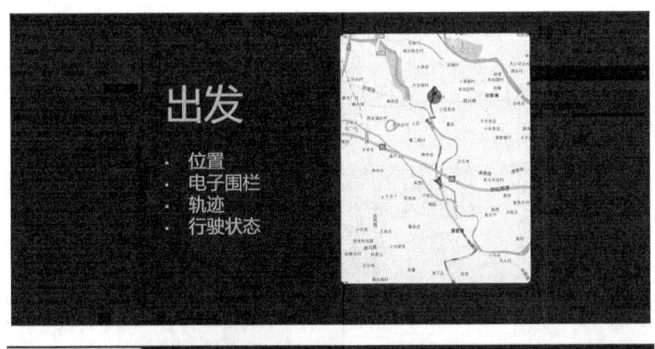

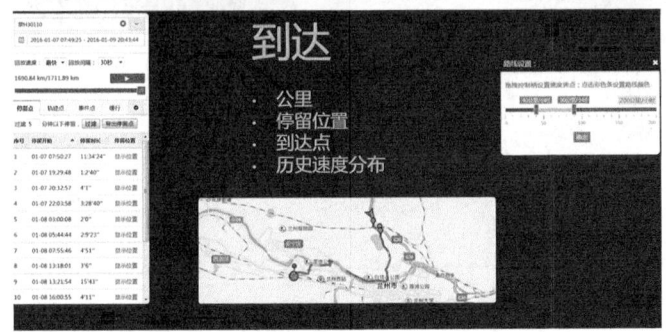

系统可支持订单的在途监控，货物运输全程可视化。蒙牛、承运方可通过电脑、微信公众号、手机 APP 等多种形式，实时监控货物动态。实现业输过程全程可追踪、更透明、更高效。

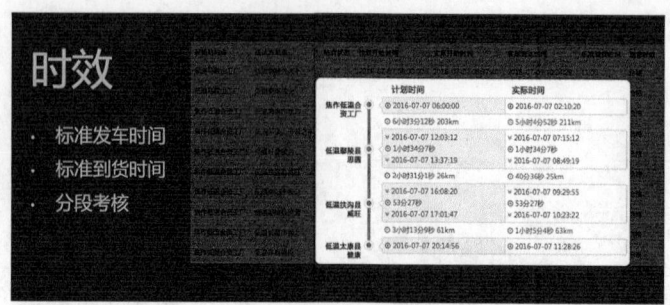

对于多点运输,在系统设置收发货电子围栏自动记录节点信息,可防止作弊,也可作为考核司机的依据。通过电子围栏的设置,可及时了解订单状态的变更、限制司机的签收地点、实时了解司机的实际位置,并通知收货人收货。

4)全程温度可视

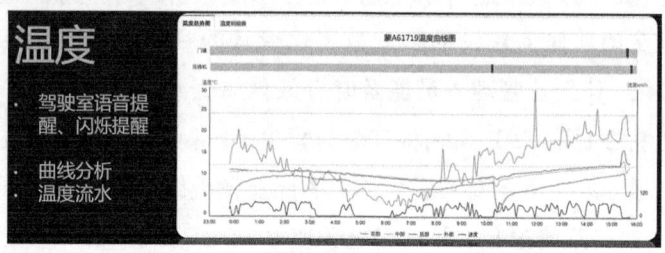

通过温度检测装置实时采集车厢内温度,并实现公开透明展示。同时在司机驾驶舱内有温度显示器,能让司机实时看到车厢内的实际温度,对于温度可以做到实时控制。温度异常时会在司机端及平台端预警,让企业轻松管理。

5)异常事件预警

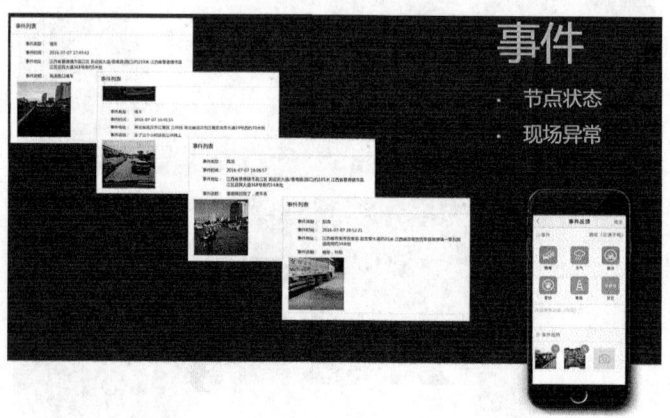

实现异常情况及时预警和异常信息的及时反馈。司机遇到在途异常状况及时填报,既减少了过多的电话沟通,又留存了记录和影像证据;丰富的预警配置,及时监控各种异常。司机送货完成后,可以通过手机APP进行相应的签收拍照回传,物流人员可实时在PC端查看签收情况。

6) 报表功能

系统支持制作全方位多样化管理报表，基于 BI 数据分析体系，形成基础数据统计报表及个性化的定制分析报表、PC 端及 APP 端的多种图形化展现方式、KPI 考核指标的数据采集，根据趋势帮助做出更好的商业决策。

形成报表后，用户可以在平台上查看也可以下载到本地再进行个性化的加工。

7) 方案价值

G7 打造的蒙牛物流信息化可视平台助力蒙牛实现了供应链效率的大大提升，食品安全的保障。

1. 有效统计车辆发车时间与货物到达时间

通过电子围栏设定及对送货车辆抵达客户处至最终卸货完毕签收的时间点通过司机 APP 作业采集，可统计发运运抵时间。解决人工登记时间准确性较差，承运商反馈车辆等待时间较长，无准确数据佐证等难题。

2. 订单全程可视化跟踪，异常情况及时处理

在途节点直接可查；可直接由司机通过 APP 反馈在途异常情况，所有相关方可以直接收到通知，不需要重复交换信息；可及时处理异常事件；签收单可第一时间通过司机 APP 上传；第一时间得到客户签收信息。解决原本无法直接有效跟踪作业订单，通过承运商、司机等信息层层传递时效低、准确性差、工作量烦琐的问题。

3. 电子围栏结合回单影响，防止倒货

通过收货点位置设置收货点电子围栏，当车辆到达围栏范围内才能正常签收，否则会出现异常签收事件，直接通知相关同事进行处理核实，并且签收时强制要求司机现场拍摄空车与回单照片，后台可随时调取验证，避免因无法确认车辆实际卸货点而导致的窜货现象的发生。

4. 温度实时采集，确保食品品质与安全

通过冷链设备及平台管理，建立完整的温度监控流程，提供了实时显示、自动报警、数据分析等功能，实现自动化、信息化、智能化监测，保障企业从端到端的温湿度环境完全透明化。防止路途中脱冷情况的产生又无依据佐证。

5. 业务数据支持对接 BI 系统做深度分析

报表多样化，可直接系统导出，可通过外联 BI 工具，深挖数据，提供先进的 BI 分析，防止各种报表之间相对孤立的状态且人工制表工作量大。

16.4.5　G7 电子签收方案

在蒙牛低温物流现有的追溯系统基础上，结合低温物流体系管理的实践经验，将 G7 电子签收系统引入到物流管理中，让追溯体系在支持外部管理的同时，为企业内部执行管控发挥出巨大的深层应用作用。

通过二维码、移动计算、流程控制等技术手段，提高追溯基础数据精准度，及物流作业效率，实现低温物流的"透明化、数字化"管理，提升企业交付与执行能力，最终实现"降本增效"。

1）系统架构

G7电子签收系统采用可靠技术方法，对申请人进行网络身份认证，并对申请人的申请行为予以认可和采信。网络身份验证可采用用户名、身份证号、密码、手机号及短信验证码、软证书等验证方法，验证对象主要为企业的法定代表人或企业委托的代理人（经办人）。同时申请人需保证网上传送的电子申请，平台通过公安系统接口证实申请信息真实、合法、有效，申请人对申请行为和申请提交的数据和材料承担法律责任。

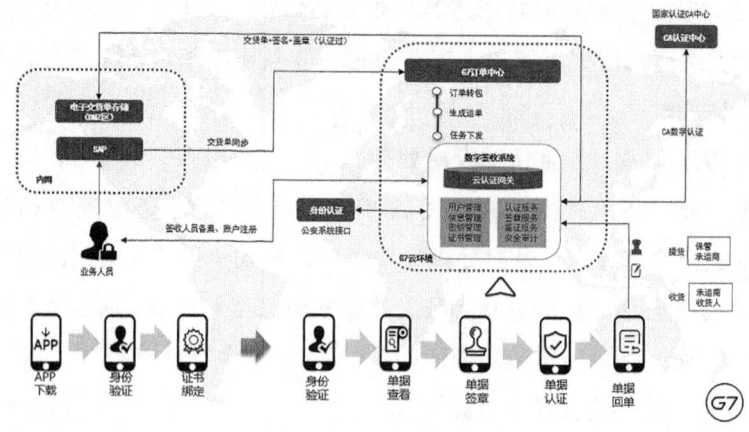

系统总体架构图

2）G7电子签收系统

G7电子签收系统作为一个信息管理追溯系统，共包含4个子系统，具体如下表：

电子签收系统子系统表

电子签收系统			
物流管理系统	数字签收系统	移动APP	文档存储系统

物流管理系统

物流管理系统能够实时监控物流配送过程，使配送状态透明化，通过人机交互，借助现场控制与自动化报警等手段，提升货物在流通过程的安全性和时效性，实现物流管理的稳定可靠。

数字签收系统

数字签收系统作为物流交易环节的开放平台，与物流管理系统进行协同，处理物流货物交易的单据生成、随车跟踪、指定签收等，并实现与公安系统、CA系统的信息互通，做到"真实身份、真实意愿、签名未改、原文未改"。

移动 APP

移动 APP 作为供货商、承运人、经销商等合作主体移动端入口，可以随时随地实现单据处理、在线评价及物流通知，通过全天候捕获手机的相关生物识别信息和多媒体信息，了解用户行为习惯及特征，提升用户体验，建立更加安全可靠的交易环境。

文档存储系统

通过文档存储系统实现文档集中存储、权限管理、全文索引、文档保护、文档加密等管理，解决了电子签收文件的存储难、管理难、查找难、缺乏安全保障等问题。

3）项目实施效果

为保证项目实施效果，蒙牛低温物流专门成立项目组，并与 G7 共同制订了严谨的实施方案。经过半年的开发与实施，顺利上线并试运行。从系统功能、系统性能、用户体验以及稳定性等多个角度进行测试与论证，G7 电子签收系统充分满足项目的设计需求，实现了降低成本、可靠性提高、安全性提高、过程更透明、强化客户体验等目标。

①成本的降低

通过电子签收系统的实施，节约了大量纸质单据，简化了打印、流转、存储、保管等环节，不仅大幅提升工作效率，同时明显降低了相关成本。

②可靠性提高

通过电子签收系统的实施，借助电子签单可以随时查询、阅览，不担心丢失和污损等特点，解决了因纸质单据的材料限制，在流转中出现丢失、污损、字迹不清等问题，为收集、管理、统计和审计工作带来了便利。

③安全性提高

电子签收系统符合《中华人民共和国电子签名法》明确电子签名"可靠"定义，即具备法律效力的 4 个要件，从而最大化规避如纸质面单录入无法做到实时等风险，同时单据只有供货商、承运人、经销商等合作主体人可见，降低了商业机密泄露的风险，实现了在单据签收过程中的"真实身份、真实意愿、签名未改、原文未改"，提高了安全性。

④过程更透明

签收作为物流管理中的关键节点，电子签收让物流管理有了更加清晰的节点信息，电子签收与物流管理的结合，提高了物流的透明度和可视化，为物流管理提供了更加规范可靠的可追溯的过程数据。

⑤强化客户体验

通过移动化 APP，让单据处理、用户评价、问题追踪等变得随时随地，提升了客户的服务体验。

16.5 项目总结及展望

在蒙牛领导的关怀和支持下,项目组全体员工齐心协力,顽强拼搏,克服了种种困难,取得了良好的起点,为今后全国推广进行了有益探索,积累了成功经验。在系统试运行成功之际对前期工作进行了如下总结:

经过蒙牛与 G7 的多次调研和反复论证,结合蒙牛低温物流的管理经验,系统的设计符合蒙牛对全链条可视化管理,电子签收系统起到作用的期望。

G7 的技术团队用最短的时间,解决了与蒙牛物流管理业务的对接问题,并进行了大量定制性的开发、测试工作,做到了与物理管理相辅相成,成为了物流管理的有益补充。

物流具有复杂的签收场景和众多水平不同的从业人员,在短时间内进行了大量的培训和引导工作,为系统使用扫清障碍。

虽然电子签收系统具有很多优势,但是每一个系统的进步都不可避免有其局限性和迭代周期,随着全国推广的临近我们可以预见将会出现新的问题,我们本着没有一种坚持会被辜负的精神克服困难,不断完善系统。

电子签收在内容上为物流管理提供了更加可靠的规范的可追溯的过程数据,为分析和挖掘这些数据提供了基础,最终为运营系统提供更及时的反馈和决策依据。电子签收的规范性影响签收前与签收后的相关工作流,使相关工作也更加规范和流畅,提高工作流效率。

蒙牛可视化信息管理系统平台是灵活柔性的、开放的,能满足多样化的现状与需求。通过该平台,能把供货商、制造商、承运商、司机、终端消费者串联起来,提供跨系统、跨区域的互联互通,以此延伸至外部上下游企业形成创新协同,让多方获得更有价值的信息和数据;并以提质增效、降本减存为核心目标,为供应链内各方进行大数据采集、分析和利用,打造任务协同、信息共享、战略协同等链条的最优化,最终实现面向社会的工业互联网开放生态平台运营。

在这个案例中,数字化驱动得到了全方位的验证。蒙牛运用云平台、物联网、大数据的综合信息分析集成,打造全网化的智慧供应链管理实时协同平台,以科技驱动全程供应链协同管理,在物流、过程流、信息流、技术流四流合一的过程中为客户提供从端到端的全程可视化系统解决方案。

本案例撰稿人:
刘思远　北京汇通天下物联科技有限公司解决方案架构师

案例八 CCN中商：以客户需求为中心，优化内部管理结构

17.1 上海中商网络股份有限公司的供应链变革与创新

2000年，中国正式进入互联网时代，马云、马化腾等优质金牌雇主也成为了最新、最为迅速把握时代核心的优秀企业家，由他们带来的互联网消费新经济模式快速覆盖至下沉细分市场，也为本土消费者增加了新的购物渠道。伴随着淘宝、京东等购物平台的迅速崛起，消费者足不出户就可以买遍全球，紧接着，微信APP进入到公众视线，成为了APP下载榜单上排名第一位的社交软件，代购、小红书、洋码头等社交软件也应运而生。消费的力量与渠道兴起的背后也为消费者提供了多元化的消费平台，商业智能化也让传统品牌商看到了新的机会。

另一方面，也正是因为消费的渠道在无限放大，也让一些无资质、无品牌的小公司抓住了"机会"。造假，这一个并不陌生的词，自消费社会诞生以来就如影随形。当它们看到了其间可观的利润，也就不会再担心产品的本质。消费者在未知的情况下购买到了仿冒品，使用出现问题，就会将责任归结于品牌商，品牌商的信任度受到损害，带来的就是销售份额的锐减，如蝴蝶效应一般，产生不同程度的结果。

彼时，北京华联集团旗下控股的子公司上海中商网络股份有限公司（以下简称CCN中商）以对防伪技术的独到理解而获得市场认可，这家于2000年成立的一物一码防伪追溯企业是具有较早联合研发出元码链技术并实现功能化运用的公司，凭借对一物一码的独到理解与技术持续领先的优势，先后在北京、广州成立了分公司。为了保持技术持续领先，公司在合肥、武汉均设有研发中心，与诸多高校进行了产学研合作，分别在西安等地设立办事机构。公司拥有ISO、HSSE、FSC、邓白氏等专业资质，完全符合外企供应商标准。近二十余年里，已经与全球46家国际500强企业建立起了友好的合作关系，服务范围超过30个行业，是中国副食品流通协会的副会长单位，参与了《追溯对象编码规范》起草，并成为了《工信部婴幼儿配方乳粉行业产品质量追溯体系规范》的编写单位。如今，是全球46家500强，超过1200家企业的一物一码全链防伪技术解决方案提供商。

面对市场的竞争及行业本身的特殊性，CCN中商很快发现了自身的些许不足之处或许会对未来的发展有所阻碍，于是，在2002年，CCN中商成立了中商标签制作公司，提出了供应链创新的思路，简化流程、优化结构，使标签、采购、硬件系统形成一体管理。标签制作公司拥有集标签、采购、硬件系统为一体化的主营职能，拥有深谙印刷、标签设计理念的全方位型人才，在上海、北京、广州分别有销售中心，依托于母公司（中商网络）强大的一物一码云平台，逐步开拓美国、俄罗斯、印度尼西亚、新西兰等国家服务网络，为品牌企业提供优质的标签服务。

显然，CCN中商的做法和意识都体现出了公司在发展过程中的明智与远见。很多公司都认为，对公司内部施行供应链创新只会导致原有的规划好的事业部变得紊乱，却忽略了背后的价值意义。明智的企业善于从中挖掘出增长的契机，让采购与市场一并参与谈判，这样可以让采购直接获得市场的正面反馈，采购可以在为公司取得原料的过程中，很好地对成本进行增减和管理，适当应对外界可能发生的不确定因素，诸如雷暴、冰雪、地震等气候、人为因素等造成的缺货，进行备货管理。

CCN中商的明智也在后期为客户服务的环节中得到完美的体现，有一次客户下单要求在10天之内可以给出数十万枚的特殊材质标签订单，该标签并不是常用类型，其特殊性一直是行业内公认。幸运的是，供应链部门早早地将该批原料及技术掌握在手中，联合上游供应商，迅速地生产出了客户所要求的标签量。从下单到出货，周期较过去缩短了，也为公司减少了成本，同时客户也得到了很好的体验。在未来的十数年间，中商也凭借完善的供应链管理体系、技术信息化集成运用，获得了诸多国内外知名客户认可。这也直观体现出了供应链创新的要素所在——以客户为核心，增加效益。

与此同时，CCN中商也采取了智能外包的形式为公司的改革提供了绝佳方案。智能外包最早应用于信息技术领域，然后扩展到薪资管理和后勤等其他领域。这些领域都属于企业非核心业务，因此也可以交付于第三方进行管理。任何商业领域将业务进行外包的主要目的是降低成本、腾出内部资源、以实观战略目标，并且得到更好的人才，雇佣其他人负责处理事务，当然也涉及共同承担债务、风险关系。许多首席执行官在公司财政困难时因形势所迫会裁员，在最大限度地减少内部人员配置期间，他们会利用外包获取必要的业务支持。

除了成立供应链这一职能公司/部门之外，在2016年，CCN中商CEO联合来自数字营销领域的优秀人才创造性地提出了企业全价值链数字化营销解决方案，并根据当前行业趋势，在一物一码已经趋向成熟的基础上成立了专注于数字营销领域的专业团队，力求为汽配、乳业、化妆品等诸多行业提供包括一物一码精准营销、全生命周期营销、全渠道数字营销、渠道激励管理、品牌营销推广、大数据分析在内的数字化营销解决方案。致力于通过咨询、技术、运营、数据全方面的产品和服务，打通客户与渠道用户及消费者沟通的桥梁，帮助客户实现营销数字化转型。

从提出内部结构优化到组建数字营销团队，CCN 中商已经完成了业内唯一成功实现内部转型的一物一码防伪追溯企业。

专业人士认为，一个组织一旦超过 3 人，就要开始对其分工和职能有明确划分，这样做，可以提升团队之间的协同合作，也可以为外界提供高效、优质的服务。而供应链管理部门也必须定期评估供应网，能够避免因新技术开发、人员调动、组织结构变动导致成本增加等问题。且必须依据企业的整体发展战略，对客户的需求进行重新评估，将采集到的新趋势及解决方案传达到供应采购人员手中，利于评估上游供应商是否已经能够满足现有的客户需求，如若不能，则需要进行更为广泛，甚至于全球范围的供应商甄选。CCN 中商在过程中也会不断地通过参加印刷展获得新技术的信息，甄选符合标准的印厂，为其服务。

在这期间，公司也必须不断优化和筛选人才，提供技术的培训和学习，以此将一些关键、核心常用的技术纳入技术管理体系，可以作为当供应商增加成本、缺少原料时的自我保护手段。公司的管理人员也必须实时关注这些外部变化，提供给专业人员，形成可以有效促进增长的手段。

聪明的管理者或许已经发现，企业的竞争优势实际上是来自支撑产品和服务的供应链，成熟的供应链管理体系，不仅能够为企业带来长期有效的收益，带来可观的利润，也可以通过持续优化渠道销售网络，为终端消费市场增加销售业绩，提供强而有力的背景。

关于供应链创新的重要性，史蒂夫·乔布斯早在 1997 年给出了答案。快时尚品牌飒拉则采取快速、少量、多款的管理模式，在保持与时尚同步之时，通过组合开发新款式，快速地推出新产品，而且人为造成"缺货"，以实快速设计、快速生产、快速销售、快速更新，专卖店商品每周更新两次的目标，从设计、市场、采购组合而成的三位一体商业团队则是最被商业世界推崇和称道的。

企业实施供应链战略的主要目的在于降低成本、减少库存、缩短周转时间。成本降低，所占比重下降，毛利率会相应提高。库存的减少会降低存货保管、仓储以及运输的费用，也就是降低了管理费用和销售费用等期间费用，销售净利率和营业利润率都会增长。减少库存、缩短周转时间同时会提升存货周转率。综上所述，若是一个供应链战略能够在企业内有效地实施，一定会使企业获得更高的收益。

在今天的商业世界里，生产商对市场需求的预判不再是通过简单的推测制订生产计划，而是将采购、市场、工厂三者相互结合，采购对原料、成本的价格估算，保证原料的稳定性，将并不擅长却要用的原料外包给其他供应商，在寻求承包的同时，对常用的原料做好备份与更新，倘若涉及贸易之间的属性，则必须提前做好准备，与市场人员进行沟通。市场人员不再仅仅是在办公室做一些估算性质的调研，原有的基础调研方法已经不再适用于今天的市场环境，相反，市场人员必须与销售一样，收集到更为精准的数据，全面以客户需求为核心，为企业挣得有利的时间。

尤其是传统企业，因为层级分销商过多，管理上便无法做到合理，要知道，终端用户的数据对企业的发展有着至关重要的辅助，尤其是针对区域进行渠道铺设的过程中，企业必须依据这些终端数据获得决策权。也有聪明的企业发现，对公司内部的供应链创新管理办法还有一种方式可以被采用，就是一物一码全链防伪追溯。这是基于信息之间相互串联的方式之一，并结合多种商业智能工具，达成最终目的。比如ERP、WMS等智能化工具，在采用追溯系统的同时，商业智能工具可以更快、更为高效地处理企业提出的需求。

那么一物一码又能为供应链带来什么呢？供应链的形成是闭环的行为，必须采用技术化的工具加以辅助，结合企业需求才能实现。追溯系统是针对原材料、生产过程、产品信息三个维度进行追溯，对不同的节点进行赋码跟踪。

以工厂为例，在过去，车间的工人面对产线上复杂的流程，都必须手动完成，但这样的结果是会耽误生产的进度，信息的准确度也难以保证。随着智能制造的升级，工厂开始采用先进的设备进行管理，其中不可忽视的就是WMS，仓储管理系统，系统能够实时记录不同信息节点的数据，能够快速处理记录不同节点上的信息，如此一来，就不需要工人耗费大量时间、精力来处理。工厂提升了效率，降低了人力，信息也做到了精准，生产效率也足以应对市场需求，也给企业带来了竞争力。

猜想一下，如果你是雇主，客户下单之后，你无法在规定时间内生产出成品，但是你的竞争对手已经完成，于你而言，这笔单子不论金额大小你都会快速失去。客户不会替你规划你的时间成本，在客户眼中，并不担心在这个复杂庞大的消费世界里，无法采购他们想要的产品。

从人—货—场的转变也足以看出，这是一个以客户为核心的商业世界，雇主精心计划的所有营销手段、所做的决策，都是在不断地贴近消费者，从分销到直销，供应链最终的转化就在于可以让企业零距离找到自己的客户，针对客户的需求作出分析，从而达到利润增长的目的。

那么在CCN中商服务的1200多家客户之中，汤臣倍健、蓝河究竟有什么相同之处？他们都因自己卓越的创新服务意识深得客户青睐。顾客往往会青睐那些有着出色客户服务的公司，且绝大多数的顾客也很乐意将他们推荐给自己的朋友、家人。对于顾客来说，企业的卓越有效服务主要体现在：可以及时将产品送达他们手中，可以持续提供高质量有价值的服务。尽管这些公司的某些产品价值高于同行，消费者仍然会购买这些公司的产品。因为这些公司遵循的理念是："当客户对产品或者公司的服务不满意时，公司会尽可能在最快最短的时间内为客户解决问题。"

17.2 汤臣倍健案例分享

1. 汤臣倍健三步走的供应链竞争优势

汤臣倍健是一家生产保健品的公司,创立于 1995 年 10 月,2002 年系统地将膳食补充剂引入中国非直销领域,并迅速成长为中国膳食补充剂领导品牌和标杆企业,2010 年 12 月 15 日,汤臣倍健在深圳交易所创业板挂牌上市,在 2012 年 6 月在珠海罗成行业内的第一个"透明工厂"。事实上,即便在今天这样一个崇尚以客户为核心的商业世界中,仍有许多企业并不愿意对外开放企业的整个环境。汤臣倍健的透明工厂做法相当于反其道而行之,将所有的流程都开放给外界,透过车间的玻璃,就可以看到任何环节,并设有专人陪同,接待来自社会各界的参观者。而在之后的数年中,透明工厂的作用力也让外界的参观者看到了一个最为核心的作用力,那就是搭载在工厂透明化管理基础上的安全性。

没有什么比安全更让外界放心的,且这也恰好是提升服务标准的模块化管理之一,相比并不情愿对外曝露太多消息的企业,汤臣倍健、日本丰田都从不同维度提升了服务标准。在提升服务标准的同时,智能化的管理,也大幅度提升了车间的效率。对于生产商而言,当品类积累到一定程度时,必须采取智能化进行管理,可以更快地满足市场需求。

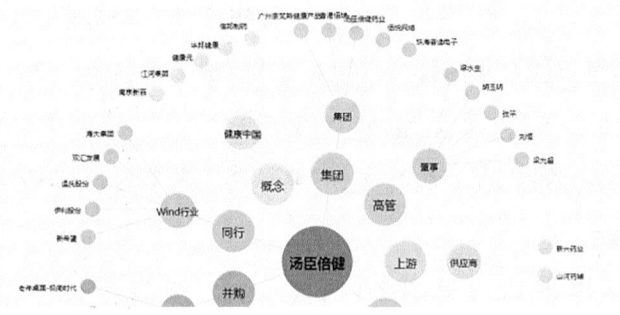

保健品行业与其他行业有着极大的区别,它与消费者的健康息息相关,在品质上必须从原辅料就开始采取严格的监管措施。为了保护好保健品这个市场,开放化的透明空间实际上是为了在信息不对称的情况下,让消费者能够看到企业对于诚信二字的用心经营。当然,这与汤臣倍健的定位有着极大的关联:不是为客户而是为家人和朋友生产全球高品质营养品。做到生产过程全透明,让全程原料可追溯。

供应链创新的核心主旨中,以客户为核心占据了极大比例,企业所有的架构调整、组织的优化,最终目的都是服务于客户。在透明工厂的整个打造中,CCN 中商以智能化管理为在核心,为汤臣倍健不断升级生产线包装系统并搭建成品输送线扫描系统,该系统对接了多条成品生产线、多条码垛线、多台机器人，实现了智能排班、智能分拣、自动码垛、自动入车，首次引入动态看板，实时管控每条线的任务执行状态进度，全面对接ERP、WMS，打通了产品从生产到入库的全程智能化管理，大幅提升赋码系统的智能化水平，为其打造了全程智能化的管理系统。

这样做的好处是，可以简化工厂复杂的管理流程，制订卓越有效的生产计划，同时，CCN中商也考虑到食品行业的特殊性，结合汤臣倍健本身的需求，从原料到生产，到分销环节，到销售渠道都实行了一物一码的追溯系统，如此一来，不仅从生产环节透明化，产品本身也实现了可追溯、查询的服务理念（提升了服务标准，保障了安全健康，实际上都是围绕着客户中心在运转）。

可以说，透明工厂的建成也是供应链创新竞争优势中不可或缺的主要构成。十几年来，汤臣倍健坚持执行"三步走"的差异化全球品质战略，从全球原料采购，到全球原料专供基地建立，再到全球自有有机农场建立。迄今为止，汤臣倍健原料产地遍及世界各地23个国家：新西兰、巴西、挪威、冰岛、美国、法国、德国、瑞士、澳大利亚……为了提高地域性高品质原料的可控性和独占性，汤臣倍健计划在全球范围内建立专属原料专供基地，为汤臣倍健提供优质的原料。

某品牌拥有自建牧场，其目的是减少供应商的供求倏然减少，无法满足市场需求量，并在安全性无法实时掌握的基础上，得到进一步稳固。汤臣倍健、惠氏等都采取了全球采购、自建的形式来填补上游供应链可能带来的缺失。在上文中，编者也提到，供应商的优化的确可以为企业增加效益，可过度依赖也会为企业增加一定的风险。

来看看汤臣倍健在自建的维度上都相继做了哪些事。截至目前，已在巴西、澳大利亚等地建立了五个原料专供基地。

2012年6月，汤臣倍健与巴西Duas Rodas公司签署针叶樱桃原料专供基地协议。

2012年6月，汤臣倍健与巴西Apis Flora公司签署巴西绿蜂胶独家采购协议。

2014年8月，汤臣倍健与巴斯夫集团签订了澳大利亚β-胡萝卜素原料专供基地协议。

2015年8月，汤臣倍健与安徽金寨乔康药业签订灵芝原料专供基地协议。

2015年12月，汤臣倍健与恒发洋参控股有限公司签署加拿大西洋参专供基地战略合作协议。为持续保持汤臣倍健产品的高品质和差异化优势，汤臣倍健将考虑在全球范围建设自有的有机农场。目前，汤臣倍健自有有机农场也在筹建中。

2019年，汤臣倍健的十化工程：物料物联化、工艺信息化、设备远程化、记录电子化、检测实时化、生产自动化、生产连续化、现场无人化、工作人性化和产品个性化也形成了初步规模。

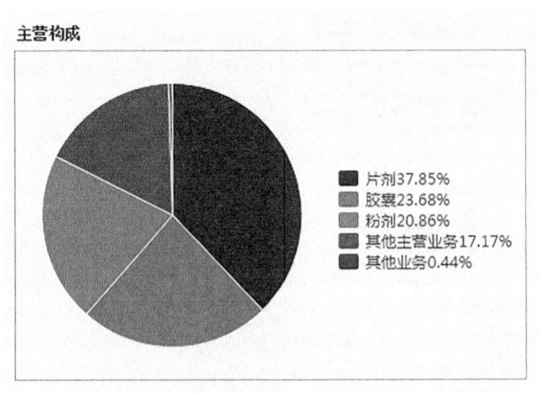

汤臣倍健与CCN中商都颠覆了传统的观念，CCN中商在不断满足客户需求的过程中，将原本被诸多企业忽视的客户服务部与销售、供应链部门打通，简化了中间诸多繁杂的流程，使得客户服务部能够迅速获得客户面临的问题，提供及时的解决方案。在为汤臣倍健构建透明工厂项目上，CCN中商也升级了内部的架构，通过一物一码可以监测生产环节，运用ERP、WMS为汤臣倍健减少了成本，增加收益等举措。

在这里，值得深度探讨的是，当企业无法完全保证上下游供应链的及时有效性时，自建、并购都是可以帮助企业减少成本、优化产业结构，获得利润的方式。

汤臣倍健在供应链的创新竞争优势中，先后以全球采购、透明化智能工厂、自建基地等多种形式进行了管理。一方面运用CCN中商的一物一码全链防伪追溯系统保证了整个链上环节的安全性，加以各类软件的系统分析，得到了对产业链管控的目的。

我们来看看，CCN中商与汤臣倍健之间的合作历程，从中可以看到一物一码在其间的有效运用。

2. 合作历程

2009年，CCN中商为汤臣倍健建立防伪防窜货，半自动扫描系统。

2012年，CCN中商为汤臣倍健已有的系统全面升级，结合自动包装机，并与包装机无缝对接，升级为自动化扫描系统控制。

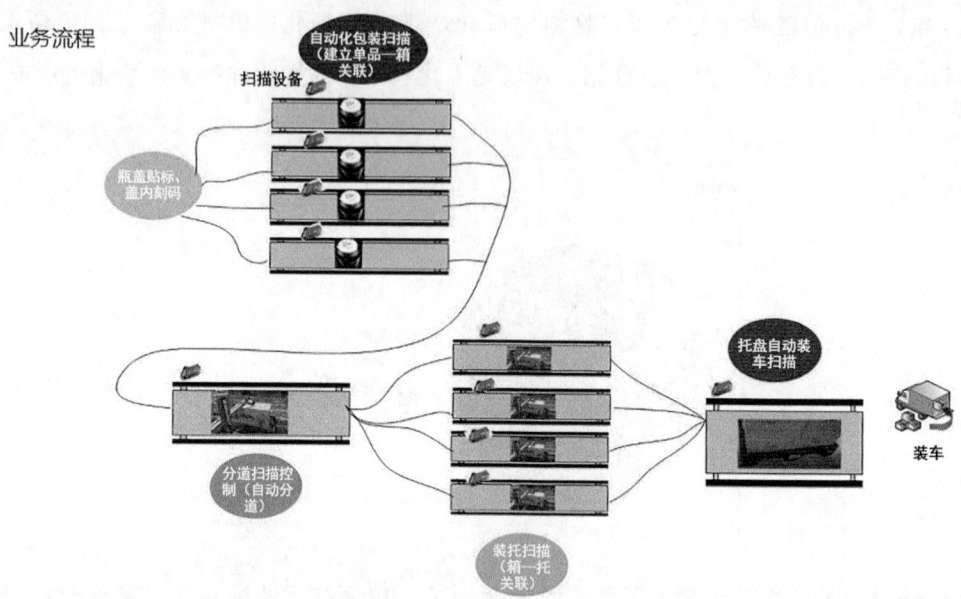

2013年，CCN中商根据汤臣倍健提出的需求，定制化为其升级了防伪标签，全面启动二维码标签。

2016年，CCN中商为汤臣倍健实行系统升级，基于打造智能工厂目标，升级自动扫描控制系统，并与机械手无缝对接，真正从源头上为汤臣倍健实现智能包装。

2017年，CCN中商为汤臣倍健新增及搭建成品输送扫描系统，实现成品包装、成品输送、自动装托、自动入车全自动扫描追溯及智能分配管理，打通成品生产到产品入库，全程智能化管理。

从整个合作历程中也许你已经发现，一物一码实际上可以认定为一个基础载体，但却是企业在施行供应链创新环节中，偏偏不能缺少的。它赋予的重要性在食品、保健品行业中更是不可忽视。

关乎于消费者健康安全，必须从原料甄选就开始监控，因此类似于乳粉类企业，追溯不仅是追溯到奶粉的奶源地，还能监测到产奶的奶牛，以合生元、蓝河为例，消费者还能查询到奶牛的健康标准等重要环节，每一步都做到了品质的保证。

3. 与汤臣倍健合作的亮点

1）盖里外码对应方案，标识不可破坏

通过自动理盖设备及贴标喷码设备完成瓶盖贴标及喷码作业。效果示意如下，瓶盖里面激光数码与瓶盖外标签上的数码一一对应，防止经销商破坏问题。本作业环节在包装前完成即可。

2）整箱读取，确保数据准确性，扫描通过率达到 99.99%

同一个瓶盖里外码对应（同号），不同瓶盖数码随机

CCN 中商拥有丰富的项目实施团队，在原有的产线上做了精细化的调整，与机器手信号无缝对接，精准计数产品，确保产品 100% 被扫描到，一旦实物与数据不匹配，则剔除等容错处理。

3）多系统无缝对接，提高系统操作效率；通过打通各系统，实现数据完整追溯及数据自动统计功能

CCN 中商为汤臣倍健搭建的系统，成功对接了多条成品生产线、多条码垛线、多台机器人，实现了智能排班、智能分拣、自动码垛、自动入车，首次引入动态看板，实时管控每条线的任务执行状态进度，全面对接 ERP、WMS，打通了产品从生产到入库的全程智能化管理，大幅提升赋码系统的智能化水平，实现全程智能化。

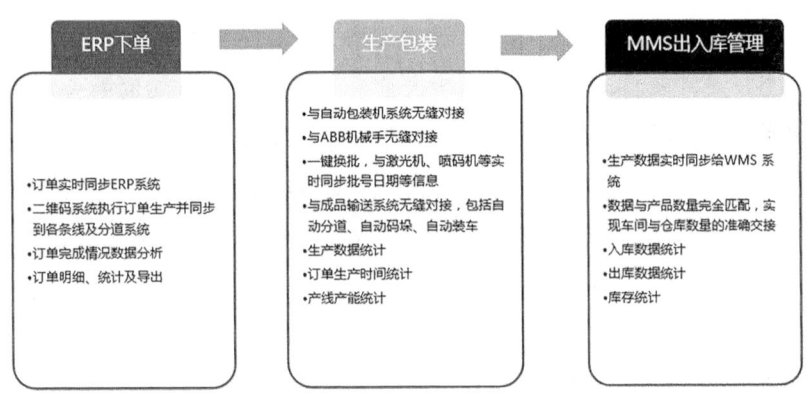

17.3 蓝河案例分享

1. 蓝河的供应链创新优势

足够有深远战略意识的管理者都会知道，实现供应链创新不是单独成立一个供应链部门，并将核心的理论传达下去那么简单。特别是对一些生产型企业，也就是拥有丰富 SKU 基础的

企业，供应链的优化必须是公司内部所有部门的共同职责。在一些管理者眼中，职能部门的重要性会比一些部门大很多，殊不知这样做往往会忽略掉细节上的重要性。

那些并不展现在外观上的细节能够做到尽善尽美，是许多管理者必须学习的。以一家新晋的绵羊奶制造商蓝河营养品有限公司为例，作为一家生产乳粉的制造商，蓝河是全球纯绵羊、纯山羊D90生产供应商，也是全球首家绵羊奶、山羊奶、牛奶全品类婴幼儿配方奶粉生产品牌商。为了保证稳定的供应链及品质，蓝河先后收购了新西兰和意大利两家工厂，目的是整合全球资源。并在2015年2月，注资2亿元人民币收购了新西兰蓝河乳业有限合伙公司（Blue River Dairy LP），将乳品大国新西兰的新兴绵羊产业引入国内市场。紧接着在2016年10月，蓝河并购了意大利阿里曼塔（Alimenta S. r. l）公司，该公司是全球绵羊奶原料的第一供应商，掌握着全球70%的羊乳清资源（生产纯羊奶粉的核心原料），同时拥有全球70%的绵羊奶奶源。

蓝河通过并购等方式优化了自身供应链的不足之处，同时也为自己在竞争优势上增加了一定的机会。只是在并购整合资源的过程中，公司也会考虑成本问题，尽管采取并购措施可以为公司取得上游供应链的优势，却也给企业带来一定的风险成本，其中就包含了一些隐性的不确定性。基于稳固的发展来看，并购仅仅是在企业创立初期打响品牌效应、获得稳固支撑，站稳市场的一个开端。若要想长远，必须要雇佣得力的人来管理，且拥有自己核心的技术、产品优势。的确，并购、借助行业内具有权威性的原料生产商建立合作，不但可以降低成本，也可以大大提升边际收益。

蓝河与汤臣倍健都隶属于食品范畴，对于这类型企业，终端消费者的整体体验和认知都会停留在产品品质上。通常来说，较为明智的生产商会选择与对其有辅助的公司进行联盟合作，而蓝河的成功有部分的原因也归结于它可以很好借助合作伙伴的能力，以及挖掘提供商与供应商的创新能力。综合来看，这与蓝河的董事长陈立韬对蓝河的规划和战略目光密不可分。

选择一家合适的供应商，从基础需求的层面上来看，只是为了填补和应对市场空白的一项背书。然而从长远来看，供应商的甄选亦佐证了在行业中的某些权威性。可以这样来理解，作为乳粉的生产商，在产品面向市场之前，有一项工作是必不可少的。就是从奶源地开始，生产过程的每一个环节，到产品出库，流入市场，这期间的每一个节点，都必须施行一物一码的追溯管理。也就是赋码，赋码的作用在于可以帮助蓝河实现产品流向市场后进行监管。

我们都知道，传统制造商在今天依旧面临部分数据空白的问题，尤其是对旗下的终端门店，因为服务标准、客户人群不同，难以进行统一管理。而且，分销渠道过多，也会给企业的管理增加诸多成本，比如车辆配送、人力、时间，涉及的成本管理诸多，难以预估。蓝河是食品类制造商，关乎到的是消费者的健康问题，为了保证产品的唯一性和品牌的价值，都必须制定好规范化的管理措施。

借助 CCN 中商这样一流的供应商,首先就可以保证品质的环节,也利于蓝河在后期对产品的监管。当产品进入分销市场,能够做到及时铺货、及时召回、及时配送等多维度管理。而且在与 CCN 中商公司的合作历程中,蓝河也挖掘出了较多潜在的价值。我们从蓝河与联盟伙伴 CCN 中商的合作历程中来详细解读。

2. 合作历程

2015 年,蓝河产品准备在全球同步发售,彼时,中商就开始为蓝河着手构建产品全程质量追溯系统。追溯系统是从原辅料、生产、批次号、渠道的整体化管理,其间产生的一系列数据信息会纳入用于车间的 WMS 系统中。通过追溯赋码,企业在管理上就降低了成本,增加了收益。2016 年上半年,中商为蓝河新西兰工厂上线生产线赋码与追溯系统,国内同步启用。

2017 年,中商为蓝河打造全渠道会员积分体系,没有一家企业会不在意渠道的用户数据,特别是层级代理较多的企业,更是如此。全渠道会员积分就意味着可以通过一系列优惠、激励手段来采集到用户的数据信息,购买者通过注册会员,递交个人资料,企业采集到这些数据后,便能分析出不同渠道的客户需求,进而达到采取不同的渠道管理制度来制定不同的客户服务标准。

一些企业为了减少成本便想采取单一的客户服务标准应用于所有渠道,但这样做往往适得其反。一线城市的门店用户必然与三四线的门店用户有着极大区别,而这些服务标准必须依据所在门店周遭的消费力量和消费层级做出改变。正如一些品牌商会对所研发的产品在进入市场后,采取不同的销售策略一样。

2018 年,中商为蓝河新西兰工厂生产线赋码和追溯系统扩线,并同步完成生产投料系统搭建与正式上线。

2019 年,中商为蓝河新西兰第二工厂,南岛工厂搭建生产线赋码及追溯系统,以及南岛生产投料系统搭建。国内深化建设多级分销体系并完成上线。

挖掘、分析联盟合作伙伴的实力,并匹配企业的特性,才可能打造出强于竞争对手的独特优势。

3. 与蓝河项目合作亮点

1) 实现了国内首批海外原装原罐赋码,真正做到了进口奶粉从源头追溯

CCN 中商为蓝河新西兰工厂上线生产赋码与追溯系统,通过对牧场信息溯源,可追溯到奶绵羊养殖、产奶、健康状况等信息,真正做到了从源头上进行追溯。

2) 微信发货、积分、兑换全绑定

CCN 中商为蓝河实现了微信上进行发货,积分,礼品兑换,会员账号和微信号绑定的应用。节省了客户单独开发 APP 的成本,节省了门店配备 PDA 设备的成本。同时方便了普通业务执行操作人员的系统接受度。

3）经销商流通环节信息全程追踪

CCN中商针对客户的需求进行了分析，针对性蓝河制定了在市场流通环节上安全和数据上的管控，监管并确保经销商合理合规经营蓝河产品。真正监控并确保产品从海外仓库入出库、国内仓库入出库、国内经销商到国内门店的任何流通环节都不会出现弄虚作假的行为，全程可视化质量安全监管。

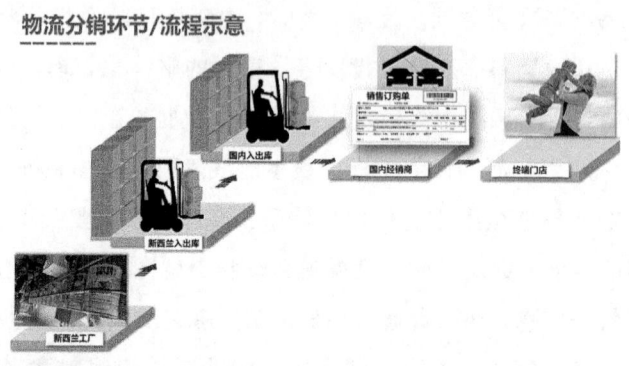

4）"四合一"促销玩法

CCN中商为蓝河实现在门店利用微信号的业务操作就能将门店积分、消费者积分、消费者兑换、礼品领取"四合一"完成的促销玩法。通过功能，还可以考核门店店员的卖货业绩。

4. 技术方案概述

技术的发展使得产品仿冒现象越来越严重，如果企业缺乏行之有效的防伪追溯体系，那么一旦产品被仿冒，不仅会侵害消费者的利益，也会给企业的品牌形象、企业的公信力及市场份额造成极大的负面影响。因此，当前如何利用追溯体系对造假、窜货等行为进行强而有力的管理，从源头上把控品质的关卡，严格监控生产线的每一个流程，都是值得企业思考的问题。

近年来，"一物一码"技术已经逐渐成熟，从最早的电话防伪到今天的物理防伪，防伪技术已经有了质的飞跃。如今，"一物一码"技术不再仅用于防伪追溯体系，它还能帮助众多企业营销、引流，有了更多的可能性。

CCN中商认为："一物一码仅仅是个开端，通过对不同商品的赋码，运用RFID、鉴码辨彩、码中码、蓝绿光变墨等防伪技术对产品进行防伪保护。眼下，消费者看到的已经不仅仅是一枚枚简单的、小小的标签，其中包含了数据、信任等多维度构建出的品牌价值。消费者通过它可以查询到该商品的产地、日期、整个流通过程，并且还能通过信息追溯到更多代表品牌价值的内容。而品牌方，则能通过二维码标签采集消费者的购买信息，分析其购买的行为习惯、潜在购物需求，精准地挖掘属于自己的用户群体，精准地投放营销广告。从品牌方到顾客再回到品牌方，一物一码让一切皆有可能。"

5. 总体架构

如图所示，CCN中商技术方案总体架构包括防伪查询、防窜货、产品追溯、客服中心、客户调研、会员积分、积分商城、促销抽奖、微信引流、客户关系管理（CRM）、大数据分析、新品推广、品牌推广、OTO（一般指O2O，即Online To Offline，在线离线/线上到线下）端口。

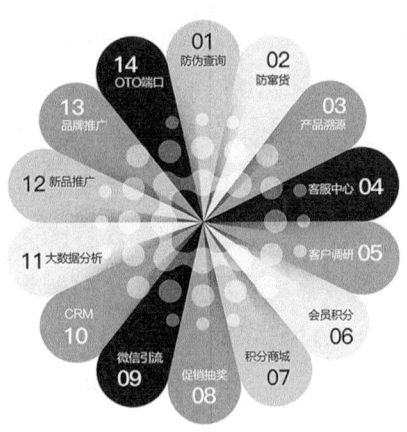

核心模块

品牌保护模块

该模块蕴含强大的防伪科技，有助于高效地遏制仿冒产品流通，保护企业利益、品牌价值，让真品遍布全球。CCN中商独有的3S保护体系，能帮助企业构建全套定制化的品牌防伪保护体系。CCN中商认为，物理防伪技术＋数码防伪技术＋防伪服务运营＝国际级安全。

根据所需鉴别的用户对象，CCN中商构建了基于视觉、触觉、听觉、互动鉴别技术的全方位防伪鉴别体系，并辅之以服务运营，真正实现了品牌的防伪目的。防伪点定制设计解决方案、标签安全管控解决方案、防伪验证及鉴别、仿冒品调研服务、协助打假、防伪服务运营等功能，全面高效地遏制仿冒产品流通，保护了企业利益和品牌价值，让真品遍布全球。

如图下所示，CCN中商保护体系涵盖了9个维度，从打假协助开始，专属防伪管控方案、数码生成及标签印刷、行业防伪技术调研、防伪标签设计、鉴定服务、仿冒品研究、赋码控制及关联数据采集到防伪服务运营管理。

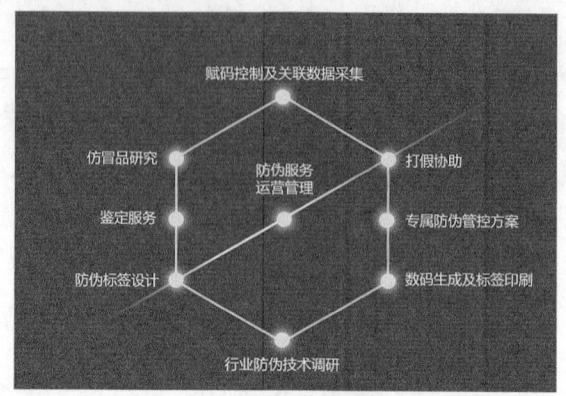

时至今日,防伪技术听起来已经不再新鲜,这些深藏于标签之下的强大物理防伪技术,赋予了CCN中商庞大的技术支撑、通过运用加密、算法,将技术做得更安全、更有效是CCN中商的核心信念。CCN中商防伪技术源自军用级信息防伪加密算法。除标签本身的材料、光学、印刷等物理防伪特征外,CCN中商采用先进的数码防伪技术,可进一步提升防伪安全性。CCN中商使用的标签防伪码由军用级加密算法生成,极难被破解和仿造。编码能够以数字、条码、RFID等多种形式展现,以适应不同的标签需求。消费者在购买带有此类标签的产品时,可通过扫码、打电话、发短信等方式查询编码有效性,快速辨别产品真伪。

CCN中商的防伪运营平台具备国际级强大的数据运算能力,其先进的系统具有稳定性、安全性,能有效防止网络攻击和入侵。CCN中商提供的多方位防伪运营服务,能够为企业提供更多的安全保护。除防伪标签外,CCN中商还能够为客户提供防伪调研分析报告、数据云托管、协助打假、客服中心等服务,一站式满足客户防伪业务相关需求。实现这些服务的前提,是安全稳定的系统,CCN中商使用的机房具备数据灾备、数据归档能力,可从容应对突发灾害,保护客户数据不受影响。便捷的防伪查询途径,为消费者带来了更好的体验。CCN中商设立了自助式呼叫中心,支持多语音线路,也支持Web(World Wide Web,全球广域网,也称为万维网)、Wap(Wireless Application Protocol,无线应用通信协议)、APP(Application的缩写,手机软件)、微信、淘宝等多种查询途径校验。

更为关键的是,CCN中商还与众多科研机构进行合作,联合成立实验室,模拟标签存储、运输、使用环境,进行光照、温度、湿度等影响因素试验,保障标签在使用过程中安全、有效。同时,CCN中商还关注产品整体体验感,通过运用独有的标签VI(Visual Identity,通译为视觉识别系统)设计应用体系,从ICON(图标)到配色,CCN中商的资深美学团队将美学赋予标签,与产品相得益彰。

不仅如此,CCN中商网络的防窜货渠道管控模块,还能在企业供应链的各个环节中提供专业建议,并设置了系统接口,实现了企业与ERP(Enterprise Resource Planning,企业资源计划)、CRM(Customer Relationship Management,客户关系管理)等系统的无缝对接,形成了完善的生态系统。

在中国，CCN中商网络与政府及企业建立了良好的关系。众多企业之中，CCN中商可以在第一时间内获知行业动向，并在第一时间为用户进行解读，并以最快的时间和最优的方案帮助客户进行符合国家最新监管政策的改造。

供应链全程智慧追溯模块

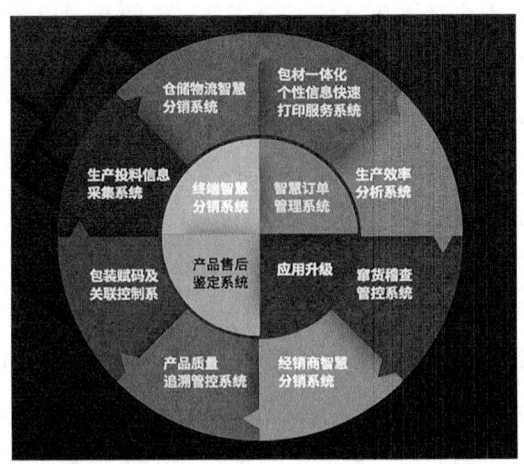

智慧追溯模块主要子系统如图所示

本模块通过智慧生产、智慧分销、智慧终端，从生产到仓储物流，再到终端门店，CCN中商为用户提供全程数字化解决方案。供应链的核心，是让生产、渠道、终端一体化打通，让整个流程更为高效。CCN中商专业的设计团队和丰富的案例经验，加之执行系统设计的高稳定性，一直被行业内外称赞。CCN中商在保证高效以外，更加稳定。

严谨的软件控制系统，不仅精确，让客户也更放心。CCN中商在设计的最初期就已经进行过全盘考虑，预留了所有的容错方案，其专业的配套团队，采用的是国际知名扫描及赋码设备，CCN中商全程参与设备调试与安装，对设备进行运行检测和维护，一切只为了保障数据关联、精准和稳定。

产品数码虫洞营销模块

虫洞被认为是连接两个不同时空的隧道，透过虫洞可以做瞬时的空间转移。企业传统的营销方式往往面临如何建立与消费者的直接联系、快速洞察消费者需求的困惑。CCN中商将二维码标签视作营销的数字端口，并通过先进的数据湖（Data Lake）技术，建立企业直接消费用户数据库，实现企业与消费者的迅捷联系。我们将这种基于"一物一码"实现的数字营销方式，称为产品数码虫洞营销。

如果说品牌防伪和供应链智慧追溯两大模块完成了防伪领域里精准和安全的任务，那么营销则是在"一物一码"的基础上为品牌商吸引流量、使消费者能够更加精准地选择自己需要的产品的一项重大举措。为了实现这一功能，自然离不开大数据的挖掘和运用。CCN中商深知这一点，并运用数据可视化对数据进行拆分和整合,只为让数据呈现出更为透明和清晰的特征。

CCN中商有着独到的营销理念,从会员积分商城开始,进行大数据分析、精准用户调研、活动促销、消费者深度数据分析,新品发布介绍,品牌推广到微信、微博功能及连接,为客户建立全套的数字营销解决方案。依据不同企业营销过程中的不同需求,CCN中商不但可以为企业提供技术、设计、内容的全套解决方案,而且可以帮助用户在营销层面进一步提高效率。

CCN中商认为:"方案的设计不应该停留于表面,我们必须以最专业的方案,更丰富多元的活动,以达到和客户完全匹配适应的解决方案去执行,这才是CCN中商营销的根本。"

6. 技术应用及发展规划

CCN中商基于"一物一码"防伪追溯体系,从智能生产赋码、建立包装关联、所有产品出入库记录、产品销售以及消费,从生产线到终端,实行全渠道数据采集。这些数据不仅有产品信息,还会涉及产品的原材料、辅料、包装甚至相关的生产工艺数据,更有与市场和消费者密切相关的数据。CCN中商之所以可以对这些数据进行关联,也是基于标签赋予的身份唯一性。当有了这个唯一性,不但CCN中商能依据这些数据分析出购买产品的消费者的年龄阶段、消费习惯、市场一年四季的动态曲线、市场未来可能的动向等,从而让企业可以做到更高效地计划生产、存储、运输,更有目的和针对性地进行推广和营销,为企业先人一步打开市场,缩短企业的资金周转期,加快企业资金回流做出贡献。而且为企业节省成本、创造收益,增强了企业的竞争力,同时也能给消费者提供更好的购物体验,让消费者更快更便捷地找到自己需要的产品。同时,"一物一码"赋予商品的每一个码,也可以有效防止窜货、造假的问题。不论商品最终流向何处,企业和消费者皆可通过商品的这个身份进行追溯,查询到商品的来龙去脉。"一物一码"为消费者构建安全放心的购物环境的同时,也为企业品牌的价值保驾护航。

CCN中商网络的技术方案,将匹配客户生产现场的执行系统和操作规范设计,稳定性高。通过全面分析可能出现的问题,CCN中商系统在设计初期就预留了所有容错方案,以保障数据关联精确。同时,系统还支持不同编码格式,具备开发性,可以支持国家不同行业的标准或企业的特殊需求。系统的赋码方式包括不干胶标签、喷印可兼容各类品牌设备,并支持一维码、二维码、RFID等多种标识形式。CCN中商系统能够实现根据企业实际生产流程及工艺的数码采集及关联。

CCN中商网络与政府及企业建立了非常良好的关系。在汽配、奶粉等众多行业中,CCN中商总是能在第一时间获知行业政策动向,并第一时间为用户进行解读,以最短的时间、最优的方案帮助客户进行符合国家最新监管政策的改造。

本章撰稿人:

汪琼莹　上海中商网络股份有限公司品牌主管

案例九　深圳前海量子云码科技：食品供应链信息化管理和追溯

18.1　公司简介

深圳前海量子云码科技有限公司，是一家数字化品牌保护解决方案服务商，总部位于深圳，是国家级高新技术企业。公司多年来专注于数字防伪技术及应用的研究，在信息安全、软硬件、密码学以及工业实施等领域积累了丰富的经验。公司自主研发，具有自主知识产权和国际专业水平的量子云码集成技术，通过数字防伪和印刷防伪一体化的融合，在诸多领域已实现革命性突破，为企业商品防伪、渠道管控、安全溯源、数字营销等需求提供了创新性技术支持。

公司在国内外已获授权自主知识产权42项。公司及法人拥有发明专利9项，实用新型、软件著作权、外观专利30余项。两项专利经国际PCT检索报告判定符合新颖性、创造性、工业实用性。公司已获得国家高新技术企业认证和知识产权管理体系认证。

公司已建立全球性服务体系，中国、日本、韩国、美国、泰国、马来西亚等地区均设有分公司或办事处，能快速、高效地为客户提供本地化服务。经过多年努力，公司已经成为中粮集团、中检、成钞、修正药业等多家知名企业服务商，产品广泛应用于食品、药品、日化品、化妆品、农产品、文化出版等行业。

公司是中国副食流通协会食品安全与信息追溯分会的理事单位、广东省化妆品质量管理协会副会长单位、深圳市卓越绩效管理促进会会员单位。

18.2　技术方案主要内容

18.2.1　方案背景

民以食为天，食以安为先。食品是我们生活的必需品，保障食品安全不仅是一项政府的民生工程，更是维持社会和谐稳定的重要因素。建立食品供应链信息化管理，其目的是监控追踪从食品的生产加工到流通再到消费者的全程，保证食品安全，对于出现问题的食品也能追溯到是哪个环节出现问题，及时处理纠正并召回问题食品。

食品安全是一个综合性的概念，包括食品卫生、食品质量、食品营养等内容。从食品原料种植、养殖和采购，到生产、加工、流通、配送和销售，供应链的每个环节都会影响到食品安全，食品供应链作为食品安全与监督管理体系中的重要组成部分，是食品安全影响因素的重要载体。

食品供应链信息化管理中最重要的环节当属食品追溯体系，食品安全追溯通过收集前端供应商的产品、主体等信息，为消费者的知情选择提供信息基础。更为重要的是，一旦发现食品安全问题，可根据记录在案的信息确保产品可召回、原因可查清、责任可追究。

食品供应链可追溯系统能有效减少劣质产品的生产和销售，最大程度地解决食品安全问题。近年多起食品丑闻之后，消费者要求提供诚信、优质、安全的食品，并保证整个食品供应链的透明度。日益增长的食品质量和安全问题已引起政府和企业的重视，食品追溯体系让食品从初级生产到消费者的整个过程受到监管，确保信息准确、真实、透明化。

2016年初，国务院发布《关于加快推进重要产品追溯体系建设的意见》，要求食品、药品、食用农产品、农业生产资料、特种设备、稀土、危险品等7大类重要产品的生产经营企业，加快产品质量追溯体系建设，以此进行市场预测与精准营销，带动品牌创建和商业模式创新。

食品供应链管理及追溯仍将在未来一段时间内高居消费者、企业、政府及国家最为关注的焦点问题前列。基于对食品追溯实践的总结，专家们认为，中国食品溯源领域的发展趋势未来会呈现3个趋势。

食品溯源与检验、检测、认证服务的融合越来越紧密，原因在于越来越多的政府部门、消费者希望通过追溯直接得到评价结果，而不是信息本身。

对于企业，食品追溯将从增加成本逐步向创造价值过渡。伴随着市场对"追溯理念"的认可，"追溯的企业和商品"会逐步在竞争中确立竞争优势。例如进口商品，通过追溯的手段对便利通关、降低打假成本、促进销售等产生促进作用，企业会逐步从"追溯"本身获益。

与大数据和诚信体系融合，食品追溯将撬动企业、商品以及供应链的大数据，最终融入到社会诚信体系中。

目前，食品行业追溯平台常用的追溯方法很多，包括产品标志、信息采集、终端查询等。比较常见的是采取一物一码技术，用二维码/条形码赋予产品唯一身份信息，做到各环节的信息追踪。但是，二维码/条形码存在技术开源、容易被复制使用到不法商品上，使政府或企业在稽查时，无法真正做到来源可查、去向可追、责任可究，给企业或消费者带来损害。

18.2.2　系统架构与技术原理

量子云码食品行业信息追溯系统基于量子云码专利技术，依托云计算大数据技术、区块链技术以及人工智能技术，向客户提供产品唯一身份数据的综合性服务云平台。通过产品的身份证管理的数据中台，客户得以将防伪数据、流通数据、溯源数据等数据整合、利用，从而完成对每一件商品的供应链环节全程追溯。

量子云码是一物一码，基于庞大的专利算法数据库，形成一套定制化服务于客户的微观微距智能图像识别系统。量子云码技术区别于传统的条形码、二维码等产品，是图像识别领域具有革命性创新的专利产品，具有难以复制、安全性高等技术优势。

量子云码六大优势

 **一物一码**
产品数字身份唯一ID，
数据准确安全，不可篡改。

 隐蔽赋码
码图可以任意塑形或
技术性隐藏。

 **极难复制**
单个码点直径约为30~60微米。
（一根头发丝直径的1/2）

 **实施便捷**
工业实施性能与印刷工艺灵活适配及
满足产线高速产能需求。

 无视破损
单个码点直径约为30~60微米。
（一根头发丝直径的1/2）

 **云平台**
在线全程系统管理服务，可以根据需
求提供各类独立或综合服务。

安全性：难以复制

一方面，量子云码自身的特殊图形处理，以及自身识别算法，确保量子云码被拍照、复制印刷、图形仿造后再扫描显示无效，量子云码是难以被复制的；另一方面，原始量子云码生成算法掌控在量子云码公司，采取加密授权生产制度，保障了非正规渠道不能生产量子云码，保证了被追溯商品量子云码以及信息的唯一性和真实性。

安全性：隐形图像

量子云码有两种表现形式：可见量子云码与隐形量子云码。量子云码图像单元以微米级为单位，极其细微，通过特殊技术处理，赋码在产品包装中可以做到完全隐藏，肉眼不可见，内部监管人员可使用专业识别仪器查看。隐形量子云码可隐藏于产品包装任何部位，无任何冲突，为政府或企业监管部门提供了隐蔽的检查手段。

安全性：防止破坏性损坏

商品经常在物流、仓储过程中因搬运、浸水、虫鼠噬咬甚至人为因素造成的信息记录载体被破坏，导致无法读取信息。量子云码技术图码在损失90%以上面积的情况下仍然可以进行信息识别，可有效抵御各种运输和使用环境干扰。

便捷性：商品上印刷量子云码技术成熟而简单。

量子云码通过常规变码印刷技术，直接印刷在产品包装或产品本身上，目前大部分印刷厂常规喷印设备、数码印刷设备、激光雕刻设备，均可快速便捷实现印刷，与原有工艺完美衔接、不冲突，流程控制简单。

便捷性：信息方便写入和读取。

量子云码印制于产品或产品包装上，无论是工厂产线上读取，还是人工手动识别读取，均有成熟的专业设备高效对接。其中，在线读取设备可达每分钟读码 4000 个以上，极为高效。手持识别设备采用 4G 网络，只需快速接触量子云码图形位置，即可在任何地点方便、高速地记录追溯信息。

便捷性：手机与专业设备双识别。

量子云码的食品追溯信息识别有两大途径，其一为最具广泛应用性的智能手机，用户使用手机安装 APP（应用程序）即可智能识别量子云码上的食品追溯信息；其二为专业识别仪器。手机可识别肉眼隐约可见的量子云码图形信息，专业识别仪器可读写可见、隐形两种量子云码图形信息。

普适性：使用成本低。

作为智能数码图像技术，量子云码在实际生产应用中，只产生极低的印刷成本，同时兼顾环保与节材作用。

普适性：一物一码。

量子云码拥有万亿亿级的编码量，足以满足所有商品使用，且保证每一件商品与包装都有唯一码值。量子云码可精准追溯到唯一产品。

普适性：材料应用广泛。

量子云码可以印制或雕刻在众多常见材料上，包含但不限于纸张、金属、塑料、布料、木板等，足以应对各种商品使用量子云码的需求。

普适性：互联网属性。

量子云码作为信息载体的端口，可以通过专业设备、手机等与移动互联网做到深度结合。将量子云码内含的食品追溯信息储存于网络云端，进而可以获得几乎无限的信息存储量。同时，作为互联网前端入口，量子云码可有效接入各种互联网应用，高效记录、传递、监察、整理追溯数据信息。

18.2.3 操作流程

赋码：量子云码印刷。

量子云码食品行业信息追溯技术在具体应用时，企业需在产品包装或标签上印制量子云码一物一码，在深色区域可印制隐形量子云码，在白色等浅色区域可印制可见量子云码。其中，隐形量子云码主要用于企业内部稽查，可见量子云码主要供消费者扫描查询产品的追溯信息。常见的量子云码一物一码生产设备有数码印刷机和喷码机。喷码机是一种通过软件控制，使用非接触方式在产品上进行标识的设备。因为是电脑控制资料,所以资料可以很轻易地变化,资料内容中可据实加入日期时间、流水号码、批号等变动性资料,这也是量子云码一物一码的特性在喷码机上得以很好应用的原因。量子云码印刷流程如图所示。

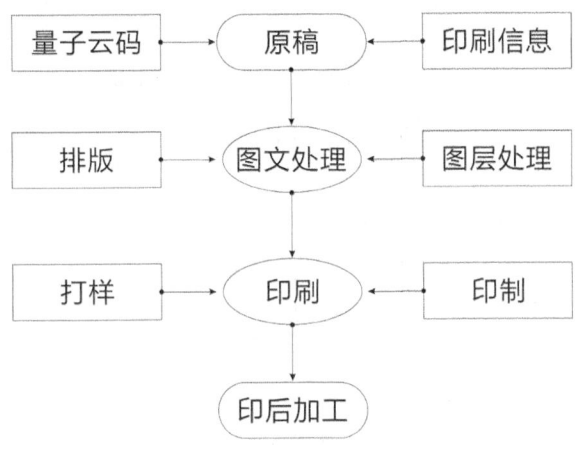

量子云码印刷流程

量子云码在喷印前,量子云码公司把实现变码(一物一码)的 DLL(Dynamic Link Library,动态链库)植入印刷厂的喷码软件,此 DLL 会根据喷码软件的数据要求、UKey 的鉴权及其他信息生成相应不同的量子云码图形来实现变码,量子云码直接在内存中成像。喷印软件驱动喷印机(喷头)进行喷码,不占用硬盘资源,符合工业生产速度及质量要求,一般喷码速度为 200 米/分钟

同时,为印刷厂的用户数据安全考虑,开启变码软件必须在电脑上插上 UKey(Ukey 是一种通过 USB 直接与计算机相连、具有密码验证功能、可靠高速的小型存储设备),UKey 属于变码软件上的鉴权设备。UKey 中包含的是相关数据库信息及加密信息,还存储了码值范围、码量、码型、公司描述、使用期限、绑定电脑等信息。变码软件连接 UKey 后,UKey 与 DLL 建立 USB 数据交互协议,用户方可调用 DLL 信息,DLL 从 UKey 中获取并生成量子云码。从软件的启动到整个软件的工作过程,都需要连接有效的 UKey,且 UKey 和当前使用的电脑存在绑定关系。

量子云码的赋码过程是无缝接入喷码设备,后台操作运行即可,不增加喷码过程的其他工艺。若企业本身在生产流程中已使用喷码设备,那么意味着企业不需要增加额外的工业设备及流程,即企业的喷印成本不会增加。量子云码喷印的软硬件流程如图所示。

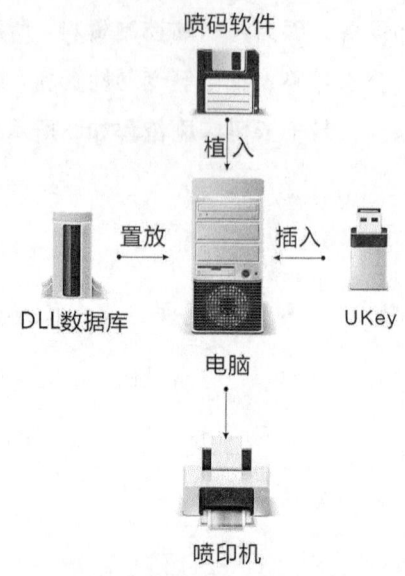

量子云码喷印的软硬件流程

信息录入采集。

食品商品基本信息录入：

企业根据产品赋码情况，可以批量录入产品基本信息，其中包含产品品类名称、生产经营者、产地、许可证编号，以及企业相关介绍等基本信息。

生命周期信息采集：

产品从原材料采购到生产、加工、包装等环节都经过准确的信息采集，在产品包装环节，产品包装喷印量子云码，同时，软件赋予这个码所有的溯源信息，最后在流通和销售环节，采取进出库信息采集，最终，每个量子云码是代表该产品的唯一特征码，记录该产品的全环节所有信息采集。

信息关联。

信息关联可分为如下两种情况：

生产线自动采集数据，多级关联（根据产线设计，安装在包装线后方）；

手动采集数据，多级关联（在产品封装后）。

入库、出库。

通过采集设备扫描大包标签码即可采集入库信息，扫描后产品可批量入库、出库，所有产品信息均可通过后台查看。

二级经销商监管。

产品到达经销商后，若经销商环节需要追溯，经销商只需配备扫码采集设备即可。通过扫描收到的食品产品货物，系统可自动录入经销商收货信息；在产品卖出时，经销商只需再次扫描包装上的追溯码，系统便会自动记录销售时间、销售数量、销售人等信息。以上步骤使产品从源头到终端形成闭环，每个环节都有源可溯。若经销商不购买采集设备，可通过等级追溯号登记信息。

查验。

食品产品到达流通环节后，消费者可以使用手机安装量子微查 APP 扫描标签或包装上的明码，获取所购产品的追溯信息及码图真伪信息。企业可以使用专业识别仪器稽查疑似问题产品，及时查出问题产品生产源头和原因，并采取相关措施。

量子云码专业识别仪

18.3 案例分享

18.3.1 "巴味渝珍"案例

巴味渝珍是由重庆市委、市政府主导，重庆市农委、重庆市现代农业品牌服务促进中心运营打造，通过对重庆的区域特征、生活方式和重庆农产品特色优势的梳理、挖掘、整合、提炼、再造，创建覆盖全区域、全品类、全产业链的重庆市农产品区域公用品牌。

作为重庆市重点关注农产品品牌，在保障食品安全工作方面，要充分发挥龙头企业作用，积极响应国家政策，确保生鲜食品防伪、供应链信息透明，树立良好公用品牌形象。

客户需求：

重庆农委为统一控管合格"三品一标"产品，对产品供应链管理要求做到信息公开透明；供应链环节要全程追溯；严格控制假冒伪劣产品。

解决方案：

量子云码公司结合诉求，为"巴味渝珍"量身定制了产品标签，为每一个"三品一标"产品赋予唯一身份认证。将唯一身份防伪标识直接贴于农产品或其包装上，扫描标识即可辨别真伪，查询商品信息。消费者扫描二维码，快速、便捷查询产品供应链追溯信息，下载量子云码 APP 快速有效甄别产品真伪。

实施效果：

1. 通过食品追溯机制,相关政府部门可以了解市场流通商品的来源及去向数据,便于进行市场管理及规划。

2. 针对市场中不合格、发生安全事故的产品,政府可及时、精准、快速召回,保护消费者权益。

3. 通过对供应链全程管理,面对安全责任事故,政府可以快速找到责任人问责,保护市场活动有序进行,降低责任事故发生率。

4. 消费者通过扫描量子云码可查看产品原材料信息、加工信息及生产环境等供应链全程信息,让消费者买得放心、用得安心。

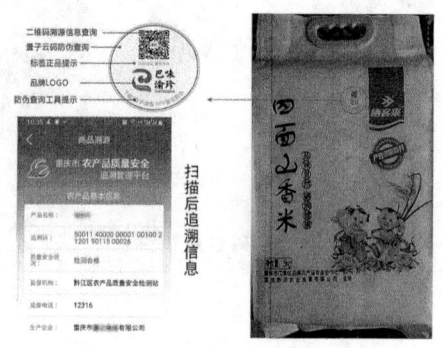

量子云码"巴味渝珍"案例

18.3.2 "今大福"案例

今大福就坐落于原生态普洱茶之乡——西双版纳州勐海县勐海镇,是一家在传承和弘扬中华传统普洱茶文化基础上,致力于提升普洱茶品质和制作水平的高端茶企。

今大福自成立以来,以"让世界认识地道的普洱茶"为企业愿景,遵循自然,坚守"原生态、高品质、促健康"的制茶理念,追求"气、津、甘"的产品之魂,秉承"用匠人之心做传世之茶"的制茶精神,精益求精,不断超越自己,努力为普洱茶爱好者奉献更好的普洱茶。

客户需求:

作为高端普洱茶知名品牌,"今大福"提出建设供应链管理和追溯体系,主要目的为:塑造标准化品牌,产品供应链信息透明化,全程追溯供应链责任,增加消费者对企业信任度。通过供应链管理和追溯体系,有效控制假冒伪劣产品,维护消费者权益。杜绝经销商窜货问题,保护经销商利益。

解决方案:

量子云码公司根据企业诉求,定制化开发了"今大福"供应链管理和追溯一体化解决方案,有效解决企业难题。根据产品形态,方案以产品标签的方式实施,结合安全稳定的系统方案,实现了对产品供应链全程管理,严防伪造、经销商窜货销售,为企业和消费者提供稳定服务。

实施效果：

有效打击假冒伪劣产品，保护企业市场和品牌。

消费者通过扫描量子云码快速甄别真假，保障消费者权益。

消费者通过供应链追溯信息页面，可查看产品原材料信息、加工信息及生产环境，让消费者买得放心、用得安心。

企业通过明码暗码相结合的方式，对供应链体系全程监管，有效管控渠道，减少损失。

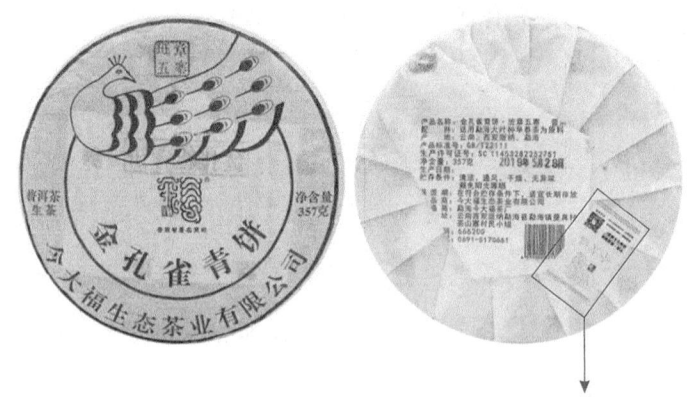

1. 企业根据专业的设备扫描暗码，及时掌握各级进销存，把握产品物流动向。
2. 消费者通过手机扫码，鉴别产品真伪，深度了解产品生产信息，增加对产品安全感，有效保护和提升企业品牌。

扫描后追溯信息内容

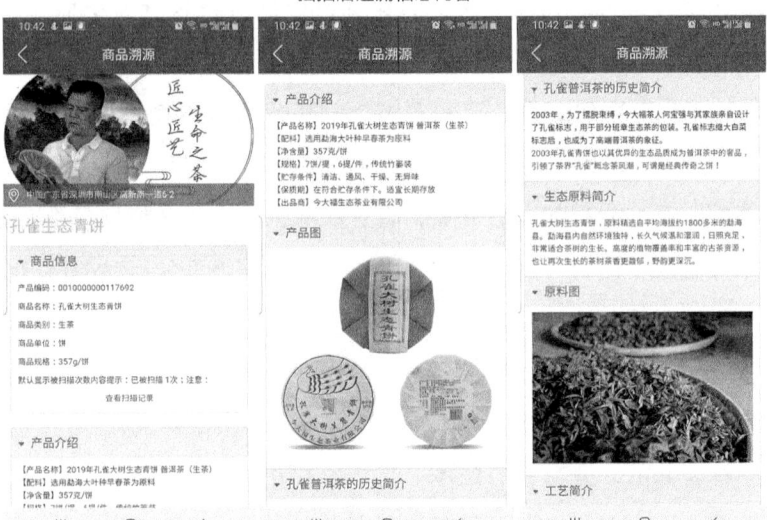

量子云码"今大福"案例

18.4 技术应用及未来发展规划

早在2017年一号文件再次强调"食品安全追溯体系建设是我国'十三五'的一项战略工程,要求2020年建成互通共享的食品追溯体系",我国从政府到企业、从社会到法律,各方都对食品安全提出更高要求,全国百万级人口城市全覆盖,食品溯源未来将形成全国大格局,市场规模超过两百亿。

目前国内的食品安全质量溯源技术大致分为以下三种:

(1) RFID无线射频技术

在食品包装上加贴一个带芯片的标识,产品进出仓库和运输就可以自动采集和读取相关的信息,产品的流向都可以记录在芯片上。

(2) 二维码技术

消费者只需要通过带摄像头的手机拍摄二维码,就能查询到产品的相关信息,查询的记录都会保留在系统内,一旦产品需要召回就可以直接发送短信给消费者,实现精准召回;还有一种是条码加上产品批次信息(如生产日期、生产时间、批号等),采用这种方式食品生产企业基本不增加生产成本。

(3) 其他硬标

在生产包装的内部装入带芯片的硬标,消费者可以通过指定软件感应该芯片硬标的真伪信息。

近年,区块链技术也应用到到食品追溯领域。利用区块链自身去中心化、信息不可篡改、开放性等底层技术特点,嫁接到食品安全领域,可以追溯产品源头。以此保障食品从生产到出厂、运输再到销售等一系列流程都有据可查。将这些数据存储于区块链条上,确保所有数据信息都是公开透明不可篡改。消费者可以通过二维码唯一标识追踪到产品的所有信息。目前零售巨头阿里、京东、沃尔玛等也纷纷宣布将区块链技术应用到自身的食品安全溯源上。致力于通过区块链底层技术,为食品领域在生产、流通、消费、检测、追溯等食品供应提供解决方案,成为一个开源、开放的食品及相关领域的区块链生态平台。

区块链作为一种公共的、分布式的账本,与中心化记录方式不同的是,其数据来源单一,数据记录具有一致性(通过在所有节点同时记录数据实现),从而可以在各个环节创建更清晰的追踪渠道。因此通过使用区块链,食品公司可以更迅速地追溯到食品问题的源头。这不但可以降低消费者风险,提供安全保障,还可以通过有针对性的召回来降低财务损失。

基于量子云码一物一码的食品追溯平台可基本满足企业的食品生产及流通追溯。在食品行业，该技术已成功应用至多家企业，极大地增强了消费者对其产品的信任与依赖。此外，除在食品行业的广泛应用外，量子云码的优势特性使其在药品、服饰、日化产品等行业得到广泛应用，如万通药业、斯凯奇、百雀羚等。同时，本平台已经打通平台壁垒，与其他载体相结合，例如，结合RFID（Radio Frequency Identification，频射识别），连通RFID与量子云码，使两种载体信息一致，利用RFID可远距离完成信息采集的优势，为企业实现高效、便捷的追溯信息采集。目前，基于遥感的数据采集技术也非常成熟，在食品行业的农产品生长监控方面有独到优势，其同样也应用在其他领域。

2019年3月5日，量子云码公司和迅雷链进一步深化合作，依托迅雷链提供的区块链底层服务，将业务全流程的数据上链公开，以确保各类溯源数据的信息透明，为全产业提供专业防伪溯源解决方案。

同时，借助区块链不可篡改的特性，确保量子云码所提供的溯源信息的真实性和品质可控，无缝连接品牌营销和终端消费者，从而进一步确保量子云码溯源防伪服务的专业度和公信力。

在以往的业务实践中，量子云码自身拥有高强度的隐秘、防破坏功能，能够在平方毫米级的印刷面积内生成具有海量信息的微观微距智能图像，从而实现对商品身份的有效赋码。其次，量子云码溯源系统能够追查物品的出入库情况，通过一物一码的技术特性，追溯货物的来源与去向，防伪的同时防止窜货，突出的专业能力获得市场和客户的高度认可。

区块链通过分布式的记账系统，确保账本信息不可篡改，在商品溯源、信息公证等方面得到广泛运用。此次量子云码选择区块链，即是因为区块链技术，能够更有效保证溯源系统信息的公开透明。区块链分布式账本决定了所有商品信息一旦录入上链，每次修改都会如实记录，起到可追溯、防篡改的特性，这将使量子云码的溯源信息系统更具公信力，从而更好地服务于产业和客户。

此次合作，量子云码基于自身业务庞大的客户体系、产品体系、查询需求量大、反馈及时等多方面考虑，在众多底层公链中，最终选择了迅雷链。

一方面，量子云码所支撑的商品数量众多，目前量子云码合作伙伴遍及食品、美妆、药品等多个行业，其中不乏中粮、玫琳凯、修正这样的行业巨头。庞大的业务体系，带来了海量的溯源查询请求，需要承载每秒万级的信息查询量，给后台系统性能带来巨大压力，已经超出了大多数区块链公链的性能水平。作为行业内公认的"最强公链"，迅雷链拥有百万级的每秒交易处理能力，每秒可以处理上百万次查询请求，以支撑量子云码的业务体系。

另一方面，量子云码所涉及的业务场景绝大多数是线下实际商业场景，对系统的响应速度要求能够满足即时性。迅雷链领先的秒级确认能力，能够满足量子云码当前的业务需要，保证溯源防伪系统能够有效、即时地展开运用。

上链过程中，迅雷链组建专家组工程师团队根据量子云码的业务特点，制订技术优化方案，快速完成部署，协助量子云码防伪溯源系统具备更出色的性能表现。

目前，量子云码的防伪溯源防窜货解决方案，已赢得了众多客户的信赖和支持，成为国内该领域的引领者。此次联手迅雷链，结合区块链的先进技术特性，必将为产业带来更好的防伪溯源防窜货解决方案，让信息更加透明，让流程更为简单，让整体系统更具公信力！

因此，未来量子云码可充分发挥自身优势，保持其原有的创新力和创造力，同时结合其他成熟技术，依据企业内部管理机制，为食品行业的供应链信息化管理、追溯建立定制化的、更长远有效的技术平台机制，协助政府监管部门能做到真正意义上的来源可查、去向可追、责任可究；帮助品牌企业维护自身利益，建立企业与消费者之间的链接，为企业提供精准数据支持；保障食品安全问题，维护消费者权益。

本章撰稿人：

程　烨　深圳前海量子云码科技有限公司董事长

第四篇 资料汇编

资料汇编

近年来,国家及相关部门相继发布了一系列涉及食品行业追溯体系的规定和政策,主要内容如表所示。

部门	文件名	发布部门
国务院办公厅	国务院办公厅关于加快发展流通促进商业消费的意见	国办发〔2019〕42号
中共中央 国务院	关于深化改革加强食品安全工作的意见	2019年第15号
发展和改革委员会	关于推动物流高质量发展促进形成强大国内市场的意见	发改经贸〔2019〕352号
财政部办公厅 商务部办公厅	关于推动农商互联完善农产品供应链的通知	财办建〔2019〕69号
财政部办公厅 商务部办公厅	关于开展2018年流通领域现代供应链体系建设的通知	财办建〔2018〕101号
商务部市场体系建设司	商务部等8部门关于开展供应链创新与应用试点的通知	商建函〔2018〕142号
交通运输部	交通运输部关于加快发展冷链物流保障食品安全促进消费升级的实施意见	交运发〔2017〕127号
国务院办公厅	国务院办公厅关于加快发展冷链物流保障食品安全促进消费升级的意见	国办发〔2017〕29号
国务院办公厅	国务院办公厅关于积极推进供应链创新与应用的指导意见	国办发〔2017〕84号
商务部办公厅 财政部办公厅	关于开展供应链体系建设工作的通知	商办流通发〔2017〕337号

国务院办公厅关于加快发展流通促进商业消费的意见

国办发〔2019〕42号

各省、自治区、直辖市人民政府，国务院各部委、各直属机构：

党中央、国务院高度重视发展流通扩大消费。近年来，各地区、各部门积极落实中央决策部署，取得良好成效，国内市场保持平稳运行。但受国内外多重因素叠加影响，当前流通消费领域仍面临一些瓶颈和短板，特别是传统流通企业创新转型有待加强，商品和生活服务有效供给不足，消费环境需进一步优化，城乡消费潜力尚需挖掘。为推动流通创新发展，优化消费环境，促进商业繁荣，激发国内消费潜力，更好满足人民群众消费需求，促进国民经济持续健康发展，经国务院同意，现提出以下意见。

一、促进流通新业态新模式发展。顺应商业变革和消费升级趋势，鼓励运用大数据、云计算、移动互联网等现代信息技术，促进商旅文体等跨界融合，形成更多流通新平台、新业态、新模式。引导电商平台以数据赋能生产企业，促进个性化设计和柔性化生产，培育定制消费、智能消费、信息消费、时尚消费等商业新模式。鼓励发展"互联网＋旧货""互联网＋资源循环"，促进循环消费。实施包容审慎监管，推动流通新业态新模式健康有序发展。（发展改革委、工业和信息化部、生态环境部、商务部、文化和旅游部、市场监管总局、体育总局按职责分工负责）

二、推动传统流通企业创新转型升级。支持线下经营实体加快新理念、新技术、新设计改造提升，向场景化、体验式、互动性、综合型消费场所转型。鼓励经营困难的传统百货店、大型体育场馆、老旧工业厂区等改造为商业综合体、消费体验中心、健身休闲娱乐中心等多功能、综合性新型消费载体。在城市规划调整、公共基础设施配套、改扩建用地保障等方面给予支持。（工业和信息化部、自然资源部、住房城乡建设部、商务部、体育总局按职责分工负责）

三、改造提升商业步行街。地方政府可结合实际对商业步行街基础设施、交通设施、信息平台和诚信体系等新建改建项目予以支持，提升品质化、数字化管理服务水平。在符合公共安全的前提下，支持商业步行街等具备条件的商业街区开展户外营销，营造规范有序、丰富多彩的商业氛围。扩大全国示范步行街改造提升试点范围。（住房城乡建设部、商务部、市场监管总局按职责分工负责）

四、加快连锁便利店发展。深化"放管服"改革，在保障食品安全的前提下，探索进一步优化食品经营许可条件；将智能化、品牌化连锁便利店纳入城市公共服务基础设施体系建设；强化连锁企业总部的管理责任，简化店铺投入使用、营业前消防安全检查，实行告知承诺管理；具备条件的企业从事书报刊发行业务实行"总部审批、单店备案"。支持地方探索对符合条件的品牌连锁企业试行"一照多址"登记。开展简化烟草、乙类非处方药经营审批手续试点。（住房城乡建设部、商务部、应急部、市场监管总局、新闻出版署、烟草局、药监局按职责分工负责）

五、优化社区便民服务设施。打造"互联网＋社区"公共服务平台，新建和改造一批社区生活服务中心，统筹社区教育、文化、医疗、养老、家政、体育等生活服务设施建设，改进社会服务，打造便民消费圈。有条件的地区可纳入城镇老旧小区改造范围，给予财政支持，并按规定享受有关税费优惠政策。鼓励社会组织提供社会服务。（发展改革委、教育部、民政部、财政部、住房城乡建设部、商务部、文化和旅游部、卫生健康委、税务总局、体育总局按职责分工负责）

六、加快发展农村流通体系。改造提升农村流通基础设施，促进形成以乡镇为中心的农村流通服务网络。扩大电子商务进农村覆盖面，优化快递服务和互联网接入，培训农村电商人才，提高农村电商发展水平，扩大农村消费。改善提升乡村旅游商品和服务供给，鼓励有条件的地区培育特色农村休闲、旅游、观光等消费市场。（发展改革委、工业和信息化部、农业农村部、商务部、文化和旅游部、邮政局按职责分工负责）

七、扩大农产品流通。加快农产品产地市场体系建设，实施"互联网＋"农产品出村进城工程，加快发展农产品冷链物流，完善农产品流通体系，加大农产品分拣、加工、包装、预冷等一体化集配设施建设支持力度，加强特色农产品优势区生产基地现代流通基础设施建设。拓宽绿色、生态产品线上线下销售渠道，丰富城乡市场供给，扩大鲜活农产品消费。（发展改革委、财政部、农业农村部、商务部按职责分工负责）

八、拓展出口产品内销渠道。推动扩大内外销产品"同线同标同质"实施范围，引导出口企业打造自有品牌，拓展内销市场网络。在综合保税区积极推广增值税一般纳税人资格试点，落实允许综合保税区内加工制造企业承接境内区外委托加工业务的政策。（财政部、商务部、海关总署、税务总局、市场监管总局按职责分工负责）

九、满足优质国外商品消费需求。允许在海关特殊监管区域内设立保税展示交易平台。统筹考虑自贸试验区、综合保税区发展特点和趋势，扩大跨境电商零售进口试点城市范围，顺应商品消费升级趋势，抓紧调整扩大跨境电商零售进口商品清单。（财政部、商务部、海关总署、税务总局按职责分工负责）

十、释放汽车消费潜力。实施汽车限购的地区要结合实际情况，探索推行逐步放宽或取消限购的具体措施。有条件的地方对购置新能源汽车给予积极支持。促进二手车流通，进一步落实全面取消二手车限迁政策，大气污染防治重点区域应允许符合在用车排放标准的二手车在本省（市）内交易流通。（工业和信息化部、公安部、生态环境部、交通运输部、商务部按职责分工负责）

十一、支持绿色智能商品以旧换新。鼓励具备条件的流通企业回收消费者淘汰的废旧电子电器产品，折价置换超高清电视、节能冰箱、洗衣机、空调、智能手机等绿色、节能、智能电子电器产品，扩大绿色智能消费。有条件的地方对开展相关产品促销活动、建设信息平台和回收体系等给予一定支持。（工业和信息化部、生态环境部、商务部按职责分工负责）

十二、活跃夜间商业和市场。鼓励主要商圈和特色商业街与文化、旅游、休闲等紧密结合，适当延长营业时间，开设深夜营业专区、24小时便利店和"深夜食堂"等特色餐饮街区。有条件的地方可加大投入，打造夜间消费场景和集聚区，完善夜间交通、安全、环境等配套措施，提高夜间消费便利度和活跃度。（住房城乡建设部、交通运输部、商务部、文化和旅游部、应急部按职责分工负责）

十三、拓宽假日消费空间。鼓励有条件的地方充分利用开放性公共空间，开设节假日步行街、周末大集、休闲文体专区等常态化消费场所，组织开展特色促消费活动，探索培育专业化经营管理主体。地方政府要结合实际给予规划引导、场地设施、交通安全保障等方面支持。（住房城乡建设部、交通运输部、商务部、文化和旅游部、应急部、市场监管总局按职责分工负责）

十四、搭建品牌商品营销平台。积极培育形成若干国际消费中心城市，引导自主品牌提升市场影响力和认知度，推动国内销售的国际品牌与发达国家市场在品质价格、上市时间、售后服务等方面同步接轨。因地制宜，创造条件，吸引知名品牌开设首店、首发新品，带动扩大消费，促进国内产业升级。保护和发展中华老字号品牌，对于中华老字号中确需保护的传统技艺，可按相关规定申请非物质文化遗产保护相关资金。（商务部、文化和旅游部、市场监管总局按职责分工负责）

十五、降低流通企业成本费用。推动工商用电同价政策尽快全面落实。各地不得干预连锁企业依法申请和享受总分机构汇总纳税政策。（发展改革委、财政部、税务总局按职责分工负责）

十六、鼓励流通企业研发创新。研究进一步扩大研发费用税前加计扣除政策适用范围。加大对国内不能生产、行业企业急需的高性能物流设备进口的支持力度，降低物流成本；研究将相关领域纳入《产业结构调整指导目录》"鼓励类"，推动先进物流装备产业发展，加快推进现代物流发展。（发展改革委、科技部、财政部、商务部、税务总局按职责分工负责）

十七、扩大成品油市场准入。取消石油成品油批发仓储经营资格审批，将成品油零售经营资格审批下放至地市级人民政府，加强成品油流通事中事后监管，强化安全保障措施落实。乡镇以下具备条件的地区建设加油站、加气站、充电站等可使用存量集体建设用地，扩大成品油市场消费。（发展改革委、自然资源部、生态环境部、住房城乡建设部、交通运输部、商务部、应急部、海关总署、市场监管总局按职责分工负责）

十八、发挥财政资金引导作用。统筹用好中央财政服务业发展资金等现有专项资金或政策，补齐流通领域短板。各地可因地制宜，加强对创新发展流通、促进扩大消费的财政支持。（财政部、商务部按职责分工负责）

十九、加大金融支持力度。鼓励金融机构创新消费信贷产品和服务，推动专业化消费金融组织发展。鼓励金融机构对居民购买新能源汽车、绿色智能家电、智能家居、节水器具等绿色智能产品提供信贷支持，加大对新消费领域金融支持力度。（人民银行、银保监会按职责分工负责）

二十、优化市场流通环境。强化消费信用体系建设，加快建设覆盖线上线下的重要产品追溯体系。严厉打击线上线下销售侵权假冒商品、发布虚假广告等违法行为，针对食品、药品、汽车配件、小家电等消费品，加大农村和城乡接合部市场治理力度。修订汽车、平板电视等消费品修理更换退货责任规定。积极倡导企业实行无理由退货制度。（发展改革委、工业和信息化部、公安部、农业农村部、商务部、应急部、海关总署、市场监管总局、药监局按职责分工负责）

各地区、各有关部门要充分认识创新发展流通、推动消费升级、促进扩大消费的重要意义，切实抓好各项政策措施的落实落地。各地区要结合本地实际完善政策措施，认真组织实施。各有关部门要落实责任，加强协作，形成合力，确保推动各项政策措施落实到位。

国务院办公厅

2019 年 8 月 16 日

中共中央国务院关于深化改革加强食品安全工作的意见

(2019年第15号)

食品安全关系人民群众身体健康和生命安全，关系中华民族未来。党的十九大报告明确提出实施食品安全战略，让人民吃得放心。这是党中央着眼党和国家事业全局，对食品安全工作作出的重大部署，是决胜全面建成小康社会、全面建设社会主义现代化国家的重大任务。现就深化改革加强食品安全工作提出如下意见。

一、深刻认识食品安全面临的形势

党的十八大以来，以习近平同志为核心的党中央坚持以人民为中心的发展思想，从党和国家事业发展全局、实现中华民族伟大复兴中国梦的战略高度，把食品安全工作放在"五位一体"总体布局和"四个全面"战略布局中统筹谋划部署，在体制机制、法律法规、产业规划、监督管理等方面采取了一系列重大举措。各地区各部门认真贯彻党中央、国务院决策部署，食品产业快速发展，安全标准体系逐步健全，检验检测能力不断提高，全过程监管体系基本建立，重大食品安全风险得到控制，人民群众饮食安全得到保障，食品安全形势不断好转。

但是，我国食品安全工作仍面临不少困难和挑战，形势依然复杂严峻。微生物和重金属污染、农药兽药残留超标、添加剂使用不规范、制假售假等问题时有发生，环境污染对食品安全的影响逐渐显现；违法成本低，维权成本高，法制不够健全，一些生产经营者唯利是图、主体责任意识不强；新业态、新资源潜在风险增多，国际贸易带来的食品安全问题加深；食品安全标准与最严谨标准要求尚有一定差距，风险监测评估预警等基础工作薄弱，基层监管力量和技术手段跟不上；一些地方对食品安全重视不够，责任落实不到位，安全与发展的矛盾仍然突出。这些问题影响到人民群众的获得感、幸福感、安全感，成为全面建成小康社会、全面建设社会主义现代化国家的明显短板。

人民日益增长的美好生活需要对加强食品安全工作提出了新的更高要求；推进国家治理体系和治理能力现代化，推动高质量发展，实施健康中国战略和乡村振兴战略，为解决食品安全问题提供了前所未有的历史机遇。必须深化改革创新，用最严谨的标准、最严格的监管、最严厉的处罚、最严肃的问责，进一步加强食品安全工作，确保人民群众"舌尖上的安全"。

二、总体要求

（一）指导思想

以习近平新时代中国特色社会主义思想为指导，全面贯彻党的十九大和十九届二中、三中全会精神，坚持和加强党的全面领导，坚持以人民为中心的发展思想，紧紧围绕统筹推进"五位一体"总体布局和协调推进"四个全面"战略布局，坚持稳中求进工作总基调，坚持新发展理念，遵循"四个最严"要求，建立食品安全现代化治理体系，提高从农田到餐桌全过程监管能力，提升食品全链条质量安全保障水平，增强广大人民群众的获得感、幸福感、安全感，为实现"两个一百年"奋斗目标和中华民族伟大复兴的中国梦奠定坚实基础。

（二）基本原则

——坚持安全第一。把保障人民群众食品安全放在首位，坚守安全底线，正确处理安全与发展的关系，促一方发展，保一方安全。

——坚持问题导向。以维护和促进公众健康为目标，从解决人民群众普遍关心的突出问题入手，标本兼治、综合施策，不断增强人民群众的安全感和满意度。

——坚持预防为主。牢固树立风险防范意识，强化风险监测、风险评估和供应链管理，提高风险发现与处置能力。坚持"产"出来和"管"出来两手抓，落实生产经营者主体责任，最大限度消除不安全风险。

——坚持依法监管。强化法治理念，健全法规制度、标准体系，重典治乱，加大检查执法力度，依法从严惩处违法犯罪行为，严把从农田到餐桌的每一道防线。

——坚持改革创新。深化监管体制机制改革，创新监管理念、监管方式，堵塞漏洞、补齐短板，推进食品安全领域国家治理体系和治理能力现代化。

——坚持共治共享。生产经营者自觉履行主体责任，政府部门依法加强监管，公众积极参与社会监督，形成各方各尽其责、齐抓共管、合力共治的工作格局。

（三）总体目标

到 2020 年，基于风险分析和供应链管理的食品安全监管体系初步建立。农产品和食品抽检量达到 4 批次/千人，主要农产品质量安全监测总体合格率稳定在 97% 以上，食品抽检合格率稳定在 98% 以上，区域性、系统性重大食品安全风险基本得到控制，公众对食品安全的安全感、满意度进一步提高，食品安全整体水平与全面建成小康社会目标基本相适应。

到 2035 年，基本实现食品安全领域国家治理体系和治理能力现代化。食品安全标准水平进入世界前列，产地环境污染得到有效治理，生产经营者责任意识、诚信意识和食品质量安全管理水平明显提高，经济利益驱动型食品安全违法犯罪明显减少。食品安全风险管控能力达到国际先进水平，从农田到餐桌全过程监管体系运行有效，食品安全状况实现根本好转，人民群众吃得健康、吃得放心。

三、建立最严谨的标准

（四）加快制修订标准。立足国情、对接国际，加快制修订农药残留、兽药残留、重金属、食品污染物、致病性微生物等食品安全通用标准，到2020年农药兽药残留限量指标达到1万项，基本与国际食品法典标准接轨。加快制修订产业发展和监管急需的食品安全基础标准、产品标准、配套检验方法标准。完善食品添加剂、食品相关产品等标准制定。及时修订完善食品标签等标准。

（五）创新标准工作机制。借鉴和转化国际食品安全标准，简化优化食品安全国家标准制修订流程，加快制修订进度。完善食品中有害物质的临时限量值制定机制。建立企业标准公开承诺制度，完善配套管理制度，鼓励企业制定实施严于国家标准或地方标准的企业标准。支持各方参与食品安全国家标准制修订，积极参与国际食品法典标准制定，积极参与国际新兴危害因素的评估分析与管理决策。

（六）强化标准实施。加大食品安全标准解释、宣传贯彻和培训力度，督促食品生产经营者准确理解和应用食品安全标准，维护食品安全标准的强制性。对食品安全标准的使用进行跟踪评价，充分发挥食品安全标准保障食品安全、促进产业发展的基础作用。

四、实施最严格的监管

（七）严把产地环境安全关。实施耕地土壤环境治理保护重大工程。强化土壤污染管控和修复，开展重点地区涉重金属行业污染土壤风险排查和整治。强化大气污染治理，加大重点行业挥发性有机物治理力度。加强流域水污染防治工作。

（八）严把农业投入品生产使用关。严格执行农药兽药、饲料添加剂等农业投入品生产和使用规定，严禁使用国家明令禁止的农业投入品，严格落实定点经营和实名购买制度。将高毒农药禁用范围逐步扩大到所有食用农产品。落实农业生产经营记录制度、农业投入品使用记录制度，指导农户严格执行农药安全间隔期、兽药休药期有关规定，防范农药兽药残留超标。

（九）严把粮食收储质量安全关。做好粮食收购企业资格审核管理，督促企业严格落实出入厂（库）和库存质量检验制度，积极探索建立质量追溯制度，加强烘干、存储和检验监测能力建设，为农户提供粮食烘干存储服务，防止发霉变质受损。健全超标粮食收购处置长效机制，推进无害化处理和资源合理化利用，严禁不符合食品安全标准的粮食流入口粮市场和食品生产企业。

（十）严把食品加工质量安全关。实行生产企业食品安全风险分级管理，在日常监督检查全覆盖基础上，对一般风险企业实施按比例"双随机"抽查，对高风险企业实施重点检查，对问题线索企业实施飞行检查，督促企业生产过程持续合规。加强保健食品等特殊食品监管。将体系检查从婴幼儿配方乳粉逐步扩大到高风险大宗消费食品，着力解决生产过程不合规、非法添加、超范围超限量使用食品添加剂等问题。

（十一）严把流通销售质量安全关。建立覆盖基地储藏、物流配送、市场批发、销售终端全链条的冷链配送系统，严格执行全过程温控标准和规范，落实食品运输在途监管责任，鼓励使用温控标签，防止食物脱冷变质。督促企业严格执行进货查验记录制度和保质期标识等规定，严查临期、过期食品翻新销售。严格执行畜禽屠宰检验检疫制度。加强食品集中交易市场监管，强化农产品产地准出和市场准入衔接。

（十二）严把餐饮服务质量安全关。全面落实餐饮服务食品安全操作规范，严格执行进货查验、加工操作、清洗消毒、人员管理等规定。集体用餐单位要建立稳定的食材供应渠道和追溯记录，保证购进原料符合食品安全标准。严格落实网络订餐平台责任，保证线上线下餐饮同标同质，保证一次性餐具制品质量安全，所有提供网上订餐服务的餐饮单位必须有实体店经营资格。

五、实行最严厉的处罚

（十三）完善法律法规。研究修订食品安全法及其配套法规制度，修订完善刑法中危害食品安全犯罪和刑罚规定，加快修订农产品质量安全法，研究制定粮食安全保障法，推动农产品追溯入法。加快完善办理危害食品安全刑事案件的司法解释，推动危害食品安全的制假售假行为"直接入刑"。推动建立食品安全司法鉴定制度，明确证据衔接规则、涉案食品检验认定与处置协作配合机制、检验认定时限和费用等有关规定。加快完善食品安全民事纠纷案件司法解释，依法严肃追究故意违法者的民事赔偿责任。

（十四）严厉打击违法犯罪。落实"处罚到人"要求，综合运用各种法律手段，对违法企业及其法定代表人、实际控制人、主要负责人等直接负责的主管人员和其他直接责任人员进行严厉处罚，大幅提高违法成本，实行食品行业从业禁止、终身禁业，对再犯从严从重进行处罚。严厉打击刑事犯罪，对情节严重、影响恶劣的危害食品安全刑事案件依法从重判罚。加强行政执法与刑事司法衔接，行政执法机关发现涉嫌犯罪、依法需要追究刑事责任的，依据行刑衔接有关规定及时移送公安机关，同时抄送检察机关；发现涉嫌职务犯罪线索的，及时移送监察机关。积极完善食品安全民事和行政公益诉讼，做好与民事和行政诉讼的衔接与配合，探索建立食品安全民事公益诉讼惩罚性赔偿制度。

（十五）加强基层综合执法。深化综合执法改革，加强基层综合执法队伍和能力建设，确保有足够资源履行食品安全监管职责。县级市场监管部门及其在乡镇（街道）的派出机构，要以食品安全为首要职责，执法力量向一线岗位倾斜，完善工作流程，提高执法效率。农业综合执法要把保障农产品质量安全作为重点任务。加强执法力量和装备配备，确保执法监管工作落实到位。公安、农业农村、市场监管等部门要落实重大案件联合督办制度，按照国家有关规定，对贡献突出的单位和个人进行表彰奖励。

（十六）强化信用联合惩戒。推进食品工业企业诚信体系建设。建立全国统一的食品生产经营企业信用档案,纳入全国信用信息共享平台和国家企业信用信息公示系统。实行食品生产经营企业信用分级分类管理。进一步完善食品安全严重失信者名单认定机制,加大对失信人员联合惩戒力度。

六、坚持最严肃的问责

(十七)明确监管事权。各省、自治区、直辖市政府要结合实际,依法依规制定食品安全监管事权清单,压实各职能部门在食品安全工作中的行业管理责任。对产品风险高、影响区域广的生产企业监督检查,对重大复杂案件查处和跨区域执法,原则上由省级监管部门负责组织和协调,市县两级监管部门配合,也可实行委托监管、指定监管、派驻监管等制度,确保监管到位。市县两级原则上承担辖区内直接面向市场主体、直接面向消费者的食品生产经营监管和执法事项,保护消费者合法权益。上级监管部门要加强对下级监管部门的监督管理。

(十八)加强评议考核。完善对地方党委和政府食品安全工作评议考核制度,将食品安全工作考核结果作为党政领导班子和领导干部综合考核评价的重要内容,作为干部奖惩和使用、调整的重要参考。对考核达不到要求的,约谈地方党政主要负责人,并督促限期整改。

(十九)严格责任追究。依照监管事权清单,尽职照单免责、失职照单问责。对贯彻落实党中央、国务院有关食品安全工作决策部署不力、履行职责不力、给国家和人民利益造成严重损害的,依规依纪依法追究相关领导责任。对监管工作中失职失责、不作为、乱作为、慢作为、假作为的,依规依纪依法追究相关人员责任;涉嫌犯罪的,依法追究刑事责任。对参与、包庇、放纵危害食品安全违法犯罪行为,弄虚作假、干扰责任调查,帮助伪造、隐匿、毁灭证据的,依法从重追究法律责任。

七、落实生产经营者主体责任

(二十)落实质量安全管理责任。生产经营者是食品安全第一责任人,要结合实际设立食品质量安全管理岗位,配备专业技术人员,严格执行法律法规、标准规范等要求,确保生产经营过程持续合规,确保产品符合食品安全标准。食品质量安全管理岗位人员的法规知识抽查考核合格率要达到90%以上。风险高的大型食品企业要率先建立和实施危害分析和关键控制点体系。保健食品生产经营者要严格落实质量安全主体责任,加强全面质量管理,规范生产行为,确保产品功能声称真实。

(二十一)加强生产经营过程控制。食品生产经营者应当依法对食品安全责任落实情况、食品安全状况进行自查评价。对生产经营条件不符合食品安全要求的,要立即采取整改措施;发现存在食品安全风险的,应当立即停止生产经营活动,并及时报告属地监管部门。要主动监测其上市产品质量安全状况,对存在隐患的,要及时采取风险控制措施。食品生产企业自查报告率要达到90%以上。

(二十二)建立食品安全追溯体系。食用农产品生产经营主体和食品生产企业对其产品追溯负责，依法建立食品安全追溯体系，确保记录真实完整，确保产品来源可查、去向可追。国家建立统一的食用农产品追溯平台，建立食用农产品和食品安全追溯标准和规范，完善全程追溯协作机制。加强全程追溯的示范推广，逐步实现企业信息化追溯体系与政府部门监管平台、重要产品追溯管理平台对接，接受政府监督，互通互享信息。

（二十三）积极投保食品安全责任保险。因食品安全问题造成损害的，食品生产经营者要依法承担赔偿责任。推进肉蛋奶和白酒生产企业、集体用餐单位、农村集体聚餐、大宗食品配送单位、中央厨房和配餐单位主动购买食品安全责任保险，有条件的中小企业要积极投保食品安全责任保险，发挥保险的他律作用和风险分担机制。

八、推动食品产业高质量发展

（二十四）改革许可认证制度。坚持"放管服"相结合，减少制度性交易成本。推进农产品认证制度改革，加快建立食用农产品合格证制度。深化食品生产经营许可改革，优化许可程序，实现全程电子化。推进保健食品注册与备案双轨运行，探索对食品添加剂经营实行备案管理。制定完善食品新业态、新模式监管制度。利用现有相关信息系统，实现全国范围内食品生产经营许可信息可查询。

（二十五）实施质量兴农计划。以乡村振兴战略为引领，以优质安全、绿色发展为目标，推动农业由增产导向转向提质导向。全面推行良好农业规范。创建农业标准化示范区。实施农业品牌提升行动。培育新型农业生产服务主体，推广面向适度规模经营主体特别是小农户的病虫害统防统治专业化服务，逐步减少自行使用农药兽药的农户。

（二十六）推动食品产业转型升级。调整优化食品产业布局，鼓励企业获得认证认可，实施增品种、提品质、创品牌行动。引导食品企业延伸产业链条，建立优质原料生产基地及配套设施，加强与电商平台深度融合，打造有影响力的百年品牌。大力发展专业化、规模化冷链物流企业，保障生鲜食品流通环节质量安全。

（二十七）加大科技支撑力度。将食品安全纳入国家科技计划，加强食品安全领域的科技创新，引导食品企业加大科研投入，完善科技成果转化应用机制。建设一批国际一流的食品安全技术支撑机构和重点实验室，加快引进培养高层次人才和高水平创新团队，重点突破"卡脖子"关键技术。依托国家级专业技术机构，开展基础科学和前沿科学研究，提高食品安全风险发现和防范能力。

九、提高食品安全风险管理能力

（二十八）加强协调配合。完善统一领导、分工负责、分级管理的食品安全监管体制，地方各级党委和政府对本地区食品安全工作负总责。相关职能部门要各司其职、齐抓共管，健全工作协调联动机制，加强跨地区协作配合，发现问题迅速处置，并及时通报上游查明原因、下游控制危害。在城市社区和农村建立专兼职食品安全信息员（协管员）队伍，充分发挥群众监督作用。

（二十九）提高监管队伍专业化水平。强化培训和考核，依托现有资源加强职业化检查队伍建设，提高检查人员专业技能，及时发现和处置风险隐患。完善专业院校课程设置，加强食品学科建设和人才培养。加大公安机关打击食品安全犯罪专业力量、专业装备建设力度。

（三十）加强技术支撑能力建设。推进国家级、省级食品安全专业技术机构能力建设，提升食品安全标准、监测、评估、监管、应急等工作水平。根据标准分类加快建设7个食品安全风险评估与标准研制重点实验室。健全以国家级检验机构为龙头，省级检验机构为骨干，市县两级检验机构为基础的食品和农产品质量安全检验检测体系，打造国际一流的国家检验检测平台，落实各级食品和农产品检验机构能力和装备配备标准。严格检验机构资质认定管理、跟踪评价和能力验证，发展社会检验力量。

（三十一）推进"互联网＋食品"监管。建立基于大数据分析的食品安全信息平台，推进大数据、云计算、物联网、人工智能、区块链等技术在食品安全监管领域的应用，实施智慧监管，逐步实现食品安全违法犯罪线索网上排查汇聚和案件网上移送、网上受理、网上监督，提升监管工作信息化水平。

（三十二）完善问题导向的抽检监测机制。国家、省、市、县抽检事权四级统筹、各有侧重、不重不漏，统一制订计划、统一组织实施、统一数据报送、统一结果利用，力争抽检样品覆盖到所有农产品和食品企业、品种、项目，到2020年达到4批次/千人。逐步将监督抽检、风险监测与评价性抽检分离，提高监管的靶向性。完善抽检监测信息通报机制，依法及时公开抽检信息，加强不合格产品的核查处置，控制产品风险。

（三十三）强化突发事件应急处置。修订国家食品安全事故应急预案，完善事故调查、处置、报告、信息发布工作程序。完善食品安全事件预警监测、组织指挥、应急保障、信息报告制度和工作体系，提升应急响应、现场处置、医疗救治能力。加强舆情监测，建立重大舆情收集、分析研判和快速响应机制。

十、推进食品安全社会共治

（三十四）加强风险交流。主动发布权威信息，及时开展风险解读，鼓励研究机构、高校、协会、媒体等参与食品安全风险交流，科学解疑释惑。鼓励企业通过新闻媒体、网络平台等方式直接回应消费者咨询。建立谣言抓取、识别、分析、处置智能化平台，依法坚决打击造谣传谣、欺诈和虚假宣传行为。

（三十五）强化普法和科普宣传。落实"谁执法谁普法"普法责任制，对各类从事食品生产经营活动的单位和个人，持续加强食品安全法律法规、国家标准、科学知识的宣传教育。在中小学开展食品安全与营养教育，有条件的主流媒体可开办食品安全栏目，持续开展"食品安全宣传周"和食品安全进农村、进校园、进企业、进社区等宣传活动，提升公众食品安全素养，改变不洁饮食习俗，避免误采误食，防止发生食源性疾病。普及健康知识，倡导合理膳食，开展营养均衡配餐示范推广，提倡"减盐、减油、减糖"。

（三十六）鼓励社会监督。依法公开行政监管和处罚的标准、依据、结果，接受社会监督。支持行业协会建立行规行约和奖惩机制，强化行业自律。鼓励新闻媒体准确客观报道食品安全问题，有序开展食品安全舆论监督。

（三十七）完善投诉举报机制。畅通投诉举报渠道，落实举报奖励制度。鼓励企业内部知情人举报食品研发、生产、销售等环节中的违法犯罪行为，经查证属实的，按照有关规定给予奖励。加强对举报人的保护，对打击报复举报人的，要依法严肃查处。对恶意举报非法牟利的行为，要依法严厉打击。

十一、开展食品安全放心工程建设攻坚行动

围绕人民群众普遍关心的突出问题，开展食品安全放心工程建设攻坚行动，用5年左右时间，以点带面治理"餐桌污染"，力争取得明显成效。

（三十八）实施风险评估和标准制定专项行动。系统开展食物消费量调查、总膳食研究、毒理学研究等基础性工作，完善风险评估基础数据库。加强食源性疾病、食品中有害物质、环境污染物、食品相关产品等风险监测，系统开展食品中主要危害因素的风险评估，建立更加适用于我国居民的健康指导值。按照最严谨要求和现阶段实际，制订实施计划，加快推进内外销食品标准互补和协调，促进国民健康公平。

（三十九）实施农药兽药使用减量和产地环境净化行动。开展高毒高风险农药淘汰工作，5年内分期分批淘汰现存的10种高毒农药。实施化肥农药减量增效行动、水产养殖用药减量行动、兽药抗菌药治理行动，遏制农药兽药残留超标问题。加强耕地土壤环境类别划分和重金属污染区耕地风险管控与修复，重度污染区域要加快退出食用农产品种植。

（四十）实施国产婴幼儿配方乳粉提升行动。在婴幼儿配方乳粉生产企业全面实施良好生产规范、危害分析和关键控制点体系，自查报告率要达到100%。完善企业批批全检的检验制度，健全安全生产规范体系检查常态化机制。禁止使用进口大包装婴幼儿配方乳粉到境内分装，规范标识标注。支持婴幼儿配方乳粉企业兼并重组，建设自有自控奶源基地，严格奶牛养殖饲料、兽药管理。促进奶源基地实行专业化、规模化、智能化生产，提高原料奶质量。发挥骨干企业引领作用，加大产品研发力度，培育优质品牌。力争3年内显著提升国产婴幼儿配方乳粉的品质、竞争力和美誉度。

（四十一）实施校园食品安全守护行动。严格落实学校食品安全校长（园长）负责制，保证校园食品安全，防范发生群体性食源性疾病事件。全面推行"明厨亮灶"，实行大宗食品公开招标、集中定点采购，建立学校相关负责人陪餐制度，鼓励家长参与监督。对学校食堂、学生集体用餐配送单位、校园周边餐饮门店及食品销售单位实行全覆盖监督检查。落实好农村义务教育学生营养改善计划，保证学生营养餐质量。

（四十二）实施农村假冒伪劣食品治理行动。以农村地区、城乡接合部为主战场，全面清理食品生产经营主体资格，严厉打击制售"三无"食品、假冒食品、劣质食品、过期食品等违法违规行为，坚决取缔"黑工厂""黑窝点"和"黑作坊"，实现风险隐患排查整治常态化。用2~3年时间，建立规范的农村食品流通供应体系，净化农村消费市场，提高农村食品安全保障水平。

（四十三）实施餐饮质量安全提升行动。推广"明厨亮灶"、餐饮安全风险分级管理，支持餐饮服务企业发展连锁经营和中央厨房，提升餐饮行业标准化水平，规范快餐、团餐等大众餐饮服务。鼓励餐饮外卖对配送食品进行封签，使用环保可降解的容器包装。大力推进餐厨废弃物资源化利用和无害化处理，防范"地沟油"流入餐桌。开展餐饮门店"厕所革命"，改善就餐环境卫生。

（四十四）实施保健食品行业专项清理整治行动。全面开展严厉打击保健食品欺诈和虚假宣传、虚假广告等违法犯罪行为。广泛开展以老年人识骗、防骗为主要内容的宣传教育活动。加大联合执法力度，大力整治保健食品市场经营秩序，严厉查处各种非法销售保健食品行为，打击传销。完善保健食品标准和标签标识管理。做好消费者维权服务工作。

（四十五）实施"优质粮食工程"行动。完善粮食质量安全检验监测体系，健全为农户提供专业化社会化粮食产后烘干储存销售服务体系。开展"中国好粮油"行动，提高绿色优质安全粮油产品供给水平。

（四十六）实施进口食品"国门守护"行动。将进口食品的境外生产经营企业、国内进口企业等纳入海关信用管理体系，实施差别化监管，开展科学有效的进口食品监督抽检和风险监控，完善企业信用管理、风险预警、产品追溯和快速反应机制，落实跨境电商零售进口监管政策，严防输入型食品安全风险。建立多双边国际合作信息通报机制、跨境检查执法协作机制，共同防控食品安全风险。严厉打击食品走私行为。

（四十七）实施"双安双创"示范引领行动。发挥地方党委和政府积极性，持续开展食品安全示范城市创建和农产品质量安全县创建活动，总结推广经验，落实属地管理责任和生产经营者主体责任。

十二、加强组织领导

（四十八）落实党政同责。地方各级党委和政府要把食品安全作为一项重大政治任务来抓。落实《地方党政领导干部食品安全责任制规定》，明确党委和政府主要负责人为第一责任人，自觉履行组织领导和督促落实食品安全属地管理责任，确保不发生重大食品安全事件。强化各级食品安全委员会及其办公室统筹协调作用，及时研究部署食品安全工作，协调解决跨部门跨地区重大问题。各有关部门要按照管行业必须管安全的要求，对主管领域的食品安全工作承担管理责任。各级农业农村、海关、市场监管等部门要压实监管责任，加强全链条、全流程监管。各地区各有关部门每年12月底前要向党中央、国务院报告食品安全工作情况。

（四十九）加大投入保障。健全食品和农产品质量安全财政投入保障机制，将食品和农产品质量安全工作所需经费列入同级财政预算，保障必要的监管执法条件。企业要加大食品质量安全管理方面的投入，鼓励社会资本进入食品安全专业化服务领域，构建多元化投入保障机制。

（五十）激励干部担当。加强监管队伍思想政治建设，增强"四个意识"，坚定"四个自信"，做到"两个维护"，忠实履行监管职责，敢于同危害食品安全的不法行为做斗争。各级党委和政府要关心爱护一线监管执法干部，建立健全容错纠错机制，为敢于担当作为的干部撑腰鼓劲。对在食品安全工作中做出突出贡献的单位和个人，按照国家有关规定给予表彰奖励，激励广大监管干部为党和人民干事创业、建功立业。

（五十一）强化组织实施。各地区各有关部门要根据本意见提出的改革任务和工作要求，结合实际认真研究制定具体措施，明确时间表、路线图、责任人，确保各项改革举措落实到位。国务院食品安全委员会办公室要会同有关部门建立协调机制，加强沟通会商，研究解决实施中遇到的问题。要严格督查督办，将实施情况纳入对地方政府食品安全工作督查考评内容，确保各项任务落实到位。

关于推动物流高质量发展促进形成强大国内市场的意见

发改经贸〔2019〕352号

各省、自治区、直辖市及计划单列市发展改革、网信、工业和信息化、公安、财政、自然资源、生态环境、住房城乡建设、交通运输、农业农村、商务、应急管理部门，中国人民银行上海总部、各分行、营业管理部，各省会（首府）城市中心支行，各副省级城市中心支行，海关总署广东分署、各直属海关，市场监管、统计、气象、银保监、证监、能源部门，各地区铁路监督管理局，民航各地区管理局，邮政管理局，各铁路局集团公司：

物流业是支撑国民经济发展的基础性、战略性、先导性产业。物流高质量发展是经济高质量发展的重要组成部分，也是推动经济高质量发展不可或缺的重要力量。为巩固物流降本增效成果，增强物流企业活力，提升行业效率效益水平，畅通物流全链条运行，按照党中央、国务院关于推动高质量发展的要求和中央经济工作会议精神，现提出以下意见。

一、深刻认识物流高质量发展的重要意义

物流是实体经济的有机组成部分，加快解决物流发展不平衡不充分问题，推动物流高质量发展是推进物流业发展方式转变、结构优化和动力转换，实现物流业自身转型升级的必由之路；是降低实体经济特别是制造企业物流成本水平，增强实体经济活力的必然选择；是深化供给侧结构性改革，增强经济发展内生动力，提升社会经济运行效率的迫切需要；是促进形成强大国内市场，构建现代化经济体系，实现国民经济高质量发展的内在要求。物流业发展的贡献不仅在于行业企业本身创造的税收、就业等，更在于支撑和促进区域内各相关产业产生更多的税收和就业，有力推动区域经济较快增长。要把推动物流高质量发展作为当前和今后一段时期改善产业发展和投资环境的重要抓手，培育经济发展新动能的关键一招，以物流高质量发展为突破口，加快推动提升区域经济和国民经济综合竞争力。

二、构建高质量物流基础设施网络体系

（一）推动国家物流枢纽网络建设。围绕"一带一路"建设、京津冀协同发展、长江经济带发展、粤港澳大湾区建设、长三角一体化发展等重大战略实施，依据国土空间规划，在国家物流骨干网络的关键节点，选择部分基础条件成熟的承载城市，启动第一批15个左右国家物流枢纽布局建设，培育形成一批资源整合能力强、运营模式先进的枢纽运营企业，促进区域内和跨区域物流活动组织化、规模化、网络化运行。（发展改革委、交通运输部负责，列第一位的为牵头部门，下同）

（二）加强联运转运衔接设施短板建设。发挥政府投资的示范带动作用，引导各类社会资本加大对公铁、铁水、空陆等不同运输方式的转运场站和"不落地"装卸设施等的投入力度，提高一体化转运衔接能力和货物快速换装便捷性，破解制约物流整体运作效率提升的瓶颈。推动具备条件的物流园区引入铁路专用线。加强入港铁路专用线等基础设施短板建设，支持铁路专用线进码头，打通公铁水联运衔接"最后一公里"，实现铁路货运场站与港口码头、前方堆场等的无缝衔接。（发展改革委、交通运输部、财政部、自然资源部、铁路局、民航局、铁路总公司按职责分工负责）

（三）完善城乡消费物流体系。实施城乡高效配送专项行动，完善城乡配送网络，鼓励企业在城乡和具备条件的村建立物流配送网点，加强公用型城市配送节点和社区配送设施建设，将末端配送设施纳入社区统一管理，推进设施共享共用，支持试点城市和企业加快构建城乡双向畅通的物流配送网络。实施"邮政在乡"工程，完善县乡村三级邮政农村物流配送体系建设。升级"快递下乡"工程，加快农村物流快递公共取送点建设，提升乡镇快递网点覆盖率。深入开展电子商务进农村综合示范，提升农村物流服务质量和效率，2019年力争对具备条件的国家级贫困县全覆盖。通过合资合作等方式发展面向乡镇（村）的农村物流服务体系。（商务部、交通运输部、住房城乡建设部、财政部、农业农村部、邮政局按职责分工负责）

（四）建立资源共享的物流公共信息平台。推进国家交通运输物流公共信息平台完善工作，鼓励和引导城市共同配送公共信息平台加强与国家交通运输物流公共信息平台有效衔接，促进相关部门、大型市场主体的物流公共数据互联互通和开放共享。在保障信息安全的情况下，扩大物流相关信息公开范围和内容，为物流企业和制造业企业查询提供便利。依托骨干物流信息平台试点单位，探索市场化机制下物流信息资源整合利用的新模式，推动建立国家骨干物流信息网络，畅通物流信息链，加强社会物流活动全程监测预警、实时跟踪查询。依托行业协会实施全国百家骨干物流园区"互联互通"工程，促进信息匹配、交易撮合、资源协同。（交通运输部、公安部、发展改革委、商务部、中央网信办、住房城乡建设部、自然资源部、铁路局、民航局、气象局、铁路总公司、中国物流与采购联合会按职责分工负责）

三、提升高质量物流服务实体经济能力

（五）促进现代物流业与制造业深度融合。加强生产服务型国家物流枢纽建设，利用枢纽聚集的大量物流资源，为制造企业提供高效快捷的物流服务，降低制造企业物流成本，提升区域制造企业竞争力，支撑制造业高质量集群化发展。以深化实施"互联网＋"高效物流和物流降本增效专项行动为突破口，促进物流业与制造业深度融合创新发展。研究出台促进物流业与制造业深度融合发展的政策措施，鼓励物流企业为制造企业量身定做供应链管理库存、"线边物流"、供应链一体化服务等物流解决方案。实施服务型制造示范遴选，支持物流企业开展服务化转型。增加开行面向大型厂矿、制造业基地等的"点对点"直达货运列车，提高协议制运输比重，扩大大宗物资运量运能互保协议范围，2019年力争达到25亿吨左右。加快发展面向集成电路、生物制药、高端电子消费产品等高附加值制造业的航空货运服务，加大"卡车航班"开行力度，构建高价值商品的快捷物流服务网络。（发展改革委、交通运输部、工业和信息化部、民航局、铁路总公司负责）

（六）积极推动物流装备制造业发展。加大重大智能物流技术研发力度，加强物流核心装备设施研发攻关，推动关键技术装备产业化。开展物流智能装备首台（套）示范应用，推动物流装备向高端化、智能化、自主化、安全化方向发展。研究推广尺寸和类型适宜的内陆集装箱，提高集装箱装载和运送能力。在适宜线路开展铁路双层集装箱运输，推广铁路重载运输技术装备，提升铁路运能。（工业和信息化部、交通运输部、铁路总公司按职责分工负责）

（七）提升制造业供应链智慧化水平。鼓励物流和供应链企业在依法合规的前提下开发面向加工制造企业的物流大数据、云计算产品，提高数据服务能力，协助制造企业及时感知市场变化，增强制造企业对市场需求的捕捉能力、响应能力和敏捷调整能力。鼓励发展以个性化定制、柔性化生产、资源高度共享为特征的虚拟生产、云制造等现代供应链模式，提升全物流链条的价值创造水平。（发展改革委、工业和信息化部、商务部、人民银行按职责分工负责）

（八）发挥物流对农业的支撑带动作用。加强农产品物流骨干网络和冷链物流体系建设。聚焦农产品流通"最先一公里"，加强农产品产地冷链物流体系建设，鼓励企业利用产地现有常温仓储设施改造或就近新建产后预冷、储藏保鲜、分级包装等冷链物流基础设施，开展分拣、包装等流通加工业务。鼓励企业创新冷链物流基础设施经营模式，开展多品种经营和"产销双向合作"，提高淡季期间设施利用率。加强邮政、快递物流与特色农产品产地合作，畅通农产品"上行"通道。发展第三方冷链物流全程监控平台，加强全程温度、湿度监控，减少"断链"隐患，保障生鲜农产品品质和消费安全。鼓励和引导大型农产品流通企业拓展社区服务网点，减少中间环节，降低农产品物流成本。发展"生鲜电商＋冷链宅配""中央厨房＋食材冷链配送"等冷链物流新模式，改善消费者体验。推动地方全面落实冷链物流企业用水、用电、用气与工业同价政策。（商务部、农业农村部、发展改革委、邮政局按职责分工负责）

四、增强物流高质量发展的内生动力

（九）发展物流新服务模式。健全完善相关法规制度和标准规范，推动以网络为依托的货运新业态规范有序发展。大幅提高铁路企业开行班列化货物列车数量。优化铁路班列运行组织方案，推动铁路"门到门"运输全程可追踪，提供信息查询服务。探索开行国内冷链货运班列和"点对点"铁路冷链运输。发展铁路危化品运输；发展"端到端"的物流模式。鼓励和支持云仓等共享物流模式、共同配送、集中配送、夜间配送、分时配送等先进物流组织方式发展，在具备条件的地区探索发展无人机配送等创新模式。（交通运输部、铁路总公司、商务部、公安部、民航局、发展改革委按职责分工负责）

（十）实施物流智能化改造行动。大力发展数字物流，加强数字物流基础设施建设，推进货、车（船、飞机）、场等物流要素数字化。加强信息化管理系统和云计算、人工智能等信息技术应用，提高物流软件智慧化水平。支持物流园区和大型仓储设施等应用物联网技术，鼓励货运车辆加装智能设备，加快数字化终端设备的普及应用，实现物流信息采集标准化、处理电子化、交互自动化。发展机械化、智能化立体仓库，加快普及"信息系统＋货架、托盘、叉车"的仓库基本技术配置，推动平层仓储设施向立体化网格结构升级。鼓励和引导有条件的乡村建设智慧物流配送中心。鼓励各地为布局建设和推广应用智能快（邮）件箱提供场地等方面的便利。（发展改革委、工业和信息化部、商务部、中央网信办、交通运输部、农业农村部、民航局、邮政局按职责分工负责）

（十一）推进多式联运发展。总结多式联运示范工程工作经验，研究制定统一的多式联运服务规则，完善多式联运转运、装卸场站等物流设施标准，力争在货物交接、合同运单、信息共享、责任划分、货损理赔等方面实现突破。加快建设多式联运公共信息平台，促进货源与公铁水空等运力资源有效匹配，降低车船等载运工具空驶率。依托国家物流枢纽网络开发"一站式"多式联运服务产品，加快实现集装箱多式联运"一单制"。研究在适宜线路开展驮背运输。发展海铁联运班列。在保障安全的前提下，积极推动LNG罐箱多式联运。（交通运输部、发展改革委、能源局、铁路局、民航局、铁路总公司负责）

（十二）促进物流供应链创新发展。充分发挥物流供应链系统化组织、专业化分工、协同化合作和敏捷化调整的优势，发展符合中国特色的供应链企业，提高生产、流通资源的配置效率，提升企业综合运行效率效益。支持具备条件的物流企业做大做强，发展基于核心企业的"链主型"供应链，将上下游小微企业整合嵌入生产经营过程，强化资源系统整合与优化能力；发展基于现代信息技术的"平台型"供应链，重点解决信息不对称问题，提高资源整体配置效率；发展依托专业化分工的"互补型"供应链，实现资源和渠道的优势互补，提高企业协同发展水平；发展基于区域内分工协作的"区块型"供应链，促进区域内企业高效协同和集聚化发展，提升区域整体竞争优势；发展基于存货控制的"共享型"供应链，打通与整合生产、分销等各环节的库存管理，促进供应商与零售商之间的统仓共配。（发展改革委、商务部、工业和信息化部按职责分工负责）

（十三）加快国际物流发展。深入推进通关一体化改革，建立现场查验联动机制，推进跨部门协同共管，鼓励应用智能化查验设施设备，推动口岸物流信息电子化，压缩整体通关时间，提高口岸物流服务效率，提升通道国际物流便利化水平。加强陆上边境口岸型物流枢纽建设，完善境外沿线物流节点、渠道网络布局。积极推动中欧班列枢纽节点建设，打造一批具有多式联运功能的大型综合物流基地，促进大型集结中心建设。加大中欧班列组织协调和品牌宣传力度，利用进口博览会等平台引导班列运营公司加强与中亚、欧洲沿线各国的大型生产制造企业的对接，针对大型企业打造"量身定做"的班列物流服务产品，促进中欧班列双向均衡运行，提升中欧班列国际物流服务能力与质量。（海关总署、发展改革委、商务部、铁路总公司按职责分工负责）

（十四）加快绿色物流发展。持续推进柴油货车污染治理力度。研究推广清洁能源（LNG）、无轨双源电动货车、新能源（纯电动）车辆和船舶，加快岸电设施建设，推进靠港船舶使用岸电。加快车用LNG加气站、内河船舶LNG加注站、充电桩布局，在批发市场、快递转运中心、物流园区等建设充电基础设施。鼓励企业使用符合标准的低碳环保配送车型。落实新能源货车差别化通行管理政策，提供通行便利，扩大通行范围，对纯电动轻型货车少限行甚至不限行。发展绿色仓储，鼓励和支持在物流园区、大型仓储设施应用绿色建筑材料、节能技术与装备以及能源合同管理等节能管理模式。以绿色物流为突破口，带动上下游企业发展绿色供应链，使用绿色包材，推广循环包装，减少过度包装和二次包装，推行实施货物包装和物流器具绿色化、减量化。（生态环境部、交通运输部、住房城乡建设部、发展改革委、能源局、工业和信息化部、公安部、邮政局、商务部按职责分工负责）

（十五）促进标准化单元化物流设施设备应用。精简货运车型规格数量，严查严处货车非法改装企业。研究制订常压液体危险货物罐车专项治理工作方案，稳步开展超长平板半挂车、超长集装箱半挂车等非标货运车辆治理工作。合理设置过渡期，通过既有政策措施加快淘汰存量非标货运车辆和鼓励应用中置轴厢式货车等标准厢式货运车辆，推动货运车辆市场平稳过渡和转型升级。推动城市配送车辆结构升级，逐步建立以新能源配送车辆为主体、小型末端配送车辆为补充的配送车辆体系。支持集装箱、托盘、笼车、周转箱等单元化装载器具循环共用以及托盘服务运营体系建设，推动二手集装箱交易流转。鼓励和支持公共"挂车池""运力池""托盘池"等共享模式和甩挂运输等新型运输发展。鼓励企业使用智能化托盘等集装单元化技术，研发使用适应生鲜农产品网络销售的可重复使用的冷藏箱或保冷袋，提升配送效率。鼓励企业使用1200mm×1000mm的标准托盘。加快物流信息、物流设施、物流装备等标准对接。（交通运输部、工业和信息化部、财政部、公安部、商务部、市场监管总局、铁路局、民航局、铁路总公司按职责分工负责）

五、完善促进物流高质量发展的营商环境

（十六）深化物流领域"放管服"改革。按照"只进一扇门""最多跑一次"原则，简化物流企业开展业务的行政审批手续，最大程度减少对物流企业业务创新的制约。规范、简化铁路专用线接轨审查手续、压缩审查时间。在简化住所（经营场所）登记手续的基础上，支持地方在物流领域开展"一照多址"改革。精简快递分支机构办理手续，2019年内将快递业务经营许可审批时间缩短至法定时限一半以内，全面实施快递末端网点备案管理。加快推动道路货运车辆异地审验工作，2019年12月底前全面实现普通货运车辆全国跨省异地审验。深入推进治理车辆超限超载联合执法常态化制度化工作，严格执行全国统一的公路货运车辆超限超载认定标准。（交通运输部、公安部、市场监管总局、海关总署、邮政局、铁路总公司等按职责分工负责）

（十七）推进铁路货运服务提质增效。清理规范铁路运输企业开展专用线、专用铁路、自备货车、自备机车等铁路运输设备代维护、维修及运用环节相关服务收费。进一步开放专用线代运营代维护、自备车检修、铁路运输两端短驳等市场，允许工程施工、装备制造、社会物流企业等参与并提供相关服务，促进降低铁路物流成本水平。支持铁路运输企业开展载运工具共管共用试点，降低企业自备载运工具运用成本。完善铁路运价灵活调整机制，进一步清理规范铁路货运经营服务性收费，推动货物运输由公路向铁路转移。研究推动160公里时速的新型货运列车投入使用，完善相关技术标准和运行图。实施铁路货运增量行动，2019年国家铁路货物发送量达到33.68亿吨。（铁路局、铁路总公司、市场监管总局、交通运输部、发展改革委按职责分工负责）

（十八）降低车辆通行和港口物流成本。深化收费公路制度改革，加快修订出台《收费公路管理条例》。全面推广高速公路差异化收费，完善货车使用ETC非现金支付等优惠政策。深入推动取消高速公路省界收费站试点工作，总结经验，逐步扩大取消高速公路省界收费站的范围。降低水路运输过闸费。进一步清理港口收费，合理降低收费标准，规范收费行为，严格执行收费目录清单和公示制度，严禁违规收费。（交通运输部、发展改革委、市场监管总局按职责分工负责）

（十九）提升城市物流管理水平。科学制定城市物流政策，指导城市提高配送车辆通行管理的精细化水平，合理规划城市货运通道，避免"一刀切"限行。实行分车型、分时段、分路段通行管控，有效释放货运通行路权，保障城市生产生活的必要需求。鼓励地方政府在城市中心区建设一批公共物流配送中心，通过租赁等方式为服务居民生活的物流企业提供必要经营场所。完善城市物流配送装卸、停靠作业设施。指导企业按照新近发布的《物流建筑设计规范》等标准要求，建设大型物流仓储设施，应用大型分拣作业流水线，便利企业经营。在符合相关法规标准要求并保障安全生产的基础上，允许在物流仓储设施内从事再包装等流通加工业务。在货物来源可追溯、流向可追踪的情况下，研究出台允许动检证变更目的地的操作规范，为冷链物流跨区域分拨提供便利。（交通运输部、公安部、商务部、应急部、住房城乡建设部、农业农村部按职责分工负责）

六、建立物流高质量发展的配套支撑体系

（二十）完善现代物流业统计制度。加快研究建立物流行业统计分类标准。研究完善反映物流重点领域、重点环节高质量发展的监测指标体系。加大对物流统计体系建设的支持力度，推动落实社会物流统计制度，加快企业样本库扩容提质，加强对物流重点企业运营成本、效率的监测。利用骨干物流平台开展公路物流监测。（发展改革委、统计局、中国物流与采购联合会负责）

（二十一）健全物流标准规范体系。完善物流标准体系，对不适应国民经济运行和行业发展需要的标准进行修订、转化或废止。深入推进物流标准化试点示范和供应链体系建设试点等工作，加强已发布物流标准在物流领域相关试点示范中的应用，提升物流标准化水平。支持具备条件的物流企业标准上升为行业标准、国家标准。（市场监管总局、发展改革委、交通运输部、商务部、财政部、农业农村部负责）

（二十二）构建物流高质量发展评价体系。研究编制并适时发布"中国物流发展指数"，从物流发展质量、效率、动力、贡献等方面，对我国物流发展质量水平进行客观、全面、可量化的综合性评价，为有针对性地研究制定政策措施提供可量化的参考依据。（发展改革委、中国物流与采购联合会负责）

（二十三）健全完善物流行业信用体系。研究出台运输物流行业失信联合惩戒对象"黑名单"管理办法，明确严重失信企业标准，构建政府层面失信惩戒机制。充分发挥行业组织和社会信用机构作用，组织建立物流企业信用联盟，鼓励开发针对物流行业的信用产品，推动信用信息市场化应用，强化守信激励和失信惩戒效果。（发展改革委负责）

七、健全物流高质量发展的政策保障体系

（二十四）创新用地支持政策。加强城市物流发展规划与国土空间规划的协同衔接。指导地方加大土地政策支持力度，鼓励地方政府利用有效载体和多种渠道整合盘活存量闲置土地资源，用于物流用途。探索政府负责土地平整并建设道路、管网等基础设施，企业负责建设经营性物流基础设施，约定土地物流用途并长期租赁的新型物流用地供应保障模式。研究利用工业企业旧厂房、仓库和存量土地资源建设物流设施或提供物流服务的支持政策。铁路划拨用地用于物流相关设施建设，从事长期租赁等物流经营活动的，可在五年内实行继续按原用途和土地权利类型使用土地的过渡期政策，期满及涉及转让需办理相关用地手续的，按新的用途、权利类型和市场价格以协议方式办理。对企业利用原有土地进行物流基础设施建设的，在办理规划条件、规划许可等方面予以支持。（自然资源部、铁路总公司负责）

（二十五）加强投融资支持方式创新。按照"扶优做强"原则，研究设立国家物流枢纽中央预算内投资专项，支持国家物流枢纽的物流基础设施建设。鼓励符合条件的金融机构或大型物流企业集团等发起物流产业发展投资基金，按照市场化原则运作，加强重要节点物流设施建设。支持符合条件的物流企业发行各类债务融资工具，拓展市场化主动融资渠道，稳定企业融资链条。鼓励持牌金融机构在相应的金融业务资质范围内开发基于供应链的金融产品，引导和支持资金流向实体企业，加大对小微企业融资支持力度。（发展改革委、财政部、人民银行、银保监会、证监会负责）

各地区有关部门要认真贯彻落实党中央、国务院决策部署，结合本地区实际，加强组织领导，明确任务分工，强化协调配合，加大政策创新和支持力度，扎实推进物流高质量发展各项工作。国家发展改革委将会同有关部门加强工作指导和督促检查，及时协调解决政策实施中存在的问题，推动各项政策措施落地实施。

国家发展改革委　中央网信办　工业和信息化部
公安部　财政部　自然资源部　生态环境部
住房城乡建设部　交通运输部　农业农村部
商务部　应急部　人民银行　海关总署
市场监管总局　统计局　气象局　银保监会
证监会　能源局　铁路局　民航局　邮政局　铁路总公司

2019年2月26日

财政部办公厅 商务部办公厅 关于推动农商互联完善农产品供应链的通知

财办建〔2019〕69号

各省、自治区、直辖市、计划单列市财政、商务主管部门：

为深入贯彻党的十九大精神，认真落实《中共中央国务院关于坚持农业农村优先发展做好"三农"工作的若干意见》（中发〔2019〕1号）要求及中央经济工作会议和中央农村工作会议的部署，进一步加强农商互联，完善农产品供应链，提高农产品流通效率，促进农民增收和乡村振兴，满足农产品消费升级需求，财政部、商务部决定开展农商互联工作。现将有关事项通知如下。

一、工作思路和目标

以习近平新时代中国特色社会主义思想为指导，坚持新发展理念，落实高质量发展要求，以供给侧结构性改革为主线，按照乡村振兴战略总体要求，通过政策引导、市场参与的方式，推动农商互联，促进农产品流通企业与新型农业经营主体进行全面、深入、精准对接，重点加强农产品产后商品化处理等流通设施建设，不断提高订单农业、产销一体、股权合作等长期稳定农产品流通模式在农产品流通中的比重，实现联产品、联设施、联标准、联数据、联市场，打造上联生产、下联消费，利益紧密联结、产销密切衔接、长期稳定的新型农商关系，构建符合新时代农产品流通需求的农产品现代供应链体系，提升农产品供给质量和效率。

二、支持对象

（一）订单农业主体。是指签订长期（2年以上）农产品采购协议，发展订单农业的农产品流通企业或新型农业经营主体。

（二）产销一体主体。包括通过建立自有、合作生产基地等方式，向生产环节延伸产业链条，实现"销＋产"一体化经营的农产品流通企业；通过直接设立销售门店或在批发市场、超市、菜市场等场所设立销售专档、专柜、专区等各种方式，向销售环节延伸产业链条，实现"产＋销"一体化经营的新型农业经营主体。

（三）股权投资合作主体。是指农产品流通企业和新型农业经营主体通过参股控股、兼并收购等多种方式形成产销优势互补、风险利益共担共享的股权投资合作企业。

三、支持内容

支持采取订单农业、产销一体、股权投资合作经营模式的农产品流通企业或新型农业经营主体结合自身实际情况,重点围绕本地特色优势农产品供应链体系的短板和薄弱环节,不断完善基础设施,创新应用新模式、新技术,推动农商互联互动,提升农产品供应链质量和效率。

(一)加强产后商品化处理设施建设。在产地就近建设改造具有产后商品化处理功能的产地集配中心、冷库、产地仓等设施,配备产后清洗、加工、预冷、烘干、质检、分级、包装、冷藏等设备,补齐农产品供应链"最初一公里"短板,提高农产品商品化处理和错峰销售能力。鼓励新型农业经营主体、农产品流通企业加强产地移动型、共享型商品化处理设施建设,提高商品化处理设施设备使用效率。

(二)发展农产品冷链物流。支持农产品流通企业或新型农业经营主体推广现代冷链物流管理理念、标准和技术,建设具有集中采购和跨区域配送能力的农产品冷链物流集散中心,配备预冷、低温分拣加工、冷藏运输、温度监控等冷链设施设备,建立覆盖农产品加工、运输、储存、销售等环节的全程冷链物流体系。

(三)提升供应链末端惠民服务能力。支持农产品流通企业或新型农业经营主体建设或改造农贸市场、菜市场、社区菜店等农产品零售市场,完善末端销售网络,发展联合采购、统仓统配等模式,降低流通成本,提升便民惠民服务功能。

(四)提升标准化和品牌化水平。建立覆盖本地特色优势农产品种养加工、检验检测、质量分级、标识包装、冷链物流、批发零售等各环节,国标、地标、团标、企标有机结合的全产业链标准体系,推动标准推广应用,打造一批地域特色突出、产品特性鲜明的区域公用品牌,开展品牌推广,提升标准化、品牌化水平。

(五)优化重点步行街的农产品供应链产销对接功能。建设智慧街区,优化农商互联对接,提升步行街展示和产销对接功能,引进与农产品供应链相关的经营主体,扩大农产品品牌影响。

四、中央财政支持政策

(一)支持原则。中央财政资金支持,主要立足于弥补市场失灵,做好基础性、公共性工作,发挥中央财政资金对社会资本引导作用,支持农产品供应链体系的薄弱环节和重点领域。各地中央财政资金支持农产品产后商品化处理设施和冷链物流的比例不得低于70%。

(二)支持标准。对确定支持的省(区、市),每个省(区、市)支持2亿元。资金分两年安排,2019年每省(区、市)支持1亿元,2020年根据工作开展情况再拨付剩余资金。

(三)支持方式。各地可采用《中央财政服务业发展资金管理办法》(财建〔2019〕50号)规定方式对符合要求的企业和单位予以支持,鼓励按照"菜单式、全公开、可追溯、问绩效"的方式管理,强化绩效评价结果运用,更多采用以事后绩效评价结果为依据的"以奖代补"方式。有条件的省(区)可根据本地实际,以市、县或生产消费集中连片区域为范围统筹组织开展工作,打造覆盖农产品分级、预冷、包装、运输、销售等各环节,产销密切衔接、利益紧密联结农产品供应链条。鼓励创新财政政策,支持跨区域联动项目,对在外地注册法人但在本地有实体的非法人机构,及在本地注册法人但在周边地区建设实体的机构,可在本地申报项目。

省级主管部门要加强项目管理，杜绝同一项目重复申报、重复支持。

五、有关工作要求

（一）高度重视，切实加强组织领导。省级主管部门要充分认识推动农商互联、完善农产品供应链工作的重要意义，切实加强组织领导和顶层设计，建立财政、商务等多部门参与的工作协调机制，结合地方实际细化目标任务，明确责任分工，制定详细的实施步骤和时间进度安排，加强统筹协调，确保工作顺利推进。

（二）科学谋划，尽快编报实施方案。有意愿省（区、市）结合本地情况，制订实施方案，于5月15日前报商务部、财政部。实施方案应思路清晰、重点突出、目标明确、措施有效、责任明确、数字翔实，具体包括以下内容：一是农产品供应链发展现状；二是绩效目标表（格式见附件2）、任务内容、资金支持重点、资金管理、时间进度安排、工作机构及保障措施等内容。三是其他认为有必要、符合实际的事项。各省上报实施方案时应同步上报分区域绩效目标，并确保目标清晰、指标科学可衡量。商务部、财政部组织开展评审，以竞争性择优方式确定支持的省（区、市）。确定支持的省份按照本通知要求和制订的实施方案组织开展工作。

（三）落实责任，严格资金项目监管。各级主管部门应按照全面实施预算绩效管理的要求，做好事前绩效评估、绩效目标管理和绩效监控、绩效评价等全过程绩效管理工作。省级主管部门是农商互联工作的责任主体，要严格落实主体责任，认真履行对本地区有关项目申报、评审、执行、验收、绩效自评等职能，建立健全资金及项目管理制度，完善事前、事中和事后全过程预算绩效管理体系，切实保障财政资金的安全和效率。支持对象要有较强实力、较好基础，社会责任感强，带动作用大。省级主管部门要及时上报工作进展情况，于每个季度首月10个工作日前将上季度资金拨付及项目进展情况表（见附件1）报财政部、商务部，于2020年3月31日前将工作中期进展情况进行自评，形成自评报告报商务部、财政部。省级主管部门应在工作结束后进行综合绩效自评，并于3个月内形成绩效评价报告报商务部、财政部。商务部、财政部将适时委托第三方机构对工作开展情况和成果进行绩效评价。（绩效评价指标体系见附件3）

（四）强化总结，做好宣传引导工作。省级主管部门要及时跟进工作进展情况，总结发现工作推进过程中出现的先进经验和典型案例，重点总结机制创新、政策创新、模式创新等经验成果，加大典型案例宣传和推广力度，扩大政策效果，推动工作成效由点到面扩展。

财政部办公厅
商务部办公厅
2019年5月15日

关于开展 2018 年流通领域现代供应链体系建设的通知

财办建〔2018〕101号

各省、自治区、直辖市、计划单列市财政、商务主管部门：

为贯彻党的十九大关于深化供给侧结构性改革、发展现代供应链和加强物流基础设施网络建设的指示精神，加快推动现代供应链体系建设，促进经济发展提质增效降本，实现高质量发展，2018年，财政部、商务部决定开展流通领域现代供应链体系建设，有关事项通知如下。

一、总体思路与工作目标

（一）总体思路。按照"市场主导、政策引导、聚焦链条、协同推进"原则，以城市为载体，聚焦民生消费行业领域，开展现代供应链体系建设。重点围绕供应链"四化"（标准化、智能化、协同化、绿色化），以"五统一"（统一标准体系、统一物流服务、统一采购管理、统一信息采集、统一系统平台）为主要手段，充分发挥"链主"企业的引导辐射作用，供应链服务商的一体化管理作用，加快推动供应链各主体各环节设施设备衔接、数据交互顺畅、资源协同共享，促进资源要素跨区域流动和合理配置，整合供应链、发展产业链、提升价值链，加快发展大市场、大物流、大流通，实现供应链提质增效降本。

（二）工作目标。通过推广现代供应链新理念、新技术、新模式，培育一批有影响的供应链重点企业，探索一批成熟可复制的经验模式，形成一批行之有效的重要标准，提高我国供应链的核心竞争力，促进产业转型优化升级，促进流通领域供给侧结构性改革。主要目标：城市消费品社会零售总额同比增长高于全国平均水平，重点行业平均库存周转率同比提高10%以上，供应链综合成本（采购、库存、物流、交易成本）同比降低20%以上，订单服务满意度（及时交付率、客户测评满意率等）达到80%以上，重点供应商产品质量合格率达到92%以上，托盘、周转箱（筐）等物流单元标准化率达到80%以上，供应链重点用户系统数据对接畅通率达到80%以上，单元化物流占供应链物流比例同比提高10%以上，供应链管理整体水平明显提升。

二、主要任务

有关城市结合自身实际情况，重点围绕农产品、快消品、药品、日用电子产品、汽车零部件、家电家具、纺织服装，以及餐饮、冷链、物流快递、电子商务等行业领域，加快推进现代供应链体系建设。

（一）强化物流基础设施建设，夯实供应链发展基础。发挥物流基础性、先导性作用，加强公共服务性强的物流基础设施建设，完善城乡高效配送体系，推动物流企业向供应链服务商转型。一是打造跨区域全国性物流枢纽。推动辐射范围广、标准化水平高、综合服务能力强的商贸物流园区、专业批发市场升级改造，形成集交易、分拨、仓储、冷链物流、电子商务等多功能于一体的流通服务中心。二是引导区域性物流配送中心转型升级。鼓励大型城市周边、市（县）物流配送中心由存储型、自建自用型仓库向快速周转型自动化仓库升级，成为提供"一对多"社会化服务的物流节点。三是加强商业物流基础设施建设改造。鼓励大型商圈、步行街、商业街建设公共仓配中心、共享信息平台，提高智慧化、共享化水平；推广开放公用型的快件末端自提设备，探索标准托盘箱替代快递三轮车箱体，以循环共用单元推动分拣前置、环节减少，引导企业从各自配送向片区集中配送转变。

（二）发展单元化流通，提高供应链标准化水平。在适用领域加快推广规格统一（以下均指1200mm×1000mm平面尺寸）、质量合格的标准托盘，推动包装箱（以下均指600mm×400mm包装模数系列）、周转箱（筐）、货运车辆、集装箱等物流载具标准相衔接。鼓励把标准托盘、周转箱（筐）作为供应链的物流单元、计量单元、数据单元，进行采购订货、物流运作、计算运费、收发货和验货，减少中间环节和货物损耗，提升供应链单元化水平。鼓励托盘、周转箱（筐）、包装箱等物流单元化载具租赁和循环共用体系建设，减少用户自购自用；依托社会力量，探索建立物流单元化载具质量标准认证体系。在硬件标准化基础上，拓展供应链服务标准化，促进优化供应链流程和流通组织方式。

（三）加强信息化建设，发展智慧供应链。一是规范信息数据和接口。加快推广基于全球统一编码标识（GS1）的商品条码体系，推动托盘条码与商品条码、箱码、物流单元代码关联衔接，实现商品和集装单元的源头信息绑定，并沿供应链顺畅流转。二是提升智能化水平。推动大数据、云计算、区块链、人工智能等技术与供应链融合，发展具有供应链协同效应的公共型平台，支持上下游用户的生产、采购、仓储、运输、销售等管理系统相对接，平台与平台之间相对接，实现相关方单元化的信息数据正向可追踪、逆向可溯源、横向可对比，发挥供应链对优化生产、加快周转、精准销售、品质控制、决策管理等作用。

（四）聚焦重点行业领域，提高供应链协同化水平。一是推动发展农产品供应链。鼓励农产品批发市场拓展产销对接、安全检测、加工包装、统仓统配、溯源查询等功能，加快线上线下融合发展；积极推广以标准托盘、周转箱（筐）为单元进行全程货物监控、"不倒托、不倒箱（筐）"的标准化冷链，推动具有适销对路农产品的产区合作社、新型农村经营主体等建设产地公用型预冷库或推广使用冷藏集装箱，弥补冷链"短板"，鼓励生鲜农产品的供销合作、农超对接，培育一批综合性冷链服务企业。二是推动快消品、药品、电商等领域发展分销型供应链。从统仓统配的供应商切入，推广使用标准化的单元技术，发展供应链协同平台，整合上下游商流、物流、信息流、资金流，实现供需对接、集中采购、统管库存、支付结算、物流配送等功能整合，提高供应链自动补货、快速响应及资源共享能力。三是推动家电、汽车零部件、日用电子产品等发展生产服务型供应链。鼓励优势生产企业聚焦研发主业、辅助业务外包，占领价值链高端；推动专业物流企业嵌入采购、生产、物流、销售全环节，提供一体化供应链服务。四是推动纺织服装、家具等领域发展柔性供应链。适应消费个性化、多样化特点，打造流通与生产深度融合的供应链，提高创意设计、柔性化定制、快速响应能力，缩短生产周期、优化库存结构。

（五）推广绿色技术模式，提高供应链绿色化水平。鼓励企业结合供应链战略进行绿色流程再造，推广使用新能源物流车、仓储设施设备节能技术及绿色智能包装新材料，推广共同配送、单元化载具循环共用等先进模式。探索按配送渠道回收、委托回收、集中回收等社会化回收再利用模式，推动减量包装、可循环包装、环保可降解包装等各种绿色包装技术应用，降低环境负荷和企业成本。

三、中央财政支持重点方向和支持方式

中央财政服务业发展专项资金支持现代供应链体系建设，主要立足于弥补市场失灵，做好基础性、公共性工作，发挥中央财政资金对社会资本引导作用，支持供应链体系中薄弱环节和关键领域建设。

地方要因地制宜，规范采用财政补助、以奖代补、贷款贴息、购买服务等资金支持方式。要结合供应链跨地域的特点，创新财政政策，对在外地注册法人但在本地有实体，及在本地注册法人但在其他地区建设实体的机构，可在本地申报项目。要结合本地实际，聚焦3~5条供应链，支持供应链上下游企业联合申报，沿每条供应链分别选取2~6家规模大的承担主体，推动城市"结联盟"、企业"结对子"跨区域联动合作，促进"大市场、大流通"发展。要严格资金管理，中央财政资金不得用于楼堂馆所、办公楼、道路等建设；不得购买非标车辆和用于工作经费；不得支持有金融风险、发展模式不成熟的平台；不得将关联方交易额纳入申报项目总投资；不得将同一集团公司信息平台项目多地重复申报。实施工作应在2020年底前完成，并向商务部、财政部上报绩效评价结果。

四、申报城市条件

申报供应链体系建设应遵循公开、公正、透明和自愿原则，考虑到供应链体系建设对地方经济规模和企业发展基础要求较高，申报城市须有积极性并同时满足下列条件：

（一）属于《商贸物流发展"十三五"规划》中明确的商贸物流节点城市。

（二）2017年GDP超过2500亿元，或者位于国家全面深化改革开放试验区。

（三）前期中央财政支持开展物流标准化、供应链体系建设的城市，尚未完成相关工作的，不纳入2018年支持范围。

根据地方申报情况和评审结果，对确定的城市分类分标准给予相应支持。

五、有关要求

（一）加强组织领导。省级主管部门要高度重视、认真组织流通领域现代供应链体系建设工作，加强对实施城市的对口业务指导和检查督导，及时上报工作进度，建设完成后要对城市进行绩效评价。实施城市主管部门是现代供应链体系建设的责任主体，要加强顶层设计，建立工作协调机制，科学编制方案,完善管理制度和配套政策,明确责任分工和时间节点,保证工作顺利开展。

(二)尽快编报方案。有关城市主管部门要认真理解文件精神,结合当地产业实际,按任务要求编制申报方案,重点在机制创新、政策创新、模式创新上加强探索,做到思路清晰、目标量化、任务具体、措施有效、特色突出。具体应包含:现有工作基础、工作目标、行业领域供应链的选择、任务内容、资金支持重点及列支范围、时间安排、保障措施。方案要在供应链项目设计和资金支持方式上,体现以城市为中心、跨区域带动供应链,防止地方保护主义;在组织实施上,体现促进供应链上下游联动、合作共赢,提高供应链整体效能和核心竞争力。

(三)规范管理项目。城市主管部门要制定项目与资金管理规定,严格组织实施,对项目要统一申报、统一评审,分期分批审计并验收,规范程序手续,不搞资金拆分、方向拆分,责任处室要加强学习研究、分类指导、过程检查,做到项目建设与模式推广、效益效果并重。项目承担单位应签订《流通领域现代供应链体系建设项目责任承诺书》,建立工作进度档案,鼓励供应链有关企业联合申报、共同推进、协同共赢。

(四)加强资金监管。有关省市财政部门要按照《财政部关于印发〈中央财政服务业发展专项资金管理办法〉的通知》(财建〔2015〕256号)要求,细化列支范围目录,加强资金监督。要加强对项目承担单位财务人员的指导,督促专款专用,专账核算。

(五)夯实工作基础。鼓励发挥行业协会、联盟机构优势作用,制定并推广供应链管理团体标准,开展相关认证;加强业务培训和标准宣贯,开展相关统计分析,监测效益、成本等指标,反映工作成效;总结推广机制创新、政策创新、模式创新等经验成果,加大典型案例宣传和推广力度。

请各地按照《通知》要求,认真抓好组织实施。城市主管部门申报方案,应于2018年6月5日前报送商务部、财政部参评。通过评审确定为流通领域现代供应链体系建设的重点城市,应将完善的实施方案、项目和资金管理规定,及确定的具体项目表(供应链名称、联合承担单位、各自建设内容、计划投资额、计划支持资金、完成时限)于2018年9月30日前报送商务部、财政部备案。年度工作进展报告应于次年2月底前主动及时报送,工作总结与绩效评价应于整体建设结束后三个月内报送。2017年供应链体系建设城市,可结合实际情况,自主参照本通知精神组织实施项目。

财政部办公厅
商务部办公厅
2018年5月16日

商务部等8部门关于开展供应链创新与应用试点的通知

商建函〔2018〕142号

各省、自治区、直辖市、计划单列市及新疆生产建设兵团商务、工业和信息化、环境保护、农业、质量技术监督（市场监管）部门，中国人民银行各分行、营业管理部、各省会（首府）城市中心支行、各副省级城市中心支行，各银监局，中国物流与采购联合会各分支机构：

根据《国务院办公厅关于积极推进供应链创新与应用的指导意见》（国办发〔2017〕84号）要求，商务部、工业和信息化部、生态环境部、农业农村部、人民银行、国家市场监督管理总局、中国银行保险监督管理委员会和中国物流与采购联合会决定开展供应链创新与应用试点。现将有关事项通知如下。

一、总体要求

（一）指导思想。

全面贯彻党的十九大精神，以习近平新时代中国特色社会主义思想为指导，落实国务院关于推进供应链创新与应用的决策部署，以供给侧结构性改革为主线，完善产业供应链体系，高效整合各类资源和要素，提高企业、产业和区域间的协同发展能力，适应引领消费升级，激发实体经济活力，在现代供应链领域培育新增长点、形成新动能，助力建设现代化经济体系，推动经济高质量发展。

（二）总体思路。

试点包括城市试点和企业试点，试点实施期为2年。试点城市的主要任务是出台支持供应链创新发展的政策措施，优化公共服务，营造良好环境，推动完善产业供应链体系，并探索跨部门、跨区域的供应链治理新模式。试点企业的主要任务是应用现代信息技术，创新供应链技术和模式，构建和优化产业协同平台，提升产业集成和协同水平，带动上下游企业形成完整高效、节能环保的产业供应链，推动企业降本增效、绿色发展和产业转型升级。

通过城市试点和企业试点，在若干关系国计民生、消费升级和战略新兴的重点产业，推动形成创新引领、协同发展、产融结合、供需匹配、优质高效、绿色低碳、全球布局的产业供应链体系，促进发展实体经济，助力供给侧结构性改革，筑牢现代化经济体系的坚实基础。

（三）试点目标。

通过试点，打造"五个一批"，即创新一批适合我国国情的供应链技术和模式，构建一批整合能力强、协同效率高的供应链平台，培育一批行业带动能力强的供应链领先企业，形成一批供应链体系完整、国际竞争力强的产业集群，总结一批可复制推广的供应链创新发展和政府治理实践经验。

通过试点，现代供应链成为培育新增长点、形成新动能的重要领域，成为供给侧结构性改革的重要抓手，成为"一带一路"建设和形成全面开放新格局的重要载体。

二、试点城市重点任务

（一）推动完善重点产业供应链体系。

一是建立健全农业供应链。结合本地特色农业，优先选择粮食、果蔬、茶叶、药材、乳制品、蛋品、肉品、水产品、酒等重要产品，立足区域特色优势，充分发挥农业产业化龙头企业示范引领作用，推动供应链资源集聚和共享，打造联结农户、新型农业经营主体、农产品加工流通企业和最终消费者的紧密型农产品供应链，构建完善全产业链各环节相互衔接配套的绿色可追溯农业供应链体系。

二是积极发展工业供应链。结合本地主导产业，优先选择钢铁、煤炭、水泥、玻璃等相关产业，推动企业打造供需对接、资源整合的供应链协同平台，提高产业协同效率，推动降成本、去库存和去产能，助力供给侧结构性改革。

在与消费升级密切相关的产业中，优先选择家电、汽车、电子、纺织等，推动企业构建对接个性化需求和柔性化生产的智能制造供应链协同平台，提高产品和服务质量，满足人民日益增长的美好生活需要。

针对必须抢占制高点的战略新兴产业，充分调动各方资源，打造合作紧密、分工明确、集成联动的政产学研一体化的供应链创新网络，推进大型飞机、机器人、发动机、集成电路等关键技术攻关和产业发展。

三是创新发展流通供应链。推动企业与供应商、生产商实现系统对接，构建流通与生产深度融合的供应链协同平台，实现供应链需求、库存和物流实时共享可视。

推动企业建设运营规范的商品现货交易平台，提供供应链增值服务，提高资源配置效率。促进传统实体商品交易市场转型升级，打造线上线下融合的供应链交易平台，促进市场与产业融合发展。

鼓励传统流通企业向供应链服务企业转型，建设供应链综合服务平台，提供研发、设计、采购、生产、物流和分销等一体化供应链服务，提高流通效率，降低流通成本。

推进城市居民生活供应链体系建设，发展集信息推送、消费互动、物流配送等功能为一体的社区商业，满足社区居民升级消费需求，提高居民生活智能化和便利化水平。

（二）规范发展供应链金融服务实体经济。

推动供应链核心企业与商业银行、相关企业等开展合作，创新供应链金融服务模式，发挥上海票据交易所、中征应收账款融资服务平台和动产融资统一登记公示系统等金融基础设施作用，在有效防范风险的基础上，积极稳妥开展供应链金融业务，为资金进入实体经济提供安全通道，为符合条件的中小微企业提供成本相对较低、高效快捷的金融服务。

推动政府、银行与核心企业加强系统互联互通和数据共享，加强供应链金融监管，打击融资性贸易、恶意重复抵质押、恶意转让质物等违法行为，建立失信企业惩戒机制，推动供应链金融市场规范运行，确保资金流向实体经济。

（三）融入全球供应链打造"走出去"战略升级版。

推动本地优势产业对接并融入全球供应链体系，开展更大范围、更高水平、更深层次的国际合作，向全球价值链中高端跃升，打造更具全球竞争力的产业集群。

支持和鼓励企业积极开展对外贸易与投资合作，加强与"一带一路"沿线国家的互联互通，设立境外研发中心、分销服务网络、物流配送中心、海外仓等，提高全球范围内供应链协同和配置资源的能力，促进重要资源能源、重要农产品、关键零部件来源的多元化和目标市场的多样化。

（四）发展全过程全环节的绿色供应链体系。

推动深化政府绿色采购，行政机关和使用财政资金的其他组织应当优先采购和使用节能、节水、节材等环保产品、设备和设施，并建立相应的考核体系。研究制定重点产业企业绿色供应链构建指南，建立健全环保信用评价、信息强制性披露等制度，依法依规公开供应链全环节的环境违法信息。

支持环境保护技术装备、资源综合利用和环境服务等环境保护产业的发展。加大对绿色产品、绿色包装的宣传力度，鼓励开展"快递业＋回收业"定向合作，引导崇尚自然、追求健康的消费理念，培育绿色消费市场。

（五）构建优质高效的供应链质量促进体系。

加强供应链质量标准体系建设，推广《服务质量信息公开规范》和《服务质量评价工作通用指南》，建立供应链服务质量信息清单制度。加强全链条质量监管，开发适应供应链管理需求的质量管理工具，引入第三方质量治理机制，探索建立供应链服务质量监测体系并实施有针对性的质量改进。

引导企业树立质量第一的意识，提高服务质量，创新服务模式，优化服务流程，为客户提供安全、诚信、优质、高效的服务。鼓励企业加强供应链品牌建设，创建一批高价值供应链品牌。

（六）探索供应链政府公共服务和治理新模式。

以完善政策、优化服务、加强监管为重点，改革相关体制机制，出台相关支持政策措施，宣传推广供应链思维、理念和技术，营造供应链创新与应用的良好环境。积极打造供应链公共服务平台，研究设立供应链创新产业投资基金，建设供应链科技创新中心，支持供应链前沿技术、基础软件、先进模式等的研究与推广。加强供应链标准体系、信用体系和人才体系等支撑建设。

三、试点企业重点任务

试点企业应围绕试点目标，发挥龙头带动作用，加强与供应链上下游企业的协同和整合，着力完善产业供应链体系，促进产业降本增效、节能环保、绿色发展和创新转型。

（一）提高供应链管理和协同水平。

普及供应链思维，完善供应链管理制度，加强企业信息化升级，加强标准化建设，培养供应链专业人才，提高与上下游企业协同能力，形成分工协作的网络体系，积极"走出去"开展对外贸易投资合作，构建全球供应链，提升全球资源配置效率。

（二）加强供应链技术和模式创新。

积极与高校、研究机构等开展合作，建设供应链研究中心或实验室，开展供应链技术创新和软硬件研发，推广应用供应链新技术、新模式，促进整个产业供应链数字化、智能化和国际化。

（三）建设和完善各类供应链平台。

以平台为重要载体完善供应链体系，加强与上下游企业实现系统和数据对接，充分发挥供应链平台的资源集聚、供需对接和信息服务等功能，构建跨界融合的产业供应链生态。

（四）规范开展供应链金融业务。

有条件的企业可加强与商业银行、平台企业等合作，创新供应链金融业务模式，优化供应链资金流，积极稳妥、依法依规开展供应链金融业务。

（五）积极倡导供应链全程绿色化。

以全过程、全链条、全环节的绿色发展为导向，优先采购和使用节能、节水、节材等环保产品、设备和设施，促进形成科技含量高、资源消耗低、环境污染少的产业供应链。

四、组织实施程序

（一）积极组织申报。

省级商务主管部门会同工业和信息化、环境保护、农业主管部门、人民银行、质量技术监督（市场监管）部门和原银监会派出机构，建立试点工作协调机制，共同组织本地各城市和企业申报，并将《供应链创新与应用城市试点方案》（附件1）、《供应链创新与应用试点企业申报表》（附件2）以及《申报供应链创新与应用试点单位汇总表》（附件3）（含电子版）一式八份报商务部（市场建设司）。申报截至日期为2018年5月31日。

申报城市应拥有较好的产业基础，重点产业集群在全国具有较强的影响和带动能力，拥有比较完善的产业配套体系；具有较好的供应链发展软硬基础设施，现代信息技术应用规模较大。自由贸易试验区可独立申报。

申报企业应具有独立法人资格，具有较高的供应链管理能力，较完善的供应链管理制度，较强的供应链人才力量，建有业内较大影响的供应链平台，对行业发展具有重要影响和示范带动作用。中央企业可由国务院相关部门推荐申报，也可直接向商务部申报。

（二）编制试点方案。

申报试点的城市应编制《供应链创新与应用城市试点方案》。实施方案要依托本市优势和特色产业，聚焦一项或多项试点任务，科学谋划供应链推动产业发展的总体思路、目标任务、试点内容和保障措施。

申报试点的企业应按要求填写《供应链创新与应用试点企业申报表》。申报企业要围绕试点目标和任务，提出加强供应链协同和整合、完善产业供应链体系的目标和举措。

（三）确定试点城市和试点企业。

商务部会同工业和信息化部、生态环境部、农业农村部、人民银行、国家市场监督管理总局、中国银行保险监督管理委员会和中国物流与采购联合会共同组织专家对申报材料进行评审，通过竞争性择优确定试点城市和试点企业。

（四）试点实施并及时报送进展情况。

各试点城市和试点企业应每季度上报试点情况。试点取得的重大进展，或遇到的重大问题和困难，应及时报告。省级商务主管部门将有关情况统一报商务部。试点企业是中央企业的，由中央企业直接上报商务部。

（五）绩效评估和经验总结。

商务部将会同有关部门对试点进行中期和终期评估，对于中期评估表现优秀的城市和企业，研究给予相关激励政策；根据终期评估结果，对试点效果显著、绩效评估为优的城市授予"全国供应链创新与应用示范城市"称号，对行业引领能力强、绩效评估为优的企业授予"全国供应链创新与应用示范企业"称号。同时总结可复制推广的实践经验。

五、工作要求

（一）加强组织领导和工作协调。

要加强试点的组织领导，建立相关部门参与的工作协调机制，制订试点方案，明确责任分工，加强统筹协调，确保工作顺利推进。各级商务、工业和信息化、环境保护、农业、人民银行、质量技术监督（市场监管）等部门和原银监会派出机构要密切配合，共同做好试点的组织实施、监督、评估和总结推广等工作，及时帮助协调解决试点的困难和问题。

（二）加强业务指导和政策支持。

鼓励试点城市整合国家、省级预算内投资等各项资金，引导社会资本设立供应链创新产业投资基金，支持供应链创新和应用项目。试点城市有关部门在安排相关投资时，对于符合条件的供应链创新发展项目予以倾斜。

各级商务、工业和信息化、农业、环境保护和质量技术监督（市场监管）部门要加强对流通、工业、农业供应链以及供应链全程绿色化和供应链质量标准等方面的业务指导，研究出台相关财政、税收、金融、土地等方面的政策措施，加大对试点的支持力度。

各级人民银行和原银监会派出机构要加强对供应链金融发展的指导和监督，研究相关支持政策，对内外资企业和机构一视同仁，营造公平竞争的市场环境。优先支持符合条件的试点企业发行公司信用类债券，提高事中事后风险管理水平，推动供应链金融健康稳定发展。

各级商务等行业主管部门要指导和支持相关行业组织探索建立供应链绩效指数评价体系，为各地建立供应链公共服务平台提供技术支持，为试点城市和试点企业进行专业指导和业务培训等。

（三）做好宣传和总结推广工作。

各级商务、工业和信息化、环境保护、农业、人民银行、质量技术监督（市场监管）部门和原银监会派出机构要及时梳理总结试点中出现的典型案例，在各类媒体进行宣传报道。试点中形成的先进模式和经验要及时推广，扩大试点效果。

商务部　工业和信息化部　生态环境部
农业农村部　人民银行　国家市场监督管理总局
中国银行保险监督管理委员会　中国物流与采购联合会
2018年4月10日

交通运输部关于加快发展冷链物流保障食品安全促进消费升级的实施意见

交运发〔2017〕127号

各省、自治区、直辖市、新疆生产建设兵团交通运输厅（局、委），部属各单位，部内各司局：

促进冷链物流规范健康发展，对于提高人民群众生活品质，保障食品药品流通安全具有重要意义。交通运输是冷链物流的基础环节和重要载体，在支撑冷链物流发展中发挥着主体作用。目前，我国冷链物流运输环节"断链"现象较为普遍，运输装备技术水平低、行业监管不足、标准规范执行不到位，影响了冷链物流整体服务品质和安全保障能力。为深入贯彻落实《国务院办公厅关于加快发展冷链物流保障食品安全促进消费升级的意见》（国办发〔2017〕29号）相关要求，推动物流业供给侧结构性改革，加快促进冷链物流健康规范发展，保障鲜活农产品和食品流通安全，支撑产业转型发展和居民消费升级，制定本实施意见。

一、总体要求

贯彻落实国务院关于加快发展冷链物流的总体部署和要求，以满足全社会冷链物流需求、提升冷链物流服务品质、保障食品流通安全为目标导向，坚持市场主导、问题导向、创新驱动、协同发展，深入推进物流供给侧结构性改革，充分发挥交通运输在冷链物流发展中的基础性作用，着力提升设施设备技术水平、健全全程温控体系、优化运输组织模式、强化企业运营监管，力争到2020年，初步形成全程温控、标准规范、运行高效、安全绿色的冷链物流服务体系，"断链"问题基本解决，全面提升冷链物流服务品质，有效保障食品流通安全。

二、加快完善冷链物流设施设备

1. 严格冷藏保温车辆的市场准入和退出。制定发布《营运货车安全技术条件》行业标准，将冷藏保温车辆作为专用货运车辆加强管理，并将温度监控设备性能要求作为冷藏保温车辆投入运营的基本条件。对于不符合相关标准要求的，不允许投入冷链物流市场。引导高耗能、低效率、不合规的冷藏保温车加快退出市场。

2. 严格冷藏保温车辆使用过程管理。做好冷藏保温车辆的年度审验，制定发布《冷藏保温车辆温度记录与监控设备性能要求和检测方法》《冷藏保温车辆分类及技术要求》等行业标准，明确对冷藏保温车辆及其温控、制冷设备等的性能要求和检验方法，并纳入营运车辆综合性能检验，确保温控、制冷设备性能合格。

3. 提升冷链物流装备专业化水平。鼓励多温层冷藏车、冷藏集装箱、冷藏厢式半挂车、低温保温容器等标准化运载单元以及轻量化、新能源等节能环保冷藏保温车型在冷链物流中推广使用，提高冷链物流装备的专业化、标准化、轻量化水平。完善冷藏集装箱供需体系，建立跨运输方式的冷藏集装箱循环共享共用系统，提高冷藏集装箱的利用效率。

4. 加强冷链物流基础设施建设。加快建设具有仓储、集配、运输等功能于一体的公共服务型冷链物流园区，加快面向农产品生产基地，特别是中西部农产品规模较大地区的冷链物流园区建设。引导货运枢纽（物流园区）完善冷链物流服务功能，合理规划园区内冷藏库、恒温库、冷冻库等设施的布局，支持标准化冷库、封闭低温装卸货台、温控理货区建设，促进制冷、温控、装卸、分拣包装等先进设备的推广应用。加快农村冷链物流网络体系建设，完善"最先一公里"产地预冷设施。

三、鼓励冷链物流企业创新发展

5. 引导传统冷链物流企业转型升级。鼓励传统冷链物流企业扩大经营规模和服务范围，拓展经营网络，创新服务产品，引导单一运输服务向定制化、个性化增值服务转型，提升冷链物流服务品质。鼓励有条件的冷链物流企业延伸服务链条，加强与农产品生产、生鲜食品加工、商贸流通企业在订单管理、仓储管理、物流配送、温度监控等方面的协同对接，推动冷链物流企业向综合物流服务商转型发展，提高冷链物流企业供应链服务水平。

6. 创新企业运营组织模式。依托多式联运示范工程，鼓励冷链物流企业发展"海运＋冷藏班列"海铁联运、"中欧冷藏班列"公铁联运、公水联运、空陆联运等多式联运新模式。加强多式联运冷藏设施设备在技术标准、信息资源、服务规范、作业流程等方面的有效对接，引导冷链物流企业提供全程一站式服务。支持冷链物流企业依托移动互联网等信息技术从事无车、无船承运业务，鼓励企业根据冷链产品消费需求特点，创新运营组织模式，发展甩挂运输、共同配送等先进运输组织方式，提高冷链物流运作效率。

7. 鼓励企业联盟发展。按照"优势互补、资源共享、互信共赢"的原则，鼓励不同类型的企业以资本、产品、信息为纽带，建立冷链物流联盟，加强合作，实现资源整合，促进集约化、规模化发展，提升市场集中度，扭转市场主体过散、过弱的局面，提高企业竞争力和市场抗风险能力。

四、提升冷链物流信息化水平

8. 构建冷链物流温度监控系统。鼓励冷链物流企业自建或委托第三方机构建设冷链物流设施设备的远程监控系统，对冷藏保温库、冷藏保温车辆、冷藏集装箱内的温度进行实时监测记录，及时处置温度异常等情况，确保冷链物流运输环节温度控制"不断链"。

9. 促进冷链物流信息互联共享。冷链物流企业应加强物流管理信息系统建设，为收发货人提供全程定位跟踪和温度监控服务，推进冷链上下游企业信息共享，实现订单处理、运输仓储、城市配送、结算等业务环节的有效对接，促进资源优化调度和业务协同。

五、提高行业监管水平

10. 强化对冷链物流运输环节温度监控的监管。建立对冷链物流企业温度监控记录的抽检抽查制度，对温控记录、运单数据进行核查比对，作为政府行业监管和企业信用评价的依据。充分发挥社会监督力量，引导形成运输企业和收发货人在货物交付、装卸、运输等环节的温度记录查验机制。

11. 开展冷链物流企业服务和信用评价。制定发布《道路冷链运输服务规则》，引导企业建立完善以温度控制为核心的冷链物流操作规程，建立健全冷链物流服务质量和信用评价体系。开展冷链物流企业信用信息共享，建立与相关部门的企业信用信息联动共享机制，对冷链物流企业信用评价结果进行公示和联合惩戒。

六、健全完善相关政策

12. 优化城市配送冷藏保温车辆通行管理。研究开展城市冷链配送需求量调查预测及冷藏保温车辆标识化管理工作，为科学配置冷链物流资源提供依据。城市交通运输主管部门应积极协调公安部门，调整完善城市配送冷藏保温车辆通行管理制度，合理规划冷链配送停靠装卸设施，推动实现配送车辆便利通行。

13. 降低冷链物流通行成本。继续执行鲜活农产品运输"绿色通道"政策，引导企业按照相关规定运输鲜活农产品，确保冷链物流企业运输鲜活农产品依法享受"绿色通道"政策。

七、保障措施

14. 加强部门协同协作。健全完善部门协同机制，利用信息技术手段建立行业监管的联动机制，规范冷链物流企业经营行为。在冷链物流用地、融资、税收、保险、通行等问题上加强协调配合，不断优化政策环境，形成推进冷链物流发展的合力。

15. 注重冷链物流人才培养。鼓励高校、科研机构与国内外著名企业联合建立冷链物流综合培训和试验基地，加强冷链物流学科及研发中心建设，提高冷链物流管理和操作人员知识水平和专业技能。

16. 发挥行业协会作用。充分发挥行业协会在标准制修订、服务质量认证、产品标识化管理、政策建议、交流合作、资质评定和人才培训等方面的积极作用，规范冷链物流企业经营行为，推动行业自律。

交通运输部
2017年8月22日

国务院办公厅关于加快发展冷链物流保障食品安全促进消费升级的意见

国办发〔2017〕29号

各省、自治区、直辖市人民政府，国务院各部委、各直属机构：

随着我国经济社会发展和人民群众生活水平不断提高，冷链物流需求日趋旺盛，市场规模不断扩大，冷链物流行业实现了较快发展。但由于起步较晚、基础薄弱，冷链物流行业还存在标准体系不完善、基础设施相对落后、专业化水平不高、有效监管不足等问题。为推动冷链物流行业健康规范发展，保障生鲜农产品和食品消费安全，根据食品安全法、农产品质量安全法和《物流业发展中长期规划（2014—2020年）》等，经国务院同意，提出以下意见。

一、总体要求

（一）指导思想。

全面贯彻党的十八大和十八届三中、四中、五中、六中全会精神，深入贯彻习近平总书记系列重要讲话精神，认真落实党中央、国务院决策部署，紧紧围绕统筹推进"五位一体"总体布局和协调推进"四个全面"战略布局，牢固树立和贯彻落实创新、协调、绿色、开放、共享的发展理念，深入推进供给侧结构性改革，充分发挥市场在资源配置中的决定性作用，以体制机制创新为动力，以先进技术和管理手段应用为支撑，以规范有效监管为保障，着力构建符合我国国情的"全链条、网络化、严标准、可追溯、新模式、高效率"的现代化冷链物流体系，满足居民消费升级需要，促进农民增收，保障食品消费安全。

（二）基本原则。

市场为主，政府引导。强化企业市场主体地位，激发市场活力和企业创新动力。发挥政府部门在规划、标准、政策等方面的引导、扶持和监管作用，为冷链物流行业发展创造良好环境。

问题导向，补齐短板。聚焦农产品产地"最先一公里"和城市配送"最后一公里"等突出问题，抓两头、带中间，因地制宜、分类指导，形成贯通第一、二、三产业的冷链物流产业体系。

创新驱动，提高效率。大力推广现代冷链物流理念，深入推进大众创业、万众创新，鼓励企业利用现代信息手段，创新经营模式，发展供应链等新型产业组织形态，全面提高冷链物流行业运行效率和服务水平。

完善标准，规范发展。加快完善冷链物流标准和服务规范体系，制修订一批冷链物流强制性标准。加强守信联合激励和失信联合惩戒，推动企业优胜劣汰，促进行业健康有序发展。

（三）发展目标。

到2020年，初步形成布局合理、覆盖广泛、衔接顺畅的冷链基础设施网络，基本建立"全程温控、标准健全、绿色安全、应用广泛"的冷链物流服务体系，培育一批具有核心竞争力、综合服务能力强的冷链物流企业，冷链物流信息化、标准化水平大幅提升，普遍实现冷链服务全程可视、可追溯，生鲜农产品和易腐食品冷链流通率、冷藏运输率显著提高，腐损率明显降低，食品质量安全得到有效保障。

二、健全冷链物流标准和服务规范体系

按照科学合理、便于操作的原则系统梳理和修订完善现行冷链物流各类标准，加强不同标准间以及与国际标准的衔接，科学确定冷藏温度带标准，形成覆盖全链条的冷链物流技术标准和温度控制要求。依据食品安全法、农产品质量安全法和标准化法，率先研究制定对鲜肉、水产品、乳及乳制品、冷冻食品等易腐食品温度控制的强制性标准并尽快实施。（国家卫生计生委、食品药品监管总局、农业部、国家标准委、国家发展改革委、商务部、国家邮政局负责）

积极发挥行业协会和骨干龙头企业作用，大力发展团体标准，并将部分具有推广价值的标准上升为国家或行业标准。鼓励大型商贸流通、农产品加工等企业制定高于国家和行业标准的企业标准。（国家标准委、商务部、国家发展改革委、国家卫生计生委、工业和信息化部、国家邮政局负责）

研究发布冷藏运输车辆温度监测装置技术标准和检验方法，在相关国家标准修订中明确冷藏运输车辆温度监测装置要求，为冷藏运输车辆的温度监测性能评测和检验提供依据。（工业和信息化部、交通运输部负责）

针对重要管理环节研究建立冷链物流服务管理规范。建立冷链物流全程温度记录制度，相关记录保存时间要超过产品保质期六个月以上。（食品药品监管总局、国家卫生计生委、农业部负责）

组织开展冷链物流企业标准化示范工程，加强冷链物流标准宣传和推广实施。（国家标准委、相关行业协会负责）

三、完善冷链物流基础设施网络

加强对冷链物流基础设施建设的统筹规划，逐步构建覆盖全国主要产地和消费地的冷链物流基础设施网络。鼓励农产品产地和部分田头市场建设规模适度的预冷、储藏保鲜等初加工冷链设施，加强先进冷链设备应用，加快补齐农产品产地"最先一公里"短板。鼓励全国性、区域性农产品批发市场建设冷藏冷冻、流通加工冷链设施。在重要物流节点和大中型城市改造升级或适度新建一批冷链物流园区，推动冷链物流行业集聚发展。加强面向城市消费的低温加工处理中心和冷链配送设施建设，发展城市"最后一公里"低温配送。健全冷链物流标准化设施设备和监控设施体系，鼓励适应市场需求的冷藏库、产地冷库、流通型冷库建设，推广应用多温层冷藏车等设施设备。鼓励大型食品生产经营企业和连锁经营企业建设完善停靠接卸冷链设施，鼓励商场超市等零售终端网点配备冷链设备，推广使用冷藏箱等便利化、标准化冷链运输单元。（国家发展改革委、财政部、商务部、交通运输部、农业部、食品药品监管总局、国家邮政局、国家标准委按职责分工负责）

四、鼓励冷链物流企业经营创新

大力推广先进的冷链物流理念与技术，加快培育一批技术先进、运作规范、核心竞争力强的专业化规模化冷链物流企业。鼓励有条件的冷链物流企业与农产品生产、加工、流通企业加强基础设施、生产能力、设计研发等方面的资源共享，优化冷链流通组织，推动冷链物流服务由基础服务向增值服务延伸。（国家发展改革委、交通运输部、农业部、商务部、国家邮政局负责）

鼓励连锁经营企业、大型批发企业和冷链物流企业利用自有设施提供社会化的冷链物流服务，开展冷链共同配送、"生鲜电商＋冷链宅配""中央厨房＋食材冷链配送"等经营模式创新，完善相关技术、标准和设施，提高城市冷链配送集约化、现代化水平。（国家发展改革委、商务部、食品药品监管总局、国家邮政局、国家标准委负责）

鼓励冷链物流平台企业充分发挥资源整合优势，与小微企业、农业合作社等深度合作，为小型市场主体创业创新创造条件。（国家发展改革委、商务部、供销合作总社负责）

充分发挥铁路长距离、大规模运输和航空快捷运输的优势，与公路冷链物流形成互补协同的发展格局。积极支持中欧班列开展国际冷链运输业务。（相关省级人民政府，国家铁路局、中国民航局、中国铁路总公司负责）

五、提升冷链物流信息化水平

鼓励企业加强卫星定位、物联网、移动互联等先进信息技术应用，按照规范化标准化要求配备车辆定位跟踪以及全程温度自动监测、记录和控制系统，积极使用仓储管理、运输管理、订单管理等信息化管理系统，按照冷链物流全程温控和高时效性要求，整合各作业环节。鼓励相关企业建立冷链物流数据信息收集、处理和发布系统，逐步实现冷链物流全过程的信息化、数据化、透明化、可视化，加强对冷链物流大数据的分析和利用。大力发展"互联网+"冷链物流，整合产品、冷库、冷藏运输车辆等资源，构建"产品+冷链设施+服务"信息平台，实现市场需求和冷链资源之间的高效匹配对接，提高冷链资源综合利用率。推动构建全国性、区域性冷链物流公共信息服务和质量安全追溯平台，并逐步与国家交通运输物流公共信息平台对接，促进区域间、政企间、企业间的数据交换和信息共享。（国家发展改革委、交通运输部、商务部、农业部、工业和信息化部负责）

六、加快冷链物流技术装备创新和应用

加强生鲜农产品、易腐食品物流品质劣变和腐损的生物学原理及其与物流环境之间耦合效应等基础性研究，夯实冷链物流发展的科技基础。鼓励企业向国际低能耗标准看齐，利用绿色、环境友好的自然工质，使用安全环保节能的制冷剂和制冷工艺，发展新型蓄冷材料，采用先进的节能和蓄能设备。（科技部、工业和信息化部负责）

加大科技创新力度，加强对延缓产品品质劣变和减少腐损的核心技术工艺、绿色防腐技术与产品、新型保鲜减震包装材料、移动式等新型分级预冷装置、多温区陈列销售设备、大容量冷却冷冻机械、节能环保多温层冷链运输工具等的自主研发。（科技部负责）

冷链物流企业要从正规厂商采购或租赁标准化、专业化的设施设备和运输工具。加速淘汰不规范、高能耗的冷库和冷藏运输车辆，取缔非法改装的冷藏运输车辆。鼓励第三方认证机构从运行状况、能效水平、绿色环保等方面对冷链物流设施设备开展认证。结合冷链物流行业发展趋势，积极推动冷链物流设施和技术装备标准化，提高冷藏运输车辆专业化、轻量化水平，推广标准冷藏集装箱，促进冷链物流各作业环节以及不同交通方式间的有序衔接。（交通运输部、商务部、工业和信息化部、中国民航局、国家铁路局、国家邮政局、中国铁路总公司按职责分工负责）

七、加大行业监管力度

有关部门要依据相关法律法规、强制性标准和操作规范，健全冷链物流监管体系，在生产和储藏环节重点监督保质期、温度控制等，在销售终端重点监督冷藏、冷冻设施和储存温度控制等，探索建立对运输环节制冷和温控记录设备合规合法使用的监管机制，将从源头至终端的冷链物流全链条纳入监管范围。加强对冷链各环节温控记录和产品品质的监督和不定期抽查。（食品药品监管总局、质检总局、交通运输部、农业部负责）

研究将配备温度监测装置作为冷藏运输车辆出厂的强制性要求，在车辆进入营运市场、年度审验等环节加强监督管理。（工业和信息化部、交通运输部按职责分工负责）

充分发挥行业协会、第三方征信机构和各类现有信息平台的作用，完善冷链物流企业服务评价和信用评价体系，并研究将全程温控情况等技术性指标纳入信用评价体系。各有关部门要根据监管职责建立冷链物流企业信用记录，并加强信用信息共享和应用，将企业信用信息归集至全国信用信息共享平台,通过"信用中国"网站和国家企业信用信息公示系统依法向社会及时公开。探索对严重违法失信企业开展联合惩戒。(国家发展改革委、交通运输部、商务部、民政部、食品药品监管总局、质检总局、工商总局、国家邮政局等按职责分工负责)

八、创新管理体制机制

国务院各有关部门要系统梳理冷链物流领域相关管理规定和政策法规,按照简政放权、放管结合、优化服务的要求,在确保行业有序发展、市场规范运行的基础上,进一步简化冷链物流企业设立和开展业务的行政审批事项办理程序,加快推行"五证合一、一照一码""先照后证"和承诺制,加快实现不同区域、不同领域之间管理规定的协调统一,加快建设开放统一的全国性冷链物流市场。地方各级人民政府要加强组织领导,强化部门间信息互通和协同联动,统筹抓好涉及本区域的相关管理规定清理等工作。结合冷链产品特点,积极推进国际贸易"单一窗口"建设,优化查验流程,提高通关效率。利用信息化手段完善现有监管方式,发挥大数据在冷链物流监管体系建设运行中的作用,通过数据收集、分析和管理完善事中事后监管。(各省级人民政府,国家发展改革委、交通运输部、公安部、商务部、食品药品监管总局、国家卫生计生委、工商总局、海关总署、质检总局、国家邮政局、中国民航局、国家铁路局按职责分工负责)

九、完善政策支持体系

要加强调查研究和政策协调衔接,加大对冷链物流理念和重要性的宣传力度,提高公众对全程冷链生鲜农产品质量的认知度。(国家发展改革委、农业部、商务部、食品药品监管总局、国家卫生计生委负责)

拓宽冷链物流企业的投融资渠道,引导金融机构对符合条件的冷链物流企业加大投融资支持,创新配套金融服务。(人民银行、银监会、证监会、保监会、国家开发银行负责)

大中型城市要根据冷链物流等设施的用地需求,分级做好物流基础设施的布局规划,并与城市总体规划、土地利用总体规划做好衔接。永久性农产品产地预冷设施用地按建设用地管理,在用地安排上给予积极支持。(国土资源部、住房城乡建设部负责)

针对制约冷链物流行业发展的突出短板,探索鼓励社会资本通过设立产业发展基金等多种方式参与投资建设。(国家发展改革委、商务部、农业部负责)

冷链物流企业用水、用电、用气价格与工业同价。(国家发展改革委负责)

加强城市配送冷藏运输车辆的标识管理。(交通运输部、商务部负责)

指导完善和优化城市配送冷藏运输车辆的通行和停靠管理措施。(公安部、交通运输部、商务部负责)

继续执行鲜活农产品"绿色通道"政策。(交通运输部、国家发展改革委负责)

对技术先进、管理规范、运行高效的冷链物流园区优先考虑列入示范物流园区,发挥示范引领作用。(国家发展改革委、国土资源部、住房城乡建设部负责)

加强冷链物流人才培养,支持高等学校设置冷链物流相关专业和课程,发展职业教育和继续教育,形成多层次的教育、培训体系。(教育部负责)

十、加强组织领导

各地区、各有关部门要充分认识冷链物流对保障食品质量安全、促进农民增收、推动相关产业发展、促进居民消费升级的重要作用,加强对冷链物流行业的指导、管理和服务,把推动冷链物流行业发展作为稳增长、促消费、惠民生的一项重要工作抓紧抓好。国家发展改革委要会同有关部门建立工作协调机制,及时研究解决冷链物流发展中的突出矛盾和重大问题,加强业务指导和督促检查,确保各项政策措施的贯彻落实。

国务院办公厅

2017 年 4 月 13 日

国务院办公厅关于积极推进供应链创新与应用的指导意见

国办发〔2017〕84号

各省、自治区、直辖市人民政府,国务院各部委、各直属机构:

供应链是以客户需求为导向,以提高质量和效率为目标,以整合资源为手段,实现产品设计、采购、生产、销售、服务等全过程高效协同的组织形态。随着信息技术的发展,供应链已发展到与互联网、物联网深度融合的智慧供应链新阶段。为加快供应链创新与应用,促进产业组织方式、商业模式和政府治理方式创新,推进供给侧结构性改革,经国务院同意,现提出以下意见。

一、重要意义

(一)落实新发展理念的重要举措。

供应链具有创新、协同、共赢、开放、绿色等特征,推进供应链创新发展,有利于加速产业融合、深化社会分工、提高集成创新能力,有利于建立供应链上下游企业合作共赢的协同发展机制,有利于建立覆盖设计、生产、流通、消费、回收等各环节的绿色产业体系。

(二)供给侧结构性改革的重要抓手。

供应链通过资源整合和流程优化,促进产业跨界和协同发展,有利于加强从生产到消费等各环节的有效对接,降低企业经营和交易成本,促进供需精准匹配和产业转型升级,全面提高产品和服务质量。供应链金融的规范发展,有利于拓宽中小微企业的融资渠道,确保资金流向实体经济。

(三)引领全球化提升竞争力的重要载体。

推进供应链全球布局,加强与伙伴国家和地区之间的合作共赢,有利于我国企业更深更广融入全球供给体系,推进"一带一路"建设落地,打造全球利益共同体和命运共同体。建立基于供应链的全球贸易新规则,有利于提高我国在全球经济治理中的话语权,保障我国资源能源安全和产业安全。

二、总体要求

(一)指导思想。

全面贯彻党的十八大和十八届三中、四中、五中、六中全会精神,深入贯彻习近平总书记系列重要讲话精神和治国理政新理念新思想新战略,认真落实党中央、国务院决策部署,统筹推进"五位一体"总体布局和协调推进"四个全面"战略布局,坚持以人民为中心的发展思想,坚持稳中求进工作总基调,牢固树立和贯彻落实创新、协调、绿色、开放、共享的发展理念,以提高发展质量和效益为中心,以供应链与互联网、物联网深度融合为路径,以信息化、标准化、信用体系建设和人才培养为支撑,创新发展供应链新理念、新技术、新模式,高效整合各类资源和要素,提升产业集成和协同水平,打造大数据支撑、网络化共享、智能化协作的智慧供应链体系,推进供给侧结构性改革,提升我国经济全球竞争力。

(二)发展目标。

到2020年,形成一批适合我国国情的供应链发展新技术和新模式,基本形成覆盖我国重点产业的智慧供应链体系。供应链在促进降本增效、供需匹配和产业升级中的作用显著增强,成为供给侧结构性改革的重要支撑。培育100家左右的全球供应链领先企业,重点产业的供应链竞争力进入世界前列,中国成为全球供应链创新与应用的重要中心。

三、重点任务

(一)推进农村一二三产业融合发展。

1. 创新农业产业组织体系。鼓励家庭农场、农民合作社、农业产业化龙头企业、农业社会化服务组织等合作建立集农产品生产、加工、流通和服务等于一体的农业供应链体系,发展种养加、产供销、内外贸一体化的现代农业。鼓励承包农户采用土地流转、股份合作、农业生产托管等方式融入农业供应链体系,完善利益联结机制,促进多种形式的农业适度规模经营,把农业生产引入现代农业发展轨道。(农业部、商务部等负责)

2. 提高农业生产科学化水平。推动建设农业供应链信息平台,集成农业生产经营各环节的大数据,共享政策、市场、科技、金融、保险等信息服务,提高农业生产科技化和精准化水平。加强产销衔接,优化种养结构,促进农业生产向消费导向型转变,增加绿色优质农产品供给。鼓励发展农业生产性服务业,开拓农业供应链金融服务,支持订单农户参加农业保险。(农业部、科技部、商务部、银监会、保监会等负责)

3. 提高质量安全追溯能力。加强农产品和食品冷链设施及标准化建设,降低流通成本和损耗。建立基于供应链的重要产品质量安全追溯机制,针对肉类、蔬菜、水产品、中药材等食用农产品,婴幼儿配方食品、肉制品、乳制品、食用植物油、白酒等食品,农药、兽药、饲料、肥料、种子等农业生产资料,将供应链上下游企业全部纳入追溯体系,构建来源可查、去向可追、责任可究的全链条可追溯体系,提高消费安全水平。(商务部、国家发展改革委、科技部、农业部、质检总局、食品药品监管总局等负责)

(二)促进制造协同化、服务化、智能化。

1. 推进供应链协同制造。推动制造企业应用精益供应链等管理技术,完善从研发设计、生产制造到售后服务的全链条供应链体系。推动供应链上下游企业实现协同采购、协同制造、协同物流，促进大中小企业专业化分工协作，快速响应客户需求，缩短生产周期和新品上市时间，降低生产经营和交易成本。（工业和信息化部、国家发展改革委、科技部、商务部等负责）

2. 发展服务型制造。建设一批服务型制造公共服务平台，发展基于供应链的生产性服务业。鼓励相关企业向供应链上游拓展协同研发、众包设计、解决方案等专业服务，向供应链下游延伸远程诊断、维护检修、仓储物流、技术培训、融资租赁、消费信贷等增值服务，推动制造供应链向产业服务供应链转型，提升制造产业价值链。（工业和信息化部、国家发展改革委、科技部、商务部、人民银行、银监会等负责）

3. 促进制造供应链可视化和智能化。推动感知技术在制造供应链关键节点的应用，促进全链条信息共享，实现供应链可视化。推进机械、航空、船舶、汽车、轻工、纺织、食品、电子等行业供应链体系的智能化，加快人机智能交互、工业机器人、智能工厂、智慧物流等技术和装备的应用，提高敏捷制造能力。（工业和信息化部、国家发展改革委、科技部、商务部等负责）

（三）提高流通现代化水平。

1. 推动流通创新转型。应用供应链理念和技术，大力发展智慧商店、智慧商圈、智慧物流，提升流通供应链智能化水平。鼓励批发、零售、物流企业整合供应链资源，构建采购、分销、仓储、配送供应链协同平台。鼓励住宿、餐饮、养老、文化、体育、旅游等行业建设供应链综合服务和交易平台，完善供应链体系，提升服务供给质量和效率。（商务部、国家发展改革委、科技部、质检总局等负责）

2. 推进流通与生产深度融合。鼓励流通企业与生产企业合作，建设供应链协同平台，准确及时传导需求信息，实现需求、库存和物流信息的实时共享，引导生产端优化配置生产资源，加速技术和产品创新，按需组织生产，合理安排库存。实施内外销产品"同线同标同质"等一批示范工程，提高供给质量。（商务部、工业和信息化部、农业部、质检总局等负责）

3. 提升供应链服务水平。引导传统流通企业向供应链服务企业转型，大力培育新型供应链服务企业。推动建立供应链综合服务平台，拓展质量管理、追溯服务、金融服务、研发设计等功能，提供采购执行、物流服务、分销执行、融资结算、商检报关等一体化服务。（商务部、人民银行、银监会等负责）

（四）积极稳妥发展供应链金融。

1. 推动供应链金融服务实体经济。推动全国和地方信用信息共享平台、商业银行、供应链核心企业等开放共享信息。鼓励商业银行、供应链核心企业等建立供应链金融服务平台，为供应链上下游中小微企业提供高效便捷的融资渠道。鼓励供应链核心企业、金融机构与人民银行征信中心建设的应收账款融资服务平台对接，发展线上应收账款融资等供应链金融模式。（人民银行、国家发展改革委、商务部、银监会、保监会等负责）

2. 有效防范供应链金融风险。推动金融机构、供应链核心企业建立债项评级和主体评级相结合的风险控制体系，加强供应链大数据分析和应用，确保借贷资金基于真实交易。加强对供应链金融的风险监控，提高金融机构事中事后风险管理水平，确保资金流向实体经济。健全供应链金融担保、抵押、质押机制，鼓励依托人民银行征信中心建设的动产融资统一登记系统开展应收账款及其他动产融资质押和转让登记，防止重复质押和空单质押，推动供应链金融健康稳定发展。（人民银行、商务部、银监会、保监会等负责）

（五）积极倡导绿色供应链。

1. 大力倡导绿色制造。推行产品全生命周期绿色管理，在汽车、电器电子、通信、大型成套装备及机械等行业开展绿色供应链管理示范。强化供应链的绿色监管，探索建立统一的绿色产品标准、认证、标识体系，鼓励采购绿色产品和服务，积极扶植绿色产业，推动形成绿色制造供应链体系。（国家发展改革委、工业和信息化部、环境保护部、商务部、质检总局等按职责分工负责）

2. 积极推行绿色流通。积极倡导绿色消费理念，培育绿色消费市场。鼓励流通环节推广节能技术，加快节能设施设备的升级改造，培育一批集节能改造和节能产品销售于一体的绿色流通企业。加强绿色物流新技术和设备的研究与应用，贯彻执行运输、装卸、仓储等环节的绿色标准，开发应用绿色包装材料，建立绿色物流体系。（商务部、国家发展改革委、环境保护部等负责）

3. 建立逆向物流体系。鼓励建立基于供应链的废旧资源回收利用平台，建设线上废弃物和再生资源交易市场。落实生产者责任延伸制度，重点针对电器电子、汽车产品、轮胎、蓄电池和包装物等产品，优化供应链逆向物流网点布局，促进产品回收和再制造发展。（国家发展改革委、工业和信息化部、商务部等按职责分工负责）

（六）努力构建全球供应链。

1. 积极融入全球供应链网络。加强交通枢纽、物流通道、信息平台等基础设施建设，推进与"一带一路"沿线国家互联互通。推动国际产能和装备制造合作，推进边境经济合作区、跨境经济合作区、境外经贸合作区建设，鼓励企业深化对外投资合作，设立境外分销和服务网络、物流配送中心、海外仓等，建立本地化的供应链体系。（商务部、国家发展改革委、交通运输部等负责）

2. 提高全球供应链安全水平。鼓励企业建立重要资源和产品全球供应链风险预警系统，利用两个市场两种资源，提高全球供应链风险管理水平。制订和实施国家供应链安全计划，建立全球供应链风险预警评价指标体系，完善全球供应链风险预警机制，提升全球供应链风险防控能力。（国家发展改革委、商务部等按职责分工负责）

3. 参与全球供应链规则制定。依托全球供应链体系，促进不同国家和地区包容共享发展，形成全球利益共同体和命运共同体。在人员流动、资格互认、标准互通、认可认证、知识产权等方面加强与主要贸易国家和"一带一路"沿线国家的磋商与合作，推动建立有利于完善供应链利益联结机制的全球经贸新规则。（商务部、国家发展改革委、人力资源社会保障部、质检总局等负责）

四、保障措施

（一）营造良好的供应链创新与应用政策环境。

鼓励构建以企业为主导、产学研用合作的供应链创新网络，建设跨界交叉领域的创新服务平台，提供技术研发、品牌培育、市场开拓、标准化服务、检验检测认证等服务。鼓励社会资本设立供应链创新产业投资基金，统筹结合现有资金、基金渠道，为企业开展供应链创新与应用提供融资支持。（科技部、工业和信息化部、财政部、商务部、人民银行、质检总局等按职责分工负责）

研究依托国务院相关部门成立供应链专家委员会，建设供应链研究院。鼓励有条件的地方建设供应链科创研发中心。支持建设供应链创新与应用的政府监管、公共服务和信息共享平台，建立行业指数、经济运行、社会预警等指标体系。（科技部、商务部等按职责分工负责）

研究供应链服务企业在国民经济中的行业分类，理顺行业管理。符合条件的供应链相关企业经认定为国家高新技术企业后，可按规定享受相关优惠政策。符合外贸企业转型升级、服务外包相关政策条件的供应链服务企业，按现行规定享受相应支持政策。（国家发展改革委、科技部、工业和信息化部、财政部、商务部、国家统计局等按职责分工负责）

（二）积极开展供应链创新与应用试点示范。

开展供应链创新与应用示范城市试点，鼓励试点城市制定供应链发展的支持政策，完善本地重点产业供应链体系。培育一批供应链创新与应用示范企业，建设一批跨行业、跨领域的供应链协同、交易和服务示范平台。（商务部、工业和信息化部、农业部、人民银行、银监会等负责）

（三）加强供应链信用和监管服务体系建设。

完善全国信用信息共享平台、国家企业信用信息公示系统和"信用中国"网站，健全政府部门信用信息共享机制，促进商务、海关、质检、工商、银行等部门和机构之间公共数据资源的互联互通。研究利用区块链、人工智能等新兴技术，建立基于供应链的信用评价机制。推进各类供应链平台有机对接，加强对信用评级、信用记录、风险预警、违法失信行为等信息的披露和共享。创新供应链监管机制，整合供应链各环节涉及的市场准入、海关、质检等政策，加强供应链风险管控，促进供应链健康稳定发展。（国家发展改革委、交通运输部、商务部、人民银行、海关总署、税务总局、工商总局、质检总局、食品药品监管总局等按职责分工负责）

（四）推进供应链标准体系建设。

加快制定供应链产品信息、数据采集、指标口径、交换接口、数据交易等关键共性标准，加强行业间数据信息标准的兼容，促进供应链数据高效传输和交互。推动企业提高供应链管理流程标准化水平，推进供应链服务标准化，提高供应链系统集成和资源整合能力。积极参与全球供应链标准制定，推进供应链标准国际化进程。（质检总局、国家发展改革委、工业和信息化部、商务部等负责）

（五）加快培养多层次供应链人才。

支持高等院校和职业学校设置供应链相关专业和课程，培养供应链专业人才。鼓励相关企业和专业机构加强供应链人才培训。创新供应链人才激励机制，加强国际化的人才流动与管理，吸引和聚集世界优秀供应链人才。（教育部、人力资源社会保障部、商务部等按职责分工负责）

（六）加强供应链行业组织建设。

推动供应链行业组织建设供应链公共服务平台，加强行业研究、数据统计、标准制修订和国际交流，提供供应链咨询、人才培训等服务。加强行业自律，促进行业健康有序发展。加强与国外供应链行业组织的交流合作，推动供应链专业资质相互认证，促进我国供应链发展与国际接轨。（国家发展改革委、工业和信息化部、人力资源社会保障部、商务部、质检总局等按职责分工负责）

国务院办公厅
2017年10月5日

商务部办公厅 财政部办公厅关于开展供应链体系建设工作的通知

商办流通发〔2017〕337号

天津、辽宁、吉林、黑龙江、上海、江苏、浙江、福建、山东、河南、湖南、广东、重庆、四川、陕西省（市）商务、财政主管部门：

为贯彻《国民经济和社会发展"十三五"规划》及中央经济工作会议关于推进供给侧结构性改革、供应链物流链创新的精神，提高流通标准化、信息化、集约化水平，2017年商务部、财政部将在天津、上海、重庆、深圳、青岛、大连、宁波、沈阳、长春、哈尔滨、济南、郑州、苏州、福州、长沙、成都、西安市（以下称首批重点城市）开展供应链体系建设。现将有关事项通知如下。

一、总体思路和目标

供应链体系建设，要按照"市场主导、政策引导、聚焦链条、协同推进"原则，重点围绕物流标准化、供应链平台、重要产品追溯，打基础、促协同、推融合；从1200mm×1000mm标准托盘和全球统一编码标识（GS1）商品条码切入，提高物流链标准化信息化水平，推动供应链各环节设施设备和信息数据的高效对接；以供应链平台为载体，推动上下游协同发展，资源整合、共享共用，促进供应链发展提质增效；以物流链为渠道，利用物联网、对象标识符（OID）等先进技术设备，推动产品从产地、集散地到销地的全链条追溯，促进追溯链与物流链融合。

围绕建设标准规格统一、追溯运行顺畅、链条衔接贯通的供应链体系，重点企业标准托盘使用率达到80%，装卸货效率提高2倍，货损率降低20%，综合物流成本降低10%；形成一批模式先进、协同性强、辐射力广的供应链平台，供应链平台交易额提高20%，供应链交易管理成本下降10%；建成并运行重要产品追溯管理平台，供应链项目支持的重点企业肉菜、中药材、乳制品等重要产品追溯覆盖率达到80%，流通标准化、信息化、集约化水平显著提升。

二、主要任务

供应链体系建设的首批重点城市应积极发挥辐射带动周边的作用，形成城市间联动互动局面，提高区域供应链标准化、信息化、协同化水平，促进提质增效降本。主要任务如下：

（一）推广物流标准化，促进供应链上下游相衔接。以标准托盘及其循环共用为主线，重点在快消品、农产品、药品、电商等领域，推动物流链的单元化、标准化。一是加快标准托盘应用。鼓励使用符合国家标准1200mm×1000mm规格和质量要求的标准托盘，支持托盘租赁、交换（不支持用户自购）；推广"集团整体推进""供应链协同推进""社会化服务推进""平台整合推进"等成熟模式，引导商贸连锁、分销批发、生产制造、第三方物流、托盘运营、平台服务等企业合作开展带托运输；推广"回购返租"模式，加速非标托盘转换。二是建立社会化托盘循环共用体系。扩大托盘循环共用规模，完善运营服务网络，由托盘向周转箱、包装等单元器具循环共用延伸；推动"物联网＋托盘"平台建设，拓展"配托＋配货"服务，鼓励"带托运输＋共同配送""带托运输＋多式联运"；探索托盘交易、租赁、交换、回收可自由转换的市场流通机制。三是支持与标准托盘相衔接的设施设备和服务流程标准化。支持仓库、配送中心、商超、便利店等配送设施的标准化改造，以及存储、装卸、搬运、包装、分拣设备和公路货运车辆（外廓2550mm）等标准化更新；鼓励以标准托盘和周转箱（符合600mm×400mm包装模数系列尺寸）为单元进行订货、计费、收发货和免验货，促进物流链全程"不倒托""不倒箱"；推动利用配送渠道、押金制等对标准包装物进行回收使用；探索标准托盘箱替代快递三轮车箱体，以循环共用推动分拣前置、环节减少。四是支持物流链数据单元的信息标准化。支持探索基于全球统一编码标识（GS1）的托盘条码与商品条码、箱码、物流单元代码关联衔接，推动托盘、周转箱由包装单元向数据单元和数据节点发展，促进供应链和平台相关方信息数据传输交互顺畅；探索用数据单元优化生产、流通、销售管理，转化为商业价值，促进降本增效，满足不同商品的不同用户需求和服务体验。

（二）建设和完善各类供应链平台，提高供应链协同效率。以平台为核心完善供应链体系，增强供应链协同和整合能力，创新流通组织方式，提高流通集约化水平。一是建设流通与生产衔接的供应链协同平台。支持供应链核心企业建设连接个性化需求与柔性化生产的智能制造供应链协同平台，促进流通与生产的深度融合，实现大规模个性化定制，促进降本增效；支持流通企业与供应商实现系统对接，打造供应链采购协同平台，实现需求、库存和物流信息的实时共享，提高协同计划、自动预测和补货能力。二是建设资源高效整合的供应链交易平台。支持建设商品现货交易类平台，聚集供需信息，提供信息发布、支付结算、仓储物流、质量追溯等综合服务，提高资源配置效率，降低交易和物流成本；支持传统实体商品交易市场转型升级，打造线上线下融合的供应链交易平台，延伸提供物流、结算、报关等供应链服务，促进商品交易市场与产业融合发展。三是建设专业化的供应链综合服务平台。支持供应链服务型企业建设供应链综合服务平台，提供研发设计、集中采购、组织生产、物流分销、终端管理、品牌营销等供应链服务，融通物流、商流、信息流、资金流；通过平台直接服务需求终端，减少流通环节和成本，构建跨界融合、共享共生的供应链商业生态圈。四是建设供应链公共服务平台。支持有条件的地方建设供应链公共服务平台和供应链科创中心，完善供应链公共服务，提供政策咨询、信息聚集、经济预警、研发支持和人才培训等服务，加强供应链创新发展的协同监管和治理。同时，鼓励供应链核心企业牵头制定相关产品、技术、管理、数据、指标等关键共性标准，提高供应链协同和整合效率，服务于产业供应链体系。

（三）建设重要产品追溯体系，提高供应链产品质量保障能力。一是建设城市重要产品追溯管理平台。优化提升原有肉菜、中药材流通追溯管理平台，推进现有各类重要产品追溯体系统一接入重要产品追溯管理平台；应用对象标识符（OID）技术实现不同编码体系的兼容与交互，实现跨部门跨区域追溯信息的互联互通，以及与重要产品追溯管理平台实时对接；鼓励第三方追溯平台建设，建立追溯数据对接评价或认证机制；强化追溯数据分析与成果应用，增强追溯体系对供应链产品质量安全管理和问题事件应急处置能力。二是扩大供应链产品追溯覆盖范围。在完善原有肉菜、中药材追溯体系建设的基础上，进一步扩大重要产品追溯覆盖范围，提高肉菜等预包装产品的追溯覆盖率，肉类产品力争实现全覆盖；扩大节点企业覆盖面，供应链上下游企业全部纳入追溯体系；延伸追溯链条，将相关种植养殖、生产加工、仓储物流、终端消费等环节纳入追溯体系。三是支持供应链核心企业追溯系统创新升级。重点推进二维码、无线射频识别（RFID）、视频识别、区块链、GS1、对象标识符（OID）、电子结算和第三方支付等应用，推动追溯系统创新升级；推动大中型批发市场及大型商超、物流企业等开展信息化改造，鼓励商超利用GS1进行结算实现追溯功能，将产品追溯融入现有ERP系统，实现企业信息系统与追溯系统的对接；鼓励供应链核心企业线上线下融合发展，形成全渠道整合、线上线下无缝衔接的追溯网络。

三、财政资金重点支持方向和方式

中央服务业发展专项资金支持供应链体系建设，主要立足于弥补市场失灵，做好基础性、公共性工作，发挥中央财政资金对社会资本引导作用，支持供应链体系中薄弱环节和关键领域建设。

中央财政资金拨付地方后，有关城市应结合本地产业实际情况选择任务方向，统筹使用、加快执行，可采用以奖代补、财政补助、贷款贴息、购买服务等支持方式，完成期限为2年；同时，鼓励有条件的地区创新财政政策，支持跨区域联动项目，对在外地注册法人但在本地有实体的非法人机构，及在本地注册法人但在周边地区建设实体的机构，可在本地申报项目，促进辐射带动周边地区。各地要严格加强资金管理，中央财政资金不得用于楼堂馆所等建设和工作经费；不得支持有金融风险、发展模式不成熟的平台。

四、有关要求

（一）加强组织领导。省级主管部门要高度重视供应链体系建设工作，加强对实施城市的对口业务指导和工作检查，严格奖惩，及时上报工作进度，建设完成后要对城市进行绩效评价。

实施城市是供应链体系建设的责任主体，要加强顶层设计，建立工作协调机制，科学编制方案，完善管理制度和配套政策，明确责任分工和时间节点，保证工作顺利开展。

（二）尽快编报方案。省级主管部门，应及时指导有关城市编报供应链体系建设方案，城市可结合实际情况，自主选择实施方向（物流标准化、供应链平台、重要产品追溯）。未完成商务部肉菜、中药材流通追溯试点任务的地区，不得申报新的追溯体系建设项目。方案编制应立足辐射带动周边地区，围绕促进供应链标准化、信息化、协同化，实现提质增效降本目标，做到思路清晰、目标明确、措施有效、责任明确、数字翔实，具体应包含：工作基础、思路目标、任务内容、资金安排、组织实施、管理要求、时间安排及责任人、保障措施。

（三）规范管理项目。城市主管部门要制定项目与资金管理规定，严格组织实施，对项目要统一申报、统一评审、统一验收，规范程序手续，不搞资金拆分，分管责任处室要抓好分类指导、过程检查，做到项目建设与模式推广、效益效果并重。项目承担企业应签订《供应链体系建设项目责任承诺书》，建立工作进度档案，优先鼓励供应链核心企业申报融合多方向的综合性项目以及供应链合作企业联合申报协同性较强的项目。

（四）加强资金监管。有关省市财政部门要按照《财政部关于印发〈中央财政服务业发展专项资金管理办法〉的通知》（财建〔2015〕256号）（以下简称《通知》）要求，加强资金管理，专款专用，专账核算。

（五）夯实工作基础。鼓励发挥行业协会、联盟机构优势作用，制定并推广团体标准；加强业务培训和标准宣贯，开展相关统计分析，监测效益、成本等指标，反映工作成效；总结推广机制创新、政策创新、模式创新等经验成果，加大典型案例宣传和推广力度。

请各地按照《通知》要求，认真抓好贯彻落实。城市工作方案、项目和资金管理规定（盖两部门章的PDF格式电子版），及确定的具体项目表（项目方向、承担单位、建设内容、计划投资额、计划支持资金、完成时限）应于2017年10月30日前报送商务部、财政部备案。年度工作进展报告应于次年2月底前主动及时报送，工作总结与绩效评价应于整体建设结束后三个月内报送。

商务部办公厅　财政部办公厅
2017年8月11日

国务院办公厅关于印发降低流通费用提高流通效率综合工作方案的通知

国办发〔2013〕5号

各省、自治区、直辖市人民政府，国务院各部门、各直属机构：

《降低流通费用提高流通效率综合工作方案》（以下简称《工作方案》）已经国务院同意，现印发给你们，请认真贯彻执行。

各地区要加强组织领导，切实落实"米袋子"省长负责制、"菜篮子"市长负责制，确保各项政策措施落到实处，确保《工作方案》顺利实施。发展改革委要会同有关部门适时组织联合督查组开展专项督查。

国务院办公厅

2013年1月11日

降低流通费用提高流通效率综合工作方案

为贯彻落实《国务院关于深化流通体制改革加快流通产业发展的意见》（国发〔2012〕39号），降低流通费用，提高流通效率，发展改革委会同工业和信息化部、公安部、民政部、财政部、国土资源部、住房城乡建设部、交通运输部、农业部、商务部、人民银行、审计署、税务总局、工商总局、统计局、银监会制订以下综合工作方案。

一、降低农产品生产流通环节用水电价格和运营费用

规模化生猪、蔬菜等生产的用水、用电与农业同价。农产品批发市场、农贸市场用电、用气、用热与工业同价。农产品批发市场、农贸市场用水，在已按要求简化用水价格分类的地区，执行非居民用水价格；在尚未简化分类的地区，按照工商业用水价格中的较低标准执行。农产品冷链物流的冷库用电与工业用电同价。鼓励类商业用水、用电与工业同价。以上措施于2013年6月30日前执行到位，工商业用电同价措施与调整销售电价同步实施。

二、规范和降低农产品市场收费

清理经营权承包费，加强成本调查核算，降低农产品批发市场、农贸市场和社区菜市场摊位费收费标准。政府投资建设或控股的农产品批发市场、农贸市场和社区菜市场收费，实行政府指导价，由地方政府按保本微利原则从低核定收费标准。农产品批发市场、农贸市场、社区菜市场摊位实行实名制管理，规范经营者转租转包行为。全面实施收费公示制度，除合同列明并在市场醒目位置公示的收费项目外，市场经营主体不得收取任何其他费用。农产品批发市场、农贸市场要开设专门区域，供郊区农户免费进场销售自产鲜活农产品。利用价格调节基金，支持降低农产品生产流通成本。

三、强化零售商供应商交易监管

清理整顿大型零售企业向供应商违规收费，规范促销服务费。制定零售商供应商公平交易管理的法规。零售商向供应商的收费项目、收费标准、服务内容、限制条件等，须与供应商协商确定，并在醒目位置明确标示。零售商不得向供应商收取标示以外的任何费用，不得对交易条件相同的供应商制定差别收费标准。零售商收到供应商货物后应及时付款，禁止零售商恶意占压供应商货款。成立零售商、供应商相关行业组织。规范零售商供应商工作人员行为，严厉打击商业贿赂。

四、完善公路收费政策

严格执行鲜活农产品运输绿色通道政策，将免收通行费措施落实到位，结合实际完善适用品种范围。从严审批新的一级及一级以下公路和独立桥梁、隧道收费项目。逐步推进西部地区取消政府还贷二级公路收费工作。深入推进收费公路专项清理，降低偏高的车辆通行费收费标准，抓紧修订《收费公路管理条例》，完善通行费形成机制。规范收费公路经营者行为，加快推广省（区、市）内"联网收费、统一经营"模式。加强对政府还贷公路通行费收支情况的审计，确保通行费收入全额用于偿还贷款和养护管理。

五、加强重点行业价格和收费监管

加强对公用事业、公益性服务中提供延伸服务的收费监管，规范清理供水、供电、供气、供热、铁路、邮政等行业经营者在设施建设、运行、维护、使用过程中收取初装费、维修费、材料费、检验费、代理费、设备（线路）使用费等费用，简化、归并收费项目，公示收费标准。禁止有关部门和物业公司在政府制定的价格之外加价或者加收其他费用。规范商业银行收费行为，改善银行卡受理环境，提高银行卡普及率，尽快实施优化和调整银行卡刷卡手续费标准方案。规范电信经营者价格行为，促进电信资费水平进一步降低。

六、加大价格监督检查和反垄断监管力度

加强价格监管力量，组织开展专项检查，监督各项价格收费政策执行情况，重点检查不执行政府定价、政府指导价、违反明码标价规定，在标价之外加收其他费用的行为，以及滥用市场支配地位、滥用行政权力、达成垄断协议等价格垄断行为。继续保持对哄抬价格、捏造散布涨价信息等价格违法行为的高压打击态势。

七、完善财税政策

开展农产品增值税进项税额核定扣除试点，完善农产品增值税政策，继续对鲜活农产品实施从生产到消费的全环节低税收政策，将免征蔬菜流通环节增值税政策扩大到部分鲜活肉蛋产品。2013年1月1日至2015年12月31日，免征农产品批发市场、农贸市场城镇土地使用税和房产税。抓紧落实提高小型微型企业增值税和营业税起征点政策，减轻流通业小型微型企业税收负担。加快推进营业税改征增值税试点，完善试点办法，降低交通运输业税收负担。加快农村市场和农产品流通基础设施建设。

八、保障必要的流通行业用地

城市人民政府在制定调整土地规划、城市规划时，要优先保障农产品批发市场、农贸市场、社区菜市场和便民生活服务网点用地。严格控制将社区便民商业网点改作其他用途。鼓励地方政府以土地作价入股、土地租赁等形式支持农产品批发市场建设。鼓励各地选择合适区域、时段，开辟免摊位费、场地使用费、管理费的早市、晚市、周末市场、流动蔬菜车等临时交易场所和时段市场，其用地可按临时用地管理。

九、便利物流配送

完善运输超限的不可解体物品车辆管理办法,引导物流企业合法装载,规范交通运输领域执法行为。制定城市配送车辆管理指导意见,为配送车辆进入城区道路行驶提供通行便利。鼓励发展统一配送、共同配送、夜间配送,降低配送成本。

十、建立健全流通费用调查统计制度

建立流通费用统计制度,在运输、仓储、保管、配送、批发、零售等环节,健全企业收支情况和价格调查的统计方法和手段。建立收费公路经营主体收费标准、收费金额等情况的统计、监测制度,制定收费公路信息公开办法,全面、准确掌握收费公路的收费情况。统计部门要进一步加大流通费用统计工作力度,加强与发展改革、商务、交通运输、农业等部门在流通领域价格、收费、成本调查等方面的配合协调。

国务院办公厅关于加强鲜活农产品流通体系建设的意见

国办发〔2011〕59号

各省、自治区、直辖市人民政府，国务院各部委、各直属机构：

我国是鲜活农产品生产和消费大国。为加强鲜活农产品流通体系建设，建立平稳产销运行、保障市场供应的长效机制，切实维护生产者和消费者利益，经国务院同意，现提出如下意见。

一、主要目标

（一）主要目标。以加强产销衔接为重点，加强鲜活农产品流通基础设施建设，创新鲜活农产品流通模式，提高流通组织化程度，完善流通链条和市场布局，进一步减少流通环节，降低流通成本，建立完善高效、畅通、安全、有序的鲜活农产品流通体系，保障鲜活农产品市场供应和价格稳定。

二、重点任务

（二）加强流通规划指导，促进市场合理布局。制定全国农产品批发市场发展指导文件，明确指导思想、发展目标、主要任务和政策措施。地方各级人民政府要依据城市总体规划和城市商业网点规划，制订并完善本地区农产品批发市场、农贸市场、菜市场等鲜活农产品网点发展规划，逐步形成布局合理、功能完善、竞争有序的鲜活农产品市场网络。

（三）加快培育流通主体，提高流通组织化程度。推动鲜活农产品经销商实现公司化、规模化、品牌化发展。鼓励流通企业跨地区兼并重组和投资合作，提高产业集中度。扶持培育一批大型鲜活农产品流通企业、农业产业化龙头企业、运输企业和农民专业合作社及其他农业合作经济组织，促其做大做强，提高竞争力。

（四）加强流通基础设施建设，提升流通现代化水平。加强鲜活农产品产地预冷、预选分级、加工配送、冷藏冷冻、冷链运输、包装仓储、电子结算、检验检测和安全监控等设施建设。引导各类投资主体投资建设和改造农产品批发市场和农贸市场、菜市场、社区菜店、生鲜超市、平价商店等鲜活农产品零售网点。发展电子商务，扩大网上交易规模。鼓励农产品批发市场引入拍卖等现代交易模式。加快农产品流通科技研发和推广应用。

（五）大力推进产销衔接，减少流通环节。积极推动农超对接、农校对接、农批对接等多种形式的产销衔接，鼓励批发市场、大型连锁超市等流通企业，学校、酒店、大企业等最终用户与农业生产基地、农民专业合作社、农业产业化龙头企业建立长期稳定的产销关系，降低对接门槛和流通成本，扩大对接规模。多措并举，支持农业生产基地、农业产业化龙头企业、农民专业合作社在社区菜市场直供直销，推动在人口集中的社区有序设立周末菜市场及早、晚市等鲜活农产品零售网点。

（六）强化信息体系建设，引导生产和消费。加强部门协作，健全覆盖生产、流通、消费的农产品信息网络，及时发布蔬菜等鲜活农产品供求、质量、价格等信息，完善市场监测、预警和信息发布机制。联通主要城市大型农产品批发市场实时交易系统，加强大中城市鲜活农产品市场监测预警体系建设。

（七）完善储备调运制度，提高应急调控能力。建立健全重要农产品储备制度。完善农产品跨区调运、调剂机制。城市人民政府要根据消费需求和季节变化，合理确定耐贮蔬菜的动态库存数量，保障应急供给，防止价格大起大落。

（八）加强质量监管，严把市场准入关口。加快鲜活农产品质量安全追溯体系建设，进一步落实索证索票和购销台账制度，强化质量安全管理。建立鲜活农产品经常性检测制度，实现抽检标准、程序、结果"三公开"，对不符合质量安全标准的鲜活农产品依法进行无害化处理或者监督销毁。

三、保障措施

（九）完善财税政策。各级人民政府要增加财政投入，通过投资入股、产权回购回租、公建配套等方式，改造和新建一批公益性农产品批发市场、农贸市场和菜市场，保障居民基本生活需要。在农产品主产区、集散地和主销区，升级改造一批带动力强、辐射面广的大型农产品批发市场和农产品加工配送中心。发挥财政资金引导示范作用，带动和规范民间资本进入农产品流通领域。完善农产品流通税收政策，免征蔬菜流通环节增值税。

（十）加强金融支持。鼓励和引导金融机构把农产品生产、加工和流通作为涉农金融服务工作重点，加大涉农贷款投放力度。合理把握信贷投放节奏，为农产品经销商等集中提供初级农产品收购资金，加强对农产品供应链上下游企业和农户的信贷支持。发挥地方各类涉农担保机构作用，着力解决农户、农民专业合作社和小企业融资担保能力不足问题。鼓励保险机构研究开发鲜活农产品保险产品，积极引导企业、农民专业合作社和农民投保，有条件的地方可对保费给予适当财政补贴。

（十一）保障合理用地。农产品批发市场建设要符合土地利用总体规划和商业网点规划，优先保障土地供应。对于政府投资建设不以营利为目的、具有公益性质的农产品批发市场，可按作价出资（入股）方式办理用地手续，但禁止改变用途和性质。

（十二）强化监督管理。加强对鲜活农产品市场进场费、摊位费等收费的管理，规范收费项目，实行收费公示，降低收费标准。对政府投资建设或控股的农产品市场，可以按法定程序将有关收费纳入地方政府定价目录，实行政府指导价或政府定价管理，并依据保本微利的原则核定收费标准。严厉打击农产品投机炒作。做好外资并购大型农产品批发市场的安全审查工作。

（十三）提供运输便利。严格执行鲜活农产品运输"绿色通道"政策，保证鲜活农产品运输"绿色通道"网络畅通，坚决落实免收整车合法装载运输鲜活农产品车辆通行费的相关政策。积极为鲜活农产品配送车辆进城提供畅通便捷有序的通行和停靠条件，鼓励有条件的大中城市使用符合国家强制性标准的鲜活农产品专用运输车型。

（十四）健全相关制度。加快农产品流通标准体系建设，推进农产品质量等级化、包装规格化、标识规范化、产品品牌化。抓紧研究完善农产品批发市场的准入、布局、规划、监管和政策促进等问题，为农产品批发市场健康发展提供制度保障。

（十五）加强组织领导。地方各级人民政府和各有关部门要把鲜活农产品流通体系建设作为重要的民生工程加以推进，在充分发挥市场机制作用的基础上，加大政策扶持力度。强化"菜篮子"市长负责制，切实提高大中城市鲜活农产品自给率。充分发挥农产品流通行业组织的协调和服务作用。商务部、发展改革委、农业部要会同公安部、财政部、国土资源部、住房城乡建设部、交通运输部、铁道部、税务总局、质检总局、银监会、保监会、供销总社等部门和单位加强督查和指导，及时研究解决鲜活农产品流通体系建设中的重大问题。

国务院办公厅

2011年12月13日

发展改革委关于印发农产品冷链物流发展规划的通知

发改经贸〔2010〕1304号

各省、自治区、直辖市及计划单列市、新疆生产建设兵团、黑龙江省农垦总局发展改革委：

根据《物流业调整和振兴规划》（国发〔2009〕8号），为指导我国农产品冷链物流的发展，我委组织编制了《农产品冷链物流发展规划》（以下简称《规划》），现印发你们，请认真贯彻执行。

近年来，随着农业结构调整和居民消费水平的提高，我国生鲜农产品的产量和流通量逐年增加，全社会对生鲜农产品的安全和品质提出了更高的要求。加快发展农产品冷链物流，对于促进农民持续增收和保障消费安全具有十分重要的意义。各地区要结合本地的实际情况，按照全面贯彻落实科学发展观、推进社会主义新农村建设和构建和谐社会的要求，紧紧围绕构建农业增产增效和农民持续增收的长效机制，适应城乡居民生活水平提高和保障居民食品安全的需要，以市场为导向，以企业为主体，初步建立冷链物流技术体系，制定推广冷链物流规范和标准，加快冷链物流基础设施建设，培育一批冷链物流企业，形成设施先进、管理规范、网络健全、全程可控的一体化冷链物流服务体系，以降低农产品产后损失和流通成本，促进农民增收，确保农产品品质和消费安全。

发展改革委

2010年6月18日

农产品冷链物流发展规划

(2010 年 6 月)

农产品冷链物流是指使肉、禽、水产、蔬菜、水果、蛋等生鲜农产品从产地采收（或屠宰、捕捞）后，在产品加工、储藏、运输、分销、零售等环节始终处于适宜的低温控制环境下，最大程度地保证产品品质和质量安全、减少损耗、防止污染的特殊供应链系统。近年来，随着农业结构调整和居民消费水平的提高，生鲜农产品的产量和流通量逐年增加，全社会对生鲜农产品的安全和品质提出了更高的要求。加快发展农产品冷链物流，对于促进农民持续增收和保障消费安全具有十分重要的意义。

为落实《物流业调整和振兴规划》，促进农产品冷链物流快速健康发展，特制订本规划。规划期为 2010—2015 年。

一、现状与形势

（一）发展现状

我国现代农产品储藏、保鲜技术起步于 20 世纪初，自 20 世纪六七十年代开始在生鲜农产品产后加工、储藏及运输等环节逐步得到应用。进入新世纪以来，我国农产品储藏保鲜技术迅速发展，农产品冷链物流发展环境和条件不断改善，农产品冷链物流得到较快发展。

1. 农产品冷链物流初具规模。我国是农业生产和农产品消费大国，目前蔬菜产量约占全球总产量的 60%，水果和肉类产量占 30%，禽蛋和水产品产量占 40%。近年来我国生鲜农产品产量快速增加，每年约有 4 亿吨生鲜农产品进入流通领域，冷链物流比例逐步提高，目前我国果蔬、肉类、水产品冷链流通率分别达到 5%、15%、23%，冷藏运输率分别达到 15%、30%、40%，冷链物流的规模快速增长。

2. 农产品冷链物流基础设施逐步完善。目前全国有冷藏库近 2 万座，冷库总容量 880 万吨，其中冷却物冷藏量 140 万吨，冻结物冷藏量 740 万吨；机械冷藏列车 1910 辆，机械冷藏汽车 2 万辆，冷藏船吨位 10 万吨，年集装箱生产能力 100 万标准箱。

3. 冷链物流技术逐步推广。生鲜农产品出口企业率先引进国际先进的 HACCP（危害分析和临界控制点）认证、GMP（良好操作规范）等管理技术，普遍实现了全程低温控制。大型肉类屠宰企业开始应用国际先进的冷链物流技术，从屠宰、分割加工、冷却成熟等环节低温处理起步，逐渐向储藏、运输、批发和零售环节延伸，向着全程低温控制的方向快速发展。适应我国国情的低能耗、低成本的冷链处理技术广泛推广,推动水产品和反季节果蔬为代表的高价值量农产品冷链迅速兴起。

4. 冷链物流企业不断涌现。中外运、中粮等社会化第三方物流企业强化与上下游战略合作与资源整合,建立国际先进的冷链设施和管理体系,积极拓展冷链物流业务;双汇、众品、光明乳业等食品生产企业,加快物流业务与资产重组,组建独立核算的冷链物流公司,积极完善冷链网络;大型连锁商业企业完善终端销售环节的冷链管理,加快发展生鲜食品配送。我国冷链物流企业呈现出网络化、标准化、规模化、集团化发展态势。

5. 农产品冷链物流发展环境逐步完善。国家高度重视冷链物流发展,在近几年下发的中央1号文件中均强调要加快农产品冷链物流系统建设,促进农产品流通。一些冷链物流的国家标准、行业标准和地方标准先后颁布实施,《食品安全法》等重要法律法规逐步完善。农产品冷链物流的重要性进一步被消费者认识,全社会对"优质优价"农产品的需求不断增长。

但是,我国农产品冷链物流发展仍处于起步阶段,规模化、系统化的冷链物流体系尚未形成,与发展现代农业、居民消费和扩大农产品出口的需求相比仍有差距。突出表现在:一是鲜活农产品通过冷链流通的比例仍然偏低。目前我国鲜活农产品冷链流通的比例远低于欧美发达国家水平(欧、美、加、日等发达国家肉禽冷链流通率已经达到100%,蔬菜、水果冷链流通率也达95%以上),大部分生鲜农产品仍在常温下流通;冷链物流各环节缺乏系统化、规范化、连贯性的运作,部分在屠宰或储藏环节采用了低温处理的产品,在运输、销售等环节又出现"断链"现象,全程冷链的比率过低。二是冷链物流基础设施能力严重不足。我国设施整体规模不足,人均冷库容量仅7公斤,冷藏保温车占货运汽车的比例仅0.3%,与发达国家差距较大;现有冷冻冷藏设施普遍陈旧老化,国有冷库中近一半已使用30年以上;区域分布不平衡,中部农牧业主产区和西部特色农业地区冷库严重短缺,承担全国70%以上生鲜农产品批发交易功能的大型农产品批发市场、区域性农产品配送中心等关键物流节点缺少冷冻冷藏设施。三是冷链物流技术推广滞后。生鲜农产品产后预冷技术和低温环境下的分等分级、包装加工等商品化处理手段尚未普及,运输环节温度控制手段原始粗放,发达国家广泛运用的全程温度自动控制没有得到广泛应用。四是第三方冷链物流企业发展滞后。在农产品冷链物流发展过程中,优质优价的机制仍没有形成,冷链物流的服务体系尚未完全建立,服务水平有待进一步提高,第三方冷链物流企业发展滞后。现有冷链物流企业以中小企业为主,实力弱,经销规模小,服务标准不统一,具备资源整合和行业推动能力的大型冷链物流企业刚刚起步。五是冷链物流法律法规体系和标准体系不健全。规范冷链物流各环节市场主体行为的法律法规体系尚未建立。冷链物流各环节的设施、设备、温度控制和操作规范等方面缺少统一标准,冷链物流各环节的信息资源难以实现有效衔接,在发达国家普遍推行的相关管理办法和操作规范在我国尚处于推广的起步阶段。

(二)面临的形势

从国际农产品流通产业发展的经验看,发达国家已经建立了"从田间到餐桌"的一体化冷链物流体系，不仅确保了产品质量，而且提高了农业效益。随着我国经济和社会的快速发展，对加快发展农产品冷链物流提出了更高的要求。

1. 加快冷链物流发展是适应农产品大规模流通的客观需要。经过改革开放30年的发展，我国农业结构调整取得显著成效，区域和品种布局日益优化，使农产品流通呈现出了大规模、长距离、反季节的特点，对农产品物流服务规模和效率提出了更高的要求。一是随着农产品区域生产布局的细化，农业特色区加快发展，生鲜农产品的区域规模化产出，迫切需要加快发展农产品跨地区保鲜运输；二是农产品反季节销售加快发展，急需进一步提高低温储藏保鲜水平。从今后一段时期农业结构加快调整优化的需要看，加快发展农产品冷链物流也是适应我国生鲜农产品大规模流通的客观需要。

2. 加快冷链物流发展是满足居民消费的必要保证。随着城乡居民消费水平和消费能力的不断提高，我国生鲜农产品的消费规模快速增长，居民对农产品的多样化、新鲜度和营养性等方面提出了更高要求，特别是对食品安全的关注程度不断提高。加快发展农产品冷链物流已经成为提升农产品消费品质，减少营养流失，保证食品安全的必要手段，是满足居民消费需求的必要保证。

3. 加快冷链物流发展是促进农民增收的重要途径。长期以来，我国农产品产后损失严重，果蔬、肉类、水产品流通腐损率分别达到20%~30%、12%、15%，仅果蔬一类每年损失就达到1000亿元以上；同时，受到生鲜农产品集中上市后保鲜储运能力制约，农产品"卖难"和价格季节性波动的矛盾突出，农民增产不增收的情况时有发生。发展农产品冷链物流，既是减少农产品产后损失，间接节约耕地等农业资源，促进农业可持续发展的重要举措，也是带动农产品跨季节均衡销售，促进农民稳定增收的重要途径。

4. 加快冷链物流发展是提高我国农产品国际竞争力的重要举措。我国生鲜农产品生产具有较强的比较优势，但是由于冷链发展滞后，我国蔬菜、水果出口量仅占总产量的1%~2%，且其中80%是初级产品，在国际市场上缺乏竞争力。特别是随着近年来欧盟、日本、美国等发达国家不断提高进口农产品准入标准，相关质量、技术和绿色壁垒已经成为制约我国农产品出口的重要障碍。加快发展农产品冷链物流，已经成为提高出口农产品质量，突破贸易壁垒，增强国际竞争力的重要举措。

二、指导思想、基本原则和发展目标

（一）指导思想

按照全面贯彻落实科学发展观、推进社会主义新农村建设和构建和谐社会的要求，紧紧围绕构建农业增产增效和农民持续增收的长效机制，适应城乡居民生活水平提高和保障居民食品安全的需要，以市场为导向，以企业为主体，加快冷链物流技术、规范、标准体系建设，完善冷链物流基础设施，培育冷链物流企业，建设一体化的冷链物流服务体系，以降低农产品产后损失和流通成本，促进农民增收，确保农产品品质和消费安全。

(二) 基本原则

1. 科学规划，合理布局。根据农产品生产规模与布局状况，分析产品流量、流向及其储运的技术要求，综合考虑居民消费水平、消费习惯以及交通区位等条件，制订农产品冷链物流发展规划，优化冷链物流发展布局。

2. 因地制宜，分类指导。针对我国东中西部地区、大中城市和广大农村、产地与销地之间，在经济社会发展、居民收入水平、消费习惯方面的差异，结合果蔬、肉类、水产品等生鲜农产品的不同特点，因地制宜发展特色农产品冷链物流。

3. 市场运作，政府扶持。充分发挥企业的主体作用，坚持投资主体多元化、经营管理企业化、运作方式市场化。政府要加强发展规划、法律法规体系、标准体系和检验检测体系建设，对重点冷链物流项目给予扶持，为冷链物流发展营造良好环境。

4. 重点突破，扶优扶强。借鉴发达国家冷链物流发展经验，选择对消费安全影响大以及价值量高、生产规模相对集中的农产品优先发展冷链物流。当前要优先发展猪肉等肉类产品和水产品冷链物流，鼓励果蔬产品根据国内市场消费变化和出口产品品质要求逐步发展。要集中资金重点支持经营规模大、带动作用强的大型冷链物流企业，鼓励冷链物流企业做强做大。

(三) 发展目标

到2015年，建成一批效率高、规模大、技术新的跨区域冷链物流配送中心，冷链物流核心技术得到广泛推广，形成一批具有较强资源整合能力和国际竞争力的核心冷链物流企业，初步建成布局合理、设施先进、上下游衔接、功能完善、管理规范、标准健全的农产品冷链物流服务体系。肉类和水产品冷链物流水平显著提高，食品安全保障能力显著增强；果蔬冷链物流进一步加快发展。果蔬、肉类、水产品冷链流通率分别提高到20%、30%、36%以上，冷藏运输率分别提高到30%、50%、65%左右，流通环节产品腐损率分别降至15%、8%、10%以下。

三、主要任务

(一) 推广现代冷链物流理念与技术

进一步加大对全程冷链重要性的宣传力度，提高公众对生鲜农产品冷链的认知度，营造促进品牌生鲜农产品销售的商业氛围，促进优质优价，扩大销售规模。鼓励农产品生产企业利用冷链物流理念与技术，在产后商品化处理、屠宰加工环节实现低温控制，促进生鲜农产品质量等级化、包装规格化，加强与下游企业的冷链对接，稳妥推进冷链物流服务外包。鼓励流通和冷链物流服务企业运用供应链管理技术与方法，实现生鲜农产品从产地到销地的一体化冷链物流运作。加强各相关企业温度监控和追溯体系建设，实现农产品在生产流通各环节的品质可控性和安全性。

(二) 完善冷链物流标准体系

重点制定和推广一批农产品冷链物流操作规范和技术标准，建立以HACCP为基础的全程质量控制体系，积极推行质量安全认证和市场准入制度。一是制定各类生鲜农产品原料处理、分选加工与包装、冷却冷冻、冷库储藏、包装标识、冷藏运输、批发配送、分销零售等环节的保鲜技术和制冷保温技术标准。制定冷链各环节有关设施设备、工程设计安装标准；二是围绕生鲜农产品质量全程监控和质量追溯制度的建立和发展，制定数据采集、数据交换、信息管理等信息类标准；三是建立符合国际规范的HACCP、GMP、GAP（良好农业规范）、ISO（国际标准化组织）等质量安全认证制度和市场准入制度。四是对于肉类、水产品等密切关系居民消费安全的产品，执行国家强制性标准。

（三）建立主要品种和重点地区农产品冷链物流体系

鼓励肉类农产品冷链物流发展。积极发展覆盖生产、储存、运输及销售整个环节的冷链，建立全程"无断链"的肉类冷链物流体系。重点发展猪肉冷链物流，减少生猪活体的跨区域运输，积极发展从中部、华南地区到珠三角、长三角、港澳等沿海地区，从东北地区到京津地区的冷链物流体系。围绕肉类屠宰加工企业，加快大中城市猪肉冷链配送发展，推广品牌冷鲜肉消费。积极发展牛羊肉冷链物流，逐步完善从中部地区到京津、环渤海和长三角地区，西北地区到中亚和中东市场，西南地区到华南地区的牛羊肉冷链物流体系。

加快推广水产品冷链物流体系建设。积极培育长三角、珠三角和环渤海地区为重点的水产品产销集中区，进一步完善水产品超低温储藏、运输、包装和加工体系，促进远洋等高端水产品消费。积极推动黄淮海、东南沿海、长江流域等水产品优势产区到中西部大中城市的水产品冷链物流体系，提高内陆居民水产品消费量。

逐步推进果蔬冷链物流发展。适应市场需要，选择部分高价值的特色蔬菜、水果，推广产后预冷、初加工、储存保鲜和低温运输技术，发展一体化冷链物流，建立跨地区长途调运的冷链物流体系，促进反季节销售。积极推动苹果、柑橘、葡萄、香梨、热带水果等特色水果产区到大中城市的水果冷链物流体系，以及蒜薹、芦笋等反季节蔬菜和特色蔬菜的南菜北运、东菜西输冷链物流体系建设。积极推进乳制品、冰激凌、速冻产品等其他产品的冷链物流发展。

（四）加快培育第三方冷链物流企业

培育一批经济实力雄厚、经营理念和管理方式先进、核心竞争力强的大型冷链物流企业。鼓励大型生鲜农产品生产企业从生产源头实现低温控制，积极发展冷链运输和低温销售，建立以生产企业为核心的冷链物流体系。鼓励企业在产地、销地建设低温保鲜设施，实现产地市场和销地市场冷链物流的高效对接。鼓励大型零售企业加快生鲜食品配送中心建设，在做好企业内部配送的基础上逐步发展为社会提供公共服务的第三方冷链物流中心。

（五）加强冷链物流基础设施建设

鼓励冷链物流企业加快各类保鲜、冷藏、冷冻、预冷、运输、查验等冷链物流基础设施建设。从关键环节入手，重点加强批发市场等重要农产品物流节点的冷藏设施建设，在大中城市周边加快规划布局一批生鲜农产品低温配送和处理中心；大力改善农产品加工环节的温控设施，建设经济适用的农产品预冷设施；配备节能、环保的长短途冷链运输车辆，推广全程温度监控设备；完善与冷链物流相配套的查验与检测基础设施建设，推广应用快速准确的检测设备和试剂。

（六）加快冷链物流装备与技术升级

加快节能环保的各种新型冷链物流技术的自主研发、引进消化和吸收，重点加强各种高性能冷却、冷冻设备，自动化分拣、清洗和加工包装设备，冷链物流监控追溯系统、温控设施以及经济适用的农产品预冷设施、移动式冷却装置、节能环保的冷链运输工具、先进的陈列销售设备等冷链物流装备的研发与推广，完善科技成果转化的有效机制，不断提高冷链物流产业的自主创新能力和技术水平。

（七）推动冷链物流信息化

依托各类生鲜农产品优势产区、重要集散地区和大中城市等集中消费地区，建立区域性各类生鲜农产品冷链物流公共信息平台，实现数据交换和信息共享，优化配置冷链物流资源，为建立冷链物流产品监控和追溯系统奠定基础。鼓励市场信息、客户服务、库存控制和仓储管理、运输管理和交易管理等应用系统软件开发，健全冷链物流作业的信息收集、处理和发布系统，全面提升冷链物流业务管理的信息化水平。推广应用条形码、RFID（无线射频识别）、GNSS（全球定位系统）、传感器技术、移动物流信息技术、电子标签等技术，建立全国性和区域性的生鲜农产品质量安全全程监控系统平台。明确冷链物流信息报送和信息交换的责任机制，提高政府监管部门的冷链信息采集和处理能力，提高行业监管和质量保证水平。

四、重点工程

（一）冷库建设工程

鼓励肉类和水产品生产企业、专业冷链物流企业、农业产业化龙头企业、农产品批发市场、大型零售企业等经营主体，在技术改造和充分利用现有低温储藏设施的基础上，加快建设一批设施先进、节能环保、高效适用的冷库，满足全社会对储藏设施的急需。到2015年，推动全社会通过改造、扩建和新建，增加冷库库容1000万吨。

（二）低温配送处理中心建设工程

鼓励冷链物流企业在大中城市周边规划建设一批具有低温条件下中转和分拨功能的配送中心，集中完成肉类和水产品分割、果蔬分拣以及包装、配载等处理流程，形成冷链长短途有效衔接、生产与流通环节紧密联系的物流体系，促进其与上游的屠宰加工企业、批发市场以及下游的超市等零售市场协同推进冷链发展。

（三）冷链运输车辆及制冷设备工程

鼓励大型冷链物流企业购置冷藏运输车辆，到2015年，争取全社会新增冷藏运输车4万辆，大幅度提升冷链物流企业的冷链运输能力，提高我国生鲜农产品的冷链运输率；鼓励肉类和水产品加工、流通和销售企业购置预冷保鲜、冷藏冷冻、低温分拣加工、冷藏运输工具等冷链设施设备，提高冷链处理能力，逐步减少"断链"现象的发生。

（四）冷链物流企业培育工程

根据我国生鲜农产品生产、流通、消费格局，重点培育一批发展潜力大、经营效益好、辐射带动能力强的农产品冷链物流企业。采用政策倾斜等方式，鼓励其创新物流服务模式，加强资源整合，拓展物流服务网络，强化资产重组与战略合作，力争到2015年在中央及地方企业中形成30～50家大型冷链物流企业集团。

（五）冷链物流全程监控与追溯系统工程

按照规范化、标准化运作的要求，选择50个果蔬、肉类、水产品等大型农产品生产及物流企业，率先建设全程温控和可追溯系统，充分利用现有的企业管理和市场交易信息平台，建立便捷、高效、低成本的农产品冷链物流信息追溯系统。

（六）肉类和水产品冷链物流工程

加快肉类特别是猪肉，以及水产品的冷链物流体系建设。鼓励大型肉类和水产品企业改造生产流水线及温控设施，加强产品排酸、预冷等低温初加工设施建设，积极推广肉类和水产品冷藏运输和全程监控技术，推动零售环节超市、大卖场冷柜销售方式，形成"无缝化"连接的肉类冷链物流体系。加强中央直属猪肉储备冷库和地方猪肉储备冷库建设，依托企业冷库完善猪肉储备体系，提高政府对猪肉市场的调控能力。

（七）果蔬冷链物流工程

加强果蔬冷链物流体系建设，重点加强分级、包装、预冷等商品化处理和冷藏储存环节建设，推动主要产区果蔬产品冷链物流设施条件的改善；大力发展冷藏运输，逐步提高果蔬产品冷藏运输能力；完善主销区果蔬冷链配送设施建设，发展具有集中采购、跨区域配送能力的现代化果蔬配送中心。鼓励大型果蔬农产品批发市场、连锁超市、果蔬储运营销企业加快冷链物流设施建设，积极培育具有一定规模和竞争力的第三方果蔬冷链物流服务企业。

（八）冷链物流监管与查验体系工程

完善冷链物流生产、加工、储存、运输、中转、进出口等主要环节的监管和查验基础设施建设。在冷链建设重点工程中，同步建设监管和检测设施。依托现有监管和检测资源，进一步提高主要生产基地、加工基地、配送中心、中转中心、进出口口岸的查验和检测能力，提高监管水平，保障产品质量和安全。

五、保障措施

（一）加强协调

农产品冷链物流体系建设环节多、产业链长，是一个跨部门、跨行业、跨区域的系统工程，需要多方面的配合与支持。由国家发展改革委会同有关部门，加强协调配合，形成合力，统一组织规划实施，协调解决冷链物流发展中的突出矛盾和重大问题，确保规划目标的实现。

（二）完善政策

兼顾农产品第三方冷链物流企业的特点，完善企业营业税差额纳税试点办法，扩大政策享受范围。对冷库建设新增用地，要在提高土地集约利用的基础上，合理安排用地。简化冷链物流企业设立时的前置审批手续，放宽对冷链运输车辆的城市交通管制；充分考虑冷链运输车辆因增加保温车厢和制冷机组使自重增加的特殊情况，合理确定运输车辆的载重量；支持冷藏运输车辆跨区域加盟，在车辆审验、车辆管理等方面提供支持。对冷链物流企业的用水、用电、用气价格与工业企业基本实现同价。

（三）整合资源

通过企业兼并重组、参股控股、合资合作等方式，整合现有生鲜农产品生产加工企业、批发市场、冷链物流企业以及港口、码头、航空航运交通枢纽的冷链物流资源，加快升级改造步伐和配套协作，建立全国性和区域性的大型低温物流中心，并采用现代经营理念、管理手段和运作模式，提高冷链物流整体质量与效率。

（四）增加投入

冷链物流设施建设要充分发挥市场机制的作用，鼓励企业加大投入，多渠道筹集建设资金。中央和地方政府可对大型冷藏保鲜设施、冷藏运输工具、产品质量认证及追溯、企业信息化等重要项目给予必要的引导和扶持。要多方面拓宽农产品冷链物流企业的融资渠道。银行业金融机构对符合条件的农产品冷链物流企业要加大融资支持，并做好配套金融服务。

（五）鼓励创新

加强对冷却冷冻、冷藏和信息化管理等冷链物流技术和设备的创新与研发，对农产品冷链物流新工艺新技术、新型高效节能的大容量冷却冷冻机械、移动式冷却装置、大型冷藏运输设备、冷藏运输车辆专用保温厢和质量安全追溯装置等进行集中攻关与研制。

（六）培养人才

引导和推动高等学校设置冷链物流相关学科专业、开设相关课程，发展农产品冷链物流职业教育，并建立交叉研究机构鼓励扶持行业协会、企业及有关高校结合国内外实践开展冷链物流职业技术培训和继续教育，形成多层次的人才教育、培训体系。建立农产品冷链物流行业的人才激励与柔性机制，推动高素质人才队伍建设。将"农产品冷链物流"作为"农产品营销与储运"专业的专业（技能）方向增加至新修订的《中等职业学校专业目录》。

（七）完善法规与监督

完善冷链物流的法律法规体系，进一步加大强制性国家标准的制定力度；建立以 HACCP 为基础的全程质量控制体系，制定与国际接轨的冷链物流操作规范和技术标准，充分发挥现有部门和机构的作用，补充完善检测项目和内容，建立全程质量检查与监督机制。